齐勇锋 李炎 傅才武 ◎ 主编

中国文化的根基
特色文化产业研究

第六辑

首都经济贸易大学出版社
Capital University of Economics and Business Press
·北京·

图书在版编目(CIP)数据

中国文化的根基：特色文化产业研究.第六辑/齐勇锋,李炎,傅才武主编. -- 北京：首都经济贸易大学出版社,2020.10
ISBN 978-7-5638-3130-2

Ⅰ.①中… Ⅱ.①齐…②李…③傅… Ⅲ.①文化产业-研究-中国 Ⅳ.①G124

中国版本图书馆 CIP 数据核字(2020)第 183867 号

中国文化的根基：特色文化产业研究（第六辑）
ZHONGGUO WENHUA DE GENJI TESE WENHUA CHANYE YANJIU
齐勇锋　李　炎　傅才武　主编

责任编辑	群立
封面设计	李彦生
出版发行	首都经济贸易大学出版社
地　　址	北京市朝阳区红庙（邮编100026）
电　　话	(010)65976483　65065761　65071505(传真)
网　　址	http://www.sjmcb.com
E - mail	publish@ cueb.edu.cn
经　　销	全国新华书店
印　　刷	北京建宏印刷有限公司
成品尺寸	170 毫米×240 毫米　1/16
字　　数	422 千字
印　　张	24
版　　次	2020 年 10 月第 1 版　2020 年 10 月总第 1 次印刷
书　　号	ISBN 978-7-5638-3130-2
定　　价	96.00 元

图书印装若有质量问题,本社负责调换
版权所有　侵权必究

主编单位：中国传媒大学协同创新中心
　　　　　　云南大学文化发展研究院
　　　　　　武汉大学国家文化发展研究院

合作单位：贵州省文化厅
　　　　　　河北省文化厅
　　　　　　青海省文化和新闻出版厅
　　　　　　国家行政学院文化政策与管理研究中心
　　　　　　陕西师范大学文学院
　　　　　　陕西省社会科学院
　　　　　　长安大学文化产业研究院
　　　　　　陕西建筑科技大学
　　　　　　湖南大学设计艺术学院

本书编委会名单

主　编：齐勇锋　李　炎　傅才武
副主编：肖　锋　王　佳　陈　波

编　委（排名不分先后）：

王育济　王长寿　王国华　祁述裕　向　勇
李西建　李怀亮　李　河　李康化　花　建
欧阳友权　陈少峰　金元浦　范建华　赵红川
张春河　张晓明　张玉玲　施惟达　姜　生
胡惠林　贾磊磊　贾旭东　章建刚　崔成泉
熊澄宇　魏鹏举

编辑部主任：周诗云
编辑部成员：赵　莹　隆　冰

序 言
文化何以服务国家乡村振兴

1500年以来，因工业化而推动的城市化进程高歌猛进，将全人类的基本生活方式日益纳入以城市化为主轴的现代化进程中。人类社会盛行了数千年的乡村经济结构和乡村生活方式发生了方向性转变，总体上进入一个衰退的下降通道中。乡村的凋敝，不仅仅涉及国家经济结构的均衡发展和国家现代化的均衡进程问题，也涉及民生领域的扶贫和社会公平问题，还涉及文化领域内传承与创新问题，即如何保持一个民族和国家的文化特征和民族性，强化现代民族国家的文化认同。因此，乡村振兴对于中国这样一个具有悠久农耕文化传统的国家来说，是重大的国家战略要求。

一、中华文化的农耕底色，须在乡村空间中传承与创新

改革开放以来，中国的工业化与城市化进程是世界上最快速的范例，我们用70多年时间，走过了西方300多年的城市化道路。但高速发展的同时，也亟须在国家战略层面提出乡村振兴的命题，这是事关中国未来发展的大问题。

中国是一个农耕传统深厚的国家，这与西方重商的海洋文明有着本质的差异。中国人的许多传统观念，如安土重迁、耕读传家、睦邻敬老等，皆与农耕文化有着密不可分的联系。冯天瑜先生在《中华文化生成史》（武汉大学出版社2013年出版）中总结了中华文化的趣味，如"尚农重本，重实黜玄，安土乐天，兼容并包，圜道循环，求久顺变，中庸调和，自然节奏"，等等。这些价值趣味经过数千年的生活方式的积累和渗透，业已深入人心，成为中国人的集体潜意识。可以说，乡村是中国人的精神家园。

乡村振兴与否，不但关系到国家发展、区域平衡等经济建设与社会稳定问题，而且事关文化认同建设、民族社会向心力与国家文化软实力等一系列重要课题，因为它规定了中国的现代化路径不同于西方的现代化道路。正如美国汉学家孔飞力在《中国现代国家的起源》（生活·读书·新知三联书店2013年出版）中所说的，中国的现代化模式与西方不同，必须要依赖本土思想与文化资源。中国的乡村问题同样也贯穿着"孔飞力之问"（包括政治参与、政治竞争与政治控制等"现代性议程"）。近代以来，中国的乡村建设一直是现代化进程中的重大命题。

尽管在东西方文明史中对于乡村的认同存在差异，但世界许多国家都不约而同地认为乡村意味着静谧、美好与亲切。中国古代诗人陶渊明笔下的"桃花源"，被视作中国人心灵深处的理想世界。在英国人看来，城市是迫不得已为求生而寄居的地方，而乡村才是灵魂的归宿，尤其是峰区（Peak District）和湖区（Lake District）的乡村景观，早已是英国人心中最美好的田园牧歌，滋养了维多利亚时代以来的英国文化——包括在世界文学史上有重要地位的湖畔派诗人。文化振兴了英国的乡村，推动了英国城市的迅速发展。正如英国经济学家阿尔弗雷德·马歇尔所说，"伯明翰、爱丁堡与伦敦的机器轰鸣与百业兴盛，是湖畔诗人与苏格兰高地（Scottish Highlands）画家馈赠给英格兰的最好礼物"。

乡村贫瘠则国家贫瘠，乡村振兴则国家振兴，这早已为人类的发展史所证明。近代以来，中国曾长期处于积贫积弱的状态，乡村成了中国社会最为贫弱的一环，画家蒋兆和先生笔下《流民图》中贫苦的农民形象与作家钱钟书先生笔下《围城》中江南乡村的衰落景观，曾是1949年之前中国乡村的真实写照。为此，近代中国知识分子一直矢志不移地进行乡村建设运动，以晏阳初、张君劢、梁漱溟等为代表的前贤，做了许多乡村建设的尝试性努力。他们希冀以农村社会改良达成中国的现代国家建构，主张以多元混合所有制谋求建立现代国家经济模式，甚至梦想建设一个乡村的"大同世界"。他们的努力虽然因时代局限而没有完全成功，却为后来者提供了丰富的经验与深刻的教训，也为今天文化服务乡村振兴开启了可资借鉴的理念路径。

二、聚焦乡村特色产业研究，体现了文化产业学界服务于国家乡村振兴的努力

进入21世纪的第二个十年，中国文化产业学界开始将目光投向特色文化产业的发展，由此联通了文化产业研究与农村扶贫研究。

2013年前后，云南、四川和北京等地的文化产业学者开始关注西部地区的文化产业研究，力图通过在民族聚集地区发展民族特色的文化产业，形成推动地区经济社会和文化发展的动力。他们提出了建立"藏羌彝文化产业走廊"的概念策划，这一研究成果得到了国家相关部门的认可。2014年3月，原文化部、财政部印发了《藏羌彝文化产业走廊总体规划》的通知，专门就如何支持四川省、贵州省、云南省、西藏自治区、陕西省、甘肃省、青海省等建设"藏羌彝文化产业走廊"出台扶持政策，在北京和西部文化产业学者的努力下，"特色文化产业"作为文化产业中的一个重要研究对象和研究范畴进入文化产业研究领域。2016年10月，由中国传媒大学齐勇锋教授发起组织，由陕西师范大学文学院孙清潮教授等承办的第一届"中国特色文化产业论坛"在西安举行，来自原文化部文化产业司、国务院扶贫办公室、陕西省扶贫办公室等部门的负责人以及北京、上海、河北、山东、贵州、四川、云南、湖北、山西、浙江、河南、陕西等地的80余位专家学者出席了该论坛，与会单位和学者共同发起了《文化扶贫行动·照金倡议》，以期共同携手，联合学术界、产业界以及民间等各方力量搭建一个特色文化产业扶贫联盟，标志着有关特色文化产业的学术共同体开始初步凝聚。

继"2017特色文化产业与脱贫攻坚（贵州）高峰论坛"后，2018年10月13日，为深入贯彻国家《乡村振兴战略规划（2018—2022年）》关于"繁荣发展乡村文化""发展乡村特色文化产业"等战略部署，由云南大学承办的"2018特色文化产业与乡村振兴（云南）高峰论坛"在大理鹤庆县新华村举行，来自全国9个省市、32所高校及其他相关专业机构共计百余人参加。

2019年11月16-18日，由武汉大学、中国传媒大学共同主办，

由武汉大学国家文化产业研究院和中国传媒大学协同创新中心共同承办的"新时代下中国乡村文化振兴国际学术会议暨2019年特色文化产业论坛"在武汉大学举办，来自中外学界、文化产业界、智库机构的专家学者和企业家等共130余人出席论坛。与前三次论坛不同的是，此次论坛是一次国际学术会议，邀请到一批中外著名学者出席，与会嘉宾围绕乡村文化振兴战略与国际比较、乡村文旅融合理论与案例、乡村文化振兴理论与实践、乡村文化产业模式与实践等多个主题进行交流，不仅探讨乡村文化振兴的中外理论比较，也讨论实践探索和案例。其间，武汉大学人文社会科学资深教授冯天瑜，瑞典皇家人文、历史及考古学院院士、欧洲科学院院士、香港城市大学"长江学者"讲座教授张隆溪，美国丹佛大学约瑟夫科贝尔国际关系学院终身正教授赵穗生，清华大学熊澄宇教授，武汉大学王列生教授，上海交通大学胡惠林教授，中国人民大学金元浦教授，上海戏剧学院院长黄昌勇教授，南京艺术学院副院长李向民教授，云南大学李炎教授，华中师范大学范建华教授，陕西师范大学孙清潮教授，美国西北大学创意企业领导力项目负责人詹妮弗·诺瓦克·莱纳德教授，荷兰阿姆斯特丹自由大学伯格斯教授，美国俄亥俄州州立大学瑞秋·斯卡格斯教授等，以及中国国际扶贫中心副处长、研究员徐丽萍博士，武汉大学党委常委、副校长周叶中教授，湖北省文化和旅游厅党组成员、总规划师唐昌华先生，湖北省社会科学联合会副主席安向荣女士等分别作了演讲和大会发言。美国芝加哥大学特里·克拉克教授和加拿大多伦多大学丹尼尔·西尔教授等也分别发来视频致辞。一些专家学者通过中外比较研究，如对《来自美国的新见解：在农村背景下的艺术参与和艺术家观点》《中国的改革开放与美国中国研究的发展》《文化遗产和农村社区：包容性管理的挑战》《乡村音乐、流行音乐：比较美国乡村音乐和中国非物质文化遗产音乐》《中国脱贫攻坚的经验和国际比较》等论文的分析，为大会提供了新的研究视野。这次论坛产生了丰富的学术成果，其中不少观点新锐而充满探索性，反映了目前学界对这一问题最前沿的研究水平。

与会专家一致认为，乡村是人类文化的根基之一，以守望相助、敦亲睦邻、孝亲敬贤、祖先崇拜、天人和谐、克勤克俭与耕读传世等为代表的乡村文化观念，滋养着一代又一代中国人，孕育了伟大而又不朽的中华文明。乡村文化振兴是今天现代化文明发展过程中面临的一个基本问题，实现中国梦的最基础的环节是要解决好农村问题，而乡村振兴既涉及经济社会的发展，也涉及文化传承，在一定意义上乡村振兴也就是乡村文化振兴，当代中国实现乡村振兴需要通过文化振兴和特色文化产业的路径来实现。

武汉大学国家文化发展研究院作为文化领域的国家智库，不仅关注城市公共服务和城市文化产业的发展，也特别重视乡村文化振兴的研究。自2010年以来，研究院将一直跟踪研究的湖北和河南等6个乡村作为案例，联合湖北卓尔集团探索学术与商业相结合振兴乡村的路径，在文化服务国家乡村振兴战略上有较为丰富的研究成果。研究院的"乡村振兴战略中的文化建设研究"项目（傅才武教授主持）获批2018年度国家社科基金艺术学重大项目后，向国家相关部门提交了一系列咨询报告，也在国内外学术刊物上发表了相关学术成果，引起了学界同行的关注。

2019年，也是武汉大学国家文化发展研究院创院十周年。十年来，研究院从无到有，从1人增加到30多人，发展成为武汉大学与文化和旅游部、财政部共建的"国家文化和旅游研究基地""国家文化和旅游财政政策研究基地"，在全国创办了第一个"文化产业管理"二级交叉学科点（招收文化产业管理硕士和博士），成为全国高校研究机构中研究文化产业和公共文化政策重要的教学科研基地。承办此次乡村振兴国际学术会议，对于研究院同仁来说，既是对十年发展历程的学术总结，也是通过中外学术交流，凝练下一个十年发展目标和发展路径的重要机遇。此次学术会议，不仅肯定了当代中国学界开展特色文化产业研究的价值，也赋予专家学者继续深入关注的灵感和努力坚持下去的信心与勇气。我们欣喜地看到，学界同行们都更加积极地关注乡村振兴这一时代性和历史性课题。

作为文化研究工作者，我们深深地感受到文化振兴在乡村振兴战略中的地位与价值，也深深感动于民族复兴历史大势下学界同仁主动担当、努力作为的精神风貌。因此，我们联合编撰了这本论文集，其中不少观点都深刻地反映了当下中外学者对于文化如何服务乡村振兴的思考。我们相信，本书的出版，将会吸引更多的学者来关注这一重大学术课题，这也是我们所期望的。

傅才武

2019 年 11 月

目 录

特色文化产业与乡村振兴 | 主持人：陈 波　　001

农村公共文化服务供需失衡背后的体制溯源
　　——以文化惠民工程为中心的调查 | 傅才武　刘 倩　003
乡村振兴背景下民族村寨的公共文化空间建设分析
　　——基于湖南省花垣县十八洞村苗族四寨的田野调查 | 常 晖　022
文化创意驱动乡村振兴的模式创新研究 | 吴一方　钟 晟　035
乡村文化产业发展路径探析 | 张振鹏　049
云南华宁陶当下内容重构对村落转型发展的作用研究 | 陈晓波　061

特色文化产业发展案例研究 | 主持人：孙清潮　　073

少数民族地区传统特色演艺业振兴发展面临困境
　　——以云南省楚雄彝族自治州为例 | 毛少莹　等　075
基于品牌社区的特色小镇环境设计研究 | 卢世主　黄 薇　赵 勇　097
最小的无限大
　　——公共艺术激活乡村日常的实践研究 | 张尚志　117

特色文化产业与文旅融合发展 | 主持人：吴承忠　　125

文旅产业融合发展的理论与实践思考 | 齐勇锋　127
乡村振兴背景下文旅业发展的新趋势与路径思考 | 徐学书　132
文旅融合促进区域发展
　　——荆州纪南生态文化旅游区实践 | 钟 晟　易莲红　马 万　142

公共文化空间在中小城市文化旅游发展中的功能探析
　　——以丽江大研古镇的"文化院落"为案例 | 戴曦霞　　153
民族地区全域旅游发展研究
　　——以湖北民族地区为例 | 纪东东　余召臣　　164

脱贫攻坚与乡村振兴 | 主持人：詹绍文　　183

特色文化产业助力脱贫攻坚
　　——贵州省的实践经验与创新路径 | 肖　锋　吴佳丽　　185
从文创数据视角看乡村旅游产业的智能化路径实施 | 任　兀　余晓叶　　197
乡村振兴背景下城乡融合发展的道路与实践
　　——馆陶县村镇化模式可行性初探 | 徐海敏　　212
乡村振兴战略下贵州石门坎文物保护利用的"民族文化"扶贫路径 | 汤雅乔　224
乡村振兴战略路径探析
　　——以陕西咸阳范李村为例 | 高文智　　231

特色文化产业青年调研 | 主持人：卢世主　　243

湖北民族地区全域生态文化旅游发展调研报告 | 余召臣　程　希　张　炜　245
华强方特主题公园 IP 项目分析与发展策略研究
　　——基于济南、泰安方特主题公园的调研 | 付　伟　　293
乡村振兴视阈下烟台特色文化产业发展路径研究
　　——基于山东省烟台六个市区的调研 | 戚学儒　　309
南盘江流域生态文化旅游小镇建设调研报告 | 于良楠　李雪韵　任潇湘　328

特色文化产业论坛观点 | 主持人：李 炎　　　　　　　　345

　　冯天瑜　　　　　　　　　　　　　　　　　　　　347
　　李向民　　　　　　　　　　　　　　　　　　　　350
　　黄勇嘉　　　　　　　　　　　　　　　　　　　　353

附录一　"新时代下中国乡村文化振兴国际学术会议
　　　　暨2019年特色文化产业论坛"综述　　　　　356
附录二　Cultural Heritage and Rural Communities:
　　　　the Challenge of Inclusive Management　　　361

【特色文化产业与乡村振兴】

导言（主持人：陈　波[①]）

陈　波

党的十九大报告中提出的乡村振兴战略，是解决我国当前农村居民日益增长的美好生活需要和不平衡不充分发展矛盾的必然要求。《中共中央国务院关于实施乡村振兴战略的意见》指出，要按照"产业兴旺、生态宜居、乡风文明、治理有效、生活富裕"的总要求，推进乡村振兴。乡土文化振兴是乡村振兴战略的灵魂，乡村文化产业的发展亦是乡村振兴战略的重要抓手。

本栏目的几篇文章，从不同角度讨论和介绍了文化产业与乡村振兴的相关议题。傅才武和刘倩的文章，基于实践调查，以斯科特关于导致国家项目失败的四要素理论作为解释框架，追溯文化惠民工程的低效困境。常晖则选取湖南省典型民族特色村寨——十八洞村苗族四寨为田野调查对象，借鉴列斐伏尔的空间相关理论，分析其公共文化空间的实践、空间的表征和表征的空间，并提出一定反思与建议。吴一方和钟晟结合中国乡村实际情况和创意理论，厘清乡村文化创意六大要素，并提出要利用"村政企学"四元协作的主体参与模式，激发创意要素，助推乡村振兴。张振鹏梳理乡村文化产业发展观念，总结乡村文化产业四种发展路径模式，在此基础上提出切实可行的乡村文化产业发展建议。陈晓波探讨了文旅融合背景下，云南华宁陶通过重构陶产品文化内容、突出地域文化符号，来实现与消费市场偏好的对接，促进民间手工艺的活态传承。诸位学者的见解都可谓落地有声，独树一帜。希望本次讨论能进一步推进文化产业与乡村振兴的相关研究，并对实践有所裨益。

[①] 陈波：教授，博士生导师，武汉大学国家文化发展研究院常务副院长。

农村公共文化服务供需失衡背后的体制溯源[①]
——以文化惠民工程为中心的调查

■ 傅才武 刘 倩[②]

引 言

公民的基本文化权益是构建国家公共文化服务体系的理论支点[③],如何推进公共文化服务的均等化、保障农村居民基本公共文化权益成为公共文化服务体系建设的重点和难点。2018年,《中共中央 国务院关于实施乡村振兴战略的意见》指出:"加强农村公共文化建设,健全乡村公共文化服务体系……深入推进文化惠民,公共文化资源要重点向乡村倾斜。"以广播电视村村通工程、全国文化信息资源共享工程、农村电影放映工程、农家书屋建设工程、送戏下乡工程和体育健身工程等为代表的文化惠民工程实施十多年来,一方面在推进农村文化建设、保障农村居民文化权益等方面发挥了重要作用,另一方面又面临供需结构错位和公共投入绩效不高等问题,成为政府部门和学界关注的焦点领域。

近年来,农村公共品(或公共服务)的供需结构性错位似乎已成为学界无法绕过或回避的焦点。有学者从供给体制机制[④]、供给效率[⑤]、供给

[①] 基金项目:国家社科基金艺术学重大项目"乡村振兴战略中的文化建设研究"(18ZD24)。
[②] 傅才武:武汉大学国家文化发展研究院教授,博士生导师;刘倩,武汉大学国家文化发展研究院博士生。
[③] 王列生. 论公民基本文化权益的意义内置[J]. 学习与探索,2009(6).
[④] 黄志冲. 农村公共产品供给机制创新的经济学研究[J]. 中国农村观察,2000(6);吴士健,薛兴利,左臣明. 试论农村公共产品供给体制的改革与完善[J]. 农业经济问题,2002(7);贾康,孙洁. 农村公共产品与服务提供机制的研究[J]. 管理世界,2006(12).
[⑤] 吴淼. 基于社会资本的农村公共产品供给效率[J]. 中国行政管理,2007(10);李燕凌. 农村公共品供给效率实证研究[J]. 公共管理学报,2008(2);陈聪,庄晋财,尹金承. 以合作理念提升村庄公共品供给效率[J]. 财政研究,2018(1).

模式①、供给主体②等方面建言献策，试图通过供给侧改革来实现农村公共品的供需均衡。也有学者从需求侧③提出优化建议，认为需求导向将更有益于提高公共服务效能。

在学界对农村公共服务的普遍质疑中，作为一个晚发的领域，农村公共文化服务领域同样出现了公共绩效困境。以文化惠民工程为例，孟凡杰等④以河南省为中心，对农村"体育健身"工程进行了实地考察研究，发现球场建设不规范、体育指导员严重匮乏、室外乒乓球项目不适合农民开展等问题。梁照月等⑤通过走访调查，发现陕西省"文化信息资源共享工程"的群众认知度有待提高，且基层技术力量不足，资源质量有待改善。金武刚⑥指出我国"农家书屋"工程在设施运营、图书资源、服务形式等方面均存在应改进的地方，且与公共图书馆功能有一定程度重合。任和⑦发现"送电影下乡"工程存在部分地区放映和观看难度大、观影率不高等问题。同时，武汉大学国家文化发展研究院课题组近十年来对农村基层文化服务情况进行了持续跟踪调查，形成了《农村文化惠民工程

---

① 熊巍. 我国农村公共产品供给分析与模式选择[J]. 中国农村经济，2002（7）；董明涛，孙钰. 我国农村公共产品供给模式选择研究——基于地区差异的视角[J]. 经济与管理研究，2010（7）；李燕凌. 农村公共产品供给侧结构性改革：模式选择与绩效提升——基于5省93个样本村调查的实证分析[J]. 管理世界，2016（11）.

② 史玲. 我国农村公共产品供给主体研究[J]. 中央财经大学学报，2005（5）；李琴，熊启泉，孙良媛. 利益主体博弈与农村公共品供给的困境[J]. 农业经济问题，2005（4）；孔祥智，李圣军，马九杰. 农户对公共产品需求的优先序及供给主体研究——以福建省永安市为例[J]. 社会科学研究，2006（4）.

③ 郭泽保. 建立和完善农村公共产品需求选择的表达机制[J]. 中国行政管理，2004（12）；赵宇. 农村公共品需求表达与供给决策问题分析——理论考察和山东调研[J]. 财政研究，2009（7）；杨丹，章元. 选民需求的异质性与公共品供给：来自中国农村的证据[J]. 中国农村观察，2009（5）.

④ 孟凡杰，谭作军，高泳. 我国"农民体育健身工程"的调查研究——以河南省试点为例[J]. 中国体育科技，2008（4）.

⑤ 梁照月，何淼，陈伟. 陕西省文化信息资源共享工程实施现状调研及发展对策思考[J]. 国家图书馆学刊，2009（4）.

⑥ 金武刚. 农家书屋与农村公共图书馆服务体系融合发展探析[J]. 中国图书馆学报，2014（1）.

⑦ 任和. 中国农村公共文化服务供给：以送电影下乡为例[J]. 中国农村观察，2016（3）.

发展状况报告》和《全国乡镇综合文化站调研报告》（2012、2016）等系列咨询报告，得到相关主管部门的重视。本文利用武汉大学课题组2018年1月在全国21个省282个行政村关于文化惠民工程的调查成果，追溯了农村公共文化服务供需失衡背后的体制问题。

一、调查分析：以文化惠民工程为例

（一）文化惠民工程及其基本进展

为解决20世纪末我国基层农村居民（特别是中西部农村）收听广播难、收看电视难、看书难、看电影难和看戏难等问题，基本满足城镇居民就近便捷享受公共文化服务的需求，国家财政优先安排广播电视村村通工程、全国文化信息资源共享工程、农村电影放映工程、农家书屋建设工程、送戏下乡工程和体育健身工程等，统称为农村基层文化惠民工程。2007年，《中共中央办公厅、国务院办公厅关于加强公共文化服务体系建设的若干意见》指出，文化惠民工程是一项惠及全国人民、普及大众文化的工程，也是社会主义文化大发展、大繁荣的一项重大举措。（见表1）

表1 六大文化惠民工程建设的相关情况

项目	起始时间	建设目标	相关政策
广播电视村村通工程	1998年	解决农村居民收听广播、收看电视难的问题	《国务院办公厅关于进一步做好新时期广播电视村村通工作的通知》（2006）、《"十一五"全国广播电视村村通工程建设规划》（2007）等
全国文化信息资源共享工程	2002年	把文化信息资源传送到城乡基层文化网点和群众身边	《关于实施全国文化信息资源共享工程的通知》（2002）、《全国文化信息资源共享工程管理暂行办法》（2002）等
农村电影放映工程	1998年	在广大农村实现"一村一月放映一场电影"的目标	《农村数字电影发行放映实施细则》（2007）、《关于推动农村电影放映工程可持续健康发展的通知》（2010）等
农家书屋工程	2005年	解决广大农民群众"买书难、借书难、看书难"的问题	《"农家书屋"工程实施意见》（2009）、《农家书屋工程建设管理暂行办法》（2009）等

续表

项目	起始时间	建设目标	相关政策
送戏下乡工程	1995年	传承中华优秀传统文化、丰富群众精神文化生活	《中央宣传部、农业部关于深入开展农村社会主义精神文明建设活动的若干意见》（1995）、《关于支持戏曲传承发展若干政策的通知》（2015）、《关于戏曲进乡村的实施方案》（2017）等
体育健身工程	2006年	使广大农民能够享受到基本的体育服务	《关于实施农民体育健身工程意见的通知》（2006）、《关于进一步加强农民体育工作的指导意见》（2017）等

2017年，中央财政安排129.79亿元，支持地方统筹落实国家基本公共文化服务指导标准和地方实施标准，实施戏曲进乡村、公共数字文化建设、农村综合性文化服务中心建设、流动文化服务等文化惠民工程。到同年8月，全国文化信息资源共享工程初步建立了覆盖城乡的六级服务网络设施，包括1个国家中心、33个省级分中心、333个地市级支中心、2 843个市县支中心、32 179个乡镇基层服务点，与中组部全国党员干部现代远程教育网联合建立了70万个村（社区）基层服务点。① 截至2018年3月，全国已有464个县（区、市）图书馆、646个县（区、市）文化馆建立了总分馆制，已建成农村综合性文化服务中心340 560个，实现文化资源在县域内联动共享，把优质公共文化服务延伸到基层农村，进一步夯实农村文化建设的基础。②

2018年1月，武汉大学课题组分赴全国21省（自治区、直辖市）的282个行政村（其中东部4省34个行政村，中部8省158个行政村，西部9省90个行政村）进行实地走访调查，了解并梳理了当前我国农村文化惠民工程的基本建设情况。从各项工程取得的实际进展来看，"广播电视村村通工程"的应急广播体系覆盖率为68.84%，广播、电视频道数量已达到建设全覆盖的标准要求，农村居民选择有线电视入户的居多，

---

① 数据来源：国家文化和旅游部网站，http：//zwgk.mct.gov.cn/auto255/201711/t20171106_693562.html。
② 数据来源：国家文化和旅游部网站，http：//zwgk.mct.gov.cn/auto255/201811/t20181120_836098.html。

平均每村有线电视入户数为417.44户。"全国文化信息资源共享工程"平均建筑面积达136.19平方米，平均每村拥有5.05台电脑和0.83台投影仪。"农村电影放映工程"基本达到"一村一月放映一场电影"的要求，64.66%的样本村有固定放映地点，农村开阔地点和农村文化广场作为放映地点的情况最多。"农家书屋工程"中，平均每村拥有藏书3 784.32册、报刊21.74种，全年开放226.02天，每天开放6.53小时，32.41%的农家书屋与当地图书馆、乡镇文化站或其他农家书屋实行了图书流转。"送戏下乡工程"以地方戏剧和歌舞表演场次较多，送戏下乡的机构主要以县级的院团或文化馆站为主，每村平均送戏下乡6场、每场观众355.46人次。"体育健身工程"中，60.66%的样本村拥有篮球场，平均每年举办4.82场体育健身活动，平均每场参与人次为25.33人。（见表2）

表2　2017年农村文化惠民工程的实施情况[①]

项目	内容	有效样本值
广播电视村村通工程 （有效样本：273个）	应急广播体系覆盖率（%）	68.48
	平均可收听广播节目频道数（个）	26.96
	平均可收看电视节目频道数（个）	68.16
	平均每村有线电视入户数（户）	417.44
全国文化信息资源 共享工程 （有效样本：137个）	平均建筑面积（平方米）	136.19
	平均每村拥有电脑数量（台）	5.05
	平均每村拥有投影仪数量（台）	0.83
	平均每村服务总人次（人次）	2 662.81
农村电影放映工程 （有效样本：242个）	平均每村放映电影场次（场/年）	11.49
	平均每场观演人次（人次）	98.34
	拥有固定放映地点的样本比重（%）	64.66
农家书屋工程 （有效样本：249个）	平均建筑面积（平方米）	86.23
	平均每村拥有藏书量（册）	3 784.32
	平均每村拥有报刊种类（种）	21.74
	平均每村举办读书活动（场/年）	6.37
送戏下乡工程 （有效样本：152个）	平均每村送戏下乡场次（场/年）	6
	平均每场观演人次（人次）	355.46
	平均每村拥有自乐班（个）	2.47
	平均每个自乐班演出场次（场/年）	11.69

① 表格数据由村委会问卷整理计算得出。表中有效样本是指被调研行政村中拥有该项工程的数量。以全国文化信息资源共享工程为例，在回收的276份村委会问卷中，有137个行政村拥有该项工程，故有效样本为137个。

续表

项目	内容	有效样本值
体育健身工程 （有效样本：272个）	配有健身路径的样本比重（%）	75
	拥有篮球场的样本比重（%）	60.66
	平均每村举办体育健身活动（场/年）	4.82
	平均每场活动参与人次（人次）	25.33

通过调查数据发现，自文化惠民工程实施以来，我国农村文化建设取得了明显成效，切实丰富了农民群众的精神文化生活。尤其是在东部沿海和经济发达地区，一些先富起来的乡村正朝着城乡一体化的方向发展，农村居民的文化生活呈现出积极的发展态势。中西部地区，尤其是老少边穷地区的农村文化建设状况也得到了极大的改观。

（二）文化惠民工程的政策设计目标及其现实差距

近年来，党和国家相关部门相继出台《中华人民共和国公共文化服务保障法》《关于加快构建现代公共文化服务体系的意见》《关于推进基层综合性文化服务中心建设的指导意见》《关于做好政府向社会力量购买公共文化服务工作的意见》《"十三五"时期贫困地区公共文化服务体系建设规划纲要》《关于推进县级文化馆、图书馆总分馆制建设的指导意见》《关于实施乡村振兴战略的意见》等相关政策文件，旨在推进文化惠民工程建设，为农村居民提供基本的公共文化服务，确保居民文化权益得到保障，实现公共文化服务的均等化。尽管均等化的"结果均等"和"机会均等"二者都不可或缺，但到底是强调"结果均等"还是强调"机会均等"会形成不同的政策理念。从当前文化惠民工程的政策设计看，这是一种以保障农村居民公共文化服务结果均等的政策设计理念，即不考虑区域、城乡、人群之间的差异，人人都应享有同等水平的服务或产品。基于这种设计理念形成了格式化的管理特征，即国家通过各级财政的配置，均等地向每个行政村和乡镇注入财政等公共资源，以期实现农村居民人人都能享有读书看报、看电视、听广播、体育健身等文化服务的结果均等。但事实证明，这种保障方式与农村空心化、城镇化等社会环境的变化，以及信息技术条件下居民实际需求的变化难以实现协同，难以满足不同群体弹性的文化需求。

以农家书屋为例。实践调研发现，政府花大力气投入建设的农家书屋往往难以引起农村居民的兴趣，书屋使用率普遍较低，部分农家书屋甚至成为"农家锁屋"（进门三把锁）。[①] 乡镇综合文化站也同样如此，以武汉大学课题组2012年和2016年乡镇综合文化站驻点观测数据为例，政府投入的增加和服务供给的增长与文化参与人次之间并未呈现正相关。从2012年到2016年，尽管财政投入不断提高，但到站观众人数却在减少，平均来站访问人次从2012年的日均22人次减少为2016年的15人次，继续加大投入可能会引发越来越严重的绩效困境。[②] 本次调研发现，21.84%的农村居民因手机、电脑等广泛使用，认为没有必要参与全国文化信息资源共享、农村电影放映、农家书屋等文化惠民工程；31.68%的村民对戏剧不感兴趣而未参与送戏下乡工程。在政府单一格式化供给的模式下，由于无法建立起以农村地区居民文化需要为导向的供给机制，村民对文化惠民工程开展的活动和延伸项目等的参与热情大打折扣，从而阻滞了文化惠民工程既定目标的实现。（见表3）

表3 村民未参与部分文化惠民工程的原因

项目	原因	百分比（%）
全国文化信息资源共享工程	有手机或家用电脑，不需要去	24.9
	现有信息资源已经不能满足我的需求	2.5
	对这个机构不了解	52.0
	路程远，不方便	9.1
	不会用电脑	74.2
农村电影放映工程	家里电视、电脑、手机都可以看，没必要去	29.9
	所放电影老旧，不感兴趣	8.8
	放映的电影不是喜欢的类型，不好看	6.8
	不知道何时放、哪里放	42.8
	没时间去	27.2
	路程太远	9.2

---

① 柯平，邹金汇. 论乡镇图书馆的转型——突破总分馆模式的发展瓶颈[J]. 图书馆工作与研究，2016（7）.

② 数据来源：武汉大学国家文化发展研究院内部报告。

续表

项　目	原　因	百分比（%）
农家书屋工程	手机或电脑看书更为便利，很少看纸质书	23.3
	图书比较陈旧，没有一些最新的图书	11.5
	没有喜欢的图书类型	8.5
	不识字，不看书	16.1
	路程远，不方便	16.1
	对农家书屋不了解	18.9
	长期未开门，借书不方便	9.7
送戏下乡工程	不喜欢看戏	31.4
	看不懂	9.8
	演出不好看	6.8
	不知道演出信息	48.4
	路程远	6.9
	没时间	16.5

（三）农村公共文化供需失衡的具体表现

当前，农村公共文化服务的供需失衡主要体现在供给内容和供给空间两方面。如何测量供需失衡及其失衡程度是学界的一道难题。公共文化服务具有不易测量的属性，虽然在现实的公共文化服务相关规范中对部分指标进行了量化，但关于供给内容是否符合居民的需求，以及供给质量是否让公众满意均无法从量化指标中得到准确的反映。阮荣平等通过供给与需求的排序来考察农村公共文化服务供需之间的平衡关系[①]，但这种直接测量方法的维度是固定的，可能因反馈信息缺乏而忽略了部分农村居民真实的需求，因此本文采用农村居民对农村公共文化项目的反馈信息构建"认可度模型"，形成间接测量模式。

本文从"反对""中立""期望""支持"四个维度来表达农村居民对文化惠民工程的认可度情况（见表4），分别表示对该项目主观上不需要且不满意、主观上不需要但满意、主观上需要但不满意，以及主观上需要且满意四种认可情形。

---

① 阮荣平，郑风田，刘力. 中国当前农村公共文化设施供给：问题识别及原因分析——基于河南嵩县的实证调查 [J]. 当代经济科学，2011（1）.

表4　认可度评价维度

	不满意	满意
不需要	反对	中立
需要	期望	支持

从调研结果来看，农村居民对文化惠民工程的认可度较高，各项工程的期望率和支持率均超过了75%，说明农村居民对文化惠民工程总体上持认可态度（见表5）。但是，各项工程的期望率均高于支持率，说明农村居民对文化惠民工程的供给质量不太满意。

表5　不同文化惠民工程的认可度情况（%）

	广播电视村村通工程	农村电影放映工程	农家书屋工程	送戏下乡工程	体育健身工程	文化信息资源共享工程
反对	4.4	11.6	13.0	8.3	8.8	16.5
中立	10.7	17.8	24.5	17.1	11.8	28.9
期望	50.2	46.9	37.5	47.5	45.3	34.4
支持	34.7	23.7	25.0	27.1	34.1	20.2

1. 农村公共文化服务供给内容的失衡问题

当前我国处于移动互联网快速发展时期，各类自媒体平台层出不穷，并借助社交网络迅速占据公众的精神文化空间，公众需求的个性化、多样化、分散化特征越发凸显。反观公共文化政策，必须将公共文化服务的文化价值、社会价值等纳入考量范围，因此政府在具体实践过程中无法完全响应公众的需求，而是在综合考虑的前提下进行公共文化服务供给，从而容易导致公共文化服务的供给内容未能充分满足农村居民的需求。

研究发现，农村公共文化服务供给内容的失衡问题主要表现在三方面：一是政府所提供的公共文化服务具有可替代性，农村居民可通过其他渠道更为便捷地获取。农村文化惠民工程肇始于早期网络不发达的年代，而当前我国已经进入互联网高速发展阶段，在互联网空间中的各种媒体平台为公众提供了包含书籍阅读、音视频欣赏、信息查询等多种便捷功能，农村居民可通过手机或电脑等设备来获取相关资讯以满足自身的文化需求，而非必须选择文化惠民工程。调查表明，有 24.9% 的农村居民不选择使用全国文化信息资源共享工程，29.9% 不选择农村电影放映工程，23.3% 不选择农家书屋工程。二是公共文化服务存在服务内容陈旧的问题。农村居民中有 8.8% 表示因农村电影放映工程所放电影老旧而不感兴趣，11.5% 因农家书屋中图书陈旧、8.5% 因没有喜欢的书而不去农家书屋，6.8% 因演出不好看而不观看送戏下乡的表演等。三是供需错配，供给内容不符合农村居民的主观期待。调查统计发现，年节演出、广场舞等成为农村居民的文化活动偏好，但在当前的农村公共文化供给中难以充分提供这类服务，政府提供的公共文化服务内容并不完全符合农村居民的需求。在认可度模型中，反对和中立的意见表达了农村居民对农村文化惠民工程不需要的态度，从文化惠民工程认可度情况来看，广播电视村村通、农村电影放映工程、农家书屋、送戏下乡、体育健身和文化信息资源共享工程的"不需要"占比分别为 15.1%、29.4%、37.5%、25.4%、20.6%、45.4%。可见，除去广播电视村村通外，超过 20% 的农村居民认为不需要文化惠民工程的其他各项，特别是有接近一半的农村居民认为不需要文化信息资源共享工程。这反映出当前政府所提供的农村公共文化服务存在较大的供需错配问题。

2. 农村公共文化服务供给空间的不均衡问题

张立荣（2011）等以收入差别作为起点，研究我国农村公共服务需求偏好，发现收入差异造成对公共服务偏好不同，总体表现为随着收入增加而对保障型公共服务的需求递减，而对发展型公共服务需求递增。[①] 其中，文化体育活动属于发展型公共服务范畴。由此可见，在我国区域经济发展不平衡的情况下，不同地区的农村居民对公共文化服务的需求偏好也存在差异，这种差异不仅表现为对公共文化服务需求程度的差异，而且包含着服务内容（也即品位的偏好）的差异。同时，依据文化消费理论[②]，与教育相关的文化资本、与区域经济发展相关的经济资本等决定了公众的文化消费能力。因此，可以推断不同地区由于经济和教育发展

---

① 张立荣，李军超，樊慧玲. 基于收入差别的农村公共服务需求偏好与满意度研究[J]. 中国行政管理，2011（10）.
② 维克托，戴维. 艺术与文化经济学手册[M]. 王家新，等译. 大连：东北财经大学出版社，2018.

水平等不同而客观存在居民文化需求与满意率的不同。

在宏观分析中，学界通常以东、中、西部划分中国区域并研究三大区域之间的差异。本研究中，我们首先从三大区域对各个农村文化惠民工程的需要率和满意率进行考察（如图1所示）。结果发现，不同区域间的需要率差别很小（变异系数均小于6%），而满意率的差别也仅在送戏下乡、农村电影放映和体育健身三个方面表现相对大些（变异系数分别为15.7%、10.1%、9.3%）。由此可见，从东、中、西部的角度对农村文化惠民工程进行需要率和满意率差异性分析并未表现出明显的区别。

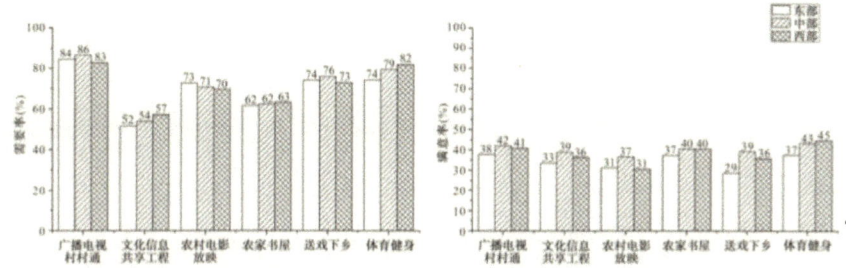

图1 各项农村文化惠民工程在三大区域的需要率和满意率

但从省际的需要率和满意率进行分析发现，各个省（自治区、直辖市）之间的需要率和满意率差异较大，各项工程的需要率变异系数基本大于10%（仅广播电视村村通为9.6%），而满意率变异系数则均大于30%（其中，农村电影放映工程变异系数最高，为44.1%）。通过对各省（自治区、直辖市）农村文化惠民工程的需要率、满意率，以及满意率与需要率之比构建专题地图（如图2所示）发现，新疆、安徽、浙江、贵州、江西、广西、山东等农村居民对农村文化惠民项目的平均需要率较高（>75%），而内蒙古（55.6%）与福建（48.5%）相对较低；山东、黑龙江与宁夏的满意率相对较高（>50%），其他地区的满意率相对较低，其中江苏（18.3%）与福建（10.9%）的满意率最低；从满意率与需要率之比来看，同样是山东、黑龙江和宁夏的值最高（>70%），说明这三个省和自治区农村文化惠民实施的效果相对较好。由此可见，当前农村文化惠民工程在需求率和满意率方面存在较大的地理空间差异。

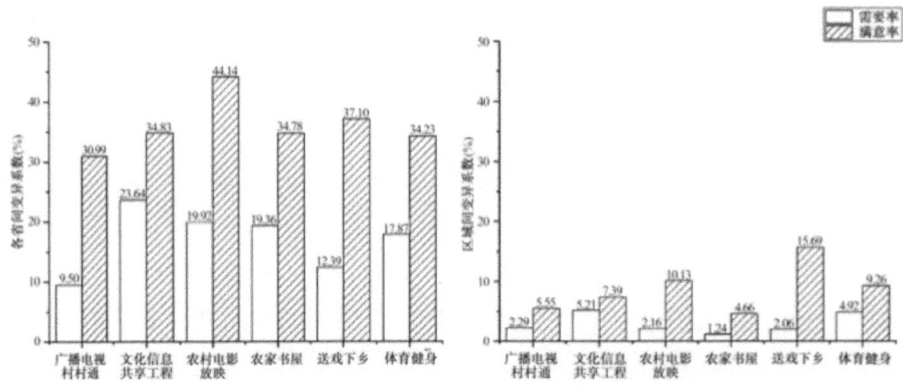

图 2 各省农村文化惠民整体需要率、满意率及两者比率[①]

二、制度溯源：计划体制的惯性依赖

文化惠民工程作为国家主导的重大文化项目，是国家进行文化治理的基本手段。尽管不同学者对于"项目制"的看法稍有差异，但将项目作为连通国家与社会的治理渠道的看法本质上没有区别。[②]而这种文化项目的政策设计思路，源于计划体制固有的知识体系。

历史的视角可以帮助我们拉长观察分析的距离，从纵向发展过程中辨识社会现象的来龙去脉和主流枝节。[③]傅才武等人从历史学的角度对中国文化管理体制的变迁进行了总体性的考察，发现文化体制变迁的轨迹都与行业体制结构相关，而行业体制正是文化领域计划体制的集中体现。[④]并且，计划体制作为制度体系本质上是一种文化动员体系，与国家文化治理体系仍然存在性质上的差别。[⑤]因此，追溯文化惠民工程的低效困境，

---

① 图中需要率和满意率是计算各项农村文化惠民项目需要率和满意率的均值，比率则是均值满意率和需要率之比。
② 周雪光. 项目制：一个"控制权"理论视角 [J]. 开放时代，2015（2）；折晓叶，陈婴婴. 项目制的分级运作机制和治理逻辑——对"项目进村"案例的社会学分析 [J]. 中国社会科学，2011（4）.
③ 周雪光. 寻找中国国家治理的历史线索 [J]. 中国社会科学，2019（1）.
④ 傅才武. 中国文化管理体制：性质变迁与政策意义 [J]. 武汉大学学报（人文科学版），2013（1）.
⑤ 傅才武. 近代中国国家文化体制的起源、演进与定型 [M]. 北京：中国社会科学出版社，2016.

必须要追溯至计划体制的最深处,才能发现其制度性原因。

美国耶鲁大学政治学和人类学教授詹姆斯·斯科特(James Scott)在《国家的视角》一书中,通过苏联集体化、坦桑尼亚的强制村庄化等案例研究,总结了那些试图改善人类状况的国家级大型项目失败的原因。斯科特认为,自然和社会的管理制度、极端现代化意识形态、无序无力的公民社会等要素的结合,形成对社会组织和自然环境的"极端简单化设计",从而导致国家项目的失效。[①]周雪光(2012)通过对我国乡镇农村公路"村村通"工程的调查,发现该项目的运作过程和实施效果与斯科特的看法吻合。[②]尽管斯科特的解释框架并不完全符合中国的实际,但他将国家项目失败的主要要素总结为行政安排、高度自负、权威政府(单位体制)和基层无力的四要素分析法,仍然给我们现行文化体制的改革提供了有益的启示(如图3所示)。

图3 对斯科特关于国家项目失败的四要素总结

(一)行政安排:纵向超长的委托代理链条抑制了基层文化单位的积极性

中华人民共和国成立后,借助于文化行业体系,政府实现了对稀缺性文化资源的集中管理,即资源配置、干部人事安排和文化产品供给生产均由上级决定,表现为一种程序化的"命令—服从"体系,形成了"中央—

---

① 詹姆斯. 国家的视角——那些试图改善人类状况的项目是如何失败的[M]. 王晓毅, 译, 北京: 社会科学文献出版社, 2004.
② 周雪光. 通往集体债务之路——政府组织、社会制度与乡村中国的公共产品供给[J]. 公共行政评论, 2012(1).

"省级—市级—县级—乡镇级"的纵向分权管理架构。在这套分权架构中，形成了多重委托代理关系。随着委托代理链条的延伸，信息不对称愈加严重，初始委托人（中央政府）的利益实现面临着更大的不确定性。① 我国文化惠民工程均从中央发起，经过省级、市级、县级和乡镇级的层层委托，最后由乡镇政府统筹管理，形成了一个超长的委托代理链条。但是，由于文化行业体制存在强烈的"行政偏向"，基层政府在执行政策的过程中会优先考虑上级的"命令"或"要求"，行政目标前置于服务目标。因此，这种超长的委托代理链条并没有形成"自上而下"的发展合力，反而在客观上引发了信息失真、供需不符，以及政绩导向下的激励失效等问题，一定程度上抑制了基层文化单位的积极性和主观能动性，导致原有的政策红利不断消减，使文化惠民工程呈现出边际效益递减的趋势，这也是提出文化领域供给侧结构性改革的深层原因之一。

（二）高度自负：对精神生产的设计管理导致了格式化的文化供给模式

随着科学和技术的进步、生产能力的扩大、人们的需求不断得到满足，人类社会对自然和社会的掌握形成了强烈的信心。特别是精英阶层相信，随着科学掌握自然规律，人们可以理性地设计出社会的秩序。这种高度自负的合法性来自现代科学和技术的能力，因此它很少被怀疑，因而人们也对对人类社会的精神生产进行"设计管理"存在一种盲目乐观。

以文化惠民工程为例，由于我国地域广袤且地区发展不平衡，东、中、西部的乡镇和行政村在经济条件、基础设施、人口规模、资源分布等方面均存在较大差异。但文化惠民工程在具体实施过程中，并未考虑到不同地区、不同发展程度地区的特殊性，格式化的供给标准造成了部分地区的供给不足或供给低效。并且，随着互联网技术的飞速发展，以在线消费、电子阅读、在线电视电影等为代表的新兴文化消费形式正逐步占据主流并不断改造农村居民的消费习惯，重建其文化消费结构，作为传统文化载体的戏曲杂技等娱乐活动持续缩减。然而，当前的文化惠民工

---

① 杨宝剑，杨宝利. 委托代理视角下政府间纵向竞争机制与行为研究[J]. 中央财经大学学报，2013（2）.

程仍固守在传统的文化媒介之上，无法满足现阶段农村居民的新型文化需求，存在文化服务供给的滞后性。

（三）单位体制：分设多个文化行业带来多头管理，形成"碎片化"的管理特征

国家在文化方面的权威性主要通过文化行业体制得以贯彻。文化行业作为国家职能的具体载体，自身的公共属性帮助其获得了资源优势和机会优势，成为国家向社会提供公共文化产品的实施者，并与政府之间形成了特殊的关系。然而，尽管分设文化行业进行专业管理的行为具有专业化和职业化优势，但在目前我国固有的单位体制环境中，由于体制耗散、资源分散，客观上带来了多头管理和碎片化供给的弊端。主要表现为：供需脱节，供给内容无法聚焦；政出多门，供给部门交错林立；多轨并存，供给方式杂乱无序等。[1]各级政府的公共责任划分不清，供给主体错位，且基层政府的事权与财权不统一。[2]每项文化惠民工程均对应不同的中央主管部门，基层政府面对这种"多对一"的格局，容易造成项目之间的冲突和挤压，从而产生农村基层文化机构建设和发展方向不明、基层文化干部职责不清、各项目之间缺乏协作而效率低下等问题，逐步形成在行业体制下的"碎片化"管理特征。（见表6）

表6 文化惠民工程主管部门分布情况

文化惠民工程	主管部门
农村电影放映工程	国家广播电视总局
全国文化信息资源共享工程	文化与旅游部
广播电视村村通工程	国家广播电视总局
农家书屋工程	国家新闻出版署
送戏下乡工程	文化与旅游部
体育健身工程	国家体育总局

---

[1] 陈建. 农村公共文化服务碎片化问题研究——以整体性治理为视角[J]. 图书馆工作与研究，2017（8）.
[2] 史玲. 我国农村公共产品供给主体研究[J]. 中央财经大学学报，2005（5）.

（四）基层无力：农村文化参与动能不足，缺乏需求表达反馈渠道

当前，农村空心化和农村人口的结构性失衡意味着农村文化参与人口的持续缩减，也影响到农村文化惠民工程参与人口的规模和质量。农村空心化的重要特征是农村青壮年劳动力大量外出，流向城市打工，留居农村人口呈老龄化、贫困化趋势。[①]据调查显示，江西安义县新民乡合水村下辖的南坑自然村曾是一个有130多人的山村，到2012年仅剩一位64岁的老人。[②]广大中西部农村还广泛存在老年人、妇女和儿童"三留守"现象。[③]因此，老人晒太阳聊天、妇女打牌、儿童看电视动画节目成为这些地方日常娱乐休闲方式。此外，农村人口结构受传统节日等影响会出现周期性变化和短时波动，最明显的是春节期间农村居民大量回到乡村过年。农村的空心化趋势和农村人口在年龄、性别、素质等方面的结构性变化，直接影响到文化需求表达反馈的机制。农村居民作为消费者大多只能被动接受，在文化惠民工程的需求方面缺少自己的话语权和表达渠道，这使他们真正的需求无法及时而充分地被吸纳到政府决策中去，从而导致文化惠民工程表现出供需有缺口、供给效率不高、供给质量有待提高等一系列问题。

可见，由于技术进步引发居民文化消费结构的变化、文化行业体制改革的滞后和市场体制环境的变迁等多种因素叠加的影响，文化惠民工程逐步从一种有效的国家文化建设手段转变为低效供给模式，面临着改革优化的任务。

三、政策建议

党的十八届三中全会提出"要完善文化管理体制，推动公共文化服务社会化发展"。进入21世纪20年代，中国农村居民的文化需求、农村文化消费结构和农村文化发展环境等都发生了根本性的变化。农村基层公共文化服务必须从政府计划型供给（项目制）转向市场契约型供给，

---

① 刘彦随，刘玉. 中国农村空心化问题研究的进展与展望[J]. 地理研究，2010（1）.
② 数据来源于武汉大学国家文化发展研究院内部报告（2012年）。
③ 贺雪峰. 城乡二元结构视野下的乡村振兴[J]. 北京工业大学学报（社会科学版），2018（5）.

以适应不同地区、不同类型的农村基层公共文化需求。

（一）调整和优化政策设计的原则，从保障公共服务结果均等转向保障机会均等和供给能力的均衡

强调"结果均等"或者强调"机会均等"会形成不同的政策理念。实践表明，强调结果均等会导致政府统一配置性供给、格式化管理模式等做法，形成从中央到地方自上而下的"国家文化工程"（如文化惠民工程），从而造成供给效率困境。因此，需要推进现有农村公共文化服务（文化惠民工程）的政策设计理念，从保障结果均等向机会均等和保障能力的均衡转变，即保障每个居民都拥有相同的机会，可以根据自己的实际需求选择相应的公共服务或公共产品。在具体的实践过程中，立足于公民文化需求的分散化和多样性，应该采取一种以市场契约为基础的供给方式，政府作为主导和协调力量，协同政府（文化单位）、社会企业和个人组织实施网络化生产和分配体系。其政策核心是中央与地方政府间建立公共文化事权、支出责任划分和财权事权协调系统，建立政府向社会力量购买公共文化服务的政策保障体系。所谓供给能力的均衡，是指通过中央财政的调节功能，实现东、中、西部基本公共文化服务的供给均衡，同时实现发挥有限政府（有限财政）保障和发挥社会力量作用的均衡；通过政府财政能力和社会力量的有效供给组合，实现农村基层公共文化供给的机会均等。

（二）创新政策措施，从农村基层的政策创新突破公共文化资源的体制内循环

文化惠民工程的效率困境，首先与社会经济基础结构的转型相关；其次，如果仅从制度安排的角度看，主要与公共资源的体制内（行业）循环关系密切，所以，突破体制内循环就成为政策创新的方向。

第一，建立和完善政府购买公共服务的制度，吸纳社会力量参与提供公共文化服务。政府向社会力量购买公共文化服务，不仅仅是传统供给模式的一大变革，也是顺应事业单位体制机制改革和市场化发展驱动

而实施的公共文化服务供给理念和模式的转变。2015年5月11日，国务院办公厅转发了当时文化部等四部委起草的《关于做好政府向社会力量购买公共文化服务工作的意见》，借助政府公共文化服务购买的渠道，创造深化文化体制改革的战略突破口，推动政府文化管理职能的转变。这一政策文件不仅提出了吸引社会力量进入公共文化服务领域的要求，而且规定了政府向社会力量购买公共文化服务的原则、目标和管理流程。其目的是：通过引导和规范社会力量参与公共购买过程，培育"替代性生产者"，形成体制内机构与体制外社会力量的竞合关系；通过体制外的经验示范激发体制内文化资源存量的活力。同时，针对新兴文化消费内容和方式对新时期人民群众文化消费的影响，创新政府管理方式，推动公共文化服务供给与人民群众文化需求有效对接。赋予人民群众根据自身需要进行选择的权利，通过设计"消费者的投票权"，促使供给主体提高供给质量，切实保障人民群众享受公共文化服务的基本权益。

第二，改变以往的碎片化治理方式，打造农村公共文化共享空间。农村公共文化服务的低效率困境，部分是碎片化治理的结果。改进的策略是要用结构性思维①和整体性理念，重建农村基层公共文化共享空间，形成物理空间、活动空间、制度空间"三位一体"的综合性公共文化场域。借鉴湖北乡镇"点播影院"②的共享文化空间探索模式，设计财政"补贴—建设"政策，促进政府、企业、社会组织和自然人等多方力量合作，打造基层公共文化服务与文化产业发展相融合的文化共享型项目。

第三，建立需求表达反馈机制，改变居民因不了解、不知道而不能参与公共文化服务的现状，将居民享有基本公共文化服务的权利落到实处。调查发现，由于缺乏有效的文化需求表达反馈机制，文化参与渠道

---

① 吴新叶. 农村社会管理何去何从：整体性治理视角的尝试性解读[J]. 理论探讨，2013（2）.
② 2016年以来，湖北省支持在乡镇建设"点播影院"，探索建立"文化站+点播影院+N"（N种商业模式）乡镇新型文化共享空间，连通基层文化事业与文化产业，探索乡镇基层在政府与市场"双失灵"困境下实施文化惠民的新路。这种由政府补贴引导、由市场主体建设运营的模式，是破解乡镇基层"双失灵"困局的有益探索。参见傅才武，等. "双失灵"背景下建设新型文化共享空间的理论与实践——以湖北乡镇"点播影院"试点为中心的考察[J]. 福建论坛（人文社会科学版），2018（8）.

狭窄，农村居民真正的需求无法及时而充分地被吸纳到政府决策中去，从而导致公共文化服务的供需失衡、供给效率不高。因此，政府文化管理部门应订立制度，定期搜集居民对文化惠民项目的意见与建议，并及时梳理相关信息，将其整理反馈到各文化管理和供给机构。打造农村文化服务互动平台，利用网站、微信、微博等新媒体开辟信息发布、需求征集和意见反馈等渠道，及时调整和优化文化惠民工程的文化供给内容。

同时，要解决农村居民文化需求表达反馈机制，还必须培育农村自组织力量，借助农村居民的自组织提高居民的需求反馈能力；充分发挥新乡贤的带头作用，提升居民文化组织的能力，从而提高整个农村基层公共文化服务的管理水平。

乡村振兴背景下民族村寨的公共文化空间建设分析
——基于湖南省花垣县十八洞村苗族四寨的田野调查[①]

■ 常 晖[②]

一、问题的提出

2013年11月3日，习近平总书记在花垣县十八洞村首次提出"精准扶贫"，并做出重要指示——实事求是、因地制宜、分类指导、精准扶贫，为我国的扶贫事业提供了新思路。在这一思想的指导下，十八洞村在过去几年里获得了显著的经济增长，并于近年实现了稳定脱贫，在我国精准扶贫事业上取得了令人惊叹的成就，这在我国的乡村振兴和脱贫攻坚事业中具有重要意义。十八洞村由最初政策助力、产业脱贫等外在赋权的加持，到如今依托当地生态优势，主动发展乡村文化旅游等文化产业，升级精准脱贫方式以增强自身造血功能，寻求稳定的发展，这预示着其发展动力已经由外力推动转向内生增长。扶贫对象内生动力的培育与激发包括三个方面：思想观念、个体能力和扶贫参与方式。[③]这就要求十八洞村在全面实现乡村振兴中，从本质上改变扶贫对象"做事的方式"，使其获得自我教育、自我发展的内生增长能力，其中实现公共文化空间的益贫式增长是基础。已经有学者总结，益贫式增长不仅减少贫困，同时使增长利益更多地流向穷人。[④]据此，公共文化空间的益贫式增长不仅能减少公共文化空间贫困，同时可使增长的文化利益更多地流向穷人。此外，十八洞村还要建设旅游景区。加强公共文化空间的建设不仅维护

[①] 本文感谢2019年湖南省研究生暑期学校的帮助。本课题由湖南省教育厅主办、吉首大学承办，主题为"乡村振兴背景下西南民族地区的社会·历史与文化"。

[②] 常晖：女，湖南师范大学历史文化学院文化产业管理专业研究生在读，研究领域：文化产业。

[③] 左停，金菁，于乐荣.内生动力、益贫市场与政策保障：打好脱贫空间战，实现"真脱贫"路径框架[J].苏州大学学报，2018（5）：49.

[④] 韩秀兰.益贫式增长与社会机会分配[J].统计研究，2011（12）：41.

了本村村民的文化利益，满足了其文化生活需要，而且是其发展文化经济、活化文化资源、稳定脱贫的有效机制之一。

十八洞村由梨子寨、竹子寨、飞虫寨、当戎寨4个自然寨组成，全村有6个村民小组，共225户939人。截至目前，十八洞村获得过"全国少数民族特色村寨""全省脱贫攻坚示范村"等荣誉，是我国乡村振兴的一个典型和缩影。随着十八洞村经济的发展，4个寨子发展不平衡的现象逐渐出现，公共文化空间不平等的问题也开始被关注。在十八洞村寻求稳定发展、全面建设小康社会之际，公共文化空间实际建设情况怎么样？如何从已有的公共文化空间中找到发展的内生增长动力……这都是现今十八洞村在乡村振兴中需要思考和研究的问题。因此，本文对十八洞村公共文化空间建设实际情况进行了调查分析，试图探讨相应的优化办法，为少数民族村寨及其他地区乡村振兴进程中的精准扶贫事业提供可借鉴的样板。

十八洞村是典型的苗族聚居贫困村，耕地较少，人均耕地0.83亩，现已完成精准扶贫阶段，转向依靠乡村振兴实现稳定脱贫的阶段。因此本文重点关注十八洞村的公共文化空间分布差异，对公共文化服务设施在十八洞村4个寨子的分布情况、文化娱乐活动开展情况、村民精神风貌建设等现有成果的总体情况进行深入实地调研。一方面通过中国知网检索国内已发表的相关文献，了解目前公共文化空间分布差异、益贫性等相关研究的总体情况，对现有成果有选择地合理利用。另一方面利用民族学的田野调查法，将重点放在梨子寨、竹子寨、飞虫寨和当戎寨进行实地调研，采取访谈法和参与观察法等广泛了解十八洞村公共文化空间差异情况，同时辅以十八洞村的财政支出和政策文件等以补充实地调查无法获得的内容。在此基础上，综合调查资料，进行系统分析和积极思考，形成新的观点，完成可复制、可推广的调查报告。

二、民族村寨十八洞村公共文化空间分布的现状

列斐伏尔从三个维度来理解空间，分别是空间的实践、空间的表征和表征的空间。有学者作出以下理解："空间的实践"指的是人们处在

日常的生活中对所呈现世界的一系列感知，这些感知的对象是那些可以被我们所观察和感觉到的事物。空间的实践指向物质性，并包含构成日常生活的"路径和网络"。因而它不仅涵盖了建成环境，而且涵盖了物质生产过程。"空间的表征"通常指的不是那些实体的空间，而是那些概念化空间或者是建构的空间。它是由人按照一定的理性所建构的抽象空间，这种空间充满着人的意识、权力和知识；又或者是通过文字来描绘的、充满秩序的抽象空间，标志着具体的权力。"表征的空间"指的是直接跟"生活"相关的空间，即由人类经验、记忆、情感所形成的一种空间。它是定性的、流动的、有活力的，而且表达了社会准则、价值观和经验。[①]本文基于列斐伏尔的空间理论将十八洞村公共文化空间建设现状分为以下三方面进行实证分析。

（一）空间的实践：公共文化服务设施建设、公共空间的文化建构和日常生活

十八洞村的4个自然寨分为两部分，相距数千米。其中梨子寨和竹子寨相连，飞虫寨和当戎寨相连。截至2019年7月31日，十八洞村公共文化服务建设的情况是：农家书屋共有6个，一个是位于梨子寨扶贫广场的"筑梦书屋"，兼具"十八洞村国强文化学习基地""摄影创作基地""湘西青少年红色教育基地""文化扶贫基地"等功能，2018年1月被湖南省文学艺术界联合会评为"文艺惠民扶贫基地"，同年5月被湖南省新闻出版广电局评为"全省示范农家书屋"。"筑梦书屋"有6台电脑，同时建有十八洞村视频活动中心，支持各种网上学习和交流活动。它墙上悬挂苗家民俗活动主题的摄影作品和精准扶贫主题的诗歌展，还有"农家书屋阅读意见反馈本""农家书屋借阅登记本""农家书屋管理制度""农家书屋管理员工作制度"等，是一个现代化、多功能的农家书屋。还有一个书屋位于竹子寨新村部，被湘西自治州关心下一代工作委员会评为"示范儿童之家"，同时兼具"党员活动室""村民阅读室"

---

① 李伟，华梦莲.浅谈资本空间生产与我国区域空间不平等[J].荆楚学刊，2019，2(1)：19.

等功能。其余 4 个分布于各生产小组组长家中。据十八洞村妇女主任说，由于生产小组组长更换，这四个农家书屋一段时间内处于流动状态。

在博物馆建设方面，十八洞村有一个苗族文化博物馆，全年免费对外开放。该博物馆建于 2015 年，位于飞虫寨，是"中国苗族博物馆"群中一个以非遗传统手工艺文化为基本主题和重要内容的专题性博物馆，同时也是湖南工业大学苗绣设计与创新基地。该苗族文化博物馆中有参观示意图和展览品的书面介绍，无讲解员。它的旁边有一个苗族饮食文化传承馆，对面是"苗寨特色产品店"，里面售卖各种苗族特色产品。飞虫寨还有一个"苗族银器传习基地"，兼售银器装饰品。

在竹子寨新村部门口有一个小型报刊阅读架，上面定期更新《人民日报》《中国旅游报》《农民日报》《国家扶贫》等报刊，但由于阅读的人不多，阅读架上的报刊摆放杂乱，缺少整理维护。新村部与湖南省文物局建设的"十八洞村精准扶贫专题陈列的展览馆"相通，馆中展示了十八洞村扶贫的历程和村民治理情况，里面包含一个放映厅。从以上介绍可以看出，当戎寨还未有成型的公共文化空间的建设成果。据湖南大学为十八洞村的村寨设计所做的规划视频介绍，当戎寨将基于苗族"龙"的崇拜，以"桃花"为景观要素，重点发展以"秋场"为载体的苗族运动、苗族传统节庆体验等。

公共空间的文化建构主要体现在景观大道的文化路标指示牌、十八洞村的文化标识（logo）和关于苗族人民民俗活动、日常生活的墙画。在梨子寨和竹子寨景观大道的路灯上都有十八洞村的文化 logo，整齐统一，凸显了村寨的文化风貌建设。在十八洞村村口和通向梨子寨和竹子寨的路程中有苗族小姑娘的卡通形象路标指示牌，富有民族文化特色。在竹子寨的青石板和居民墙上绘有苗家人打苗鼓、庆丰收等文化活动场景，既增加了村寨的文化气息，又记录着苗族人家的文化记忆。以上几方面，在飞虫寨和当戎寨公共空间的文化建构中还很少见，还需要加强。

随着区域经济发展和生活方式的变迁，十八洞村苗族人的日常生活也发生了改变。为了与现代生活相适应，越来越多的人说汉话、去苗服。为了保存和传承苗家文化和建设苗族特色乡村文化旅游，村委会在尽可

图 1 竹子寨民居墙上的文化活动场景绘图

能的条件下鼓励村民穿苗服和说苗话,采取了一些措施,诸如穿三天苗服可以领取一张五元代金券,可在新村部设立的生活超市购买生活用品时使用等。在十八洞村,经常穿苗服的是女性村民和村干部,尤其是老年女性村民,还会戴头饰,男性村民则基本着现代装。据生产队长石某说,村干部要起模范带头作用,村民觉得男性苗服没有女性苗服好看,所以男性村民日常穿苗服的不多,为此村里正在设计一批符合现代审美的苗服让村民穿。原生苗族的生活空间已经发生变化,在现代化的时空背景下,苗族文化传承式微,可以看出村民对苗族文化传承保护的自觉意识还需要引导,尤其是男性村民。

(二)空间的表征:文化娱乐活动开展情况、村寨 logo 和文化活动经费支出

在文化娱乐活动开展方面,十八洞村苗族文化博物馆不定期举办苗族文化保护和传承活动,以及苗族传统手工技艺培训班和苗族文化研讨交流活动。由飞虫寨的苗绣传承人石某牵头成立的"苗绣国家非遗扶贫工作坊"每年至少组织合作社成员开展两次苗绣培训活动,充分发挥群

众对公共文化空间建构的作用。除了传统的苗族文化节日"赶秋"等，十八洞村还对现有文化资源进行创新，开展数场新型集体文化娱乐活动。自2014年11月3日起，十八洞村每年举办"11·3纪念日"，总结演出暨汇报表彰活动，感恩国家的帮助。2014年12月20日，十八洞村举办"过苗年"活动。2015年12月，十八洞村举办首届青年相亲会。2016年11月17日，《扶贫日》扶贫纪念邮票首发仪式在十八洞村举行。2016年11月3日，湖南省"少年君子"文化教育扶贫工程在十八洞村启动。2017年，该村又举办首届"农耕文化节"。从十八洞村妇女主任吴某处了解到，除去特定集体文化娱乐活动的开展，村民特别是女性村民，会在闲暇时间不定期组织开展关于苗歌、舞蹈、小品、苗鼓等丰富多彩的文化活动，或自娱自乐，或不定期举行文艺会演。

十八洞村的村寨logo是村里邀请湖南大学博士设计的苗家阿哥和苗家阿妹的双人牵手图，蕴含三层含义：一是图形取自十八洞村村名的象形文字；二是象征民族融合、携手发展；三是logo中的绿色象征青山，白色象征河流，寓意建设生态文明，保护绿水青山。这个logo已经成为十八洞村文化品牌建设的一部分，出现于各个公共活动场所。十八洞村的导游会主动向游客详细介绍村寨logo的含义。面对散客的询问，村干部都能准确说出logo的三层含义，但村民能准确说明的比例不高，这表明村民的文化参与意识需要加强。

在十八洞村文化活动经费收入和支出方面，据生产队长石某说，每年"赶秋"节会花费3万~4万元，"11·3总结汇报演出日"会花费4万~5万元，全部由村里负责出资。在十八洞村民委员会的2019年1—6月财务收支情况（可公开查询）中，关于文化活动的经费支出有：2019年1月支出第6项"过苗年"相关费用16 320元，第10项县文艺队下乡演出费用500元；2月支出第3项文化用品物资采购7 633元；3月支出第6项参加海南民族村庄活动费用1 400元，放映室收费1 300元；6月支出第4项到郴州汝城学习借支经费2 500元。收入方面：收到国强文化公司租赁筑梦书屋房租费49 999元，放映厅收费1 600元。从2019年上半年的文化收入和文化支出情况来看，十八洞村文化建设在财政方面有保障，但文化供给不规律，社会力量参与程度不高。这从侧面反映出十八洞村还没有具体的文化建设规划，需要谋划为社会资本提供参与公共文化空间建设的良好条件。十八洞村的一些女性村民每月偶尔会有文化表演活动，可以赚取一些劳务费，但村里没有具体统计这些活动的频次和收入。

（三）表征的空间：思想建设情况

十八洞村十分重视村民思想道德建设，把乡风文明等政策精神落实在一系列行动上。在党员管理方面，实行党员积分管理制度，设立考核项目，主要包括支部委员会考核项目、自主申报项目和一票否决项目，并明确具体考核内容，设定积分标准，每月进行党员积分公示。在村支部管理方面采取"'两学一做'学习教育""五兴互助""主题党日"等方法，提高村干部服务村民群众和产业发展的能力。在村民管理方面，2014年9月25日，十八洞村举办道德讲堂；10月12日，十八洞村首次推行思想道德星级化管理模式；12月18日，十八洞村获评湖南省文明村。2017年11月，十八洞村获评第五届"全国文明村镇"。2018年9月，村民大会修订完善村民自治章程和村规民约。2019年4月，村委会开始对积极配合村务工作和面对游客发扬苗族人热情待客传统的村民给予"积分券"的奖励，村民可以用券在新村部的超市购买日常生活用品。村支书龙某说："之前村民的思想工作难做，这两年明显改善。"

自十八洞村开展村貌保护建设以来，村民不能圈养猪、牛、狗等牲畜。当戒寨独居的村民龙某说："农民养这些习惯了，既能帮忙劳作，农闲的时候也能一起做伴，不让养了觉得空落落的。"针对这一现象，村委会还未采取相应的措施给予村民新的精神慰藉和进行相应的精神风貌建设。

三、有关问题分析

从以上分析可以看出，十八洞村公共文化空间建设以现代文化为主，尤其是空间的实践和表征的空间，苗家本土文化集中存在于空间的表征部分。这一方面表明苗寨的建设与现代生活的实践融合有实质性的创新发展；另一方面也说明本土苗家文化空间占比小，创造性转化率有待加强，还需要进一步激发村民的文化自觉和文化参与意识。现在，十八洞村苗家本土文化建设更多地依托已有现代公共文化空间的实践，通过苗族民俗活动等进行空间的表征构建以赋予自身活力，探索实现保护传承苗族文化和将其转化为旅游资源的双重效益的途径，当然尚未将其充分转化为稳定脱贫和发展乡村文化旅游经济的手段。不过，尽管十八洞村公共文化空间的现代化建设和本土化建设取得了一定成效，丰富了村民的文化生活，但文化利益在村民生活空间的流向分布存在一定的不平衡。这在一定程度上影响了村民参与文化实践活动，也制约了村民自我发展的能力，不利于十八洞村稳定脱贫的内生动力建设。根据田野调查发现，十八洞村公共文化空间分布存在以下几方面的问题，这些问题在一定程度上构成了乡村振兴背景下民族村寨公共文化空间实现益贫式增长及本地文化资源转化的阻力，不利于建立稳定脱贫的长效机制。

（一）空间实践的失衡

公共文化空间实践的失衡意味着公共文化资源分配生态失衡，这会直接影响村民文化参与的程度。文化资源是实现文化参与的最重要元素，没有文化资源的配置能力，也就失去了文化参与的基础。[①]田野调查中发现十八洞村公共文化服务设施的空间实践分布情况如下：梨子寨拥有"筑梦书屋"、"精准扶贫广场"（见图2）等，竹子寨拥有"精准扶贫陈列展览馆""儿童示范之家"等，飞虫寨拥有"苗族文化博物馆"（见图3）、"苗族饮食文化传承馆"、"苗族银饰传承基地"等。梨子寨、竹子寨和飞虫寨相对拥有较多的公共文化空间，当戎寨的公共文化空间建设还处于规划阶段。从区域位置关系划分，当将十八洞村的梨子寨和竹子寨看作同一部分，同时将飞虫寨和当戎寨看作同一部分时，其文化扶贫的空间实践相对均衡，两部分拥有的公共文化服务设施数量差异较小；而当将4个寨子分别看作4个个体时，十八洞村公共文化空间的实践则存在相对失衡的情况，特别是当戎寨的公共文化空间建设需要加快落实。我们在

---

① 胡惠林. 公共文化服务要顺应民意接地气[J]. 人民论坛，2017（3）：125.

图 2 梨子寨的"精准扶贫广场"

图 3 飞虫寨的"苗族文化博物馆"

田野调查的过程中发现,虽然十八洞村公共文化空间实践提升了当地村民的文化生活水平,但由于存在失衡的问题,造成部分村民的心理落差,不利于构建和谐村寨。

(二)空间的表征建设未兼顾性别空间和年龄空间

我们在田野调查中发现,从十八洞村文化娱乐活动开展的情况来看,在集体文化娱乐活动以外,女性村民的文化娱乐活动较为丰富,时常组织唱苗歌、打苗鼓等文化活动，男性村民则少有业余文化娱乐活动的开展。一方面，适合日常生活表演、娱乐的苗族传统文化行为，如苗绣、苗鼓等多与女性有关；另一方面，男性是家庭中的主要劳动力，忙于家庭生计，无太多闲暇时间。尽管如此，也不能忽视男性村民文化娱乐活动的开展。俗语讲，只会学习不会耍，聪明孩子也变傻。换言之，只埋头工作而缺少文化娱乐活动的男性村民生活幸福感会降低。公共文化空间的受益群体不应限定性别和年龄，这关系到其价值实现问题。之前的研究侧重于关注乡村整体公共文化空间的现状，而忽视了不同性别和不同年龄群体的受益情况。例如，十八洞村现有的文化娱乐活动的实践对象针对的多是青少年与中年人群体，老年人可利用的公共文化空间和开展的文化娱乐活动较少。老年群体识字率低，不能阅读农家书屋的书籍，且老年人行动不便，不能频繁往返于居住地和公共文化服务设施之间。相较而言，他们更依赖参与空间的表征享受文化利益，但目前老年群体可参与的文化娱乐活动较少，也缺乏政府的相关资金支持。行政区域内的居民共同享有公共文化空间，围绕公共文化空间享受其文化性和实用性，并以空间的表征为载体形成紧密的生活共同体，通过文化参与行为加强文化生活的交流和对本地现有文化资源的认同，这种满足感和获得感有利于激发当地稳定脱贫的内生动力。因此，在强调公共文化空间的建设时，必须考虑不同的性别空间和年龄空间。

（三）表征的空间建设单一

在精准扶贫的过程中，原先处于贫困地区的十八洞村依托产业扶贫逐步由落后迈向现代化，村民与市场接触明显变多。事实是，城镇化和市场化本身就具有改造社会原有空间的自含性特征。① 在田野调查中，我们发现一些之前在外务工的村民回到家乡发展后比长期待在村里的村民谋生手段多，他们思路活泛，善于将在城市学到的谋生方式移植到村里。长期不外出的村民受到外来游客和在外务工村民的生活经验影响，

---

① 桂胜，孙仲勇，李向振. 文化空间再造与少数民族"非遗扶贫"的路径探析——基于鄂西恩施市的田野调查[J]. 西南民族大学学报，2019（1）：32.

也逐渐改变了原有的生活方式，重新构建自己的生活空间。这些生活经验的交流与学习等，目前或是村民自发地对接，或是村民主动寻求村干部帮扶。村民之间生活经验等的交流若缺乏一个公共载体，村委会可以定期召开村民分享大会，邀请先进个人分享。现阶段十八洞村表征的文化空间建设侧重于思想道德建设，且取得了不错的成绩，能满足村民多样的生活空间需求，让村民了解更多的生活经验和社会准则，但在公共文化服务供给、服务质量和效能等方面依然存在一些不足。也就是说，当下为农村提供的公共文化服务与农民的需求还存在一些错位，只有准确把握这些需求，才能变公共文化服务供给的"大水漫灌"为"精准滴灌"。① 在进行表征的空间建设时，村委会要主动了解村民的生活空间需求。现代文化的培育固然重要，但地方性苗族文化的一些社会准则和生活经验也要因地制宜进行保护。忽视地方文化认同，不利于苗族文化的可持续传承。

四、几点建议与思考

民族村寨多位于贫困山区地带，公共文化空间的建设在一定程度上也是给予生活在贫困地区的人们发展的精神动力。对公共文化空间进行合理有效的建设和利用是激发贫困地区内生动力的可行性途径，也是乡村振兴、脱贫攻坚的主要战场。公共文化空间的建设是由政府、文化参与者等多元主体共同参与的系统工程，可以带来提升当地居民文化生活水平、丰富居民文化娱乐活动等直接效益，并在旅游开发中获得文化经济效益，在这个过程中要兼顾各个主体。十八洞村公共文化空间建设的整体方向是正确的，它为我国乡村振兴事业提供了宝贵的经验并树立了典型。当前存在的益贫式增长不均衡等现象是暂时的，是可以克服的。下面，本文从三个方面谈谈对十八洞村公共文化空间建设的建议与思考。

（一）平衡公共文化空间建设，构建村寨和谐

区域空间发展不平衡不利于平等关系的构建，维护空间相对平衡发

---
① 杜洁芳. 农村公共文化供给如何"精准滴灌"[N]. 中国文化报，2019-07-29.

展有利于增强村民的凝聚力，消除矛盾。平衡十八洞村文化空间的实践，使文化利益惠及全体村民，有利于构建村民之间的和谐关系。这就要求相关部门在规划文化空间的实践进程中合理计划、有序推进，使不同区域文化空间的实践稳步进行，既不拉开过大的差距，又能满足各区域内部发展的需要，从而实现公共文化空间的益贫式增长。在这个过程中，各区域公共文化空间的实践进展要及时、有序地公开、公布，让村民了解进展，避免村民因为不了解实际情况而产生抱怨和不满情绪。公共文化空间的建设要面向不同的文化主体，兼顾不同性别和年龄层次，最大限度发挥其价值，使当地民众获得自豪感和幸福感，构建和谐文化环境，推动当地文化发展。当前，十八洞村的公共文化空间建设侧重于空间的实践和空间的表征，表征的空间还需要加强供给。公共文化空间建设是一个整体的工程，空间的实践、空间的表征和表征的空间三方面要均衡供给，以满足当地居民对美好文化生活的追求。

（二）增加文化支出，引导社会力量参与建构

公共文化空间的建设需要财政保障。实现益贫式增长，使文化利益影响更多人并相对公平地流向贫困人群，缩小空间分布差异等都离不开财政支出。这不是一蹴而就的事，需要不断对区域文化空间建设进行人力、资金等投入，需要地区增加财政支持，给予保障。十八洞村现代公共文化空间建设虽然取得了初步成果，但要想进一步发展，转化为内生动力，必须增加文化支出、培养文化人才，并缩小区域内部文化差距。同时，应该为社会资本参与公共文化空间建设提供条件。目前十八洞村的公共文化空间以政府建设为主，只有位于梨子寨的"筑梦书屋"有社会力量的参与。社会资本参与公共文化空间供给，一方面可以提供资金支持，另一方面有利于提供多元化的文化内容，更好地满足民众的文化需求。

（三）立足本地民族文化特色，实现可持续发展

习近平总书记提出的"实事求是、因地制宜、分类指导、精准脱贫"十六字方针，明确指出各地区要依据当地实际情况选择切合实际的脱贫

方式。十八洞村的公共文化空间建设也要立足自身文化特色，实现可持续发展，在完成脱贫任务、寻求稳定发展之际，助力内生动力的转化。十八洞村是典型的苗族聚居地，除了个别嫁入该村的外地妇女，其他都是苗族人口，这也是十八洞村的文化特色。因此，在其公共文化空间的建设过程中，除了兼顾多方文化利益的相对均衡流动外，更要专注于自身文化特色，实现公共文化空间价值的最大化，为区域发展提供源源不断的动力。面对现代化和市场化对本地文化系统和人们日常生活的影响，如何保护传承本地民族文化特色，发挥本地文化资源特性，是当地实现可持续发展的重要议题。立足本地民族特色文化资源的公共文化空间建设具有重要的价值和意义，这是当地居民自觉传承保护本地文化的重要载体，是获得内生动力的精神源泉。在依托公共文化空间转化本地民族特色文化资源时要以人民为中心，关注群众的文化参与程度。公共文化空间是村民享受文化权益的生活场域，它的建设应该坚持以人民为中心的原则。

民族村寨的公共文化空间建设是乡村振兴工程的重要环节，是激发当地由精准扶贫到实现稳定脱贫，从而产生内生动力的重要载体。事实上，人民追求的美好生活，绝不仅仅是经济上富裕起来，还包括生存的社会环境、文化环境与自然环境变得更好。[1]最大化地发挥公共文化空间的效益的实质是立足本地民族特色文化资源，实现空间的实践、空间的表征和表征的空间的协调发展。公共文化空间的建设是一个系统工程，群众只有充分参与才能认识到其所承载的意义和内在精神。民族村寨的公共文化空间建设不仅能带动当地文化发展和旅游经济发展，还能使群众在日常生活中潜移默化提高文化自觉意识，增强文化的认同感。

---

[1] 桂胜，孙仲勇，李向振．文化空间再造与少数民族"非遗扶贫"的路径探析——基于鄂西恩施市的田野调查[J]．西南民族大学学报，2019（1）：35．

文化创意驱动乡村振兴的模式创新研究①

■ 吴一方　钟　晟②

　　随着城镇化进程的加速,在取得经济社会巨大成就的同时,我国乡村的现实样貌、乡土文化、社会生活也受到了极大的冲击,物理空间和精神空间无法相互调适,给个体带来各种焦虑情绪,人们对文化记忆、身份认同感和空间存在感的需求变大,乡村里的"他者"成为城市人"自我"的映射,③人们不断勾起对田园慢生活的回首和向往。基于乡村丰富的自然文化资源和旅游人群强大的需求,乡村所拥有的潜能远超过目前的发展状态。目前,涵盖观光体验、休闲度假、科教文化、农村产品推广等功能的项目载体和各类艺术村落、艺术节庆在乡村中纷纷涌现,重新塑造了乡村的形象和功能,也反映出乡村经济和空间结构的变化。文化创意在提升乡村文化吸引力中扮演着日益重要的角色,成为促进乡村振兴的有效路径。但是目前乡村文化创意出现套路千篇一律、网红即正义、政府企业包办、村民主体作用发挥不足等现象,产生"样板化、同质化、主体错位"等问题。针对这一系列问题,厘清创意要素,利用合理的主体参与模式形成有效运行的创新机制,对文化创意彰显乡村特色,提升乡村吸引力,驱动乡村振兴具有不可或缺的作用。

---

① 基金资助:本文获得文化与旅游部文化艺术科研项目"文化科技融合创新的理论构建与政策研究"(15DH71)、教育部人文社科项目"基于场景理论的城市创意街区空间生产机制与模式研究"(19YJC760167)和武汉大学青年学者团队项目"公共文化空间机制设计研究"资助。
② 吴一方:湖北科技学院艺术与设计学院讲师,主要研究领域:文化产业、文化消费。
钟晟:武汉大学国家文化发展研究院文化规划中心副主任,讲师,主要研究领域:文化战略、文化旅游规划。
③ 樊友猛,谢彦君.记忆、展示与凝视:乡村文化遗产保护与旅游发展协同研究[J].旅游科学,2015,29(1):11-24,87.

一、文化创意驱动乡村振兴的理论研究现状

被誉为创意产业之父的约翰·霍金斯认为，创意与经济之间的有机结合能够创造出更多的财富与价值，从而强调创意经济的原创因素可对经济发展提供动力。[1]凯夫斯认为，文化创意产品得到消费者的认可后，将会产生比产品本身高得多的巨额财富。[2]佛罗里达认为，创意在推动地域经济转型、生产提质增效等方面具有重要作用，他的"3T"理论是目前国际上影响力最大、认可度最高、实践运用最广泛的创意产业理论。[3]克利夫希[4]和麦克唐纳德[5]等指出，文化是影响创意农业发展的重要因素，农业发展过程中有效融入文化元素，能够促进创意农业的发展。

厉无畏在2007年提出的"创意农业"概念开启了文化创意作用于乡村建设和农业发展的研究。文化创意作为重要驱动力，可以有效利用地方独特的传统文化资源，实现创造性地自我开发，引领传统的乡村商品消费向乡村服务消费、乡村情感消费、乡村生活消费等领域拓展，优化乡村文化产品新供给，促进乡村文化创意产业实现从要素依赖到创新驱动的阶段性跨越，实现从粗放型到集约化的转型与质效提升。[6]与此同时，通过引领消费、优化供给还可以活跃乡村经济文化氛围、拓展乡村社会生态空间、构建乡村文化传播语境。[7]在乡村文化治理视角下，文化创意可以促进乡村文化产业振兴，使其与乡村振兴、产业兴旺目标耦合；文化创意可以促进乡村伦理文化复兴，使其与乡风文明目标耦合；文化创

---

[1] 约翰·霍金斯. 创意经济：如何点石成金[M]. 上海：上海三联书店，2006.
[2] 理查德·凯夫斯. 创意产业经济学艺术的商业之道[M]. 孙绯，等译. 北京：新华出版社，2004.
[3] 理查德·凯夫斯. 创意阶层的崛起[M]. 北京：中信出版社，2010.
[4] Moya Kneafsey, Brian Ilbery, Tim Jenkins. Exploring the Dimensions of Culture Economies in Rural West Wales [J] .Sociologia Ruralis,2001(41):296-310.
[5] MacDonald R,Lee J.Cultural Rrural Tourism Evidence From Canada[J].Annals of Tourism Research, 2003 (30):307-322.
[6] 于秋阳，冯学钢. 文化创意助推新时代乡村旅游转型升级之路[J]. 旅游学刊，2018，33（7）：3-5.
[7] 徐苑琳. 乡村振兴文化先行[J]. 人民论坛，2018（16）：250-251.

意可以促进乡村自治文化重建，使其与治理有效目标耦合；文化创意可以促进乡村农耕文化复兴，使其与生态文明目标耦合。[1]

杨秀云、叶红等运用变异系数权重 TOPSIS 法建立创意农业发展水平评价模型，对我国 25 个地区创意农业发展水平进行综合评价后的结果显示，产业规模、基础设施、创意资源对创意农业发展影响较大，说明创意农业的发展需要科技投入和创意资源的支撑。[2]在云南乡村旅游的相关研究中，田里总结出创意乡村的五重含义：具有创意的乡村产品；乡村产业开发、经营管理表现出技术创意；拥有乡村创意人才队伍；乡村创意服务方面实现同城市一样便捷、舒适；乡村品牌和吸引力不断刷新和创新。[3]章继刚认为，以创意生产为核心，通过培养创意农民，将农产品与文化、艺术创意结合，大力构建创意生产，可以推进工农互促、统筹城乡发展、共享现代文明。[4]

学界在文化创意驱动乡村振兴的研究上成果迭出。但目前研究主要集中在创意对乡村的影响和创意乡村的内涵、特征、发展类型等探讨上，对文化创意驱动乡村振兴过程中的创意因素分析仍然不多见，尤其对创意因素如何作用于乡村发展，其作用模式应如何创新等问题讨论不多。

二、文化创意驱动乡村振兴的要素

在佛罗里达的"3T"理论里，利用创意来促进区域经济发展需具备人才、技术、宽容三个要素。人才是创意活力的主体，代表高质量的人力资本；技术是人才发挥作用的工具；宽容是发展创意经济、培养创意人才的前提。[5]佛罗里达的"3T"理论与创意乡村有一定契合性，我国在引进"3T"理论运用于乡村振兴时，应基于"3T"理论的精髓，并在此

---

[1] 吴理财，解胜利.文化治理视角下的乡村文化振兴：价值耦合与体系建构[J].华中农业大学学报（社会科学版），2019（1）：16-23，162-163.
[2] 杨秀云，叶红，李德鹏.我国创意农业发展水平评价[J].西北农林科技大学学报（社会科学版），2017，17（3）：104-111.
[3] 田里，李柏文.云南乡村旅游发展研究[M].北京：中国旅游出版社，2013.
[4] 章继刚.建设创意乡村发展创意农业——中国创意乡村发展报告（上）[J].改革与开放，2010（3）：4-6.
[5] 理查德·凯夫斯.创意阶层的崛起[M].北京：中信出版社，2010.

基础上创新和完善,使其更好地助推乡村发展。①

在中国的文化创意助推乡村振兴道路上,人才同样发挥着不可或缺的主体作用,科技作为主体生产创意的中心要素,其作用也是毋庸置疑的,同时还应包括资本和政策等的作用。佛罗里达的创意指数指标选择是根据发达国家的实践而提出的,在某些方面对发展中国家不一定适用。许多发达国家已经进入后工业时代,而发展中国家农业占GDP的比重仍比较高,二者的宏观经济水平存在较大差异。尤其是在中国的乡村这类发展中区域,金融环境对创意环境乃至对文化创意产业发展的影响不容忽视,缺乏金融资本是文化创意乡村面临的重要困境。②厉无畏指出,"创意资本是创意产业的内在属性和基本条件"③,胡晓鹏也强调了资本对于创意的重要程度。④从政策层面而言,与"3T"包容度息息相关的开放、多元和低市场进入壁垒的创意环境必将吸引更多的创意阶层,容易形成创意集聚,也就具有更高的创意指数。因此,在中国乡村创意发展的大环境上,政府的高度重视和政策支持对积极、活跃、浓厚的创意氛围起到决定导向作用。

显而易见,科技、资本、政策对于乡村振兴来说属于外在因素和动力。在人才这一主体因素上,因目前就业、创业环境等局限性,乡村对创意人才的吸引力还不大。同时,因为城市化进程加快,乡村"空心化"严重,尽管能为城市提供部分人才,却少受人才反哺。基于以上两方面原因,创意人才对乡村来说也属外在驱动力。那么,乡村的优势到底在哪里?其创意的内生动力因素到底体现在何处呢?

在哈布瓦赫提出的众多个体记忆集合的"集体记忆"⑤和康纳顿提出

---

① 李玲."3T"理论视角下创意乡村建设研究——以邹城市上九山村为例[J].人文天下,2018(14):16-23.
② 张苏秋,周锦.中国区域创意指数的测度与评价[J].统计与决策,2017(20):44-48.
③ 厉无畏,王慧敏.创意产业促进经济增长方式转变——机理·模式·路径[J].中国工业经济,2006(11):5-13.
④ 胡晓鹏.技术创新与文化创意:发展中国家经济崛起的思考[J].科学学研究,2006,(1):125-129.
⑤ 莫里斯.论集体记忆[M].毕然,郭金华,译.上海:上海人民出版社,2002.

的群体通过仪式塑造的"社会记忆"①的基础上,扬·阿斯曼与阿莱达·阿斯曼夫妇提出了"文化记忆"这一概念。文化记忆包括每个时代、每个社会所特有的可重复使用的全部文字、图像和仪式,这种记忆用以稳定和传达社会的自我形象,促成自我身份的形成。②社会发展的高速性导致人们的精神空间没办法及时适应物理空间的剧变,因而造成人们精神上的无所适从,个体的安全感和空间存在感也随之降低。乡村清新的空气、环绕的山水、一望无垠的田野、漫步的牛羊、传统的民居、宗祠、寺庙、牌坊、小桥流水、窄小的街巷、热闹的集市、朴素的生活方式……乡村空间中的一点一滴都承载着人们的集体记忆和文化记忆,可以缓解在拥挤喧嚣的城市中个体的压力和焦虑。城市人希冀的自我正投射在乡村的普通村民身上。这种投射不断勾起人们对于田园慢生活的回首或向往。因此,乡村与城市最大的区别,以及相对于城市最大的优势便是:乡村凭借其独特的物理空间和历史文化遗存组成了特定的文化空间,文化记忆可借助这一文化空间被"唤醒"。

　　土地是大自然对乡村的馈赠,农作物的产出价值是土地作为生产要素所带来的贡献,因此也可以将对土地的作用分析聚焦到本土区域特征对于经济成败的影响上。与此同时,"回归土地,归因场景",土地不再是单纯的泥土,而是场景中的生活,空间品质的营造恰恰是塑造场景生活的重要手段。③因此土地更应该成为乡村文化记忆的物理空间载体,这一载体的优化及其作用的充分释放,可为焦虑个体提供记忆中的空间,也为具有乡土文化情结的创意人才提供鼓励自我表达的迷人舞台。

　　乡村资源是乡村文化记忆的最佳体现。基于乡村资源的有效开发,使其融入创意元素,实现可持续传承、重塑传统文化艺术的文化记忆,进而实现文化价值转化,可以满足人们多层次的文化体验需求,使人们精神空间与剧变的物理空间不断统一,缓解个体和社会因文化空间错位

---

① 保罗.社会如何记忆[M].纳日碧力戈,译.上海:上海人民出版社,2000.
② 扬.文化记忆:早期高级文化中的文字、回忆和政治身份[M].金寿福,黄晓晨,译.北京:北京大学出版社,2015.
③ 丹尼尔,特里.场景:空间品质如何塑造社会生活[M].北京:社会科学文献出版社,2019.

而产生的焦虑，从而提升乡村吸引力，推动乡村文化、社会、经济、生态等全方位发展。

结合佛罗里达的创意理论和中国乡村的具体实际，乡村要实现文化创意驱动的振兴发展，除创新利用土地和乡村资源两大内生要素外，人才、技术、政策、资本等也应向乡村倾斜。综上，资源、人才、技术、政策、土地、资本是文化创意驱动乡村振兴的六大要素。

三、"四位一体"参与模式激活六大要素

资源、人才、技术、政策、土地、资金六大创意要素需要一个能适应当地乡村发展、调动各方面积极性、激活乡村创意环境和创新活力的主体来推动形成，以进一步通过文化创意要素的驱动作用来实现乡村振兴。乡村振兴的核心主体和受益者是乡村和村民本身。乡村虽有丰富的生态文化资源和村民赖以为生的土地，可是因为乡村发展现状的局限性，使其自身在政策、人才、技术、资本等要素的获取上显得力不从心。因此，引入多元主体参与文化创意驱动乡村振兴的事业尤显迫切。多元主义思想认为社会存在多样化的利益团体，每一个群体和个人都追求自身利益的最大化，任何一个团体都不应该垄断决策的过程。①

在世界范围内乡村发展的成功案例中，多元合作的身影比比皆是。例如，美国费城附近的樱桃冠冒险农场因乳品行业不景气，为寻找新的利润增长点，遂邀请美国迷宫公司设计打造了第一座农场玉米迷宫。迷宫开放仅31天，就吸引超过2.7万的游客前来。美国的乡村建设联合政府、农场、村民等各方力量激活创意要素，在产品策略上与消费者互利共赢，让特色产品形成完整产业链，丰富创新业态发展。

基于多元主义思想和各类乡村振兴的成功案例，本文将政府、企业、村集体（包括村民和村庄自治组织）和学界（包括研究机构和规划机构）等纳入参与主体的范畴，尝试构建一个"村政企学"四元主体协作共进的乡村振兴创意动力模式，全面激发乡村创意要素。

---

① 汤海孺，柳上晓.面向操作的乡村规划管理研究——以杭州市为例[J].城市规划，2013（3）：59-65.

村集体作为乡村振兴的核心，是与乡村振兴利益关系最紧密的团体之一，也是乡村振兴的内生动力来源。村集体包含村民和形式多样的村庄自治组织。村集体是土地这一物理空间载体的实际持有者，是乡村空间的一部分，也是乡村生态文化资源的持有者。一方面，村集体是乡村文化景观的持有者；另一方面，文化资源的另一种持有形式是村民作为非物质文化的传承人，因而其自身特色的农业生产和生活方式也是文化资源的一部分。此外，村民还可以被培养为创意的执行者，成为创意阶层的一部分。因此，村集体是土地和资源这两项创意内在动力因素的主要来源，也是乡村文化空间重塑的重要力量。

政府、企业、学界是创意要素中政策、资本、技术、人才等的重要来源，这三者的参与，主要为文化创意驱动乡村振兴提供外生动力。

政府在文化创意驱动乡村振兴和乡村产业融合中应担当决策者、服务者和监管者的角色。政府在其角色作用过程中，可在大方向上对多产业的融合方向进行政策引导，并为产业融合建立公共组织平台，为创意驱动文旅融合创造一个生机勃勃的融合环境；可完善市场运行机制，规范市场的运作，保证企业运作权利，为企业融资和吸收社会、民间资本助力。①

企业以盈利为目的，运用各种生产要素——土地、劳动力、资本、技术和企业家才能等，向市场提供商品或服务。企业作为参与乡村开发建设的利益实体，在建设村庄的同时追求合理的利益回报。在乡村振兴的过程中，企业起到提供项目发展资金、创建融资平台的作用。同时，科学技术是第一生产力，企业只有不断进行技术革新，才能增强自己的综合竞争力。因此，企业在一定程度上是技术的持有者和使用者，本质上是"一种资源配置的机制"，在乡村振兴的过程中，企业可以促进对资源最深挖掘和最优重组，并将科学技术融入乡村创意产业开发中。

学界在这里主要指研究机构、规划机构。研究机构在乡村振兴和产业融合等相关领域有一定水平的学术带头人，以及一定数量和能力的研究人员和技术人员，且对相关领域国内外理论和实践案例有深入研究，

---

① 朱佳.旅游产业与文化产业融合环境中的政府角色定位分析[D].上海：上海师范大学，2012.

可为具体项目的规划、策划和模式设计等提供智力支持；规划机构具备专业的规划知识和职业技能人才，可负责具体的规划工作；研究机构和规划机构的专家、学者可以组成委员会，从各自的归属领域招纳对创意乡村建设大有裨益的创意人才。此外，学界人才也是科学技术的开发者和重要持有者，因此学界应是人才和科技两大创意要素的主要来源。

通过村集体持有的资源和土地两大内生动力的激发，以及政府的宏观把控、政策保障，企业的资本、技术引入，研究机构和规划机构人才、技术等智力支持和过程指导，形成的"村政企学"四元协作的主体参与模式可以充分整合并发挥各自优势，在联合参与、利益共享等合作关系基础上，激发乡村资源、土地、政策、资金、人才、技术等创意要素。（如图1所示）

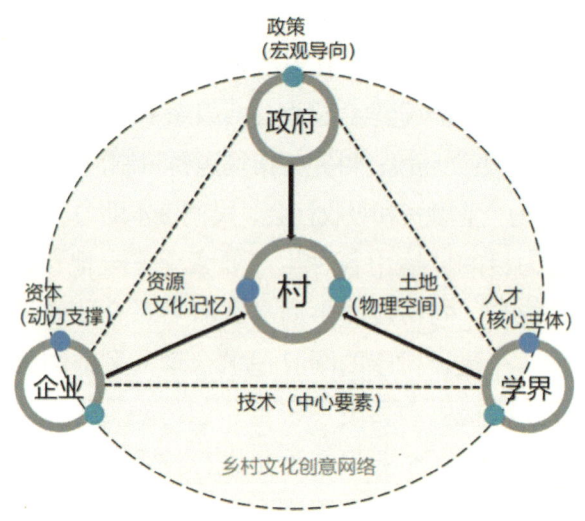

图1 乡村文化创意网络构建示意图

四、全面构建创意网络驱动乡村振兴

（一）以土地为创意的空间载体，重塑乡村物理空间

如前文所述，这里的土地并不是传统意义上的生产要素，而是乡村物理空间载体的代表。这一物理空间可以消除各种限制性因素，将传统民居、

故事传说、节日习俗、民间信仰等集中于一个空间场域之中，通过乡村资源的文化记忆表达，便可构建起一个综合性的乡村文化表征体系。①

乡村是农村文化资源聚集和文化主体活动的物理场域②，良好的乡村物理场域是发展乡村活动、营造乡村创意氛围的先决条件。新型城镇化背景下，当前乡村面临空间功能难以适应村民公共文化生活发展需要和缺乏空间活力等问题，③农村青壮年人口持续快速向城镇转移，农村"空心化"趋势明显，为了留住持有手艺和创意的乡民和可塑性强的年轻乡民，吸引外来艺术家、科创人员等新乡民入驻，就需要具有包容力的乡村公共文化空间。因此在文化创意驱动乡村振兴的过程中，充分利用土地这一物理空间载体，完善公共文化服务体系，将原有的公共设施和场所重新组合形成特定的场景，重塑充满创意活力的物理空间，显得尤为重要。

（二）以资源为创意的特色基础，唤起乡村文化记忆

"创意是催生某种新事物的能力，一个文化资源丰富且有文化活力和朝气的文化土壤更利于创意的产生"。④乡村资源包括乡村新鲜的空气、自然风光景象、人文景观、非物质文化遗产和乡村生活方式等。阿斯曼认为，文化是充满符号的世界，它赋予人类以稳定性与持续性。要求稳定化的愿望使人类对其周围的物质世界产生形式化的意志。⑤乡村资源中的文化景观资源，都是人类将物质世界形式化的表现。经过主体的创意编码，乡村资源呈现为被展示的实体，具有了参观和体验的功能，文化记忆也在参观和体验中被勾起。可以体验的独特的乡村生活的再现，乡村文化记忆的唤起，是乡村区别于城市的特色魅力之源。如荷兰的"羊角村"，保留了挖

---

① 樊友猛，谢彦君. 记忆、展示与凝视：乡村文化遗产保护与旅游发展协同研究[J]. 旅游科学，2015，29（1）：11-24+87.
② 傅才武，侯雪言. 当代中国农村公共文化空间的解释维度与场景设计[J]. 艺术百家，2016，32（6）：38-43.
③ 张培奇，胡惠林. 论乡村振兴战略背景下乡村公共文化服务建设的空间转向[J]. 福建论坛（人文社会科学版），2018（10）：99-104.
④ 贺寿昌. 创意学概论[M]. 上海：上海人民出版社，2006.
⑤ 扬. 文化记忆：早期高级文化中的文字、回忆和政治身份[M]. 金寿福，黄晓晨，译. 北京：北京大学出版社，2015.

泥煤留下的沟渠和以前人们用芦苇做成的房子,所在地特色的游船旅游体验升级后构建了"耳语船"观光体系,紧抓影视 IP 大机遇,打出"荷兰威尼斯"的宣传口号,将田园水乡之美放大到极致。日本伊根町的发展思路则是以传统的鸬鹚捕鱼方式和传统渔业形成的舟屋为特色,把小渔村变成城里人体验特色传统生活方式和生产方式的世外桃源,也正是由于当地村庄及村民善用特色且用不修路创造出不便捷的交通和物理距离等创意,才让小渔村变成人们心中逃离城市的诗与远方。

观乎人文,以化成天下。增加乡村吸引力的文化创意来源正是这些能满足个体精神需求,唤起文化记忆,填补人们精神空间的乡村独特的生态文化资源。因此,资源是创意的特色基础,文创通过挖掘、传承和提炼资源特色,唤起乡村文化记忆,提升乡村吸引力。

(三)以政策为创意的宏观导向,激活乡村创意氛围

在各类推动乡村发展政策的指导下,从大环境上形成推动文化创意驱动乡村振兴的宏观导向,为乡村文化创意发展和多产业融合创造生机勃勃的环境。在文化创意驱动乡村振兴的过程中,各类专业性的指导政策可完善市场运行机制,规范市场的运作,保证企业运作权利,为企业融资和吸收社会、民间资本助力。[①]人才和技术上的政策吸引更是乡村创意阶层再造和提高乡村资源创意转化效率的催化剂。日本的"造村运动"形成的"一村一品"就是政策激活乡村包容度,推动乡村建设的典型案例。因此,政策是创意的宏观导向,可从多方面为文化创意驱动乡村振兴提供政策保障,激活乡村创意环境,提升乡村创意包容度,使乡村成为"美美与共"的有机整体。

"哪里更宜居,知识分子就会选择在哪里居住;知识分子到哪里居住,人类的智慧就在哪里汇集;人类的智慧在哪里汇集,人类的财富最终将会在哪里汇聚。"[②]政府基于政策引导和助力措施,可实现或重构公

[①] 朱佳.旅游产业与文化产业融合环境中的政府角色定位分析[D].上海:上海师范大学,2012.

[②] 乔尔.新地理:数字经济如何重塑美国地貌[M].王玉平,王洋,译,北京:社会科学文献出版社,2010.

共文化制度空间，培养文化创意产业发展的氛围，形成文化创意驱动乡村振兴的政策孵化器。首先，在政策上提高乡村基本公共文化服务建设投入，增加财政税收方面的支持，尊重市场经济规律，释放企业、村集体和各类新型农业经营主体的积极性，实施优惠招商、经营性补贴等政策，支持督办企业对项目的投资建设；其次，在人才和科技上可以通过政策引导创意人才和科技下乡；最后，充分利用土地这一物理空间载体，完善公共文化服务体系，建设公共文化设施、场所，并将其重新组合以形成特定的场景，重塑充满创意活力的公共文化物理空间。

基于多方合力及乡村公共文化制度空间与物理空间的重塑优化，乡村空间包容度可大大提升，乡村振兴的创意环境亦可得到活化。

（四）以资本为创意的动力支撑，护航乡村产业孵化

资本作为乡村发展产业的生产驱动要素，在产业的培育、发展、优化、壮大阶段均能发挥关键作用。资本的聚集投入和优化调整能有效激活传统生产要素，培育和发展新型经营主体和经营方式，推动乡村产业实现集约化、规模化、现代化。资本的适度集中、科学投入、优化配置、结构调整，能实现集约化、规模化、科学化、生态化生产，从而使生产效率提高、边际产出增加、生产成本降低，在形成产业体系的基础上实现特色农业、农产品深加工、电商物流、乡村旅游、生态康养等一二三产业融合发展，进而促进"三农"协调发展，最终实现乡村振兴。[①]资本下乡能够伴随下乡资本与乡土社会的相互嵌套，各主体间的持续互动改变乡村治理格局，促进阶层再造、村庄再造与村社重构。[②]武汉石榴红村在"家园建设行动计划"和新农村建设的契机下，由当地街道搭建市民休闲旅游和农民增收致富平台，发展都市旅游农业。但最初经营项目上还是以传统开发蔬果采摘、菜地认养等旅游项目为主，居民的增收渠道也主要为粗放的住宿、餐饮接待、认养菜地、采摘蔬果、售卖土特产、短工劳务和蔬菜种植等。

---

① 常瑞，金开会，李勇.深度贫困地区农业产业资本形成推动乡村振兴的路径探究——基于凉山州脱贫乡村产业发展视角[J].西南金融，2019（01）：44-54.
② 焦长权，周飞舟."资本下乡"与村庄的再造[J].中国社会科学，2016（1）：100-116+205-206.

在石榴红村的旅游产业初步发展成型的基础上,卓尔文旅集团与当地政府积极合作,介入当地的文旅融合发展,成立新石榴红旅游公司,为石榴红及周边区域规划石榴红都市田园综合体项目注入资本活力,大大丰富了石榴红村的业态,石榴红村的未来也更值得期待。

(五)以人才为创意的核心主体,培育乡村创意阶层

文化创意驱动乡村振兴,有了人才,就有了智力支持,也就有了造血因子。在"3T"理论里,创意之源也是人。在产品内容上,特色创意产品的优化供给需要人才;在产业结构上,现代化组织生产方式和市场经营管理也需要人才。此外,人才是理念的主体,理念的革新必然催生乡村经济的新增长点,推动乡村经济结构成功转型。

中国乡村可以为城市提供人才,却少受人才反哺。当人才都向大城市聚集后,乡村其实很难发展起来。在乡村,乡村振兴的利益主体是农民,乡村文化持有者也多是当地村民,起到带头作用的乡贤有不少也是或曾是农民,因此村民完全可以成为创意人群中的一部分。在一定的政策支持下,通过业态创新,企业与村集体合作运营,成立新型农民合作社、农耕合作社、导游合作社、农产品手工合作社、餐饮合作社等,由企业提供资金以及技术培训,村集体则提供人力、场所支持。在企业或创业者提供就业岗位的前提下,转变当地农民的传统身份,形成新型农民运营机制,现有村民便变成了创意的实行者。

创意的实行可以部分地由培育后的村民承担,而创意来源也就是出主意的人则往往不是村民,而是外来人群,如艺术家、科创人员、户外运动人员等,他们是带动乡村振兴重要的创意和知识原动力。这一原动力人群大部分都非当地村民,导致原动力虽可变成启动力,最后却不能成为持续力。有什么办法能让他们真正成为持续作用的原动力呢?让外来创意人群持续发光的办法便是用乡村良好的公共文化空间、生活环境、创业氛围留住他们,把他们变成"新村民"。乡村创意人群也就成为懂艺术、善科创、会运动的新村民和乡贤带领下的新老村民的集合。

除了老村民的培育和新村民的加入,还应吸引以科研机构和规划机

构为代表的学界、企业等优秀创意人才加入乡村振兴的行列。例如，可由学界对乡村个体的自然文化资源进行分析、提炼，并以此为项目的规划、策划和模式设计提供智力支持，同时研究总结文化创意促进乡村振兴的典型模式并形成示范效应。

可见，利用创意人群的激发和创意阶层的再造，能够打破乡村人才动力不足的局限性，为乡村振兴提供核心造血因子。

（六）以技术为创意的中心要素，加速乡村创意转化

从创意的产生和发展来看，技术的影响无处不在。科技创新是文化创意产业的动力源。[①] 一方面，随着信息技术的推广和应用，文化产业的发展表现出"横向规模化"和"纵向一体化"趋向，单纯的数量膨胀已经难以表达文化繁荣的真正意义。在文化创意驱动乡村振兴的过程中，技术可以通过整合同类文化产业，增大其规模，以及重整同一产业链上的异质文化产业，实现乡村资源配置的"全球化"。另一方面，技术既可作为文化创意载体，也可作为对文化创意改造的制作技术。[②] 在现代科学技术的影响下，文化产业的服务方式和消费方式表现出前所未有的丰富多彩，其创造财富和吸纳就业的潜能得到有效发挥。在文化创意驱动乡村振兴的过程中，现代科技大大丰富了乡村文化创意的表现形式，如互联网和移动终端的普及、各类多媒体技术、VR与AR类虚拟现实技术等，通过将创意具象化，使得文化产业服务方式"平民化""大众化"。同时，技术为乡村文化创意带来了先进的制作技术，优化了文化创意，进一步体现了人的创造力。此外，通过互联网技术，原本被少数人掌握的生产资料、生产工具等，普通人也能轻松获得，每个人都有机会生产产品，创意阶层从而得到丰富和拓宽。基于乡村丰富的资源基础，在创意阶层的主体作用下，利用技术这一中心要素，可以提高资源向创意再向资产的转化效率。

---

① 马仁锋，唐娇，张弢，等.科技创新带动文化创意产业发展研究动态与中国议题[J].经济问题探索，2012（11）：93-99.
② 余吉安，肖彬，赵红燕.中国文化创意来源及发掘模式研究[J].中国科技论坛，2016(12)：35-41.

五、结论和展望

本文结合中国乡村实际情况和创意理论，厘清乡村文化创意六大要素，即资源、人才、技术、政策、土地、资本，进而基于多元主义思想探讨六大要素的动力来源为"村政企学"四元协作的主体参与模式。在主体的能动作用下，激活各要素并全面构成乡村文化创意网络，释放要素作用，重塑乡村物理空间，唤起乡村文化记忆，激活乡村创意氛围，护航乡村产业孵化，培育乡村创意阶层，加速乡村创意转化，助推乡村振兴。在现阶段的研究中，虽然通过定性分析的方法厘清了乡村文化创意的一些要素，但各要素对文化创意网络构建的影响程度、要素与要素间的相互影响关系和比较等有待通过定量分析的方法进行进一步研究。此外，"村政企学"四元协作的主体参与模式中，各主体的参与程度和作用效能也亟待通过案例研究和实证分析进行进一步剖析。

乡村文化产业发展路径探析

■ 张振鹏[①]

乡村振兴战略的深入推进为乡村积极探索发展路径提供了重大机遇。文化产业在一些乡村逐渐兴起，人文和科技要素融入乡村生产经营活动，乡村产业结构趋向层次多元化、产业链延展化、附加值显性化，"创意农业""观光农业""休闲农庄""生态庄园""立体农业"等产业形式相继出现。文化产业的发展并不局限于特定的产业门类，它最大的贡献是唤醒人们的文化意识和创意精神，为人们创造更加美好的生活。乡村人口稀少，位置相对偏远，以农业生产为主要经济基础，人们生活基本相似，[②]因此乡村文化产业发展不可能完全复制城市文化产业发展的路径、方式。我国地域辽阔，乡村资源禀赋差异大，如果不考虑区域特点，盲目跟风、相互攀比和重复建设，必然会带来发展思路单一、产业结构雷同、区域特色不鲜明等问题[③]。因此，乡村文化产业发展应该在立足自身资源和优势条件的基础上探索适宜的发展路径。

一、乡村文化产业发展观念

文化是人类精神世界与外部自然界呼应的结果，是一种演进的、变化的和多角度的现象，并不是简单划一和一成不变的。文化在历史上经常被封建统治者当作权力工具来使用，但政治意图的介入使其内容充满争议，其动态也极具不确定性，这也意味着文化与自然之间的原生关系被新的社会关系所解构。乡村不同于城市，与自然之间的关系更为亲近。

---

① 张振鹏：济南大学商学院教授，主要研究方向：文化产业管理与文化企业发展。
② 叶齐茂. 发达国家乡村建设考察与政策研究 [M]. 北京：中国建筑工业出版社，2007：132-133.
③ 张振鹏. 文化创意产业的中国特性和中国道路 [J]. 经济问题探索，2011（11）：37-41.

相比城市文化，乡村文化少了人工雕琢和粉饰的痕迹，是生态和人文更为直接的结合，体现着人类面对大自然时一种纯朴的创造性。乡村文化产业发展不可避免地要改变乡村经济社会形态，身处这一变革中的乡村文化的命运牢牢地与变革推动者的文化发展观念维系在一起。

乡村的文化生态需要保护，但文化保护并不意味着维持现状和止步不前，其最终目的是发展。发展要面向未来，文化保护就应该找到尊重文化规律属性、面向未来与传承过去相结合的最佳方式，对乡村文化的保护无疑就是这种方式。在 GDP 主义支配下，发展乡村文化会增加地方经济的显性成本，用于文化的财政投入和人才输送也往往因此很难受到重视，一些财政捉襟见肘的地方政府能够提供的文化设施和经费等更是非常有限。此外，由文化事业单位和公益机构承办的"送文化下乡"活动，"赠予者"与"受赠者"地位的不平等使文化供给与需求的均衡难以实现，对激活乡村文化内生性发展动力无异于隔靴搔痒。许多乡村自办的文化设施和形式，由于资金来源和自身能力的约束，发展也是举步维艰。乡村文化发展似乎陷入了困局，要找到脱困之策，显然应该另辟蹊径。城镇化的本质是通过调整产业结构和就业结构，创造现代化的生产方式和生活方式，其核心问题是产业发展方式的选择。在城镇化发展背景下，传统的乡村文化与现代产业形式结合在一起寻求共同发展是必然趋势。

文化的经济功能自从被发掘以来，与实体经济的结合越来越紧密，其物化价值的创造力正在不断拓展。乡村文化也不例外，多种以乡村文化元素为开发对象的产业形式对区域经济的贡献有目共睹。因此，借助现代产业化方式促进乡村文化发展，成为区域发展观念的主流意识。很多人认为，乡村文化就此找到了融入现代文明最有效和快捷的路径，并寄望于产业化所积累的物质财富反哺乡村文化的保护。但是这种愿望受制于两个条件：一是产业化既得利益者的良知；二是被产业化开发之后的乡村文化资源是否还完整如初。从目前乡村文化的产业化发展状况来看，大都是以文化与自然资源为卖点，以简单、粗放式的产业化手段为途径迎合消费者需求，其产业类型也不过是手工艺品、特色服饰及纪念品制造和销售、民间民俗风情演艺、休闲和观光旅游等。产业作为经济学意义上的术语，总体上是以盈利为导向的，对文化资源的开发和利用基本上按照市场喜好来甄选和加工，只有那些有产业化价值和容易被产业化的文化资源才可能进入"生产线"，而另外那些被丢弃在"产业化"大门外的文化资源，很可能会在商业意识主导下被贴上"无价值"的标签，逐渐被人遗忘。但实际上，在市场交易中可以用金钱衡量或诉诸个人效用的经济价值不能涵盖或替代审美价值、艺术价值或更为宽泛意义上的文化价值。也就是说，高文化价值有可能与低经济价值相联系，反之亦然。比如，古代的手工作坊遗迹，如果用于考古则具有重要的文化价值，但作为资产则不具有太多市场价值；许多在民间口口相传的技艺、民族民间的传统风俗习惯、以地缘关系为纽带的代际相承的价值观念等以精神为实质内容的乡村文化，很难以物化商品形态换取市场价值认同，但正是它们铸就了乡村文化的根基，塑造了乡村文化的灵魂。依靠产业化思路发展乡村文化，必然有"得"有"失"，所"得"是眼前的利益，所"失"则正是获取这些利益的本源；而一旦源头枯竭，这些利益很快会化为乌有。利益消失必然导致产业主体选择退出，那些以过度产业化为发展助力的乡村文化也很可能就此荒芜。由此可见，那种以为只要实现了产业化，乡村文化发展就会一劳永逸的观念，在以经济增长为根本目的所建构起来的现实规则面前，显得有些乐观和单纯了。

  反思并不一定意味着在立场上的反对，更多时候恰恰是一种建立在深层次冷静思考基础上的支持，乡村文化发展观念就需要在反思中更新和完善。产业化符合当前乡村文化发展需要这一事实毋庸置疑，但在实践领域中绝不能以自由放任的态度让产业化主宰文化资源的命运。有学者称："文化产业是一种产业，必须按照产业规律运营。"这种说法凸显的是产业特性的作用，却忽略了一个事实：文化产业赖以为生的命脉是文化资源，如果没有文化资源，文化产业就是"无源之水，无本之木"。文化资源的产业化开发包含了文化行为和经济行为两种内在逻辑关系非常清晰的行为过程，文化行为属于整个产业组织系统的先发过程，而作为后发的经济行为如果强行改变既有的逻辑，文化资源就会沦为经济利益裹挟的工具，由这两种行为建立起来的关系也最终难逃瓦解的厄运。

另外，文化行为强调一种有序性，而经济行为则常常会在利益牵引下呈现出无序状态，让"无序"主导"有序"的结果必然是秩序混乱。因此，乡村文化的产业化过程需要平衡好文化与产业之间的发展关系，文化是激活产业发展动力的创造过程，产业化是对文化的一种再认识、再研究、再开发、再利用、再创新的再生过程。文化与产业能够结合在一起是基于两者利益诉求的共同点，即谋求发展。①产业迫于市场法则中优胜劣汰的压力，追逐利益的快速实现是一种本能反应，但实现"利益最大化"才是产业崇尚的最高标准。现实利益的绝对数量通常与时间的相对长度呈正比例关系，这就促使产业将"可持续发展"当作目标，在这一点上，产业发展目标与文化发展的根本目的高度契合。在文化与经济趋向深度融合的时代，乡村文化走产业化发展道路是必然的、理性的选择，相关各方都能树立"关注共同长远利益，建立协同发展机制"的基本观念，作为乡村文化发展与产业发展实现共赢的基础。

二、乡村文化产业发展路径模式

文化产业发展不能脱离文化资源、社会资本、资金流动和市场需求这四个基本要素。文化资源是文化产业存在和发展的基础，文化产业政策是政府和社会为了共同利益而采取的一致行动，资金和市场是任何产业发展不可或缺的条件。文化产业需要以深厚的文化资源为底蕴，良好的政策环境为基础，众多充满活力的艺术家为依托，广阔的文化消费市场为前提，才能实现有序可持续的发展。②文化产业发展是文化资源通过创意开发向市场价值转化的过程，尽管殊途同归，但乡村文化产业发展还是表现出四种不同的路径模式。

（一）资源转化模式

资源转化模式是按市场经济原则整合乡村文化资源，通过产业化运

---

① 张振鹏.新型城镇化中乡村文化的保护与传承之道[J].福建师范大学学报（哲学社会科学版），2013（6）：16-22.

② Bassett Keith, Griffiths Ron, Smith Ian. Cultural industries, cultural clusters and the city: the example of natural history film-making in Bristol [J].Geoforum, 2002(33)：165-177.

作，发挥文化与经济协同效应的乡村文化产业发展方式。乡村文化资源分为人文与自然两种。人文资源包括农业知识、劳动技术、生活习惯、民俗风情等。自然资源包括气候环境、自然景观、特色建筑、野生动植物等。这些资源都可以成为产业发展的基础，辅以创意开发和创新机制体制的引领，就可以实现向产业项目的转化。

山东省潍坊市的杨家埠村拥有 500 年民间艺人世代相传的手工风筝扎制和木版年画绘制技艺，是中国手艺风筝品牌的代名词，也是中国三大木版年画产地（其他两处是天津杨柳青、苏州桃花坞）中发展最好的一处。利用风筝扎制技艺和木版年画艺术的资源优势，当地政府、企业与村民共同兴建了杨家埠民间艺术大观园，鼓励民间艺人开设风筝作坊和年画画坊，生产特色鲜明的民俗文化产品。并通过特色建筑与自然景观的有机结合，修建了明清古建筑一条街，同时大力改善交通和服务设施，使杨家埠成为山东"千里民俗旅游线"上的重要景点。如今，这个只有 320 户 1 142 人、辖地 18.2 平方千米的小村庄是国家 4A 级旅游景区，已经成为蜚声中外的特色民俗文化旅游村。杨家埠通过优秀的民俗文化与旅游资源的整合推动产业升级，给乡村文化产业发展路径选择以有益的启示。

（二）政府主导模式

政府主导模式是由政府在乡村建立产业发展所需的基础设施，提供土地、税收、劳动力等优惠措施和法律保障，并通过招商活动吸引投资，针对乡村传统产业进行创意开发和技术整合，从而催生新型业态、延伸产业链的一种乡村文化产业发展方式。

安塞是地处黄土高原腹地典型的农业大县，是文化和旅游部命名的民间绘画之乡、剪纸之乡、腰鼓之乡，是陕北黄土风情旅游景点之一。近年来，安塞当地政府对县乡村三级文化基础设施进行了全面改造，动员全社会力量参与，在全县上下形成了政府重视、部门实施、群众参与的良好氛围，并相继出台各种优惠政策吸引外来资金投资当地文化旅游产业。在产业管理上，安塞腰鼓演出活动由专业演出公司按市场化模式运作，形成了地方和企业互惠互利的双赢局面，既带来了丰厚的经济收入，也使安塞声名远扬。在此基础上，安塞进一步开发革命圣地延安"红色旅游"项目，衍生剪纸、腰鼓、农民画三个系列30多种文化旅游产品，其中剪纸影集、个性化邮票、文化衫等系列产品深受游客青睐。安塞不仅走出了一条独特的乡村文化产业发展道路，还提供了一种保护和发展民间艺术和传统文化的产业运作方式。

（三）资金驱动模式

资金驱动模式，指投资者依据地区基础条件和资源要素的评估和判断选定投资项目，通过资金合理筹集、投入和分配带动相关产业发展，并依据消费需求不断拓展产品市场。在此过程中，产业经营主体会主动寻求与地方政府合作，目的是在政府支持下不断壮大产业规模，提升产业整体价值。

横店是浙江省东阳市的一个小镇，现在已经成为亚洲规模最大的影视拍摄和生产基地，并建设有国家4A级旅游景区，被誉为"中国好莱坞"。横店影视旅游产业的发展历程实际上也是横店集团从一个小型乡镇丝厂发展成大型企业集团的过程。具有文化经营意识的横店集团领导层从1996年开始，吸收募集资金30多亿元陆续兴建了13个影视拍摄基地和多个现代化大型摄影棚。影视基地吸引了许多著名导演和演员来此拍摄影视作品，明星效应带来大量资金流入，使影视基地规模日益壮大。近年来，横店集团又把影视与旅游有机地结合起来，通过市场化运作手段拓展产业发展空间，衍生产业价值。横店的发展不仅带动周边几万农民脱贫致富，而且改变了农民传统的思想观念，推进了农业现代化和农村城市化进程。从横店文化产业的规模经营和特色经营中不难看出，资金作为一种主要驱动力贯穿产业发展全过程。

（四）需求引发模式

需求引发模式是以城乡之间资源禀赋、收入水平和消费观念的差异为诱因，在市场需求与价格机制的相互作用下自发形成的乡村产业发展方式。这种产业发展态势与前景并不明朗,没有过多的政策支持或干预,也没有大量资金注入,处于依靠市场调节、自由发展的状态。

近年来,我国许多城市近郊出现的"农家乐"乡村休闲娱乐项目,即为此种发展模式的代表。工作压力和快节奏的生活使城市居民渴望回归自然,从而获得身心放松和精神愉悦,私家车的普及和消费能力的提高,使城市居民在节假日享受田园生活成为可能。毗邻市区的乡村凭借交通方便的区位优势和得天独厚的自然资源优势,利用农家庭院、果园、花圃等农业基础设施和当地民风民俗,开发了集观光、餐饮、购物、休闲、娱乐为一体的消费项目。由于这些消费项目大都是就地取材,成本投入不高,相比其他城市休闲度假项目具有明显的价格优势,因此发展迅速。在自然环境较好,有特色产品(如本地果蔬、花卉、特色饮食和民俗活动等)的地区,其发展更加火爆。"农家乐"的发展是城乡互动的桥梁,带给农民的不仅是游客消费带来的收入,还有产品信息、项目信息和市场信息等,促进了乡村经济发展和产业结构调整,而城乡居民思想观念的交融也更新着乡村社会面貌。

三、乡村文化产业组织系统

乡村文化产业组织是以乡村为区域中心,相关产业主体根据不同元素存在的共同性和生产经营能力的差异性而选择形成的产业空间集聚形式。新产业组织理论认为,产业主体不是被动地对给定的外部条件做出反应,而是试图以策略行为改变产业结构和市场环境,通过整合产业组织内部和外部多重复杂关系,从而决定产业组织类型和产业组织系统结构。[1] 农村文化创意产业组织并不局限于某种具体的产业形式,而是具有明确任务结构的一系列相关产业的集合体,产业集合体内部结构关系的体现就是产业组织系统。

乡村文化产业组织系统构成的两个主导因素是文化和创意。文化具有扩散性,是产业组织系统形成的基础。它为乡村文化产品提供精神内涵,而且能够渗透到多种产业结构中,包括农业生产和生活方式等,并在产

---

[1] Jean Tirole. The theory of industrial organization [M].Boston:MIT Press,1988:11.

业化进程中形成产业组织文化。托马斯·弗里德曼（Thomas L.Friedman）在描述全球化浪潮的种种景象时特别强调了创意对于经济社会发展的价值，提出创意不仅是精神层面的思维活动，而且能够催生新产品、新市场、新机会，[1]驱动相关产业融合，延长产业价值链，进而形成由多个产业主体构成的产业组织系统。

乡村文化产业组织系统是运用创意方法对农村文化资源、农产品、社会资本、农业生产、文化艺术等活动的整合与开发，与市场需求形成互动效应等的一种适应乡村经济社会特征的新型产业组织结构形态。[2]乡村文化产业组织系统由核心产业、关联产业、衍生产业和辅助产业四大产业群体组成，其中核心产业是整个产业组织系统的起点，是以具有地域文化特色的农产品和农业园区为载体，借助优秀创意开发的创新性农业生产活动；关联产业是为产业组织系统创设优秀发展环境、营造怡人氛围的产业群体，涵盖餐饮、旅游、演艺、娱乐、服务业等；衍生产业是在前两大产业群体基础上有可能衍生的所有产业，是乡村文化产业组织系统规模的直接反映，也是产业主体创造力的现实体现；辅助产业是整个产业系统的支撑力量，是产业系统顺畅运行的重要保障，主要包括金融、设计、媒体、会展、物流等产业。（如图1所示）

乡村文化产业组织系统四大产业群体在运行过程中相互依存，相互渗透，共同成长。罗默的内生增长理论认为：对于任何一个经济系统而言，重要的是具备一种使新创意能产生或被使用的机制。[3]创意作为产业组织系统运行的驱动力，为传统的功能单一的农产品带来高附加值，并促成产品价值转移，原生态的乡村文化资源经过产业运营甚至可以成为现代时尚符号。产业领域的跨界融合、高科技手段的广泛应用、现代经营模式的运作等赋予传统产业新的元素和功能，从而吸引越来越多的产业主体进入文化产业组织系统，逐步形成一条完整的、不断延展的产业链，把乡村文化创意成果推广到更为广阔的经济社会领域。

①Thomas L. Friedman .The world is flat: a brief history of the twenty-first century [M]. New York: Picador USA，2007:15.
② 张振鹏.我国农村文化创意产业发展初探[J].华东经济管理，2013（2）：62-67.
③ 查尔斯.经济增长导论[M].舒元，等译.北京：北京大学出版社，2002：237.

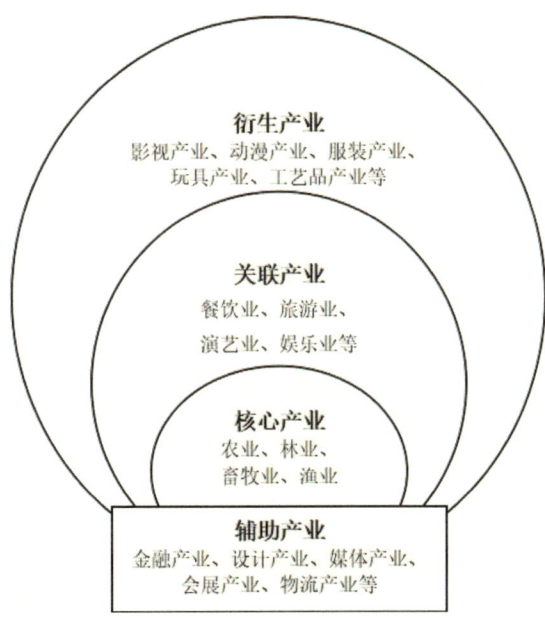

图1 乡村文化产业组织系统

四、乡村文化产业发展建议

乡村文化产业发展正处于探索阶段,多样的新兴业态正在形成,在发展过程中涉及多个利益相关方,组织或市场关系具有特殊性与复杂性,需要相应的制度设计,建立相关各方有效的沟通、分工、协作和利益共享与风险共担机制,从而维护良好的市场环境,形成有序运行的产业组织系统,以真正促进乡村文化产业健康持续发展。

(一)发挥乡村特色资源的基础性作用

乡村特色资源是乡村文化产业发展的基础条件。乡村特色资源具有物化和符号化的不同意义,既包括乡村已有的景观、建筑等实物载体,也包括人们观念中的乡村形象和乡村故事等文化符号。乡村特色资源的基础性作用发挥,是指其对资源的聚合、传播、催生等作用。乡村造就了生于斯、长于斯的人们的生存、生活方式,并由此形成了人们的风俗观念,融入人们的劳作、交往、消费、娱乐、礼仪等日常生活之中。乡村文化产业发展的重点是充分发掘乡村特色资源的符号和意义，引导富有地方特色的优秀乡村文化资源承载特定的产品形式，以此作为一、二、三产业融合的基础。

（二）充分发挥产业集群发展优势

产业集群通常是在特定领域中，以一个主导产业为核心，与产业联系密切的大量企业及相关支撑机构在空间上集聚的具有协同效应的产业组织形式。乡村文化产业衍生的新业态是由众多利益相关者按照业务关系划分为核心层、紧密关系层和外围层等的新兴产业组织形式。公共目标是利益相关者合作的基础，非正式制度增强了合作互信，因此乡村文化产业具有典型的产业集群化发展特征。此外，乡村文化产业推动一、二、三产业融合而创造的产品是一种综合性产品，仅依靠拥有单一生产和服务能力的个体难以做到，而是需要众多独立且能力互补的企业、关联机构或个人等来共同完成。从建设种植基地，到农产品加工制作，再到仓储智能管理、市场营销体系打造、农产品物流系统开发，最后到农业休闲、乡村旅游、品牌建设、行业集聚等，形成一条龙发展的"全产业链"。市场供给最大限度满足市场需求，能够带来可观的产业收益，并使产业集群内部各产业主体通过专业化分工所建立的合作关系更加稳定和紧密，产业集群也会因此呈现良性演进态势。

（三）重构乡村生产和生活空间

乡村文化产业发展需要从重构乡村的生产、生活空间入手，在此基础上实现乡村空间有序建设，由此推动乡村健康发展。很多地方目前已经形成了"亦工亦农""离土不离乡"等多元化发展格局，在乡村经济结构融入了更多的二、三产业，丰富了农业产业结构，推动了乡村经济增长，有效解决了空心村的治理问题，并且对乡村资源的高效利用发挥了重要作用。对于乡村生活空间的重构，首先，要做到村容村貌整洁美丽，完善垃圾收集处理、污水排放等乡村基础设施的建设；其次，要满足乡村居民生活环境提升的需求，修缮乡村民居建筑，满足居住使用时的舒适性和安全性的要求；再次，要具备满足现代生活需求的基础设施，提高乡村居民的出行便利度；最后，具有地域特色的河流水系的乡村要维系原有的水网格局，增加乡村道路绿化和景观维护，改善村庄景观风貌以区别于城市景观特色，尽可能在原有村庄形态上改善居民生活环境，真正建设成为美丽乡村。

（四）促进文化创新和技术创新

文化创新和技术创新是产业融合发展的动因之一。政府要积极促进乡村产业在产品、功能、服务等方面的创新发展，提高产品的附加值和客户对产品在功能、服务等方面的满意度。在技术资源的利用上，鼓励企业充分运用信息技术，结合企业的文化资源，提高产业在产品设计、生产、加工等环节的科技含量，提升产品的创新能力。在产品营销上，企业要利用先进的技术改变传统的营销方式，创造出尽可能全面，能够满足消费者需求的服务信息平台和营销渠道。在管理流程上，企业可以结合自身特点，利用信息化工具设计出一套有效的产品质量管理体系，提高企业的运行效率。在产业发展过程中，大力推广和引入互联网技术、物联网技术、先进技术生产栽培模式等，推动现代先进科技与农业融合发展，全面提升农业发展各环节的科技含量和产业价值。政府需要采取有效措施，积极引导乡村地区通过不断的文化创新和技术创新，提高要素使用效率，促进乡村产业发展。

（五）统筹城乡发展资源要素配置

实现乡村文化产业的"精明增长"，需要各个发展要素之间的关系从无序走向有序，各个利益相关者之间形成协同效应，尤其是统筹城乡发展资源要素配置。城市建设用地的扩张对乡村用地造成了强烈渗透，尤其是工业用地扩张，大量耕地被占用。乡村"精明增长"则要打破当前用地不平衡的局面，减少城市扩张对乡村土地的不合理占用。统筹城乡发展资源要素配置，主要是对城乡区位之间、工农产业之间，以及城乡居民之间土地、资本、劳动、技术和管理等资源要素的合理配置，改变城乡资源要素不合理的单向流动，促进城乡要素有序置换，使城市发展资源要素惠及乡村，使城乡发展资源要素适度向乡村倾斜，为乡村发展注入新的动能和活力，这是乡村文化产业实现"精明增长"的重要途径。对此，政府应通过制度和政策来调节诸多关系，保障乡村文化产业发展。

（六）坚持乡村特色化发展

乡村发展需要有自己的地域特色，避免"粉墙黛瓦，千村一面"的统一布局。乡村特色化发展绝不是复制或模仿已有乡村特色化发展模式，而应该立足自身特色资源优势，寻找并提炼让人记忆深刻的特点，扩展和放大自身的特色资源优势，把资源优势打造成乡村独具特色的品牌。在产品开发的过程中，应该尊重自然和文化资源，避免浅层次开发、低水平开发和不恰当开发等现象；将乡村特色转化成可满足观光、体验、度假、运动、娱乐等休闲需求的不同类型和不同主题的产品，提升产品文化品位和社会价值。通过乡村居民与产业经营主体间的合作，完善产品的结构，增加产品组合的多样性，更大限度满足消费者的需求，实现需求与供给结构的相互协调。① 乡村特色根植于乡村的自然环境和社会生活之中。乡村生产供给产品的主要消费群体是城市居民，其主要原因在于乡村自然景观和生活习俗与城市之间存在鲜明差异，城市居民除了追求这种差异所带来的观感上的满足之外，还渴望得到精神上的放松和愉悦。因此，如何为消费者提供乡村特色产品及服务，是乡村文化产业发展的核心问题。

在中国特色社会主义新时代，乡村文化产业发展要围绕满足人民对美好生活不断增长的需求，坚持新发展理念，立足农业高质量发展，坚持质量兴农、绿色发展，推动农业现代化取得新的成就。乡村文化产业发展的基础要素是当地的资源。由于资源禀赋的差异，不同地方有不同的发展路径模式，也由此造就了乡村不同的面貌和风土人情。这就需要各类乡村依据各自的资源禀赋，因地制宜地探索自身文化产业发展的路径。

---

① 张振鹏."文化创意+"农业融合发展[M].北京：知识产权出版社，2019：123.

云南华宁陶当下内容重构对村落转型发展的作用研究

■陈晓波[①]

一、问题的提出

民间手工艺品在文化旅游背景下已经发生了本质的变化，逐渐从生活用具向可供欣赏的艺术品方向发展，从再现本地文化符号到重构文化工艺品内容，民间手工艺品逐渐成为乡村产业结构调整的重要内容。在云南少数民族地区，银器、陶器、扎染、刺绣等传统手工业逐渐成为乡村经济发展的重要支柱产业。"滇西北地区传统民族民间工艺的当下生存'境域'发生了本质的变化……最终导致滇西北地区民族工艺形式和内容两大层面的变异。"[②]境域的变化包括内部发展需要与外部市场要求两部分。在外部环境中，有学者发现民间工艺作为"活态"文化，受人类社会结构和自然地理环境改变的影响，生存形态遇到了前所未有的挑战，需要针对当下环境做适当调整。[③]民间工艺品从单纯制作向工艺创造转变的过程中更加体现了工艺品展现出来的"有意味的形式"[④]，即区域内的文化符号。在内部环境中，当将所在区域内的所有文化附加在民间工艺品上时，工艺品创造的价值应当属于社区内长期居住的所有居民。但当经济效益全部归于生产者与销售者时会引发其他主体的不满，为权衡各种利益关系及工艺品市场消费趋向，"应当实现以特色民族工艺为

[①] 陈晓波：女，中共党员，河南省淮阳县人，云南大学2018级民族文化产业硕士，主要研究方向：民族文化产业。

[②] 李炎.再显与重构——传统民族民间工艺的当下性[M].昆明：云南大学出版社，2011：121.

[③] 赵世林，陈月青.民族工艺文化主体对技艺的认知问题[J].美与时代（上旬），2014（8）.

[④] "有意味的形式"由英国文艺批评家克莱夫·贝尔于19世纪末提出，指在各个不同的作品中，线条、色彩以及某种特殊方式组成某种形式或形式间的关系，能够激起我们的审美感情。这种线、色等的关系和组合称为"有意味的形式"。

核心建构多功能旅游景区"①，实现民间工艺与民族旅游互动发展的局面。

华宁县碗窑村制陶历史已有 600 多年，2013 年成为华宁县首批省级非物质文化遗产，并在 2016 年被批准为国家地理标志产品。为发展华宁陶，华宁县政府成立华宁陶文产办，旨在将华宁打造成国际陶都。同时，相关部门完善了村内的基础设施，引入 25 位陶瓷大师为陶产业发展进行指导，与云南大学、景德镇陶瓷大学等合作，并在此基础上成功申报华宁碗窑村为第四批中国传统村落，为发展以陶产业为核心的旅游业奠定了内容基础。通过不断进行内容重构，华宁陶成功将碗窑村陶瓷经营者、村民、投资者、政府等多个利益主体在同一个产业中不断整合，盘活了当地的旅游文化市场，对稳定村内的剩余劳动力、优化村内产业结构起到了重要作用。

二、华宁陶针对发展环境嬗变所重构的内容

华宁县在发展文化旅游、实现乡村振兴方面主要依托象鼻温泉②、柑橘节③与华宁陶等。由于温泉的承接面积与质量、柑橘节的时间跨度等受条件限制，所以不足以带动整个华宁县旅游产业的发展，而华宁陶在历史发展中携带了丰富的本地文化特征，具有深厚的历史性、地域性、民族性，因此在实现华宁县整体旅游发展方面可发挥引领性重要作用。伴随碗窑村内部产业结构调整与外部消费市场趋向，华宁陶正面临核心产品及周边产品的内容重构，包括凸显本地文化符号、根据消费主体的变化生产陶艺术品、结合乡村产业发展需求拓展旅游业等。

（一）凸显陶产品的地方文化符号

不同地区都有各自独特的文化内涵，传统工艺在长期历史发展中成

---

① 段银河，普晶晶. 从"新华模式"看民族工艺与民族旅游的互动发展[J].2010（12）.
② 象鼻温泉是华宁县重要的旅游资源，位于华宁县城南 12 千米处，由象鼻温泉、金锁桥、翠屏山、疗养院等组成。早在东汉时期该温泉就被发现，沐浴可提神、健身、驱疾，对皮肤的美容效果显著，被当时的人们奉为"神水"。
③ 柑橘节是当地的一种节日，主要庆祝橘子的丰收。橘子是华宁县的主要经济作物，因自然环境优越，橘子的产量及质量较好，因此成为当地文化旅游的重要内容。

为各地区文化表达的重要载体。在以市场为导向的发展过程中，各地区的传统工艺品呈现相互模仿的趋势，导致工艺品差异化程度低，产品雷同、形式单一，这直接限制了民间工艺品市场的发展，降低了市场对工艺品的接受程度，并阻断了当地精品文化元素的向外传播，从而无法实现区域内整体文化资源的有效开发。华宁陶在开发过程中也遇到了同样的问题，其主要原因是华宁陶最早的制作工艺来自景德镇，至今仍有"五千里方圆有宁州陶器，六百年技艺源景德瓷都"的说法，所以早期华宁陶的制作技法及形态等都向景德镇陶瓷靠拢。经过几百年的发展，本地人已经成为华宁陶的主要生产者，但又受周边建水紫陶市场的影响，华宁陶在产品形态方面又开始向紫陶造型靠拢，包括壶、杯、瓶、摆件等，这对华宁陶本地文化的塑造与传播形成了阻碍。为了更好地建构华宁陶的本地文化符号，相关部门及从业者重构了陶产品中的本地文化内容。

1. 规范华宁陶地理标志产品的使用与生产

2016年，经当时国家质量监督检验检疫总局批准，华宁陶被列为国家地理标志保护产品。产地范围包括云南省华宁县宁州街道办事处、青龙镇、盘溪镇、华溪镇、通红甸乡共5个乡镇街道办事处现辖行政区域；保护品种为华宁陶中的彩釉工艺陶，包括日用陶和工艺美术陶等，日用陶主要体现为茶具、碗、碟等，工艺美术陶主要是花瓶、摆件、装饰用品等。在华宁陶地理标志产品的基础上，相关部门出台了《华宁陶地理标志产品保护管理（暂行）办法》。一方面保证了华宁陶在本地生产的特殊性，即能够实现华宁陶采用本地原料、由本地人制作的独特性；另一方面为华宁陶地域品牌标识的打造提供了条件。当下华宁陶的重点任务是走向市场，而陶瓷消费市场已对文化品牌逐渐重视。所以在华宁陶地理标志产品确定后，华宁县成立了陶瓷办、陶瓷产业协会，与文化与旅游局共同管理推进华宁陶品牌的提升。在相关部门的配合下，多个华宁陶企业参与了由华宁陶文产办等政府机构和组织牵头举办的展会，如"创意云南·文化产业博览会""玉溪文博会""景德镇陶瓷展""昆明文化创意展览会"等，积极推动了华宁陶品牌的整体传播。

2. 以本地文化凸显华宁陶特色

华宁陶现代工艺产品是在与其他陶瓷产品不断碰撞交融中形成的，对华宁陶文化产品的内容重构要着重体现华宁陶本身具有的文化魅力。华宁陶以其色釉为主要特色，这一特色得益于华宁县盖华山上多种天然原生矿物釉，包括白釉、绿釉、酱釉、蓝釉、三彩釉、黄釉、乌金釉等。其中最具代表性的是绿釉，至今还流传着"新兴（今玉溪）姑娘河西（今通海）布，宁州陶器烧得绿"的民谚。现代华宁陶的发展不再局限于单色釉色，在多元矿物质基础上，各企业积极研发新的釉色，成为华宁陶本地文化符号的重要内容。如云南豆记陶文化传播有限公司主要以玛瑙作为上釉的原材料，七彩虹窑有限责任公司主要继承李自轩的绿白釉，云南柴窑文化传播有限公司主要传承草木灰的自然质感，宁州舒氏陶艺有限公司以高温亚光黑陶为主等。色彩的多元使得华宁陶获得了新的生机，并成为华宁地方文化的典型代表。

"一个地方的民族工艺品中的文化符号应体现特定地区、民族的宗教、习俗、礼仪、祭祀和生产劳动中"①。华宁陶在民族工艺复兴的背景下，积极发掘可开发的内容，举办"华宁陶造型大赛""碗窑村祭窑神"②和重大节日开窑活动等，将华宁陶历史发展中所积累的民俗节庆与故事神话融入现代华宁陶的制作及周边产品中，使华宁陶逐渐从模仿其他陶产品向自身文化内容重构转变。

（二）从实用功能向欣赏功能转变

鲍德里亚在著作《消费社会》中提出：物质的极大丰富使人们开始用符号来追求个性的满足，"一个符号参照另一个符号，一件物品参照另一件物品，一个消费者参照另一个消费者"③。个体或群体在符号消费中最重要的是寻找文化的认同，"也即身份地位的甄别与确认，它是随客观同化进行而产生的一种主体行为，源于人类社会性的本质要求和经

---

① 李炎. 再显与重构——传统民族民间工艺的当下性 [M]. 昆明：云南大学出版社，2011：47.
② 祭窑神：碗窑村祭窑神活动是华宁制陶人的传统文化节日，每年的农历二月初八至二月十五，华宁县的窑户、窑工都要到碗窑村的慈云寺里祭拜窑神车朋，祈求烧出好的陶器。
③ 鲍德里亚. 消费社会 [M]. 刘成富，等译. 南京：南京大学出版社，2001：89.

济需要"①。消费主体的变化促使华宁陶从家居使用的日常碗、杯等向装饰品花瓶、摆件等转变,实现了华宁陶从使用功能向欣赏功能的转变。这一变化,是由于华宁陶市场已经不是单一的消费市场,其消费主体既包括以血缘、地缘、业缘等为主形成的区域性"原始群体",也包括分布在各地区的外来消费者,市场范围的扩大直接促进了华宁陶产品种类的更新与市场的差异化。

1. 华宁陶产品种类变化

华宁陶消费者市场的变化直接促进了新产品的开发,并加速了制陶技术的变革。"传统的华宁陶成型主要有两种方式,一种是拉坯成型,另一种是印坯、泥塑成型,少量的还有泥条盘筑成型"。所以传统的华宁陶主要包括生活用器、宗教用器与建筑用器三类,器物以圆形器物居多,追求产品的使用功能。"现代华宁陶已经形成了以青砖灰瓦、琉璃瓦等为代表的建筑陶系列产品;以普洱茶具等为主的生活日用陶系列;以花盆、陈设花瓶为代表的工艺美术陶系列产品,形成了日用陶瓷、古建筑陶瓷、建筑卫生陶瓷、工艺美术陶瓷、建筑装修材料五大类 700 余个产品"②。在消费市场中,日用陶与工艺美术陶占据整个市场的 80%,成为华宁县陶文化旅游产品的重点,并且华宁陶的现代作品集中体现了圆雕工艺与地域文化的融合,在艺术审美性方面追求平衡、对称、和谐、连贯,突出表现了华宁本土文化与中国儒家文化的结合。

2. 提高企业产品类型之间的差异化程度

2019 年华宁县共有制陶在册企业、工商户 70 余户,从业人员 1 900 余人,为了更好地促进华宁陶的转型发展,相关部门出台了引进优秀企业的相关政策。在市场中,为了保证各企业产品的差异性,获取更高的经济效益,各企业发掘本企业的独特性,在产品功能、色彩、器型等方面做出了调整。锦窑陶瓷有限公司是最新一批进入碗窑村的企业之一,在邓红锦的带领下,延伸了华宁陶的收藏价值,其作品《云滇稻作之举手投足》获 2014 年云南文博会金奖,《简》在 2017 年入选法国世界非遗展,《过程》

---

① 陈庆德.民族经济学[M].昆明:云南人民出版社,1994:85.
② 云南华宁陶编委会.云南华宁陶[M].昆明:云南美术出版社,2010:61.

获上海国际陶瓷柴烧艺术节优秀奖,《守口如瓶·发生》在2018年再次入选法国世界非遗展,《长颈美皴瓶》入选2018中国工艺美术双年展,引领华宁陶突破地域限制,提高了品牌的影响力。在日常茶具方面,一些老艺人依旧保持着传统的纯手工制造。碗窑村的郭文锦制陶已有50来年的历史,虽然自己经营的是小作坊,但其产品因用料好、纯手工,得到众多老顾客的喜爱。豆记陶文化传播有限公司负责人豆文林长期从事玛瑙收藏,转型做华宁陶后用自己收藏的玛瑙作为釉料,打破了传统华宁陶使用单一绿白釉的局面。华宁陶虽然以日用陶与工艺美术陶为主要特色,但各个企业面对多元的消费者都发展出了自己的特色,既拓展了华宁陶文化与艺术魅力,也使其投资价值与艺术升值空间逐渐显现。

从实用功能向欣赏功能转变是民间工艺"当下性"的必然要求,这一过程保证手工艺在保护传承前提下创造经济价值,符合现代市场消费需求。华宁陶成功拓展了产品种类,并通过产品差异化创造了经济效益。2018年华宁陶产业产值达6.2亿元,在此基础上相关部门制定了《华宁陶瓷产业中长期发展规划(2016—2025)》,提出到2022年,陶瓷产业总产值达到30亿元、2025年总产值达到60亿元的发展目标,华宁陶文化产业正逐步成为县域经济发展新的增长极。

(三)结合碗窑村历史文化发展旅游业

华宁陶的发源地是碗窑村。繁荣时期,碗窑村内每家村民都有制陶的痕迹。在石璋如的《云南华宁碗窑村窑业》中,有家家户户以窑为生的盛况,"华盖山坡上一条一条的柴窑就像毛毛虫,大概有十几条,村内几乎每家都会制陶"[1]。但后来受社会变迁及产业化陶瓷生产等影响,华宁陶产品开始滞销,大多数村民放弃了历代传承的制陶技术,选择外出务工。如今的华宁陶传承重新受到多个部门的重视,从扶持政策、引进人才等方面来看,最终受益的是大部分制陶企业。此外,因企业全部聚集在碗窑村周围,制陶使用的原材料、污染的排放、举办活动占据的街道等都与村民利益相关。所以,发展碗窑村的旅游业不仅能促进以陶为核心的工艺美术业显著

---

[1] 石璋如. 云南华宁碗窑村窑业[J]. 中央研究院院刊,1955(2).

发展，而且能通过陶瓷产业的发展带动当地旅游业的兴旺，进而实现碗窑村整体经济效益的提升，带动村民实现共同富裕。

选择碗窑村作为旅游业开发的根源在于碗窑村制陶历史悠久和村内的文化资源丰富。碗窑村"古窑遗址"被评为玉溪市级重点文物保护单位；村内的"慈云寺"被列为华宁县级文物保护单位；碗窑村于2016年被国家住房和城乡建设部村镇建设司列入"第四批中国传统村落名录"，并于2017年被云南省文产办列为"省级文化产业融合发展示范基地"，于2018年被云南省文化体制改革和发展领导小组办公室公布为"云南省民族民间工艺品示范村和销售示范街区"。文化资源的"再命名"为旅游产业的开发提供了丰富的内容，在此基础上，华宁县委县政府提出了"两园一村一馆一街一镇"的华宁陶文化产业发展布局，相关部门还积极规划完善旅游项目，包括修缮县级文物保护单位慈云寺，建设"陶产品交易中心""华宁陶遗址公园""陶文化展示中心""特色民居""陶传习馆"等旅游项目，并在此基础上完善了村内的基础设施，实施了道路景观改造，致力于村落的转型发展，实现碗窑村以陶文化为中心的陶瓷集中展示销售中心和华宁陶特色文化旅游游客集散地。

云南因多元民族文化使得旅游产业成为各地经济发展的重要支撑，"彝族刺绣""新华村银器""大理扎染""建水紫陶"等实践证明，民间手工艺能够促进经济发展，有助于本地旅游业的开发，也证明了传统工艺品与文化旅游融合是传承发展传统工艺的最佳途径，能够促进区域的整体发展。华宁碗窑村发展以陶为核心的旅游业，一方面帮助华宁陶重新发掘其中的历史文化，帮助制陶企业为陶产品增添文化符号；另一方面规划修建"陶遗址公园""陶传习馆""传统特色民俗""陶瓷一条街"等项目，完善了碗窑村的基础设施，为不直接从事制陶业的村民提供了从事与陶相关产业的路径。

三、华宁陶重构对碗窑村转型发展的影响

"从文化人类学的角度看，传统民族民间工艺在其物质层面、技艺

层面和功能层面,都包含了特定民族的生产、生活、宗教和文化的属性"①。华宁陶的重构涉及碗窑村文化历史的发掘与村内旅游产业的发展,对村落转型发展有着重要作用。华宁陶的重构归根到底是人的思维、行为的重构,不管是制陶者将新文化元素嵌入陶瓷,还是村民成为陶文化产业的利益相关者,都是人的行为直接影响了碗窑村村落的发展,其行为结果直接表现在"促进村内产业结构调整""多元主体利益竞争稳定村内经济""以活态的方式促进碗窑村陶工艺的保护与传承"三方面。

(一)促进村内产业结构调整

经济增长与产业结构有极大的关系,库兹涅茨(Kuznets,1971)、罗斯托(Rostow,1971)、钱纳里(Chenery)和塞尔昆(Syrquin,1975)等认为,一个经济体通过专业化和社会分工等形式形成一定的产业结构,而产业结构在一定意义上直接决定了经济的增长方式,所以在乡村转型发展中要尽可能利用相关资源实现产业结构的调整。费孝通在《乡土重建》中提到,中国一直有着相当发达的工业,这些工业分散在无数乡村里,被称为"乡土工业",乡土工业的发展为乡村文化产业的介入提供了可能。②中国最早出口的生丝、瓷器、布等都是乡土工业中重要的组成部分,早期的乡土工业为当下民间工艺介入乡村产业发展奠定了基础。

华宁陶拥有600多年的发展历史,清末民初成为全村经济的主要来源,是华宁县碗窑村重要的"乡土工业"③。但近年来,碗窑村以农业种植为主要经济来源,又因农业经济收入低,很多村民选择外出工作,村内只有老人传承着华宁陶,所以发展华宁陶及相关产业一方面是为了提高二、三产业的比重,另一方面则是乡村转型发展的重要途径。通过文化资源向文化产品转变,华宁陶产业已经从单一生产、销售陶产品转变

---

① 施维达,郑宇.文化与经济:民族文化与产业化发展[M].昆明:云南大学出版社,2001:58.
② 费孝通.乡土重建[M].上海:华东师范大学出版社,2019:56.
③ 乡土工业由费孝通在《乡土重建》一书中提出,他认为乡村发展中形成了多种类型的乡土工业,包括陶器、布、丝、雕刻品等,这些乡土工业可能是解决乡村问题最有效的途径。

为"以陶产业为主，旅游产业为辅"的产业发展形态，增加了第二产业轻工业的生产与第三产业旅游业比重。2019 年，华宁县一、二、三产业结构比例由建县之初的 68.3∶5.7∶26 演进为 21.4∶33.4∶45.2，实现了由农牧业为主向一、二、三产业协同发展的历史性转变。

在产业结构调整方面，合理安排劳动力是非常重要的内容，华宁陶内容的重构实现了本村劳动力反哺与剩余劳动力再生产。2015 年至今，碗窑村内已有多户从农业转向制陶业。宁景陶艺坊于 2017 年由大学生冯稀婧创办，云南柴窑文化传播有限公司于 2016 年由曹栋创办，窑上陶韵于 2015 年由戴云明创办，还有很多新近成立的小作坊，制陶业从 30 多户增加到 80 多户。这些从外地返乡创办企业的人员充分体现了人们对华宁陶发展前景的认可。这些大大小小的作坊、企业还带动了本村居民参与华宁陶生产、销售及相关旅游业。虽然有参与层次、利益分配较低等问题存在，但从调动村民积极性及合理分配剩余劳动力角度来看，华宁陶已经得到当地的广泛认可。为了实现产业均衡，华宁县县委县政府从推进文化产业的供给侧结构性改革着手，加大生产技术改造和新产品研发力度，已经实现从单一的柴窑转变为气窑、电窑、柴窑三种方式并存，拉坯、刻画、器型设计也能够用专业的机器代替。同时，通过建设陶乡旅游文化一条街、陶旅游文化小镇等项目实现了陶艺人才的引进。

（二）多元主体利益竞争稳定村内经济

自 2015 年华宁陶引起相关部门重视以来，区域内与此相关的成员也逐渐多样化：企业、居民、消费者等成为主要的利益主体。本地制陶人创办企业以提升陶瓷品牌，外来投资者进入碗窑村开发相关商业，居民参与相关经济活动，消费者盘活本地市场等。除此之外，相关协会、媒体、引进的艺术家、合作单位等也是与碗窑村陶产业发展密切相关的主体，各方都希望自己的利益得到最大化。这些"经济人"[①]面对共同的市场会产生重复的经济博弈，在博弈过程中就会发挥市场的作用，均衡各方利益。

---

① 经济人：即假定人的思考和行为都是目标理性的，唯一试图获得的经济好处就是物质性补偿的最大化。

同时，政府除负责规划华宁陶及碗窑村项目外，作为公共利益的维护者，也会在其中平衡各个主体之间的利益分配，促进合作与良性竞争，从而保证村内经济市场的稳定增长。

（三）以活态的方式促进碗窑村陶工艺的保护与传承

凸显地方文化符号、适应消费者消费趋向、发展有益于村民加入陶相关产业的旅游业等措施实现了碗窑村内乡村文化产业的发展，并通过多种方式的重构促进了村民对华宁陶的重新认识，对其文化、技艺能够繁荣经济的事实给予了认同，从而为文化传承、管理与培养人才等提供了便利，进一步实现了华宁陶工艺的保护与传承。通过重塑华宁陶的文化符号，丰富陶市场文化种类，既保存与再现了传统华宁陶制作工艺中的优秀文化符号，又在新的文化消费市场中实现了文化资源与文化市场的结合，且增加了宣传途径，实现了华宁陶形象的对外传播，使外界进一步肯定了华宁陶蕴含的本地符号。

华宁陶发展最重要的基础是本地资源和环境的生态循环。通过完善碗窑村的产业结构，提高了农民的生活水平，实现了碗窑村整体经济发展的综合效应。在这种综合效应下，有利于促进乡村文化环境动态、系统的保护，特别是陶文化旅游产业的开发完善了村内的基础设施，劳动力也纷纷回流。除此之外，华宁陶的重构极大拓展了碗窑村的消费市场，不仅体现在整体经营面积的扩大上，更表现在外来消费的扩大上，这为碗窑村打造市场性旅游景点的目标创造了条件。

四、总结

传统民间工艺的传承发展需要与市场结合实现"活"性传承。通过内容重构突出地方文化特色，调动本地劳动力积极性，促进相关产业的发展等是民间工艺向市场转型的重要途径。滇西南地区少数民族聚集，其传统手工艺具丰富的地方文化特色，十分适合通过内容重构实现民族手工艺与文化旅游业等的良性结合。华宁陶的内容重构在趋势上已经实现了向现代市场的转变，但依旧面临很多亟待解决的问题，如打造"国际碗窑村"的目标过大、本地市场分布过于零散、过于压低产品价格、人才流失严重等。但我们相信，通过合理开发、生态保护、内容重构等手段，华宁陶会发挥出更大的潜力，实现品牌传播，开拓更广阔的市场。

【特色文化产业发展案例研究】

导言（主持人：孙清潮①）

孙清潮

特色文化产业依托传统文化资源进行发展，具有天然丰厚的民间基础，既能够传承中华民族优秀文化，又能在产业发展中保护文化遗产，同时还可以运用创意设计和互联网新兴业态手段如融媒体、虚拟现实、增强现实、物联网等提升产业发展模式，解决资源所在地的就业问题，改善当地的社会发展面貌。特色文化产业能够有效促进传统文化资源按照市场化要求进行转化，使那些因为自然条件限制和经济因素制约而常年沉睡的文化遗产得到充分利用，从而有利于社会资本进入，在大力发展特色文化产业的同时构建现代公共文化服务体系。

本栏目选取的三篇文章中，通过分析云南省楚雄彝族自治州的传统特色演艺业振兴发展的现状及面临的问题，为少数民族地区演艺产业的振兴提供了路径参考；通过对特色小镇驿前镇的发展背景、区位分析、规划范围三个方面的研究分析，提出特色小镇品牌打造的新思路和新方法；通过对美国加利福尼亚州的"林赛农民市场"（Lindsay Farmers Market）项目、吴玛悧在中国台湾新北市竹围地区的"树梅坑溪"公共艺术项目两个案例的分析，提出应当借鉴已有的成功经验，使乡村公共生活成为乡村发展的重要依托。同时，公共艺术助力乡村发展则需要以乡村生活为切入点，激发乡村居民参与地方事务的积极性，进而创造自己的"美丽乡村。"

---

① 孙清潮：教授，博士生导师，陕西师范大学文学院党委书记。

少数民族地区传统特色演艺业振兴发展面临困境
——以云南省楚雄彝族自治州为例

■ 毛少莹 等[①]

我国是多民族国家,少数民族地区众多。基于不同民族文化传统和生活习俗,不少地方都有自己独特的文化资源,如何发挥独特文化资源优势,是少数民族地区文化振兴面临的重要问题。

2014年,受云南省楚雄州文化体育局委托,我们成立课题组,对楚雄州传统演艺业发展现状及未来振兴对策开展了一次涉及楚雄全州10个县市、为期6个多月的大调查。调查内容包括当地专业及业余演艺团队的人、财、物、场地、文艺产品生产与消费等方方面面。由于有当地各级政府部门的大力协助,调查非常全面、彻底,取得了诸多翔实的数据。尽管调查时间已经过去很久,但是,考虑调查结果的真实性和系统性,我认为分析这份调查报告,仍对今日乡村文化振兴具有重要的案例价值。本文在这次大调查结果的基础上,结合乡村文化振兴带来的一些变化进行分析,希望能对少数民族地区传统演艺业振兴提供一些启示。

一、少数民族地区独特的传统文化是乡村文化振兴的宝贵资源

同全国诸多边远少数民族地区一样,自然环境、经济社会、人口结构等因素的多重制约,构成了楚雄州乡村振兴的特殊背景。楚雄彝族自治州位于云南中部,是一个典型的少数民族农业州。楚雄地理环境独特,历史上是连接四川至中原、滇西至南亚的通道,也是南方丝绸之路"灵

---

① 本文主要内容为2014年云南省楚雄州委托调研课题的部分成果。课题领导小组组长:施克沛等;课题执行组长:毛少莹;组员:蒯大申、任开碍、杨立青、张炼红、钱泽红、余涛、张云、邓小燕等。毛少莹:深圳市特区文化研究中心学术总监、研究员,国家公共文化服务体系建设专家委员会委员,广东省公共文化服务体系建设专家委员会委员,广东省文旅厅"旅资委"专家,广东省文化学会副会长,深圳大学兼职教授。

关道"和"五尺道"的交会处，曾有"省垣门户""迤西咽喉"之称。①虽然地理区位重要、历史发展久远，但由于种种原因，楚雄的发展相对缓慢。从自然地理环境来看，楚雄地区山高谷深，地形复杂，山地面积占全州总面积的90%以上，素有"九分山水一分坝"之称。这一客观的自然地理条件，使得楚雄地广人稀，"大分散、小聚居"，交通不便，信息闭塞，对区域发展造成了不利影响。从经济社会发展情况来看，楚雄虽然形成了卷烟、医药、冶金、煤炭、电力、旅游服务等产业门类，但整体看经济社会发展水平不高，是一个经济欠发达的典型山区农业州，2014年全州生产总值仅701.78亿元，人均生产总值26 662元，地方财政总收入为153.30亿元，其中地方公共财政预算收入仅为63.72亿元，占财政总收入的40%左右。从行政区划与人口结构看，全州总面积29 258平方千米，设九县一市，103个乡镇，1 098个村民委员会和社区居委会；2014年末全州总人口仅263.63万人，其中城镇非农人口83万人，占总人口31.5%，农业人口180.58万人，占总人口68.5%，城镇化率远远低于同期全国50%的平均水平；少数民族人口93.49万人，占户籍人口35.5%，其中彝族人口75.45万人，占户籍人口28.6%及少数民族人口80.7%②，是典型的少数民族聚居地区。在社会事业方面，近年来楚雄彝族自治州的教科文卫体等事业均获得较大发展，但由于总体上经济发展水平低，贫困人口多，受教育水平相对低下，包括文化服务在内的社会性公共服务基础设施较差，明显低于全国平均水平。

少数民族地区多有自己独特的文化传统资源，楚雄也不例外。楚雄是全国两个彝族自治州之一（另一个为四川省凉山彝族自治州）。楚雄拥有彝族、汉族、苗族、傈僳族、傣族、回族、白族、哈尼族等26个世居民族，他们在这块红土地上进行物质生产的同时，也积淀了悠久灿烂的精神文明成果，包括语言文字（彝文）、独特的宗教信仰、哲学思想、

---

① 楚雄州境也是人类起源和早期人类演化的重要地区，不仅存有1.7亿年前的禄丰恐龙和距今1400万—800万年的禄丰腊玛古猿，而且"元谋人"在楚雄元谋县的发现，表明人类祖先早在170万年前就在滇中完成了从猿到人的演化。
② 以上数据来自《楚雄州国民经济和社会发展报告》（2014年），由楚雄彝族自治州统计局编。

伦理观念，以及具有民族特色的民俗节日和庆典活动等。其中表现最突出的，就是以彝族为主的各少数民族能歌善舞的歌舞传统，唱歌跳舞构成了楚雄人民最为重要的文化生活方式和最为独特的民族文化资源。以彝族为例，楚雄彝族有着悠久的音乐歌舞传统，男女老少皆喜欢歌唱，逢年过节，婚丧嫁娶，无不伴以音乐歌舞。在歌唱上，大致分为长篇史诗（如《梅葛》）、山歌、小调、儿歌、风俗歌等；在舞蹈上，有傩舞（如老虎笙）、民间舞蹈（如左脚舞、葫芦笙舞）等；在器乐上，有吹管乐器（如笛子）、拉弦乐器（如小胡琴）、弹拨乐器（如月琴），以及其他种类繁多的乐器；在剧种上，则有新兴民族剧种彝剧，它是基于楚雄彝族民间传统山歌、小调、舞蹈及宗教祭祀活动仪式，并受汉族花灯、滇剧和其他民族剧种的影响而逐渐发展演化而成的，既是民族文化融合的结果，也是楚雄彝族同胞集体智慧的结晶。[①] 除了彝族，其他少数民族也有发达的歌舞文化。如傈僳族凡有喜庆事宜，都要唱调子大跳尽欢；苗族则有种类较多的传统乐器、民歌及舞蹈；白族有音乐歌舞相结合的踏歌；哈尼族的民间音乐有哈巴曲调、阿茨民歌、习俗歌、儿歌，舞蹈则有哈瑟舞、跳鼓舞等。它们无不见证了楚雄各族人民悠久、深厚的音乐歌舞传统，[②] 也因此奠定了各种民族特色歌舞演艺在楚雄人民文化生活中不可替代的地位。

改革开放以来，在中央、省委省政府的大力支持和州委州政府的直接领导下，楚雄经济社会发展较快，各族人民生活水平得到了显著提高。尤其是在我国西部大开发和建设社会主义新农村的背景下，楚雄近年来不仅交通等基础设施建设不断完善，一些重要产业及社会事业也取得了较大发展。同时，在政府财力获得持续增长、民族意识走向自觉的背景下，楚雄民族文化的传承保护也取得了很大成就。特别是在中央相关政策和云南省委、省政府关于加快建设"民族文化强省"的精神引导下，楚雄州委州政府陆续出台了《关于贯彻落实党的十七届六中全会精神加快推进民族文化强州建设的实施意见》《楚雄州建设民族文化强州规划（2012—

---

① 杨甫旺，李德胜. 楚雄彝族文化史[M]. 昆明：云南民族出版社，2011：254—272.
② 杨甫旺，周国兴. 楚雄民族文化简史[M]. 昆明：云南民族出版社，2013.

2020年）》等文件，制定了相关政策措施，加强了本地区民族文化传承保护的力度。如彝族"十月太阳历"、彝族叙事史诗《梅葛》和《查姆》、彝族火把节、赛装节、彝族酒歌、民族歌舞，以及民族服饰等得到了很好的保护。截至2014年，楚雄州拥有各类不可移动文物820处，各级重点文物保护单位342处，公布各级非物质文化遗产项目437项，命名各级非物质文化遗产项目代表性传承人724人，公布命名省、州级民族传统文化保护区26个，中国民间文化艺术之乡5个，国家级历史文化名镇1个，省级历史文化名镇名村4个，民族文化资源的保护与开发进入了良性的循环轨道。①

然而，和很多边远山区一样，楚雄的自然环境和人口分布特点制约着楚雄的文化发展，也形成了楚雄特有的文化生活偏好。以公共文化设施为例，一方面，由于地理条件限制，公共文化设施的建造和运营成本较高，设施的可达性和便利性也受限制；另一方面，由于受教育程度限制，人们对使用文化馆站、博物馆、图书馆等的兴趣普遍不高，其文化偏好更多地体现在人们喜闻乐见并可参与其中的歌舞娱乐、文艺表演等之中。可以说，参与或观看文艺表演，既体现了楚雄各族人民能歌善舞的文化偏好，也是楚雄人民精神文化生活最为重要的内容之一，这在楚雄的传统节庆中得到了集中体现。楚雄的传统喜庆节日有火把节、十月年、春节等；祭祀节日有老虎节、豹子节、大刀节等；交游节有赛装节、二月八、杨梅节等；纪念节日有插花节、冬街节、葫芦笙节等；集市节日有立秋节、三月会、开街节等；农事节日有农神节、荞神节、猎神节等。这些颇受群众喜爱的节日，集民俗、经贸、文体和社交于一体，具有广泛深厚的群众基础，是民族性、地域性文化特征的外在标识，是民族历史、社会政治、区域经济、风俗礼仪、宗教信仰、文化特色的集中反映。②

如同很多少数民族地区一样，歌舞等传统演艺活动是楚雄人祖祖辈辈历经多年形成的文化传统，这种传统的演艺活动与当代演艺产业基于

---

① 以上数据来自《楚雄州基层公共文化服务体系建设情况报告》（2014年6月），由楚雄州文化体育局编。
② 杨甫旺，李德胜.楚雄彝族文化史[M].昆明：云南民族出版社，2011：233—253.

市场的文化生产、营销、消费等是不一样的。歌舞演艺活动在楚雄很大程度上具有自娱自乐的自发性特征，尤其体现为老百姓自发组织的大量业余演艺队伍或日常自发的歌舞聚会的蓬勃发展上。同时，本地营利性的文化市场并不发达，即便是为数不多的专业表演艺术团体，也不是主要以市场为取向的文化主体，而更多地承担了为社会提供公益性文化服务的功能，如节庆活动、专业辅导、宣传演出、送戏下乡等。因此，楚雄的各类传统演艺活动从一开始就不是私人消费性质、市场产业性质的文化活动，而体现出一定的宗教仪式性、节日庆典性、社交娱乐性等"公共性"特征。换言之，歌舞演艺活动不仅满足了当地社会成员的基本文化需求，也在田间地头、广场空地形成了独特的带有浓郁民族文化特色的公共文化空间和乡村文化传统，促进了社会成员之间的情感交流、丰富了人们精神文化生活，更巩固了民族的文化认同。无疑，这一传统是十分宝贵的文化资源。

某种意义上，楚雄的情况也是我国广大山区、牧区、边疆少数民族地区的写照。人口较少且居住分散，加上可支配的文化娱乐消费有限，经营性的文化市场很难形成，但通常拥有独特的民族民间文化传统，有自娱自乐的文化生活形式。传统的演艺等行业，其本身的市场—经营角色并不突出，而更多地扮演着宗教—伦理角色和艺术—行业角色，具有浓烈的政治—伦理色彩和准公益性，[①]更重要的是承担着民族文化的传承、发展，以及主流价值观宣传教育的重任。有鉴于此，楚雄州文化部门高度重视演艺活动，开展大调查的初衷，正是想摸清家底，挖掘发挥这一传统文化资源的优势，以推动楚雄文化快速发展，在满足百姓需求的同时，巩固民族认同和民族团结，形成富有吸引力、竞争力的地方文化特色。

二、楚雄州演艺业发展现状

笔者将调查得出的一些基本情况，分为专业演艺团队和业余演艺团队两大块简要介绍如下。

---

① 傅才武．论中国艺术表演团体改革的实现途径[J]．江汉大学学报（人文社科版），2004（1）．

(一)楚雄州专业表演队伍现状

作为楚雄州重要的文化力量,专业文艺表演队伍汇聚了全州主要的专业表演人才,承担着生产文艺精品、传承和弘扬民族文化、扩大对外文化交流、参与公益性文艺演出和对业余文艺演出进行专业指导等职能。在文化"提高与普及"的辩证关系中代表着楚雄州演艺业的水平和档次。

1. 专业表演队伍总体情况

楚雄州现有专业表演团队10支,其中除了永仁县没有专业团体外,州属1支(楚雄彝族自治州民族艺术剧院),楚雄市及大姚、牟定、南华、禄丰、武定、双柏、姚安、元谋等8县各有一支专业演出队伍。楚雄自古以来就是歌舞之乡,歌舞艺术传统深厚,专业表演队伍成立时间比较早,其前身大多可追溯至20世纪五六十年代,一般都有五六十年以上的历史。从团队规模来看,全州专业团队在职员工总数345人;除州民族艺术剧院是拥有百人以上的大团外(在职184人),其余规模都较小,属十几二十人的小团。从表演内容来看,绝大多数是以民族歌舞为特色的综合类表演团队,只有元谋县非物质文化遗产保护传承展演中心以演出花灯戏为主,相对单一。经过2012年文艺院团改革,10支队伍中除州民族艺术剧院、姚安县非物质文化遗产保护传承展演中心、元谋县非物质文化遗产保护传承展演中心保留为全额拨款的事业单位外,其余7支队伍都已转制为国有企业。专业表演队伍基本情况详见表1。

表1 楚雄州专业表演队伍基本情况一览表

队伍名称	所属州县	单位性质	演出内容	原单位成立时间(年)	在职人员数量
楚雄彝族自治州民族艺术剧院	楚雄州	全额拨款事业单位	综合类	2001(其前身州歌舞团成立于1958年)	184
楚雄市民族文化演艺有限公司	楚雄市	国有企业	综合类	1959	33
大姚咪依噜彝剧演艺有限公司	大姚县	国有企业	综合类	1956	18
楚雄彝族左脚舞文化演艺有限公司	牟定县	国有企业	综合类	1958	18

续表

队伍名称	所属州县	单位性质	演出内容	原单位成立时间（年）	在职人员数量
南华咪依噜原生态彝族文化传承演艺公司	南华县	国有企业	综合类	1965	18
禄丰龙文化演艺传播有限责任公司	禄丰县	国有企业	综合类	1956	17
武定彝族民歌文化传媒演艺有限公司	武定县	国有企业	综合类	1969	16
双柏彝族老虎笙传承演艺有限公司	双柏县	国有企业	综合类	1966	9
姚安县非物质文化遗产保护传承展演中心	姚安县	全额拨款事业单位	综合类	1956	20
元谋县非物质文化遗产保护传承展演中心	元谋县	全额拨款事业单位	戏曲曲艺	1958	12

2. 专业表演队伍人员情况

（1）成员年龄构成。全州专业表演队伍345名在职成员中，25岁以下74人，占21%；26~45岁241人，占70%；46~60岁30人，占21%。总体来看，中青年成员是专业团队的主体，年龄结构比较合理。

（2）成员性别构成。男性成员168人，占49%；女性成员177人，占51%；性别比例较均衡。

（3）成员职业构成。全州专业表演队伍345名成员中，演职人员229人，占87%；技术人员31人，占9%；行政管理人员8人，占2.3%，后勤及其他人员7人，占2%。演职人员占绝对多数，行政和后勤人员明显较正常队伍要少，多数队伍行政和后勤是由演职人员兼职，队伍比较精简。

（4）成员专业构成与专业水平。全州专业表演队伍345名成员中，表演艺术类专业人员317人，占92%；非表演艺术类专业人员仅28人，占8%。拥有高级职称的35人，占10%；有中级职称的113人，占33%；有初级职称及以下的197人，占57%。表演艺术类专业人员占绝对优势及中高级职称合计占总人数的4成以上，从一个侧面反映出楚雄州专业表演艺术团队的专业素养比较高。

（5）成员月工资水平构成。全州专业表演队伍345名成员中，月工资水平在1 500元以下的20人，占6%；工资水平在1 500~2 000元的34人，占10%；工资水平在2 001~2 500元的154人，占45%；工资水平在2 500元以上的137人，占39%。月工资2 500元以下合计超过6成，即使与楚雄市平均工资相比也不算高，和沿海比更低，长远看易造成人才难留难进。

（6）成员稳定性。全州10个专业表演队伍中，大姚咪依噜彝剧演艺公司和禄丰龙文化演艺传播公司2支队伍成员年流动率大于15%，队伍稳定性欠佳，其余8支队伍成员年流动率均小于5%，处于比较合理的水平。

3. 专业表演队伍近三年演出情况

（1）演出节目总数。2011、2012、2013年度全州10支专业表演队伍演出节目总数分别为282个、300个和302个。每年演出节目数维持在300个左右，且呈逐年小幅增加趋势。其中州民族艺术剧院3年演出节目数分别为91个、108个和106个，约占全州演出节目的1/3，其他专业团队一般每年演出节目少则十几个，多则三四十个，平均二十个左右。

（2）演出总场次。2011、2012、2013年度全州10支专业表演队伍演出总场次分别为893场、999场和952场，平均每年演出场次约903场，各年略有变化。其中州民族艺术剧院3年演出节目数分别为288场、302场和197场，约占全州演出节目的1/4到1/3，其他专业团队一般每年演出节目少则四五十场，多则一百多场，平均七八十场。

（3）总观众人次。2011、2012、2013年度，楚雄州专业表演队伍演出活动总观众人次分别为516 100人次、721 600人次和863 100人次，平均每年观众人数约700 266人，每场约775人（对比业余队伍每年平均15 180总演出场次、2 581 833总观众人次和场均观众143人，专业队伍在演出总场次和总观众量上比不上业余队伍，但单场的观众号召力要比业余队伍大得多），总量较大，且呈逐年上升态势。

（4）演出获奖情况。2011、2012、2013年度全州10支专业表演队伍的团体和个人，总计分别获得州级以上奖项54项、126项和67项；省级奖项分别为20项、17项和24项；国家级大奖分别为3项、4项和3项。近三年未获国际奖项；获奖层次仍有较大提升空间。

4. 专业表演队伍近三年演出财务情况

（1）总收入和总支出。2011、2012、2013年度10支专业表演队伍财务总收入与财务总支出基本平衡，没有效益特别好的企业，但也没出现亏损，全州专业队伍年总收入和总支出均在2 500万元左右，2011年以来收支逐年有少量的增量。

（2）收入结构。楚雄州专业表演队伍的收入来源，第一是政府或公益基金补助，占总收入的近90%；第二是经营性演出收入约占8%；其他收入约占2%，基本没有企业、个人等赞助收入。政府和公益性收入偏高而主体和经营性收入偏低，一方面是因为队伍主要承担的是公益性演出，是"谁要马儿跑、谁供马儿草"基本生存之道的体现，同时也反映出队伍市场生存能力不足。另一方面，企业、个人等赞助的缺失则反映出市场、社会组织在公益性演出服务中的缺位，应加强制度设计加以引导。

（3）支出结构。楚雄州专业表演队伍财务支出结构方面，主要支出项为人力资源成本，占总支出的71%左右；其次是与演出相关的费用支出（包括场地、服装道具器材、宣传等），约占总支出24%左右；行政开支约为3%、其他开支约占2%。随着平均工资水平的提高和优秀人才对高待遇的期望，人力资源成本将是专业队伍面临的主要挑战。

5. 专业表演队伍的硬件配备与管理情况。

（1）硬件配备情况。根据调查，总的来说，楚雄州10个专业队伍中，除州民族艺术剧院硬件条件较好外，其他县市队伍条件普遍较差。硬件评价结果具体见表2。

表2　楚雄州专业表演队伍硬件条件一览表

队伍名称	自有办公场地情况	自有固定排练场所情况	自有演出场所情况	服装道具设备器材情况
楚雄彝族自治州民族艺术剧院	有，条件好	有，条件好	有，条件好	较好
楚雄市民族文化演艺有限公司	有，条件差	有，条件差	无	较差
大姚咪依噜彝剧演艺有限公司	有，条件中	无	有，条件差	一般

续表

队伍名称	自有办公场地情况	自有固定排练场所情况	自有演出场所情况	服装道具设备器材情况
楚雄彝族左脚舞文化演艺有限公司	有,条件差	有,条件差	有,条件差	较差
南华咪依噜原生态彝族文化传承演艺公司	有,条件中	无	有,条件中	一般
禄丰龙文化演艺传播有限责任公司	有,条件差	有,条件差	有,条件差	较差
武定彝族民歌文化传媒演艺有限公司	有,条件中	有,条件中	无	一般
双柏彝族老虎笙传承演艺有限公司	有,条件差	有,条件差	无	较差
姚安县非物质文化遗产保护传承展演中心	无	无	无	一般
元谋县非物质文化遗产保护传承展演中心	有,条件中	有,条件中	有,条件中	一般

（2）管理评价。根据调查，总体来说，楚雄州10支专业队伍中，州民族艺术剧院管理各项指标较好，其他县市队伍管理各项指标大多处在中档水平。管理评价结果具体见表3。

表3 楚雄州专业表演队伍管理评价一览表

队伍名称	管理团队的水平	制度与执行情况	管理绩效考评结果
楚雄彝族自治州民族艺术剧院	水平较高	制度健全,执行好	优秀
楚雄市民族文化演艺有限公司	水平一般	制度和执行有待提高	合格
大姚咪依噜彝剧演艺有限公司	水平一般	制度和执行有待提高	良好
楚雄彝族左脚舞文化演艺有限公司	水平较高	制度和执行有待提高	优秀
南华咪依噜原生态彝族文化传承演艺公司	水平一般	制度健全,执行好	良好
禄丰龙文化演艺传播有限责任公司	水平一般	制度和执行有待提高	合格
武定彝族民歌文化传媒演艺有限公司	水平一般	制度和执行有待提高	合格

续表

队伍名称	管理团队的水平	制度与执行情况	管理绩效考评结果
双柏彝族老虎笙传承演艺有限公司	水平一般	制度和执行有待提高	良好
姚安县非物质文化遗产保护传承展演中心	水平一般	制度和执行有待提高	良好
元谋县非物质文化遗产保护传承展演中心	水平一般	制度健全，执行好	合格

（二）楚雄州业余文艺表演队伍现状

1. 业余文艺演出队伍总体情况

楚雄州业余文艺表演队伍发达。根据2014年9月份完成的专项调查，全州已在文化部门登记备案并经常性开展演出活动的业余表演队伍有1167支，业余表演队伍成员共26376人。全州平均每万人有业余表演队伍4.23支，平均每万人有演出人员95.51人。

（1）按成立时间看，10年以上的队伍423支，占比37%；5~10年的266支，占比23%；5年以内的队伍467支，占比40%。近5年是业余演出队伍发展较快时期。

（2）按演出的艺术种类看，综合类546支，占比47%；民族歌舞类377支，占比32%；戏曲曲艺类106支，占比9%；现代歌舞类50支，占比4%；音乐乐器类20支，占比2%；其他类别68支，占比6%。和城市业余演出队伍中现代歌舞类占比较大情况相比，楚雄州业余演出队伍的民族和地方特色尤为突出。

（3）按演出队伍的成员规模看，20人以下的队伍539支，占比46%；20~50人的队伍563支，占比48%；51~80人的队伍56支，占比5%；80人以上的队伍9支，占比1%。如果50人以下的队伍合计占队伍总数的94%，说明楚雄州的业余表演队伍以中、小队伍为主，80人以上的大队伍也有，但较少。详见表4。

表4 楚雄州业余表演队伍总体情况表

	业余队伍数	成员总数（人）	总人口（万人）	万人业余队伍支数（支/万人）	万人业余演出人员（人/万人）
楚雄市	150	5 212	58.86	2.55	88.55
大姚县	84	720	28.00	3.00	25.71
牟定县	144	4 792	25.30	5.69	189.40
南华县	72	1 956	24.00	3.00	81.50
禄丰县	218	4 275	43.00	5.07	99.42
武定县	97	1 752	27.86	3.48	62.89
双柏县	115	2 226	15.67	7.34	142.05
姚安县	81	1 112	21.00	3.86	52.95
元谋县	159	3 109	21.56	7.37	144.20
永仁县	47	1 222	10.90	4.31	112.11
全州统计	1 167	26 376	276.15	4.23	95.51

2. 业余演出队伍人员情况

（1）成员年龄结构。调查显示，成员平均年龄在30岁以下的队伍有50支，占比4%；30~60岁的有1 054支，占比90%，占绝对优势；60岁以上的63支，占比6%。30岁以下队伍占比较小，与年轻人大多外出打工，且爱好较多、时间有限有关。和目前国内其他城市业余演出队伍60岁以上占比较大相比，楚雄州老年业余队伍的比例较预期的要少，反之，30~60岁的中老年队伍占比极高是出人意料的。这一方面可能与调查设计未细分30~60岁年龄段、跨度太大有关，另一方面也反映出楚雄州内壮年人员参与业余演出队伍的积极性。

（2）成员性别构成。调查显示，女性成员为主的队伍776支，占比66%；男性成员为主的队伍64支，占比5%；男女相当的队伍327支，占比29%。

（3）核心成员水平。调查显示，核心成员有专业人员（包括曾是专业人员）队伍仅45支，占比4%，有专业人员145人。核心成员无专业人员的队伍1 122支，占比96%。队伍核心成员有"非遗"传承人的队伍205支，占比18%，共有"非遗"传承人504人。对比有无专业人员的比例，"非遗"传承人在楚雄州业余表演队伍中比重明显大很多。队伍核心成员无"非遗"传承人的队伍962支，占比82%。

（4）成员稳定性。调查显示，成员稳定的队伍227支，占比19%；成员基本稳定的队伍716支，占比61%；成员流动性较大的队伍224支，占比20%。

3. 业余演出队伍演出情况

（1）演出总场次。2011、2012、2013年度，全州1 167支业余表演队伍演出总场次分别为12 590, 14 905, 18 047场，3年平均每年演出总场次15 180场。2012年较2011年增长18.4%，2013年较2012年增长20.7%。演出场次明显逐年增加，且呈加速增长态势，说明业余演出活动越来越受欢迎。

（2）演出观众总人次。2011，2012，2013年度，全州1 167支业余表演队伍演出活动总观看人次分别为206 303，2 964 403，2 717 793人次，每年总观看量约2 581 833人次，观众总量十分惊人，基本相当全州总人数。

（3）演出活动影响范围。调查显示，业余队伍演出活动的影响范围在乡镇以下合计占72%，表明业余演出主要是基层群众自娱自乐的活动。但也有部分队伍已在县域、州域甚至全国范围内产生影响。

（4）演出获奖情况。全州1 167支业余表演队伍中，近年有229支获得过县级以上奖项，占比20%；获得过乡镇级以上奖项的有267支，占比23%；671支业余演出队伍近年没获过任何奖项，占比57%，表明业余演出队伍演出水平比较低，以自娱自乐为主。

4. 业余演出队伍活动经费情况

（1）年活动经费水平。业余演出队伍对设备器材、服装道具等要求不高，通常因陋就简开展演出，演出活动经费通常不大。调查显示，全州1 167支业余表演队伍中，年活动经费在1 000元以下的有320支，占比27%；年活动经费在1 000~3 000元的有501支，占比43%；年活动经费在3 001~5 000元的有212支，占比18%；年活动经费在5 000元以上的有134支，占比12%。年活动经费3 000元以下合计占比70%。

（2）活动经费主要来源。调查显示，活动经费主要来源于成员自筹的有681支，占比58%；主要来源于政府资助的有355支，占比30%；主要来源于企业资助的有32支，占比3%；主要来源于其他收入的有99支，占比9%。

5. 业余演出队伍自我管理情况

（1）专人管理情况。调查显示，967支队伍有专人管理，占比83%；200支队伍未设专门管理人员，占比17%，有专人管理的业余队伍占大多数。

（2）建章立制情况。调查显示，455支队伍建立了规章制度，占比39%；701支队伍尚未建立规章制度，占比61%。和有无专人管理相比，业余队伍在建章立制方面明显滞后，应加强自身制度建设。

6. 业余演出队伍发展的制约因素和对政府的期望

（1）制约因素。最新的专项调查就业余队伍发展的制约因素设计了"缺少资金""缺少人才""管理不力""场地制约""其他选项（说明）"5个选项，要求业余队伍根据自身发展情况进行多项选择，并按重要性排序。结果显示，有1 088支队伍选择了"缺少资金"，有915支队伍选择了"缺少人才"，有593支队伍选择了"场地制约"，居前三位的缺资金、缺人才、缺场地成为业余队伍普遍面临的问题。

（2）希望获得的政府支持。专项调查就业余队伍发展希望获得的政府支持设计了"资金支持""专业指导""提供设备器材""提供活动场所""其他选项(说明)"5个选项，要求业余队伍根据自身发展情况进行多项选择，并按重要性排序。结果显示，有1 123支队伍选择了希望获得"资金支持"，1 013支队伍选择了希望"提供专业指导"，992支队伍选择了希望"提供设备器材"，670支队伍选择了希望提供"活动场地"，这四项居前四位。值得注意的是，选择了希望"提供专业指导"的队伍甚至超过了希望提供场地、器材，仅次于资金，居第二位，凸显业余队伍希望提升演出水准的愿望很迫切。

此外，该次调查还涉及演出节目题材内容（传统或现代）、新旧节目比例、公益性节目占比、节目民族特色、本地演出与外地演出、公益性演出与经营性演出等问题。限于篇幅，这里不做详细介绍。

三、少数民族地区传统特色演艺业振兴发展面临困境分析

分析上述调查结果，我们认为，以楚雄为代表的少数民族地区，其传统演艺业振兴发展面临的困境主要有八点。

（一）文化思想理论水平有待进一步提升，振兴发展共识有待进一步形成

近年来，随着对文化发展重要意义的认识，楚雄州委州政府陆续出台了《关于贯彻落实党的十七届六中全会精神加快推进民族文化强州建设的实施意见》等重要文件，经过努力创建国家公共文化服务体系示范区，体现出高度的文化自觉意识、文化使命感与责任心。从总体上看，楚雄州的整体思想水平和文化发展理念在西部地区是较高的。然而，从中央及云南省文化战略的更高要求看，楚雄州还存在干部水平参差不齐、群众文化程度偏低、整体文化思想理论水平有待提升、文化改革发展共识有待凝聚等问题。比如调查发现：不少干部还在用老眼光、旧观念看待文化工作，认为"楚雄地方还穷，文化发展是下一步的事"；忽视文化振兴的社会贡献，认为文化事业"只赔不赚"；对文化体制改革的必要性认知不足，认为文艺院团改革走得太快，甚至提出"应该将专业剧团再恢复为事业单位"等；对本地文化传统资源稀缺性、重要性认识不够，对民族文化创新发展缺乏足够的文化自信；对表演艺术的双重属性（既有公益性也有营利性）认知不够，对如何推动文艺院团既参与公共文化服务，又进行市场化发展有困惑等。总之，对文化在塑造人心、促进经济社会发展中的重要价值认识不足。对如何推动乡村文化振兴，全面深刻认识文化发展既关系到满足广大人民群众的精神生活需求、维护人民的合法文化权益，也关系到经济结构优化转型、后发优势挖掘、文化多样性保护、国家和地区软实力提升等诸多方面，楚雄州干部群众的思想理论水平有待进一步提高，振兴发展共识有待进一步形成。

（二）政策措施不配套，缺乏系统的制度设计，文化管理体制与运行机制改革尚需深化

长期以来，楚雄州实行的是政企不分、政事不分、管办合一的传统文化管理体制。就表演艺术行业来看，政府既"办文化"，也"管文化"，如由政府财政供养专业文艺表演团体等，而对于数目众多的业余团队，政府做的只是简单的登记管理，它们基本处于自生自灭状态。改革开放后，楚雄的各艺术院团尽管也进行了一定的改革，但依然存在事业单位常见的人浮于事、自主权小、机构行政化、缺乏竞争意识和激励机制、效率低下等弊端，改革的必要性和迫切性凸显。2003年起，中央加大了包括文艺院团改革在内的文化体制改革步伐。在2012年下发的《关于加快国有文艺院团体制改革的通知》要求下，楚雄全州10个专业艺术团队除"州民族艺术剧院"保留原事业单位性质，及姚安、元谋两个县团并入"非遗保护中心"外，其余7个团队均按中央要求，"一刀切"地进行转企改制，全部改为演艺公司，走市场化道路。改革过程中，楚雄地方存在事前准备不足，改革中制度设计不够完善、配套机制不够健全，人事、编制、管理、薪酬、分配、社保等相关改革政策滞后等问题。主要体现为，一方面适应市场化的政府扶持、激励、资源配置等机制没有有效建立起来；另一方面，公司自主经营权不足，团队运营、市场整合等机制不健全。如改制后同一机构人员，既有事业编制员工，又有企业员工，这种二元体制导致人事、薪酬等管理上的问题和困难。总之，体制与机制二者之间出现许多不协调、不配套的情况。无疑，这种情况在全国也是普遍存在的。

（三）政府投入力度小，历史欠账多，硬件条件差，演出队伍收入渠道单一

对具有公益属性和文化遗产属性的表演艺术、民族民间传统文艺门类提供必要的财政资助以保护文化遗产及其多样性，是世界各国政府和国内很多地方普遍的做法。但由于楚雄州经济社会发展水平不高，地方财力有限，政府对表演艺术的扶持资助存在历史欠账多、资助力度小、设施设备不足等问题。调查显示，2012—2013年度，文化投入在楚雄地

方财政经常性收入中的占比分别为 0.7% 和 0.8%，其中州级占比分别为 1.6% 和 1.4%，10 个县市平均占比 0.6% 和 0.7%。由于文化投入比例低，基数小，历史欠账多，投入总额十分有限，导致楚雄州专业艺术院团的硬件基础条件普遍较差。目前，10 个专业团队除州民族艺术剧院硬件条件较好外，其他县市的团队大多办公场地狭小，多数没有固定的专业排练场所，有演出场所的也普遍条件较差，设施设备总量偏少，灯光、音响、服装等演出必需设备更新缓慢，仅能维持一般性演出，跟不上发展的需要。院团转企改制后，因本地文化市场基础薄弱，专业团队的主要收入来源于政府或公益基金补助，其在总收入中占比达 90%，经营性演出收入约占 8%，其他收入约占 2%。来源于政府或公益基金的收入，主要是承接政府"送戏下乡"等公益性演出收入，但限于地方财力，每场演出仅能获得 2 000~4 000 元的政府补贴，入不敷出，演得越多，赔得越多。加之企业化管理程度不高和市场经验不足，单靠走市场搞创收难以自主经营、自负盈亏，甚至难以完成改企后的缴税纳税任务。院团的硬件设施设备条件无法改善，吸纳人才、创作新剧目等扩大艺术再生产更是困难重重。至于业余团队，其排练、演出多使用公园、绿地、街头广场乃至山坡草地，场地和设备均十分简陋，多数业余团队往往靠凑份子钱搞活动、买设备、交电费、买服装，自给自足。在登记在册的 1 000 多支业余团队中，除少数在重大文化活动中可能获得些许资助或奖励外，别无其他资金来源，基本处于自生自灭的状态。

（四）未形成良好的留人、用人机制，人才队伍"青黄不接"情况严重

人才是专业队伍发展的关键因素，也是楚雄州各专业队伍面临的最突出的问题。在本次调查表列举的"制约专业队伍发展因素"的 5 个选项中，10 支专业队伍均选择了"人才不稳"这一选项，且排序都在前两位。这一结果表明人才问题对专业队伍来说甚至比经费、市场、管理体制机制等问题都更重要而紧迫。事实上，转企改制后，由于发展前景不明、人心不稳、工资收入偏低、福利待遇较差等原因，导致楚雄州文艺表演队伍艺术人才，尤其是优秀人才不断流失。加上现有人员年龄结构老化，

在岗人员工作积极性不高,专业培训不足等,人才队伍断层现象也较为严重,有的甚至连开展正常的排练和完成"送戏下乡"等任务都出现困难,更难以组织有规模、高质量的演出活动。人才不足的情况,在业余队伍中也有表现。由于众多的群众团队是自发组成,基础差、水平低,十分需要辅导,但缺乏能够领舞、编导、教授、乐器等专业技能的人才;加之政府扶持不力、专业团队与业余团队互动不足、资源共享不够,"缺老师"的情况更加严重。总之,由于尚未形成较好的留人、用人机制和办法,楚雄文艺表演队伍普遍存在编剧、导演、音乐创作、表演等专业人才不足的问题,同时人才断层明显,"青黄不接",难以满足歌舞彝乡对文艺人才的需求,人才问题严重制约了楚雄文艺表演队伍及当地公共文化服务和文化产业的发展。

(五)资源、市场规模有限,行政区隔(分割)严重

文化资源合理配置,以及文化生产要素自由流动,是提升文化生产力的重要保障。就文化经济资源来看,楚雄州GDP总量与人均GDP都偏低,城镇化率远远低于全国平均水平。总体财政实力较弱,又分为州、县(市)两级财政使用,文化艺术的财政投入、人才、场地、设施、设备等资源相对匮乏。从文化市场看,作为少数民族地区,楚雄的歌舞传统虽然悠久,群众大多喜爱歌舞文化活动,但自娱自乐居多,经营性演出市场规模小,市场成熟度不高,缺乏稳定的观众群。与此同时,演出市场还存在行政性的市场分割——州与县、县与县之间没有形成资源整合的机制或平台,甚至同一县市的市场资源整合度也很低。这种按行政区划配置公共文化资源、划分文化市场的做法——只向本县市文艺团队购买服务或只补助或奖励本县市的文艺团队,及其所形成的行政壁垒,使得各县市文艺团队的跨区域演出很少,本就单薄的文化资源被"平摊"得更薄,本就不大的文化市场被分割得更加零散,不利于文化资源的整合和有效流动,不利于文化演出市场规律发挥作用,不利于演艺企业在文化市场中自由竞争、优胜劣汰。总之,资源和市场的整合度不足,市场不成熟,是制约楚雄表演艺术发展的重要问题。如何推动统一市场的

形成，包括向州外适度开放市场，以更大限度发挥市场在文化生产要素配置中的基础性作用，是相关制度设计需要解决的关键问题。

（六）市场微观主体培育不力，团队内部管理及整体经营水平较低

独立运作、健康活跃、富有竞争力的市场微观主体，是市场发展的重要力量。转企改制后，楚雄州各专业团队（演艺公司）老职工仍保留事业编制，委托文化馆代管，新职工则与演艺公司签署劳动合同实行聘用制，即新进人员按"合同制"进行企业化管理，而"老人"仍按事业单位在职在编人员管理，工资由财政核拨。对这类"老人"，演出企业只有管理其业务演出的权力，而没有人事权和薪酬决定权，其收入与艺团经营状况关联不大，难以调动其积极性。而新进的年轻人，则由于无法获得稳定的收入和乐观的职业前景而人心不稳。换言之，院团对人、财、物的管理权限不足，自主经营权不够而未能按照现代企业制度要求建立起法人治理结构。此外，由于专业经营管理人才缺乏，也使得各专业艺术院团对内建章立制不全、管理不善，对外则缺乏经营能力、不善拓展市场，难以成为严格意义上的市场微观主体。那些基本处于自生自灭状态的业余团队，其管理及团队运营水平更是参差不一，很大程度上依靠团队召集人的个人能力及积极性的发挥，总体水平低下。如何扩大自主经营权，提高团队综合经营水平，将各团队培育成独立的市场主体等问题亟待解决。

（七）歌舞演艺的内容、形式等的艺术提炼不足，现代转化不够

楚雄的歌舞艺术主要源于彝族等少数民族的传统歌舞，其明显特点如下：一是内容古朴，常与祭祀、农事、节庆、日常生活等结合，主要表现本民族的历史流变、特有的信仰崇拜、世俗的丰收节庆、男女情爱等内容。如具有代表性的"梅葛"等说唱艺术，属于民族叙事史诗，涉及内容为创世、造物、天文、地理、农事、婚丧嫁娶等民族特色内容，不易为外人理解。二是表现形式较为单一、原生态。如歌舞常见的动作、造型等，多直接源于农耕劳作等日常生活，动作简单，形式单一。各类民歌的调子也常常存在相互套用、重复、艺术表现力不足等问题。多年

来，楚雄州的文艺工作者采集整理、加工提炼，推出过不少优秀的舞台艺术作品，如《太阳女》等。但总体看，楚雄州歌舞艺术的思想内容传统，表现形式古朴，艺术提炼不够，歌舞活动更多是一种民间文化活动，自娱自乐，而非现代意义上的舞台艺术、精致艺术，基本还处在从传统自娱自乐的民间文化活动向具有现代审美要素的成熟歌舞艺术的转型过程中。显然，在未来，楚雄的表演艺术既需要自娱自乐，也需要拓展市场；既要延续传统，也要发展创新。如何正确理解"民族的就是世界的"，兼收并蓄，既保持鲜明的民族特色，又融汇现代审美需求，真正做到在有效保护民族特色文化的同时不断提升其艺术水准，为楚雄歌舞拓展现代发展之路，还需要楚雄的艺术创作者们付出更多的努力。

（八）文化公共平台与中介组织缺乏，社会参与度不足

缺乏文化公共平台和中介组织，也是影响楚雄表演艺术发展的重要原因。发达国家和地区的经验表明，良好的公共平台，是表演艺术行业发展的重要条件。演艺行业公共平台包括涉及演艺行业的投融资（含捐赠）、设施、人才、节目等资源共享、交易营销、品牌推广平台，也包括演艺行业协会等行业自治的组织平台。楚雄州虽然歌舞传统悠久、文艺团队众多，但迄今为止，除各级政府文化部门开展横向管理与服务之外，并没有一个联系各专业、业余团队，整合各类演艺资源的公共平台，也没有演艺行业的自治或中介组织，这使得各团队之间信息沟通不及时、交流合作少，资源共享或协同发展就更谈不上。以中介组织为例，由于市场小、成熟度低等原因，楚雄几乎没有演艺中介组织，相关的知识产权经纪、代理、评估、节目推介、市场调查、管理咨询等均由各团队自行解决，导致团队的经营管理任务繁重，部分艺术家、文化能人难以专心进行艺术创作，更谈不上与国内外演艺经纪机构的交流与衔接。此外，楚雄表演艺术的发展还存在社会参与不够等问题，特别是社会资助表演艺术、发展演艺市场存在不足，企业或个人的捐赠非常少。从政府购买服务来看，绝大多数的政府项目主要面向现有的10个专业团队购买，社会办文艺团队参与大项目的机会不多。同时，由于专业、业余团队之间

的交流较少，一方面是专业团队孤军奋战，另一方面是业余团队缺乏组织、辅导。可见，培育扶持文艺队伍参与公共文化服务，亟须进一步搭建演艺业的公共平台，畅通社会参与渠道。

考虑楚雄州的代表性，上述楚雄州演艺业发展面临的八方面问题，折射出我国少数民族地区振兴传统演艺业面临的困境。

实施乡村振兴战略，是新时代决胜全面建成小康社会、全面建设社会主义现代化国家的重大历史任务。文化振兴是乡村振兴的重要内容。近年来，中央针对基层、乡村、贫困地区公共文化服务薄弱、文化发展乏力等问题，专门颁布了《关于推进基层公共文化服务中心建设的指导意见》（国务院，2016年），推动公共服务重心下移。《"十三五"时期文化扶贫工作实施方案》（原文化部，2017年）、《关于戏曲进乡村的实施方案》（原文化部，2017年），以专项工作的形式推动贫困地区文化振兴。2018年，《中共中央国务院关于实施乡村振兴战略的意见》《乡村振兴战略规划（2018—2022年）》等的出台，更将丰富乡村文化生活、文化扶贫、基层场馆建设、服务购买等作为重要的内容。2018年中央财政扶持公共文化服务体系建设资金中，分别安排了专项资金，支持精准实施戏曲进乡村、村综合文化服务中心设备购置、县级应急广播体系设备购置等项目，推动增加贫困地区公共文化产品供给；选派和培养文化工作者，加快推动边远贫困地区、边疆民族地区和革命老区文化人才队伍建设；支持民族地区文化事业发展，保障少数民族群众基本文化权益。[①]党的十九大报告指出，中国特色社会主义进入新时代，我国社会主要矛盾已经转化为人民日益增长的美好生活需要和不平衡不充分的发展之间的矛盾。就少数民族地区来看，立足自身实际，充分考虑本地历史传统，充分挖掘当地资源，直面困境，解决问题，延续当地独特的文脉，发展广受当地百姓欢迎的文化艺术门类，无疑是更好地满足乡村居民的基本文化需求，发展乡村特色文化产业，促进乡村文旅融合发展的重要途径，也是推动乡村文化振兴的重要内容。

---

① 中国财经网：中央财政今年已安排208亿元资金支持完善公共文化服务体系，http://finance.china.com.cn/news/20181204/4827808.shtml，2018年12月4日。

放眼全国，我国广袤的国土、广大的乡村、大量沉睡甚至濒临失传的传统文化资源亟待被唤醒、发展。乡村文化振兴问题应该得到更多国内外学者的关心。很高兴看到武汉大学国家文化发展研究院和中国传媒大学特色文化产业研究团队长期关注中西部地区特色文化发展问题。很高兴本次论坛以"乡村文化振兴"为主题。愿我国丰富多彩的民族文化、各具特色的乡村文化，乘着"乡村振兴"的春风，为推动中华民族文化的伟大复兴作出自己应有的贡献。

基于品牌社区的特色小镇环境设计研究

■卢世主 黄 薇 赵 勇[①]

一、引言

过去，许多企业已充分体会到品牌社区对于企业发展的重要性，于是不断建立和发展品牌社区。在理论方面，中外学者对品牌社区的研究也成为一种热潮。2001年，穆尼兹（Muniz）和奥吉恩（O'Guinn）通过对消费者以及消费者对品牌的关注进行研究，提出了"品牌社区"这一全新的概念。网络信息的急剧增加及互联网的飞速发展，改变了信息的分布方式和人们接收信息的方式，从而进一步改变了我们生活的环境以及交流的方式，品牌社区的发展也面临着新的机遇和挑战。

当前中国，城市之间存在相当程度的同质现象，导致城市之间辨识度低，缺乏城市自主品牌。很长时间里，有许多研究学者提出过这一问题，但最终没有得到实质性的解决。其中最主要的原因是城市发展的过程中，对城市品牌定位缺乏整体发展的思维，仅仅局限于城市美化和单一的形象塑造。科学的城市定位是我们打造城市品牌的重要策略，品牌文化的价值是城市定位不可或缺的，有的城市建设只有规模，而没有原有的特色，也缺乏个性。事实上，信息网络的快速发展给人们的生活方式带来了翻天覆地的变化，同时也隐藏着这样那样的风险。人类文明的历史是由不同的城市组成的，城市品牌的创意不可缺少。千城一面的形式让城市生活显得没有特色，多样化的城市才是城市定位的真正成功。这种问题不仅发生在城市的区域内，也存在于相对较小的城镇地区。由于城镇在经济、自然、文化资源等方面相对于城市而言较为薄弱，因此在品牌定位过程

[①] 国家社科基金艺术学重点项目（17AH007）阶段性成果。卢世主：湖南大学教授。黄薇：湖南大学博士研究生。赵勇：北京龙湖物业服务有限公司环境部。

中将面临更大的挑战。

二、基于品牌社区的特色小镇

（一）品牌社区与特色小镇的概念

品牌社区是特定的、非地理边界的社区，在某种品牌追随者中以一定的结构、模式而存在。品牌社区内的成员能持续地、广泛地影响到品牌社区及社区举办的相关活动。特色小镇，顾名思义，是一个具有特色的小城镇，它的区位相较其他小镇而言，资源优势较为独特，历史文化保存完整，建筑风貌及镇内产业具有特色。特色小镇和普通城镇中"镇"的含义并不相同，特色小镇中的"镇"具有特殊性，相比于行政区域和行政单元又有不同的区分。特色小镇基于当地特色产业链和文化，借助科技创新带来的便捷，达到多方面的绿色循环发展，形成全方位综合性的产业链，融合多种环境因素进行产业链升级，促进区域经济发展。

（二）特色小镇和品牌社区的内在联系

1. 品牌社区的结构与特征

品牌社区不仅传达消费者的心声，也共享信息资源，还会带来消费者在社会交往中的情感支持。品牌社区的形成并非偶然，对于人们及品牌社区成员具有积极意义。品牌社区的结构关系如下：

（1）"消费者—品牌"结构关系（如图1所示）。消费社区是指消费者在消费方式和消费内容中所创造的无形社区。消费者将品牌视为消费品的保障，品牌成为消费者与企业之间的纽带，我们把这种结构称为"消费者—品牌"结构关系。

（2）"消费者—品牌—消费者"三角结构关系（如图2所示）。品牌社区不仅承载了产品本身所具有的价值，而且是一种媒介，将消费者和社区成员联系在一起。

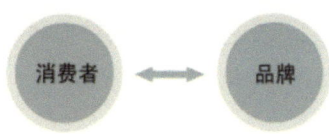

图1 "消费者—品牌"结构关系

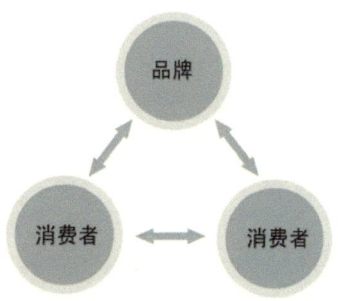

图2 "消费者—品牌—消费者"结构关系

（3）"焦点消费者"结构关系（如图3所示）。品牌社区是在支持和热爱同一品牌的消费者的基础上建立的。社区内成员相互分享对品牌的认知与感受，成员之间会自发地组织一些活动进行交流分享。

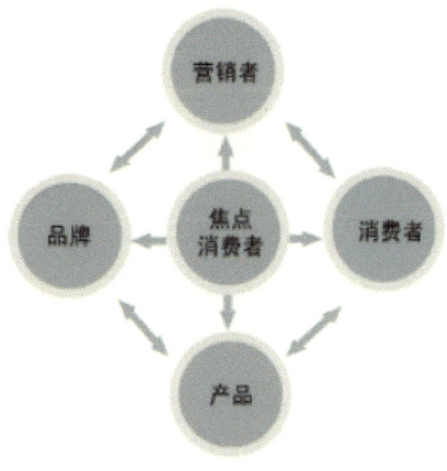

图3 "焦点消费者"结构关系

（4）"利益相关者"结构关系（如图4所示）。该结构关系整合了品牌社区面临的各种因素，通过建立和维护品牌与利益相关者之间的关系，为品牌树立形象以及更好地发展提供稳定环境。

图4　"利益相关者"结构关系

网络技术的发展掀起了一股计算机发展的浪潮，品牌社区的成员可以通过网络信息技术来搜索和共享信息。与现实社区相比，品牌社区成员面对面的互动比较少，更多通过网络进行交流，不受时间和空间的约束，进而完成人们在实际生活中的各种事务。品牌社区将许多有共同兴趣的人联系起来，吸引大量网络用户加入，增加网站的开放性，鼓励社区成员参与其中，相互间进行分享。在互联网上搜索品牌信息的消费者会受到在线社区其他成员观点的影响，特别是在品牌社区中具有影响力的成员。研究表明，互联网作为社区成员建立信任的一种媒介，在互联网中的品牌口碑好坏会直接影响到消费者对品牌的认知。通过进一步的研究，可将品牌社区的特点归纳为四点：一是存在于网络空间；二是成员通过互联网联系并对信息技术的使用较为频繁；三是成员有共同兴趣，通过互联网沟通和交互；四是包含很多社会关系的组建。

2. 特色小镇的核心要素

为统筹推进农村综合建设和农村振兴战略，特色小镇应与新型城镇化和城市更新发展、产业结构以及供给侧结构性改革相结合,并且加大文化、生态、历史的保护力度。

(1)特色小镇应突出五个特色(如图5所示)。具体包括:①文化特征。特色小镇的历史文脉要富有传承性,传统文化要得到识别,生态景观要适合居住。②独特的产业。特色小镇的生命力在于其产业。特色小镇产业的核心是从特色产业入手,强化特色产业;从特色资源入手,振兴特色资源。③有效的治理。特色小镇的长远发展在于良好的制度和科学的体系。有效治理的前提是良好的设计,是形成可持续发展的特色小镇的关键。④生态景观。特色小镇应该是适合居住和享受的综合空间。⑤产品可以获得许可。特色小镇的产品和服务供给能力是其发展的核心。特色产品是决定乡镇商业模式创新、产业增值的关键,通过特色产品的发展实现产业链的延伸。

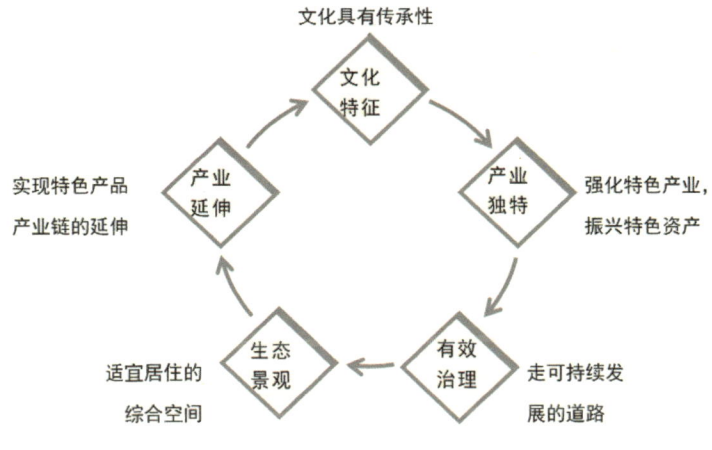

图5 特色小镇的核心特色

(2)特色小镇需持续发展。纵观国内外知名特色小镇不难发现,那些较出名的特色小镇,其核心在于文化。因此,要使特色小镇具有可持续的生命力,应注意三个要素:①用文化塑造城市,建设具有历史文化的小城镇。文化与经济紧密相连,文化创造新的生产发展方式。在文化日益渗透进我们生活的过程中,城市化成为一个时代的创新因素,文化产业为城镇化提供了新的生命力,激活传统文化资源,创新领先的城市更新模式,创造更好的城镇发展新格局,以多元化和多样性的城市发展提高城镇化效率。②用文化发展产业,建立有序的城镇。随着文化的渗入,产业分布和居住社区的界限模糊,城镇化的建设不仅是一个不断创新的发展过程,而且是一个城市文化的沉淀以及升华的过程。将生态、文化、景观、民生的保护纳入城市发展战略,成为特色小镇发展的重要之举。③以文化升华理想,打造能够叙事的小镇。城镇化是一个寻求公众和地方民众对城乡文化认同的过程,也是实现消除城乡差距的过程。城市空间重塑不是建筑空间无序扩张,而是城乡居民内在升华的过程。特色小镇不仅是一个居住的地方,也是更多的人能够实现自己理想价值的地方。

3. 特色小镇与品牌社区的内在联系

在特色城镇规划建设中,要求我们找到有特色的地方产业。每个城镇都可能有多个产业,这就要求我们把重点产业放在发展建设的龙头之上,通过重点产业的发展带动城镇的经济发展,进而带动其他相关产业的发展。文化产业要想在激烈的市场竞争中赢得胜利,就必须走品牌化建设路线,打造一个具有核心竞争力的品牌文化。在建设特色小镇的区域品牌时,必须重新审视地方环境、资源等相关问题,通过有序的开发利用,将城镇资源转化为可回收、可重复利用的资源,产生超越资源原有价值的新价值。

随着市场经济的发展,品牌社区作为一种新型的社区形式,直接影响到相关群体对品牌的认知,从而产生一种无形的力量。在特色小镇的发展中,人们通过在品牌社区的互动或是通过其他消费者在品牌社区中分享自己在特色小镇的感知和体验,来获取特色小镇的相关信息。通过品牌社区的互动,影响人们对特色小镇的喜爱程度,并更为直接地影响到特色小镇的发展前景。

(三)基于品牌社区的特色小镇的环境因素分析

1. 环境因素构成框架分析

品牌文化是历史文化在品牌发展中的沉淀,其发展对特色小镇的文化塑造起着重要作用。因此,特色小镇的规划建设需注重文化形象的树立。品牌文化是消费者心中超越品牌附加价值的品牌印象,是品牌文化发展的结晶。品牌文化是特色小镇发展的关键,它以特色小镇的精神和价值观为核心,将特色小镇特有的精神贯穿到品牌塑造过程中。独特的品牌文化可以使消费者对其产生忠诚,使消费者与品牌文化在相同的价值观基础上达成一致,不仅增加了品牌的附加值,也加深了消费者对特色小镇的喜爱。

品牌文化的培育可以定义为:要求企业所有员工和相关人员遵守企业品牌的信念及做事方式,为企业品牌文化做出贡献。无论是个人还是企业,都要不断提高对品牌承诺的认知水平。在特色城镇的品牌建设过程中,要想使品牌文化具有吸引力,必须做好以下几方面(如图6所示)。

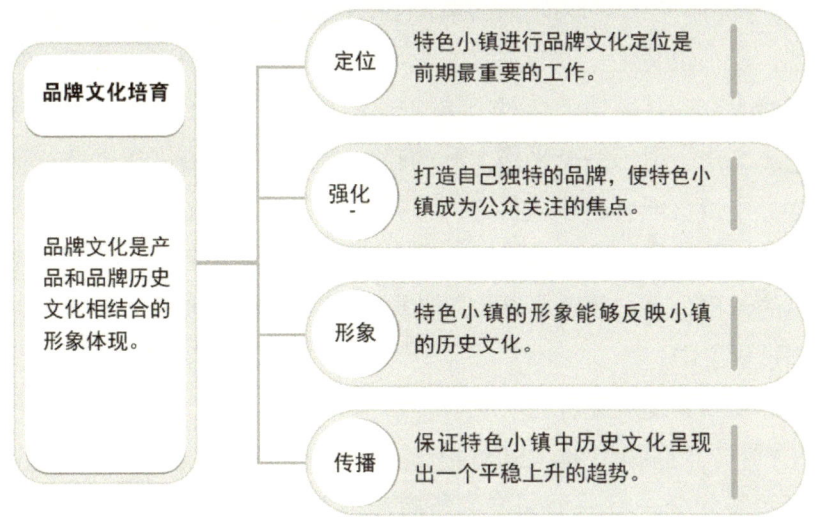

图6 特色小镇品牌文化培育

(1)品牌文化的定位。品牌定位属于管理体系中最重要的决策之一。面对大众的选择和其他品牌的压力,企业必须准确定位自己的品牌,将自己的品牌与竞争者的品牌区分开来,才能使自己的品牌脱颖而出。[①]品牌定位是企业发展的基础,它决定了品牌本身的个性,奠定了品牌文化

---

① 杨河清. 职业生涯规划[M]. 北京:中国劳动社会保障出版社,2005.

的基调。因此，要在特色小镇中培育优势品牌文化，对特色小镇进行品牌文化定位是前期最重要的工作。

（2）品牌个性的强化。品牌个性是品牌差异的基础，是品牌文化的终极目标。要打造独特的品牌，使特色小镇成为公众关注的焦点，就要注重品牌个性，围绕品牌元素打造特色小镇文化。例如，特色小镇的地方特色产品，经过小镇的推广就可以成为体现独特品牌个性的焦点性产品。

（3）品牌形象的树立。品牌形象是特色小镇文化最直接的体现，它影响消费者对特色小镇的态度，进而影响消费者对特色小镇的选择和消费行为。因此，有必要确保特色小镇的形象能够很好地反映城镇的历史文化。在传播品牌文化的同时，更要关注大众对小镇形象的反馈，并参考这些反馈及时对小镇做出更优规划。

（4）品牌文化的传播。品牌文化的传播过程也是特色小镇文化沉淀的体现，是小镇文化定位的关键。它可以将特色小镇的文化精神和文化态度传递给大众，并反馈大众对小镇的态度，改善其不足之处，保证特色小镇的历史文化呈现出一个平稳上升的趋势。品牌文化的传播也是一个漫长的过程。小镇管理者应该从各方面传播小镇文化，使小镇的品牌价值能够影响大众，从而引起大家的共鸣。特色小城镇应建立全面的小镇文化，建立完整的传播体系，规范小城镇的准则，将小城镇的规范行为纳入小镇文化传播过程之中。

2. 环境因素发展分析

（1）产业品牌因素。20世纪20年代，国际劳工局首次对产业类型进行了系统划分，将一个国家的所有产业类型划分为初级生产、次级生产和服务三个部门。我国对产业的划分同样采取了三大产业分类。

特色小镇未来发展应集聚七大产业，包括经济、环保、健康、旅游、时尚、金融、高端装备制造，并融合当地特色文化及特色产业，对产业、文化、特色旅游进行三位一体的融合发展。在实际情况中，可能会有多个具有地方特色的产业，但是我们需要把发展重点放在最具特色的产业上，让该产业发展带动经济发展，再带动其他产业发展。

（2）文化品牌因素。在激烈的市场竞争中，特色小镇的发展要实施品牌战略，重视本地自主品牌文化的发展和保护，这样不仅会提高本地企业的竞争力，也会直接促进特色小镇在当地乃至海内外的影响力和未来发展。当前，各国都非常重视自主品牌的发展，特别是高技术含量、高文化内涵、高成长性的品牌文化产品。文化产业要想在激烈的国内市场乃至国际竞争中立于不败之地，就必须走品牌建设之路，打造具有核心竞争力的文化品牌。只有品牌文化才能具有历久弥新的经济竞争力和市场吸引力，特色小镇同样也是，要想在全国范围内建立良好的口碑，就需要打造属于自己的特色文化品牌，将品牌文化作为特色小镇发展的强大竞争因素。

（3）资源品牌因素。环境品牌通常是以环境资源为主导的品牌，包括当地的自然资源、地理特征和相关的气候因素等。世界上无论哪个国家，环境资源都是社会发展不可替代的一部分。因此，在城市和城镇的发展中，要建设区域品牌，必须对当地的环境资源进行评估，通过对环境资源有序的开发利用实现资源和环境和谐共处，创造比原生环境资源更多的价值，并赋予它新的价值。通过深入探索，将小镇中自然条件下产生的资源作为优势资源加以利用，打造成为以品牌文化为主体的特色小镇，从而带动经济发展，提升特色小镇的影响力。

（4）服务品牌因素。随着互联网时代的到来，智慧城市信息化的高级形态实现了信息化、工业化与城镇化的深度结合。通过网络将城市之间的数据进行存储，进而实现精细化和动态管理，提升城市管理效率并且改善人民生活质量。此外，智慧城市的功能还包括生存繁衍、社会互动、文化互享等。要通过小镇居民、小镇企业、当地政府及第三方组织之间的共同努力，打造成熟的小镇智慧服务体系，提升特色小镇的知名度。

3. 环境因素之间的互动关系分析

随着互联网的发展，各种环境品牌因素之间相互影响，这些因素不断渗透到社会的发展中，如服务品牌因素，经常可以看到服务因素会促进产业的发展，如硅谷的马车轮酒吧。① 硅谷作为新型的创业文化开发区，

---

① 薛普文. 创新发展与社会资本——高新技术产业园区的发展策略[J]. 城市规划汇刊，2000.

很多的创业者为了事业聚在一起，他们彼此具有相同的价值观，从而形成一个开放平等的社会群体。硅谷的马车轮酒吧利用这点为他们提供服务场所，方便他们在此社交，各种各样的组织经常在这里举办活动。在硅谷，有许多类似的酒吧和俱乐部，维系着人们之间的社会关系。

服务品牌因素会促进产业的发展，新兴行业也会由此不断产生，这些服务因素会吸引人们聚集在一个区域，同时也带动服务业的发展。智能化将带动新兴产业的崛起，刺激保守产业的变革与发展。在这样的环境下，各行各业都获得了新的机遇。新兴产业的出现不仅有效地利用了文化资源和环境资源的优势，而且实现了产业之间的相互融合和促进。特色小镇历史文化及环境资源的有效配置，不仅提高了小城镇的竞争力和吸引力，而且完善了创新型绿色循环产业经济链条，科学有效的治理体系将打造一个绿色友好的小镇。

三、基于品牌社区的驿前镇环境构建策略

驿前镇位于江西省抚州市广昌县南部。镇内交通便利，贯穿国道206线，鹰瑞高速横穿驿前镇，招商环境优越。这里林业资源丰富，毛竹和杉木资源尤为丰富。此外，驿前镇的水资源也很丰富，适合发展一些小型水利水电工业。驿前镇气候适宜，当地与之相应的特色产业发展突出，经过长期的生产发展，形成了以白莲、烟叶、泽泻为主的三大传统特色主导产业。

驿前镇处于温热区域，属于亚热带季风气候，四季分明，气候较为温和，初春的时候会有"倒春寒"，夏季较热且有雨季，秋季有时会有秋旱，前冬大多为晴天，到了后冬则较为寒冷。驿前镇的年降水量充足，夏季降水量最多，秋季降水量最少。盛夏，荷花盛开，形成了"接天莲叶无穷碧，映日荷花别样红"的美丽田园风光。[①]驿前镇日平均气温在20度左右，阳光充足，空气中含有大量的负氧离子，四季都非常适合在此居住，也是游客修身养性、娱乐放松的好去处。

驿前镇的地势由南向北倾斜，属丘陵地形，有五种类型的土壤，其

---

① 刘爱华，李夕兵，赵国彦. 特殊矿产资源开采方法与技术 [M]. 长沙：中南大学出版社，2009.

中红土、潮土、水稻土都含有大量的有机物。这些土地大多数作为耕地使用，土地利用率相对较高。驿前镇四面环山，镇中多条河流横穿，水资源丰富。这些河流常年保持自然状态，水质保持非常好。良好的自然条件使驿前镇在古代即能够形成完善的水陆交通，更为当地水中作物种植提供了丰厚的环境资源。驿前镇生物种类多样化，山地有23万亩之多，森林有20万亩之多，属于高丘低山的镇子，其森林覆盖面积达到整个镇的70%以上。镇中有珍稀树种红豆杉、樟树、石褚等185种，动物近百种，同时有着丰富的地下矿藏。

（一）全域统筹的保护策略

旅游业的兴起促进了驿前镇莲文化的进一步发展。驿前镇将莲作为传播媒介，并制作《莲花古镇——驿前》的宣传片在中国广昌国际莲花节播出，同时出版书籍《莲文化》来宣传旅游特色文化。[①]旅游业的兴起促进了广昌爱国主义教育的深入发展。爱国主义精神成为当前文明建设的重要载体，红色旅游很好地实现了寓教于"游"，为爱国主义教育提供了一个很好的平台，成为培养下一代的重要校外课堂资源。

近年来，广昌县依托本地丰富的"红色、古色、绿色"三色资源，不断推进小镇旅游基础设施完善，有重点地对莲花景区进行打造提升，把控景区的发展方向，促进特色小镇旅游业的绿色发展。目前，驿前镇已被评为江西省乡村旅游示范点和第六批国家级历史文化名镇等。姚西村还成功创造了"世界最大莲池"的吉尼斯世界纪录。2018年，驿前镇再次被评为莲花特色小镇。广昌县一直以来以建设生态优美、宜居宜业的现代新型城镇为目标，积极规划城乡协调发展，推进新型城镇化建设，通过品牌社区的打造，使驿前镇成为一个绿色发展的特色小镇。

（二）全域统筹的传承策略

广昌县的街道上随处可见莲花文化的历史痕迹。为了促进莲文化的发展，近年来，广昌县政府加强莲文化的保护，使莲花文化重放光彩。现在，

---
① 聂雅庆. 依托旅游资源 发展古镇经济[N]. 理论导报，2014.

当地莲农自发组织为莲文化表演增加新时代的气息，各种文化表演都很受游客的欢迎，如每年举办的莲花灯会、莲神太子庙会等。舍溪孟戏、大路背孟戏和赤溪孟戏成为广昌县遥相呼应的孟戏代表。广昌县在弘扬乡土文化艺术的道路上不断发展。

在第二批全国特色小镇的公示名单中，驿前镇是抚州唯一入选的特色小镇，而这正是广昌县政府在特色小镇建设中打造美丽乡村的成果。为支持生态旅游的发展，广昌县聘请国内知名专家学者编制旅游规划设计方案，并出台扶持民宿发展的实施意见，当地政府还拿出近千万元资金鼓励和支持当地有条件农民参与到特色小镇的旅游开发中。目前，当地政府已与江西省智慧乡村旅游推广中心合作，投资建设智慧民宿住宅，其中部分已经进入平台，部分正在建设中。

（三）全域统筹的环境营造策略

一直以来，在江西旅游业发展的过程中，广昌县区域旅游产业发展较为滞后。驿前镇的旅游产业是走国际化、品牌化的方向，这就需要政府部门及旅游企业建立相关的经营模式。广昌县旅游环境营造模式应从以下几方面着手：一是坚持政府部门主导；二是实施品牌战略，提升特色小镇知名度；三是打造有特色的旅游品牌社区；四是打造多元化系列莲文化产品；五是重视专业人才队伍建设；六是建立完善的保障体系。

（四）全域统筹的景观环境整治策略

为了加强抚河流域生态环境治理，政府部门构建了五级河长、山长，通过划分区域分别管理河流与山林。有"华南虎之乡"美称的宜黄县，有着良好的生态和自然环境，宜黄河横穿而过，当地渔民一直以传统渔业为生，在农业农村部下达禁捕令的时候，宜黄县积极争取进入禁捕目录来维持当地生态环境。不仅如此，宜黄县还率先建立生态综合执法组织，从各个部门选调干部综合执法，对滥砍滥伐、污染水源、随意捕捞等行为进行行政处罚，有效遏制了各种破坏生态环境的行为。[①]广昌县启动亿元资金，

---

① 刘曾君. 建设生态洪湖 促进可持续发展 [J]. 环境经济，2004.

在几个乡镇和重点行政村开展对农村生活污水的无害化处理。广昌高虎脑小镇投资建设的污水处理厂通过生物处理方式净化污水，附近的县镇居民都因此受益。

（五）小结

当地在旅游业的发展中，从以前的农家乐发展到现在的民宿。为保障当地农民实现更多的旅游增值收益，政府部门及旅游企业对他们开展旅游创业、就业指导，有针对性地设置贫困户能够参与经营的旅游项目，并给予贫困户创业资金上的支持，从而使每个农民都能够真正地参与进来。由于缺乏专业人才的指导，政府部门的多项政策和规划无法落实，因此引进专业人才，推动旅游扶贫开发建设刻不容缓。要由专业人士推动规划落实，加快旅游扶贫开发，提高对当地特色资源的利用率，提高旅游景区建设效率，以此加大对旅游扶贫的覆盖面。

四、基于品牌社区的驿前镇环境设计研究

（一）以"莲"产业为品牌元素，打造姚西村

姚西村位于广昌县驿前镇西南抚河源头，是全国范围内种植面积最大的莲花村，被称为最具观赏性的莲花第一村，[①]早在2008年，姚西村就被评选为江西省乡村旅游示范点，2009年被江西省推选为13个"全国特色景观旅游名镇"之一。

姚西村有"中国莲花第一村"之美誉。将"莲"元素融入当地特色产品中，开发莲文化创意产品，是姚西村发展莲文化产业中的一个突破点。驿前镇现在已形成了白莲、泽泻的价格和信息中心，上海、广州、厦门等城市的白莲、泽泻销售网点在驿前镇都有设置。只需几分钟时间，在驿前镇就能够随时了解国内和国外市场的销售价格。驿前镇还在其他城市设立分支机构，专门从事白莲、泽泻等地方产品的批发业务，与地方农副产品总公司合作，经销于各个城市。此外，当地着手兴建江西创

---

① 袁晓泉，付长松. 发展休闲农业 打造靓丽名片[J]. 江西农业，2014.

新特色产品批发市场，覆盖驿前镇特色小镇的各个景点，真正实现了"兴一批产品、活一片经济、富一方群众"。

（二）以"古镇"资源作为品牌因素打造驿前古镇

1. 基本概况

驿前镇属于亚热带季风气候，降水量充沛，有着丰富的林业资源，这些都为驿前古镇提供了丰富的环境资源。同时镇内的明清建筑别具一格，不仅体现了江西水乡传统建筑的特点，而且融入了广昌特有的莲文化。驿前古镇明清古建筑群的形成与当地居民的生活习惯密不可分，是江西水乡自然环境与古镇文化共同孕育的结果。

2. 古镇环境改善策略

古镇水资源利用是保护古镇文化的一项重要工程。不仅要保护古镇水资源不受污染，而且要解决因古镇水系被破坏而产生的一系列问题，做到保护好当地居民的利益，尊重古镇的历史文化。[1]为此，要合理保护利用水资源，加强对古镇居民的宣传，增强居民的保护意识。

古镇作为一种历史遗迹，因其保存完好的古建筑和传统的生活习俗备受人们的关注，人们可以在古镇中体验到古韵美、文化美、自然美。在实施环境改善的同时，不能只注重经济的发展，而是要充分认识古镇资源的不可逆性，正确处理资源与发展二者间的关系。除了经济发展，文化也需要继承和发展。要保护古镇，应树立整体保护的理念，挖掘古镇的文化史。

驿前古镇建筑风格古朴，建筑保存相对较为完整，能体现当地文化特色，如特有的莲文化，极具广昌特色。可建立古镇历史建筑博物馆，拆除那些与古镇风貌不和谐的新建筑，对于保存完好的古建筑重点修缮保护，使古镇历史建筑博物馆成为古镇的标志。修缮时要注意古建筑中的雕刻装饰图案，对缺失的地方尽量做到修旧如旧，保持建筑的风格统一，展现驿前古镇的人文风貌。

在古镇修建历史建筑博物馆的同时，鼓励当地居民留在镇中居住，

---

[1] 陈树亮. 编好名镇规划 再现历史辉煌[J]. 中国建设信息，2003.

恢复古镇功能，还原历史样貌。做到在条件允许的情况下，改善居民在古镇的居住环境，使古镇重新焕发生机。

（三）以红色文化作为品牌因素，打造高虎脑

1. 基本概况

1931—1934年，广昌成为中央苏区的北大门，是第二次国内革命期间"围剿"与"反围剿"的重要战场之一。1934年8月，红军驻扎在高虎脑营地，在山上经历了第五次反围剿中的重要战役。彭德怀在此率领红军经过几天的苦战，成功地阻止了敌人的进攻。高虎脑战役是长征前的一个重要节点。战役结束后，红军战略性转移，开始了漫漫长征路。新中国成立以来，高虎脑经济发展相对缓慢，主要发展特色白莲种植加工业。

2. 旅游线路规划

（1）游客漫步道。保护高虎脑原有的道路分支，对游览线路进行重新规划，形成外部车行、内部人行和上山游览三条主要道路。在游客人行道路中，实现景点游览线路的连贯。高虎脑村后的山谷作为高虎脑战役的主战场，如今遗留下来的壕沟和弹坑都是当时战役的缩影，高虎脑纪念性遗址的战场再现可通过与自然资源之间的资源优势互补实现（如图7所示）。

把战役遗址与自然景观相结合，发挥战役遗址对游客的教育功能。通过人造空间与自然空间相结合，文化与游览空间相互补充。从高虎脑东北角上山，以古树为上山路线起点，游步道沿山脊而建。到达山顶可以看到整个战场遗址，游览一圈之后再回到古树处，整个游步道将近3千米。充分利用地形条件，采用毛石铺路，有些壕沟用沙袋堆积还原当时战争情景，游步道在保证游客安全的同时与自然景观相融合。在山上的一些节点位置设观景平台，在观景平台添加一些战斗场景。各个节点按照战斗的发生依次展开，再现当时激烈的战斗场景，引领游客们穿越时空，进入当年的战斗场景，缅怀烈士，进行爱国主义教育。

图 7 景观节点图

（2）莲子采摘园。对于高虎脑的自然空间，要充分利用好当地特色资源，发挥特色产品的产业价值。高虎脑是国内规模较大的莲花种植基地，有大量的荷塘，可在一些荷塘处建立小型的莲子采摘园，让来此的游客在感受红色文化的同时也有机会实践采摘过程，体验当地人的生活方式，进一步利用当地特色资源促进旅游产业链的开发，改善居民的生活水平。

（3）战场遗址。战场遗址收集记录高虎脑战役过程中发生过的历史事件，资料整理留存归档；对历史遗留物品进行收集，纳入保护名单，对高虎脑战场不予过多改造，把真实战役遗址展现给游客，使游客在参观过程中感受战斗的残酷（如图 8 所示）。在节点平台陈列战争过后留下的物品及相关文字图片资料，对战争遗址节点起到情景再现的补充，也是对战争场景展示的一种形式。

图 8　炮楼节点遗址

（4）红军宿营地。红军宿营地和纪念碑广场是高虎脑纪念性遗址的重要组成部分，根据其保存情况及历史价值，红军宿营地与纪念碑广场以开放性的模式修建。以红军宿营地遗址、纪念碑广场为主体，使游客能够感受当时的历史场景，实现红色教育与休闲娱乐兼顾。对街道、院落、广场等室外公共空间的基础设施进行修复和维护，改善街道广场以及上山线路的交通体系，对村落的整体风貌进行把控，发挥红军宿营地的生态景观价值，使游客获得身临其境的感受（如图 9 所示）。

图 9　红军夜宿营地鸟瞰图

3. 环境发展策略

（1）修复利用策略。对于具有重要历史价值的建筑，在维护的基础上进行合理展示，还原历史场景，让游客体验，以达到红色爱国主义教育的目的。以村口的祠堂为例（如图10所示），建筑历史悠久，见证了高虎脑村落的辉煌与发展。祠堂曾经是全村处理事务的场地。由于村落逐渐衰败，祠堂逐渐成为一个居住的地方。在祠堂恢复和利用的过程中，要尽量维持原状，保持对高虎脑历史的尊重。

图10 村史馆

祠堂主要以展示为主，展品必须以史料为依据，真实可靠。通过文字和图片信息的收集整理，对游客诉说高虎脑的历史演变和文化发展；通过展示具有历史意义的文物，再现了红军战斗年代的故事情节。

（2）改建利用策略。村落内有些建筑缺乏历史价值，但是保存较为完好，这些建筑可以通过适当的改造来适应新的功能，弥补商业空间的欠缺，满足游客在旅途中多方面的需求。例如，纪念品商店的改造，对当地特色产品进行了很好的宣传。在一些建筑的改造过程中，要统一建筑的风格和特点，使其与高虎脑的传统民居保持风格一致（如图11所示）。

图11 同心街立面改造

（3）扩建利用策略。红军烈士纪念碑是为纪念在战斗中英勇牺牲的烈士而建。但是纪念广场周边空间边界模糊，也不能进行大型的纪念活动。在红军宿营地的改造过程中，以纪念碑为中心，对纪念广场进行了扩建和修复，以改善其功能并且营造庄严的环境。扩大后的纪念广场不仅是红军宿营地的主要入口，而且加强了纪念广场与宿营地之间的空间联系，形成连续的生态景观，共同营造出宁静肃穆的纪念氛围。

（4）非物质因素利用。积极组织开展历史教育和纪念活动，如战争历史展览、高虎脑夏令营、吃忆苦饭等，传承红军在战争中坚忍不拔的精神，感恩现在生活的来之不易。

定期举行文化活动展示当地民俗特色，如庙会、孟戏、手工艺品等。通过和游客之间的互动，让游客由参观者转变为参与者，能够更深入地了解传统文化与风俗。作为爱国主义教育基地，要持续收集相关历史信息，并且保证历史信息的真实，定期出版刊物，提高高虎脑纪念性遗址的影响力。

五、结论

品牌社区下的特色小镇建构，必须以产业、文化、环境、服务四方面的品牌因素进行深入分析，挖掘出特色小镇真正的"特色"。对特色小镇进行系统的品牌构建,使品牌社区中的各个环节都做到相辅相成。

本文以品牌社区的视角来研究特色小镇环境设计的系统框架,以期为特色小镇构建研究提供一些新的思路和方法,希望对探索特色小镇的未来建设发展起到积极有益的作用。同时,在"互联网+"的思维导向下,使这些不同的品牌元素形成循环共生的关系,并可以在以后的实践项目中进行检验,从而促进特色小镇的进一步发展和完善。

最小的无限大
——公共艺术激活乡村日常的实践研究
■张尚志[①]

中国改革开放四十多年来，城镇化的快速发展不仅为社会带来巨大变革，也提出公共文化服务建设新命题。从当下乡村社区的发展来看，乡村社区居民日常生活的活跃度受地方空间结构的影响，随城镇化程度的逐渐减弱而依次递减。通过调研，这种反相关趋势具体表现为：在城市边缘及城镇化进程中的地区，社区居民的生活方式、经济活动受城市化影响较大，非农经济活动广泛多元，具有较强的生活氛围。城镇化之外的地区，则以农业生活为主，娱乐活动相对单一，加上青年人口外流且多以中老年留守人口为主，公共生活受旧有模式影响而缺乏地方活力。由此，以解决社会议题、构建社区公共生活为创作文本的社区公共艺术，如何根据乡村社区基本实情而进行艺术实践，以人为本促进新型城镇化建设，满足人民群众不断增长的公共文化需求，对推动乡村建设与发展具有参考和指导意义。

一、乡村社区的公共生活

乡村建设不仅是居住空间、环境等要素在使用功能层面的构建，还是地方乡村居民文化活动参与的构建，只有两者共同发展，才可以创建具有地方活力的历史轴线。其中，乡村文化的出现不是偶然，而是依托于民众间的互动参与，在复杂的社会分层发展中的沉淀。

对"公共生活"，国内外学者并没有严格统一的定义，且多是根据不同的研究方向、范畴限定公共生活的内容。在对乡村公共生活的研究中，农业被认为是乡村居民生活的重要依托，以生产为重要活动的日常生活

---
① 张尚志：江西财经大学讲师，博士，研究方向：城市公共艺术、城市景观。

形成乡村人与人交往的重要依托，使乡村公共生活成为一种社会生产的生活。费孝通指出，中国的乡土社会是建立在人与人相互熟悉的基础上，遵从习俗所开展的有秩序的活动。①这种乡村的公共生活是在乡村内部形成的，是在亲人、邻里、朋友及熟人之间所开展的交往活动，是通过人与人之间熟悉的关系建立的较为封闭的生活，与村外的陌生世界形成隔离与封闭。

随着中国城市化的深入，中国的乡村不断受到城市扩张的影响。以地缘、血缘为壁垒的封闭性逐渐被冲破，人口流出、外来人口入驻，打破了乡村原有的生活秩序。如何通过乡村自身的建设以适应新时代的发展，成为乡村建设的重要议题。

二、公共艺术激活乡村公共生活

从公共艺术的发展状况来看，以社区为依托所开展的艺术实践摆脱了传统意义上的艺术形式，即公共艺术不再以构建一个长久存在的艺术作品和空间美化为主要功能，而是以尝试解决地方社会议题为主要出发点，通过公众参与介入地方发展事务，为再塑地方发展而进行创意实践。由此，以乡村公共生活为依托的公共艺术，借由居民日常生活的世态百千，通过更具广泛性的艺术形式，再现乡村魅力。如，美国加利福尼亚州的"林赛农民市场"（Lindsay Farmers Market）项目，以村落唯一的农贸市场为依托，将与村民密切相关的日常生活转变成极富艺术狂欢气息的农产品派对，在激活地方公共生活的同时，带动地方经济的发展。

从项目概述可知，林赛所在的市中心是一个拥有1万人口的小镇，以林赛为中心的周边社区只有几家商店和一个人气并不旺的荒凉的公园。自2004年林赛农民市场开放以来，每年的5月下旬（或6月初）到9月（或10月初），每周五都会以农产品为主题（大约有200家供应商参与市场的售卖，其中近一半是农产品，其他包括工艺品、小商品等零售）举办大型派对，提供免费的音乐、舞蹈，吸引周边5 000~6 000名居民前来参与。②

---

① 费孝通. 乡土中国 生育制度[M]. 北京：北京大学出版社，1998：9—11.
② 资料来源：项目官网：http://thelindsaychamber.com。

在这个大型农产品的派对中,"农贸"被赋予更多艺术狂欢的气息。农民供应的不只是单纯意义上的农产品,还有其他有关农产品的服务,如在各种各样的游戏娱乐活动中,为参与者分享食物的知识、生活的体验等。

从案例分析来看,项目的开展不只是在每周五派对的那天让所有参与者聚在一起,而是在项目开展之前的创作时期,社区居民就已经聚在一起,商讨市场的开办与运营。如以"怎样的活动会更有趣"为议题对派对活动进行商讨,社区居民会提出诸如"追赶兔子的比赛"(一种在农场常见的、保护农作物不被动物咬食的农活)、"打包箱子的比赛"等一些源于地方生活的艺术活动。同时,林赛还充分利用地方资源,如邀请林赛公立学校入驻等,为项目注入音乐、艺术的创意活力,营造出狂欢的气氛。在乡村居民的对话交流中,公共艺术的创作脱离了地点限制,而是以生活空间作为艺术实践的陈列。吴慧贞在针对艺术的微观与宏观研究中指出,公共艺术应当反映地方社区居民的生活文化,在现实生活空间中,创置民众共同关心的一个公共议题。[①]社区居民在交往之间开始发现地方文化,关注与不同社群合作为地方发展所带来的意义,并以日常生活与地方建立联结,重新发现生活的意义。

由此,项目本身在社区公共生活层面,以一项最常见的经济活动"农贸市场",有效地让人们聚在一起,构建了本地的日常活动,以一种积极的方式激活地方活力。正如麦肯·迈尔斯所说:"公共艺术应该是一种为了在城市生活中,重建日常生活及再现欢娱活力的营建行动。"[②]即在多元互动中,建立社区居民之间的邻里关系,在文化、人、地方社区之间形成一种动态的、可持续的发展动力。

三、公共艺术助力乡村发展

公共艺术在乡村公共生活层面开展的艺术实践,是针对乡村议题展开的一种艺术实践,它以文化为载体,具有更为广泛的形式和途径,为

---

① 吴慧贞. 公共艺术的微观与宏观 [M]. 台北:远流出版社,2004:18—27.
② 麦肯·迈尔斯. 艺术·空间·城市:公共艺术与都市愿景 [M]. 简逸姗,译. 台北:远流出版社,2000:36.

乡村社区居民提供更深层次的对话和沟通。一方面，在公共生活层面开展的公共艺术实践，利用各种载体，开展诸如音乐会、戏剧、展览、艺术家驻留、节庆、艺术教育、公共艺术及社会改造等丰富多彩、生动活泼的艺术实践，可以满足社区少年、青年、老年及其他不同群体的文化需求，使更广泛的社群能够参与到社区艺术实践中。[1]另一方面，在公共生活层面开展的公共艺术实践，是以文化为背景的艺术实践，能够在社会、文化层面开展广泛的与社区不同社群之间相关的议题，使居民与居民之间对话、交流和沟通，促成乡村的建设与发展。例如，吴玛悧在中国台湾地区新北市竹围一带的"树梅坑溪"公共艺术项目，以艺术活动为实践形式，不仅带动了周围社区居民在项目中的参与度，更在艺术活动的开展过程中，建立了以地方环境为议题的社区、社区居民、地方文化间的联系与发展。

从项目区位分析来看，20世纪50年代以前的竹围地区是以农业为主、以渔业和禽类饲养为辅的乡村聚落。20世纪60年代以后，随着本区居民的收入增加，附近地区工业基地的建设与发展，以及1986年地铁的开通，越来越多的外来人口迁移至此，使本区人口规模不断扩大，促进了本区现代化都市的建设与发展。由此，竹围地区因为人口密度激增，在竹围、民生、福德三里的区域划分基础上，增加了民权里。

从项目概述来看，"树梅坑溪"分析了竹围地区因为建筑兴建给环境带来的水土保持的问题，外来居民与本土居民交集的问题，以及新旧居民与本区地方文化间的问题等，并针对这些议题提出以环境为课题，通过跨领域合作实验探讨地方因发展不当而逐渐失去的参与特色、逐渐下降的环境及生活质量。

如在"树梅坑溪早餐会"行动的子计划中，将树梅坑溪附近的居民聚集在一起，通过早餐会的参与，探讨社区、居民和环境三者之间的关系。同时，行动计划还邀请不同专业领域的人参与艺术实践，分享相关议题的思考，使整个子计划在一种轻松的氛围中完成了对地方社区"环境议题"

---

[1] 帕姆. 社区艺术管理[M]. 桂雅文, 译. 台北：五观出版社, 2000: 84.

的探讨。①从案例分析来看，早餐会行动计划的目的除了在活动过程中联结居民之间的情感关系外，还致力于建立本区居民与树梅坑溪之间的联结关系，以提出有关整治树梅坑溪的环境议题。通过早餐会的参与实践，居民越来越关注树梅坑溪的相关议题，并促使新北市水利局将本溪列为整治计划中的一条。同时，许多居民也开始在日常生活中燃起了对树梅坑溪的环境保护意识。"早餐会"以一种常见的日常生活形式，成功完成了艺术实践。

除了"早餐会"的艺术实践外，"树梅坑溪"项目还在进行过程中衍生了诸多项目之外的子计划。如"村落的形成"计划，以淡江建筑系师生组成的团队通过流动博物馆的装置设计计划，来探讨社区重构的可能性；"在绿地生活"和"我校门前有条河"的艺术实践中，则由竹围国中中学生、竹围小学学生通过对树梅坑溪的水、植物等生态研究，来了解树梅坑溪的环境与历史。从上述有关"树梅坑溪"的一系列艺术实践来看，这是让民众通过集体的参与，创造属于所在地的生活文化内涵。②在社区居民的公共生活层面开展的公共艺术具有多种形式的实践方式，同时借由公共生活与社区居民间的联系，更容易建立社区居民间的联结性，在公共艺术的实践中拉近了地方社区、社区居民、环境三者之间的共同关系和彼此间的互动联结。

由此，"树梅坑溪"计划衍生了众多的行动子计划，包括：小区剧场行动，通过新北市竹围地区的社区居民参与，在艺术活动事件的过程中，以身体力行的方式体验所居住区域中环境、生活等方面与树梅坑溪相关的要素，在艺术活动的创作过程中建立社群之间的交流与沟通；水之舞行动，则通过阶段性（在第一阶段以"水"元素作为活动切入口，通过艺术活动将水文化引入创作交流，在第二、三阶段则引入树梅坑溪与水有关的环境议题）的活动参与，在艺术表演创作、活动中，通过人与人之间的交流，建立对不同观点的沟通、理解和包容的社群联系，由此构成社区居民之间的对话联结，逐步展开更多的子行动计划。

---

① 树梅坑溪环境艺术行动官方网站：http://bambooculture.com。
② 倪再沁. 艺术反转——公民美学与公共艺术[M]. 台北：文化建设委员会，2005.

从案例分析来看,"树梅坑溪"在艺术实践过程中,通过对话、交流,以社区居民间的故事联系等建立社群的联结性,并在活动体验中感受与社区环境之间的联系,转变本区居民对环境、生活、社会、文化等的固有看法,在思想交流的联结中赋予其新的看法与思考,从而形成对地方社区的影响,使得社区居民开始主动思考社区活动的可能性,并由此拓展了更多诸如"水之舞""小剧场行动"等艺术实践的子项目。这些项目通过持续时间不同的表演艺术创作活动,在公共生活层面为村民提供了一个对话的平台。在这种对话中,艺术家以形形色色的艺术实践,保持艺术家和参与者在相关议题框架中的对话关系。其中,艺术家在艺术实践过程中,将与社区居民相关的议题带入创作情境的形式,使艺术活动成为推动议题提出、回应、解答、交流和最终回馈的一般性工作流程,并成为公共艺术对社区居民就相关社区议题建立社群联系的有效手段。

四、公共生活中的艺术实践

通过上述两个案例的研究与分析,艺术活动的创意与组织更受地方文化生活的影响。在其活动过程中,除了对艺术性和娱乐性进行传达外,还借由活动创意关注社区所面临的社会、文化议题,激发参与者之间的交流,使参与者主动对艺术活动进行思考,使艺术借由乡村的日常生活对地方社区形成一种持续的影响力。

在乡村建设与发展中,社区居民通常会根据生活的需求对社区建设充满美好愿景的渴望与期待,并期望能够有机会公平、公正地参与到有关社区建设的工作中,以满足自身的需求。艺术家则可以通过根据对话性艺术实践所开展的公共艺术项目,在社区工作者、规划者和居民之间,以一种多元参与的对话性艺术实践形式,实现社区居民在社区建设与发展工作中的互动参与,即"用艺术的语言和方式解决公共问题"[①]。同时,艺术家也在对话性艺术实践中,一方面由以往艺术创作者的角色,转换

[①] 汪大伟在《地方重塑——公共艺术的永恒主题》一文中指出:公共艺术是一种用艺术语言和方式解决公共问题的特有的创作方式,它突破了传统美术的创作方法,完成了被关注的对象、创造方式、管理模式、评价标准等的转变,促使创作成果与社会发展融为一体。

成社区建设与发展的合作者。另一方面，艺术家在整个公共艺术项目的开展过程中，不再是唯一的发声者，而是通过艺术实践邀请更多的人参与到对话性的艺术实践中，并让参与者成为艺术实践的主体，放大参与者的声音，建立参与者之间在对话、交流层面的互动，由此艺术家本身也成为艺术实践的参与者之一。如颜名宏所说，社区公共艺术为艺术家所带来的反省，是应该转变自身的姿态，将公共艺术的创作视为提引公共价值浮现的媒介，通过艺术家，让更多的人通过倾诉建立彼此间的了解，在各种联结关系中，寻找共同价值。[①]在公共艺术介入乡村建设与发展的层面，在面对乡村公共生活不断缺失的状况下，参与者如何在公共利益层有效建立邻里关系，并在公共生活中展开对话，是公共艺术所面对的最大挑战。如规划学者莱昂·桑德尔科克（Leonie Sandercock）所描述的，城市中不断增长的、多样化的人群和具有不同利益的人们在共同分享共有空间的同时，声音中的政治（politics of voice）变得动荡不定，谁在说话、谁在说谁成为这座城市生活中常见问题。[②]由此，艺术家可以帮助被剥夺权利的社区成员发现和放大他们的声音，在对话性的艺术实践中，使用言语和其他形式引发个人、集体或其他参与者表达问题、情感、梦想、愿景和其他思考。

五、小结

综上，关于公共艺术的实践策略，一方面，是艺术活动的公平性。即艺术实践透过日常生活的包容性，让所有居民参与到创意实践中，以公共生活所渲染的公平性保障在艺术实践过程中建立的对话、交流和沟通；另一方面，是艺术活动所营建的关联性，即艺术活动与艺术家之间、艺术家与参与者之间、参与者与地方社区之间、地方社区与整个艺术活动项目之间保持一致的联结关系。

公共艺术透过艺术实践对乡村建设与发展的意义，也凸显为对地方

---

① 颜名宏. 场域游走：互动公共艺术 =Interactive Public Art[M]．台北：文化建设委员会，2005.

② Sandercock.Cosmopolis：Mongrel cities in the 21st century[M]. London: Continuum，2003.

民众参与力的提升。也就是说，以艺术实践为组织脉络开展的公共艺术项目，通过对话性的艺术实践，以一种公正、公平的交流互动，为乡村社群提供一起学习、共同创造的机会，并在实践过程中形成强大的关系网络与组织系统，共同应对乡村的公共议题。同时，以对话、交流所进行的艺术实践，也针对社区的复杂议题形成一种更符合地方需求的思考与讨论模式，在一种尊重人类文化和每个人创造力的视角下，围绕公平和可持续发展的地方价值观，为地方发展提供多元创造性的创意决策。

【特色文化产业与文旅融合发展】

导言（主持人：吴承忠[①]）

吴承忠

本栏目的五篇论文紧紧围绕特色文化产业研究这个中心议题和使命，从多个角度切入，深入探讨了文旅融合的有关理论和实践问题。集中体现了三个特点。第一个特点是选题新颖。论文选题大致可以分为几方面：一是关于文旅产业融合的理论与实践思考，属于综合性、宏观性、总结性的理性分析；二是关于文旅融合的某一方面的理论与实践问题的探索；三是关于未来发展趋势和对策的研究；四是从某个重要旅游发展目标层面下展开的文化与旅游融合的审视。第二个特点是研究方法上各有特色。比如文旅融合促进区域发展研究、民族地区全域旅游发展研究、公共文化空间的功能研究，分别以湖北荆州纪南生态文化旅游区、湖北民族地区和丽江大研古镇为例，采用了典型的案例研究的方法。定量研究则以民族地区全域旅游发展研究一文最为典型，体现了明显的实证研究特色。齐勇锋、徐学书、钟晟等的文章很好地运用了归纳和文献分析等定性的研究方法。第三个特点是体现了一定的创新性。这些论文在文旅融合促进区域发展中的作用、公共文化空间在中小城市文化旅游发展中的功能、文化产业与旅游产业融合的机理等理论问题，以及民族地区全域旅游发展的问题与对策建议、文旅业发展的路径等实践问题上取得了一定的创新性成果。

[①] 吴承忠：教授、博士生导师，对外经贸大学文化与休闲产业研究中心主任，政府管理学院 MPA 教育中心主任，国家文化和旅游部文化和旅游发展研究基地负责人。

文旅产业融合发展的理论与实践思考

■ 齐勇锋[①]

进入新时代,推动国民经济和人民生活的高质量发展,就是要站在新的起点上,按照党的十九大要求,以人民为中心,以供给侧结构性改革为重点,推动文旅产业实现规划融合、内容融合、价值融合、政策融合、体制机制融合、城乡融合,完善产业链和产品链。通过调整和优化经济结构,加快发展以文旅为载体的新兴服务业,扩大消费市场,带动经济社会和文化又好又快发展,不断满足人民对美好生活的追求。

一、文化产业与旅游产业的异同

文化产业是为社会公众提供精神文化与娱乐产品和服务的活动,以及与这些活动有关联的活动集合,包括3个层级9个大类和24个中类。3个层次分别为:核心层,包括新闻出版、广播电视电影、文化艺术等;外围层,包括网络文化服务、休闲娱乐服务、其他(艺术品代理、广告、会展等);相关层,包括文化用品、设备及相关文化产品的生产和销售等。

旅游业又被称为体验经济、休闲经济、无烟工业、无形贸易。是以旅游资源和旅游设施为基础,以游客需求为导向,为游客在旅游活动中的吃、住、行、游、购、娱提供服务,满足游客体验和休闲需求的集合性、综合性产业。

文化产业和旅游产业具有四个相同点:一是二者同属于以满足人的精神文化需求为目的的"人本产业",是符合消费结构转型升级的朝阳产业,具有娱乐性、参与性、时尚性和个性化等特征,在国民经济统计体系中同属于新兴服务业。二是二者同属于环境友好型、契合生态文明

---
① 齐勇锋:中国传媒大学协同创新中心二级教授、博士生导师,中国民族节庆专委会副主任。

建设的绿色产业，符合国际发展潮流和产业转型升级要求，契合国家产业政策支持方向，发展空间广阔，前景光明。三是从国情特点来看，二者在我国均具有深厚的历史传统和群众基础（宋朝的雕版印刷业、元明清戏剧产业、工艺美术、节庆活动、庙会，以及《穆天子传》《徐霞客游记》等），群众喜闻乐见。四是作为完整的产业形态，都是近现代引进和借鉴西方标准和分类，并与我国历史悠久、文化遗产资源极为丰富的国情和文化传统高度契合的产物。

文化产业和旅游产业也具有明显的不同：第一，文化产业的核心是内容生产、创意设计和传播平台，细分行业众多，而旅游产业则是吃、住、行、游、购、娱集合性的综合性产业。简言之，文化是内容和传播，而旅游是体验、休闲，是载体，二者既高度契合又互为互补，日益融为一体，你中有我，我中有你，统称为"文旅产业"。第二，文化产业以创意、内容及其价值引领产业发展，而旅游则以休闲、体验和度假方式等为文化产业拓展市场空间。第三，文化产业既有有形的产品（报纸、书籍、工艺品等），也有无形的服务产品（演出、电影、动漫游戏等），而旅游产业则主要为无形的体验型、休闲型和娱乐型等服务产品，类型众多，延伸和拓展的潜力极为广阔。

二、文化产业与旅游产业融合发展的机理和途径

作为消费性文化服务业的创意、内容和所具有的引领和溢出特点（如影响力经济、眼球经济等），表明文化产业几乎可以与所有的消费服务业融合发展；而作为生产性文化服务业的创意设计、艺术授权、电商平台、品牌等则具有"中间品"的特征，因而几乎可以和所有的第一产业、第二产业融合发展。

从历时性的角度看，文化产业经历过三个发展阶段：一是文化产业发展阶段；二是文化产业与相关产业融合发展阶段；三是文化经济发展阶段。目前，我国文化产业正处于第二阶段，即与相关产业普遍融合并进一步向文化经济发展迈进的阶段。

今天，"文旅融合"成为一个理论和实践的热点。"融合"即有内

在关联性的结合、混合，或曰"跨界组合""混搭组合"等。如何探索文化和旅游等相关产业融合发展的途径？建议从以下五个维度思考：

一是供给创造融合发展，即产业、产品和服务融合发展。要通过创新思维和供给侧改革提供文旅融合发展的新产品、新服务，从而拉动新的市场消费需求。

二是消费拉动融合发展。要准确把握消费市场发展的趋势和新热点（如网红经济、亲子消费、夜间旅游等），引导跨界融合。

三是政策推动融合发展。要从国家产业政策和区域经济布局中寻求文旅融合的新途径，如产城融合、城乡融合、藏羌彝文化产业走廊、川陕老区发展战略、"一带一路"倡议、"南南合作"等。

四是体制机制融合。2018年，原文化部和原国家旅游局合并，成立了文化和旅游部。在没有合并之前，文化管理部门和旅游管理部门在体制上、政策上的摩擦比较多。两个部门合并以后，文化和旅游在功能、结构、思想、理念、工作、体制机制、政策等方面都要合并起来，能融则融。

五是价值融合。文化和旅游这两个产业主要是为人的精神生活服务的。党的十九大提出，我国经济已由高速增长阶段转向高质量发展阶段。高质量发展，不光解决物质需求，还要解决人的精神需求。物质需求需要供给侧结构性改革，精神产品的供给也存在结构性缺口，也需要供给侧改革。

文旅融合的具体路径，可以有以下几种：

一是文旅产业与新型城镇化融合发展，推动都市旅游、商务旅游、遗产旅游、工业旅游发展。

二是文旅产业与新农村建设融合发展，推动乡村旅游、特色旅游、采摘旅游、生态旅游、文化扶贫、自驾车旅游等发展。

三是文旅产业与教育融合发展，推动教育旅行、科普旅游等发展。

四是文旅产业与体育产业融合发展，推动体育旅游、健康旅游、医疗旅游、养老旅游等发展。

五是文旅产业与国家长城文化公园、大运河国家文化公园、长征国家文化公园,以及藏羌彝文化产业走廊等重点项目建设融合发展,推动文旅产业跨地区、跨行业融合发展,如设计规划"大香格里拉"生态旅游、科普旅游等,进而形成国际化、生活化、特色化的大型文旅产业带。

六是文旅产业与"一带一路"建设融合发展,推动跨境旅游、边贸旅游、海洋旅游等发展。

三、推动四川文化与旅游产业融合发展的相关建议

四川地处我国内陆腹地,人口众多,山川绮丽,人文独特,资源丰厚,交通便利,具有发展文化和旅游产业的优越条件和巨大潜力。新时代推动文化和旅游产业转型升级,要按照高质量发展要求,坚持"创新、协调、绿色、开放、共享"五大理念,以供给侧结构性改革为动力,解放思想,突出特色,高起点地推动文化产业和旅游产业更紧密地融为一体,更大限度地拓展消费市场,实现更好的经济和社会效益。

一是要顺应文旅产业上游化、高质量的发展趋势,集聚高端人才,强化内容创新,大幅度增加文旅IP的数量和质量,推动文旅产业的供给侧结构性改革,以供给优化创造消费需求。

二是要顺应文旅产业专业化、主题化的发展趋势,加强文旅项目的主题策划,围绕主题内容策划系列文旅活动项目,吸引游客眼球,形成持续不断的热点。

三是要顺应文旅产业差异化、体验化的发展趋势,围绕主题内容,拓展并优化跨地区、跨行业的文化旅游线路,满足不同消费者的精神体验需求。

四是要顺应文旅产业生活化、特色化的发展趋势,切实搞好文旅特色饮食、特色产品的开发设计,从而既满足游客的需要,又能不断提高所在地区的美誉度和经济效益。

五是要顺应文旅产业传播能力提升的要求,加强新媒体、短视频、网红、大数据等的运用,营造文化旅游氛围,形成文旅传播先声夺人的优势及持续性的消费效应。

六是要顺应文旅夜经济发展的新趋势,打造特色小镇、城市文化街区、

文旅商业一条街等，改造提升乡村庙会，拉动城乡文旅消费。

推动文旅融合，还应当注意以下五个问题：

一是改革管理体制。在现行体制下，建议强化由多部门组成的文化旅游委员会，推进文化旅游与体育、健康、规划、农业、林业、国土、发改委等部门的信息互通和管理协同。

二是规划引领。打破城乡、区域和行业壁垒，按照文旅发展下新的要求，统一制订区域文旅产业及旅游线路规划，并与相关省份、地区紧密合作，形成城乡和区域文旅一体化发展新局面。

三是改革试点。尝试建立文化产业与旅游产业融合发展实验区；结合遗产保护和特色小城镇建设，建立乡村文化旅游发展实验区（如四川平武），探索二者融合发展、推动文化旅游扶贫攻坚的有效途径。

四是加强人才培育。培养既懂文化、又懂旅游的复合型管理人才，尤其是市场急需的中介人才。

五是要构建以公共财政为引导的社会化的文化旅游投融资平台，为文化旅游产业发展提供资金支持。

乡村振兴背景下文旅业发展的新趋势与路径思考

■ 徐学书[①]

中国作为一个传统农业大国，乡村是中国几千年文明的经济社会根基。在当代中国加快现代化转型过程中，因城乡发展严重失调导致的乡村快速衰退，从根本上危及中国经济社会发展的基础，引起了党和政府及全社会的高度关注，出台了一系列重要政策举措，振兴乡村成为当前国家发展的重大战略。产业振兴作为乡村振兴的关键环节，成为备受重视的领域和学界研讨热点。文化与旅游融合发展的文旅业，作为中国当代发展迅猛、具有"产事一体"和综合带动功能作用的经济文化新形态，因其可为乡村带来新的产业机遇和发展动能、为乡村架起文化繁荣和社会进步的虹桥，成为国家推广和各地普遍采用的推进乡村振兴发展的重要方式和途径。经过多年探索实践，各地文旅发展的新方式、新业态层出不穷，既产生了许多经验和理论，也出现了一些波折和困惑。发展的道路总是在不断出现问题和解决问题中探索前行，乡村振兴背景下的文旅发展道路，也需要根据时事变化不断进行新的路径探索。为此，特就乡村振兴背景下文旅业发展的综合化与集群化新趋势及其未来发展路径，与大家共同探讨。

一、综合化与集群化是乡村振兴发展的时代要求

中央将统筹推进"五位一体"发展作为新时期国家发展的总体布局和战略目标，要求以"五大发展理念"作为引领新时期国家发展的思想理论和路径指引，在此基础上确立了乡村振兴战略的实现、农业农村现代化总体发展目标及其全面振兴的"二十字"发展方针。因此，乡村振

---
① 徐学书：四川省社会科学院旅游发展研究中心主任、研究员。

兴从根本上讲是为实现乡村"五位一体"全面发展，乡村振兴的根本道路是一条综合性的全面发展道路。

传统乡村有别于城市，是以一定土地和生态环境为承载空间、以农业生产为主要产业、以农业人口为主要群体、以互动关系和共同文化为主要纽带，具有多元形态和集群结构特征的社会化生产生活交往社区综合体系。点状分布的单独小型乡村社区作为乡村社区综合体系的有机组成细胞，既是相对独立、具有内部生产生活社交综合功能的社区单元，又是整个乡村社区体系中社会化生产生活社交网络的有机节点，因而乡村社区从宏观体系和微观单元上看皆是具有综合功能的社区综合体。在乡村社区综合体中，所有生产、生活、社交活动都相互紧密交织在一起，因而传统的乡村社区皆以满足生产互补、生活互助、社会交往需求的村镇集群结构形态生存发展。

当代乡村作为城乡二元中的一元，在城乡一体化进程中与城市的联系日益紧密，其产业结构、生活方式、社会交往远较传统乡村更加复杂多元，生产、生活、社会的互动联系更加难以分割，城乡二元结构正在逐渐改变，乡村在产业、生活、社交方面越来越多地分担着城市的许多传统功能。随着现代文明进程的加快，人们的消费需求日益多元、社会分工日益细化、社会交往日益频繁、对服务品质和生态环境日益重视，乡村社区为适应经济社会发展需要，必须满足现代生产、生活、社交、生态等多重功能要求并提高资源利用效率和效益，因而当代乡村社区建设需要提供更多综合功能并构建与之相适应的综合服务体系，从而推动当前乡村建设更加注重功能的综合性和体系化建设。

无论是传统乡村还是现代乡村，无论是宏观乡村还是微观乡村（村镇），其功能结构皆属于综合性的社区综合体，在地理空间分布上则呈现组群式聚居村落群+区域中心集镇的聚居群落结构，从而决定了乡村振兴发展必然具有综合性和集群性特征。产业兴旺是乡村振兴发展的关键环节，提高资源综合利用及其综合效益是现代产业发展的基本要求，综合性、集群化发展是提高资源综合利用及其综合效益的有效路径，因而综合化与集群化成为新时期推进乡村振兴发展的时代要求。从近年来我国推进乡村发展的实践看，一、二、三产业融合发展的推进及"新农村综合体""田园综合体""农业综合体""农旅综合体""康养综合体"等乡村发展模式的提出和实施，"特色小镇群""特色村落群""特色村镇群"和农文旅康诸领域及其融合发展的"特色产业集群"等乡村产业集群的不断涌现，正是这一综合化、集群化发展趋势的反映。

　　从经济、社会、文化、历史等视角看，村镇/村落群作为人类乡村社会的经济文化共同体基本形态，兼具经济社会综合体和产业集群属性，综合化、集群化体现了人类经济社会发展的必然要求和基本规律。乡村振兴以构建产业兴旺、生态宜居、乡风文明、治理有效、生活富裕的宜居宜业美丽乡村社区为目标，城乡一体化发展以构建公共服务均等化、经济文化互补化、社会生活紧密化、生态环境协调化的统筹协调发展新型城乡关系为目标，皆要求大力拓展乡村的综合服务和产业支撑功能与能力，从而需要基于拥有更多资源和更大空间的村镇/村落群进行统筹安排；现代产业发展要求通过产业融合、集群化发展提高集聚集约水平，增强资源综合利用效益和市场竞争力，村镇/村落群可为乡村的一、二、三产业融合与集群化发展奠定重要的资源和空间基础，产业集群可为村镇/村落群构建经济支撑和联系纽带，村镇/村落群与产业集群互为支撑；植根于区域社会中的传统文化和社会关系是乡村经济社会稳定和发展的重要基础，区域传统文化的传承和区域社会关系的维系，需要村镇/村落群的社会文化群体和地域空间环境来承载，传统村落和传统文化保护也需要通过对传统群落的保护来实现。因此，建设具有综合功能、集群发展的村镇/村落群暨产业集群是实现乡村振兴的必由之路。这与当前城乡一体化发展进程中涌现的以城带乡、城乡互补的城市群暨产业集群宏观趋势，具有高度一致性。

　　乡村综合化、集群化发展，也为解决乡村振兴若干现实难题提供了重要条件：可为解决产业振兴中的资本下乡、人才下乡、智能提升，文化振兴中的文化传承、文化创新、文化繁荣，社会文明发展中的社会组织、社会和谐、社会信用，生态文明发展中的绿色环境、绿色产业、绿色生活等各种要件提供必要的载体和环境。综合化、集群化发展，还有利于矫正以往一些地方在发展过程中出现的单打独斗、特立独行、追新求异等偏离区域经济社会发展基础和文化背景的现象，让优先发展的集镇、村落更好地立足区域发展需要，带动周边共同发展并促进自身更好地可持续发展；同时有利于增强区域乡村的经济社会和文化纽带、构建新的区域经济社会和文化生态圈，立足区域经济社会基础和文化背景及其纽带联系，因地制宜地推进区域乡风文明和乡村治理建设，提升乡风文明和乡村治理建设水平与实效。

因此，构建乡村综合体、村镇/村落集群暨产业集群，成为新的时代要求。

二、综合化与集群化成为乡村文旅业发展新趋势

文化与旅游融合发展是以文化和旅游产业融合为主要内容、兼具产业和事业综合功能、对经济社会发展相关领域综合带动作用明显的文化和旅游一体化发展方式。文化与旅游融合发展形成的新型行业形态，从文化视角看为具有旅游功能的文化行业形态，从旅游视角看为具有文化内涵的旅游行业形态，同时关联并具有诸多其他行业的功能形态特征。这种由现代经济社会发展催生的兼具文化和旅游业突出特征及其他多种行业特征的综合经济文化形态，为新时期文化和旅游发展指出了新的发展方式和路径，也滋生出以文化和旅游业融合发展为核心、广泛关联经济社会其他诸多业态的新型跨界融合行业。由于文化与旅游融合发展具有良好的"产事一体""综合带动"的功能作用，因而成为推进乡村振兴发展的重要抓手之一。由于这一新的综合经济文化形态无论从文化还是旅游抑或其他单个行业视角，皆无法涵盖并准确表述其形态、内涵、特征、功能、作用等，为此笔者用"文旅业"的概念来指称这一文化与旅游融合发展的综合经济文化形态。

文旅业在促进乡村振兴发展中的重要综合作用不言而喻。在经济发展方面，文旅业不仅能有效推进文化和旅游产业自身发展，而且对促进农业及其产品加工业、乡村地区的工业和其他服务业，催生新业态新产品以及拓展相关产业链具有重要带动作用。在文化发展方面，文旅业能

为优秀传统文化的保护传承和资源转化利用搭建重要平台，为丰富群众文化生活提供更多文化产品，并为促进文化创新和繁荣发展提供重要动力。在乡风文明建设方面，文旅业可有效促进乡村思想观念更新，加快现代生产生活方式转变和适应现代文明行为规范的步伐，为确立现代乡风文明搭建经济文化纽带和平台载体，促进乡村文明水平提升。在生态环境建设方面，文旅业可有效带动乡村生态环境的优化美化，促进生产生活环境的改善和生态经济发展，为生产、生活、生态的互动协调与融合发展创造条件。经济发展、文化繁荣、文明提升、生态改善，必然使乡村宜业宜居水平空前提升，资金、人才、产业吸引力和乡村社会自组织功能将大大增强，为乡村治理更加规范、有序、有效奠定坚实基础。实践表明，文旅业在经济社会发展相对滞后而文化和旅游资源丰富的地区，其综合功能作用的表现尤为突出，特别在经济社会发展较为滞后的偏远山区和民族地区，文旅业在促进经济社会发展方面的综合带动作用极为显著，同时对增进国家、民族、文化等认同，促进文化自信、民族团结和保护生态、国土安全等亦有明显积极作用。因此，文旅业显然是具有重要综合现实作用和战略意义的多业融合综合行业。

虽然文旅业总体上是一种多业融合的综合行业，但其综合功能作用的发挥主要通过产业关联来实现，成效表现最突出的领域也在产业功能作用方面，因而人们往往更多地关注其产业功能，甚至将其视为文化产业和旅游产业的主要组成部分。从产业理论和发展实践看，综合化和集群化有利于实现产业发展分工互补、提升人财物资源综合利用效率、增强区域产业影响力和竞争力、延长产业链和增加综合溢出效益。综合化发展可为提升资源综合利用效率创造更好的资源和环境条件，集群化发展可为提升集聚集约水平提供更好的发展空间和载体条件，综合化与集群化叠加为进一步提升综合效益、发展空间、集聚集约水平搭建良好的经济社会链接网络，为构建互补联动、优质高效、共生共荣的区域乡村经济社会发展格局营造更好的资源、环境和平台、载体等发展生态系统，有力促进乡村振兴。

同时，乡村综合体与乡村文旅集群也可互为依托支撑：乡村综合体既是乡村"五位一体"全面振兴发展的基础，又是乡村文旅发展的产品和载体，二者互嵌互融。文旅发展具有综合关联、综合带动等属性。乡村文旅集群建设有助于促进乡村综合体建设，文旅集群本身也是乡村综合体的一种特色形态；乡村综合体建设则可形成立足乡村地域特色和发展基础的多样化文旅产品和产业载体，从而为文旅集群化发展提供产品和载体支撑。

近年来，在内地许多大城市周边、偏远山区和民族地区，崛起了许多由文化、旅游、休闲、康养和农业、工业、商贸等各种特色小镇和特色村落、古镇古村和传统村落、现代新村等组成的，兼具生产生活等多种功能，拥有文化与旅游等多种产业形态的村镇群、村落群，反映了当前乡村文旅业呈现的综合化与集群化发展新趋势。这种趋势与乡村综合化、集群化发展趋势和政策推动引导的发展方向具有高度一致性，从而揭示出乡村文旅业发展将伴随乡村综合化、集群化发展的步伐，沿着综合化、集群化发展道路前进。

乡村作为有别于城市的经济社会综合体，其综合化发展趋势无须多言。基于传统乡村组群式结构基础上的乡村集群化趋势，主要体现在产业发展方面，通过生产、企业、市场、交通、通信、物流、机制和社会文化关系网络等连接在一起，形成多元互补联动或规模集聚集约的产业集群，各村落作为产业集群中的特定生产单元提供自身特色产品或分担规模化生产中的部分产品。在文旅发展方面表现在已经形成和正在形成的大批由若干村落/村镇连片发展或点网状发展而成的特色乡村旅游村落群/村镇群。如成都市近郊，以中国"农家乐"发祥地友爱镇农科村为核心，整合周边村落构建的特色花木盆景业+观光休闲的农科村AAAA级乡村旅游区村落群；由全国首批乡村旅游示范地三圣乡红砂村等"五朵金花"组成的特色花卉业+观光休闲+文创业的三圣乡AAAA级乡村旅游区村落群；以西部"第一村"彭州市宝山村为龙头整合周边村落发展起来的农业+水电矿业投资+休闲度假的宝山村AAAA级乡村旅游区村落群；都江堰市—崇州市青城山周边区域由众多古镇、度假村和乡村酒店、农业观光采摘园区、普通农田山林等组成的点网状发展的观光+休闲度假+

农业的乡村旅游区村镇群，等等。在发展全域旅游的背景下，四川部分民族地区也逐步形成或正在形成一些连片发展和点网状发展的乡村旅游村镇群，如汶川县南部3个藏羌乡镇、汶川县北部5个羌族聚居乡镇、理县杂谷河流域8个藏族和羌族聚居乡镇、茂县岷江河谷沿线羌族聚居乡镇等，皆由河谷公路沿线连片发展的众多精品旅游村寨、幸福美丽新村、特色魅力小镇和普通农业村寨组成农业＋观光＋休闲度假的农文旅融合发展藏羌村镇群；川滇交界区泸沽湖环湖十几个村落，则形成了以文化生态旅游为主业的观光＋休闲度假＋农业的乡村旅游村落群。地处四川西北部川青交界区偏远地带的壤塘县，近年来积极探索将非物质文化遗产保护与文旅发展、乡村振兴、脱贫攻坚、职业教育等相融合的政府引导、群众主体、社会参与、民办公助等"多业融合"发展道路，正在形成由遍布全县农牧区的30多个非遗传习所点暨文化产业基地和职业教育点＋民族文化旅游（传统村落、古寺庙、农牧区风情、藏戏歌舞等观光体验）＋自然生态观光的点网状发展的文旅农牧村落群。类似情况在全国范围亦普遍存在。

三、对乡村振兴背景下推进文旅业发展的路径思考

实践表明，综合化、集群化是乡村振兴发展及乡村振兴发展背景下乡村文旅业发展的基本趋势和必由之路。只有适应这一发展趋势、沿着这条发展道路前行，乡村文旅业才能走好走远，获得更好更大发展。由于文旅业是具有综合功能作用的多业融合综合行业，因而在发展政策上应突破以往主要从产业层面进行安排的思路，而要从经济社会整体发展视角进行审视，将发展文旅业作为推进经济社会发展、增进国家和文化认同、促进民族团结、保护国土和生态安全等方面的综合性国家战略。

乡村文旅业作为乡村振兴发展的重要抓手和路径选择之一，其总体发展路径与乡村发展的综合化、集群化发展路径一致。在具体发展路径上，需要在综合化、集群化总体发展路径框架下，将发展行动落实到各方面，走出一条理论符合实际、具有实践可操作性的新型发展道路。根据区域经济社会发展相关理论和各地以往探索实践经验、乡村振兴发展目标要

求和发展趋势，这条综合化、集群化乡村文旅发展道路，其实现路径可概括为"综合建设，集群发展，特色引领，规划引导，主体带动，政策保障"等方面。

（一）综合建设

按照"五位一体"发展目标要求，以"五大发展理念"为引领，围绕乡村振兴服务人的全面发展，建设以村镇/村落空间环境为载体、产业事业多业融合、具有文旅综合功能和综合效益、宜居宜业美丽的乡村综合体。

（二）集群发展

适应乡村综合化、集群化发展趋势和产业集聚、集约发展要求，围绕服务乡村振兴和城乡一体化发展，建设以村镇/村落集群为依托、资源和环境为基础、多业融合和产事一体、集聚集约优质的文旅村镇/村落集群体系。

（三）特色引领

立足综合化、集群化发展趋势和区域文化传统及其传承发展空间，围绕发展特色产业与保护特色文化相统一这一主题，建设具有现代产业特色、体现区域文化特色、乡愁记忆与文化认同纽带牢固、多业融合互补连动的特色乡村区域。

在有条件的地方，因地制宜地建设适宜"全域旅游"的特色文旅村镇/村落集群，为发展文化和旅游产业提供产品和载体支撑。通过可视听、可享用、可参与体验等方式，促进文化与旅游、农业、生态、村镇建设的融合发展，拓宽发展空间、延伸产业链条、丰富产品和业态。亦可构建以特色精品文化旅游村镇为核心、整合周边村落相关资源（土地、物产、人力、景观、环境等）多元互补联动、综合发展的文旅村落/村镇集群，通过文旅业核心村落/村镇与周边其他村落/集镇的互补联动，实现区域整体协调发展。

需要特别注意的是，在文化旅游发展中应尽力避免脱离区域文化传统的片面或过度"特色化"倾向。如以往在发展乡村旅游过程中因对"一村一品"特色化发展方式存在不同理解，一些地方出现了片面追求文化"差异""个性"以塑造自身"特色"的现象，结果导致区域传统文化被"碎片化"乃至文脉被割断甚至"异化"，使旅游"双刃剑"的负面效应被放大。诸如为"搏眼球"而改变当地建筑风貌传统和村镇空间格局、滥用或移植图文符号、编造历史和故事建项目搞宣传、标新立异建设施搞活动吸引游人等，导致改造后的村镇在文化面貌上与当地原有文化传统格格不入，既令传统文化受到破坏，也影响了发展可持续性，受到社会广泛批评。

人们世代生活的传统乡村通常被称为"熟人社会"，在"熟人社会"中的人们往往具有共同的文化传统和与之紧密联系的社会关系网络，传统文化是维系当地乡村社会稳定的重要纽带和精神家园。因此，在乡村振兴背景下，在文化和旅游特色化发展中，应充分考虑基于一定地理空间的村落／村镇群区域文化传统，构建与之相适应、相协调的区域性特色文旅村落／村镇集群，以形成基于一定村落／村镇群经济社会协调发展的乡村区域，尽可能缩小和避免因相邻村落发展差距导致的经济社会矛盾，促进村落／村镇群整体协调可持续发展。通过构建特色文旅村落／村镇集群，既为产业发展提供集聚集约的发展空间，也为传承区域文化、留住乡愁保留必要空间。

因此，必须立足区域资源环境和文化传统，从村落／村镇群整体协调、可持续发展来统筹考虑具体的产业发展和文化特色建设，保护好区域文化传承发展以及与之紧密联系的文化和旅游等产业发展所需的村落／村镇群空间，留住区域发展中乡村振兴发展的文化根脉，筑牢文化和旅游产业发展的区域文化基础。

（四）规划引导

立足区域经济、社会协调、可持续发展和乡村综合化、集群化发展趋势，围绕促进乡村经济、社会、文化、生态等领域建设多业融合、产事一体发展，制订与村落／村镇群暨产业集群发展相适应的文旅村落／村镇群暨产业集群发展规划，引导村落/村镇的综合化、集群化发展，促进按村落/村镇集群统筹资源利用、布局产业发展、实施项目建设、开展文旅活动、协调管理服务等来构建区域统筹、互补联动、多业融合、综合发展的村落/村镇群乡村体系。

（五）主体带动

按照乡村振兴"二十字"发展方针，立足实现农业、农村现代化发展总体目标，围绕以人为本、产业为根、文化为魂，积极培育对乡村振兴发展具有重要引领带动作用的社会主体与经营主体，尤其应着力培育具有高素质、创新力和行动力的乡贤群体、经营实体等社会主体和经营主体，充分发挥其主体创造性和发展带动作用，促进乡村振兴发展目标的实现。

（六）政策保障

目前有关乡村振兴发展的具体实施政策，主要是从不同行业部门角度出台的配套政策。国家层面而言虽然要求推进文化和旅游及其与相关行业领域的融合发展，但尚未将文旅业作为一种新型综合行业来看待，村落/村镇群及其产业集群尚处于各地在探索实践中自主发展和经验总结推广阶段，因而目前尚缺乏根据文旅业综合功能作用来统筹考虑促进乡村振兴发展的政策。

为此，需要从国家和区域整体发展层面，从文旅业的综合功能作用角度统筹考虑，研究制定有助于促进综合化、集群化发展的文旅村落/村镇群的宏观政策和因地制宜的地方政策，形成与之相适应的体制机制和政策措施，促进原来自发形成、目前正在形成、未来可以形成集群的村落/村镇群暨特色产业群沿着综合化、集群化方向发展，为发挥文旅业综合功能作用、促进乡村振兴发展提供政策保障。

文旅融合促进区域发展
——荆州纪南生态文化旅游区实践
■ 钟　晟　易莲红　马　万①

一、文旅融合促进区域发展的综合作用

随着我国经济由高速增长阶段转向高质量发展阶段，区域经济发展主要依靠要素投入、外需拉动、投资拉动的增长模式难以为继，迫切需要转变发展方式、优化经济结构、转换增长动力。在经济增长方式的新旧动能转换过程中，文化产业和旅游业作为国民经济的重要产业，是绿色产业、现代服务业的重要组成部分，文旅融合具有撬动区域产业结构转型升级的杠杆效应，能够实现对传统农业、传统制造业和传统服务业等传统产业的"价值改造"，促进产业结构调整和增长方式转型，提高发展的质量和内涵，是推动区域发展的重要引擎和结构性力量。文化和旅游融合发展，以区域深层次文化价值观为底蕴，通过公共文化事业、文化产业和旅游业的产品、产业、空间、符号、景观等表达形式，能够凝聚发展动能、塑造区域品牌、构建产业集群、实现增长方式转型，成为促进区域发展的结构性力量。

（一）文旅融合凝聚发展动能

区域经济学和产业经济学认为，具有较强带动性的支柱产业能够带动其上下游和管理产业形成区域的产业集群，进而带动经济增长，形成区域经济的增长极。传统意义上，区域经济的带动产业往往依靠大型工矿业、制造业和冶炼业，但由于这些传统产业对环境影响和资源消耗都比较大，

---

① 钟晟：武汉大学国家文化发展研究院文化规划中心主任，博士后，讲师。
易莲红：武汉大学景园规划设计研究院、武汉珞珈宜景园创规划设计有限公司旅游规划师。
马万：荆州纪南生态文化旅游区管理委员会经济发展局局长。

并不适合现代环境友好型和资源节约型社会建设的需求。由旅游和文化产业融合发展形成的文化旅游产业集群具有资源消耗低和改善环境的效应，同时其极高的产业关联度又能够带动大量其他关联产业共同发展，较好地处理经济增长和环境影响、资源消耗之间的关系，形成区域的新增长极，这也是当代许多国家、地区、区域和城市谋求可持续发展的首要选择。

我国经济已由高速增长阶段转向高质量发展阶段，正处在转变发展方式、优化经济结构、转换增长动力的攻关期。文化和旅游业是服务业的重要组成部分，对优化产业结构、提升产业发展质量、促进消费、促进发展方式转型等具有重要作用。旅游业秉承全域旅游的发展思路——全景式打造、全方位服务、全社会参与、全季节体验、全产业融合、全区域管理，推进文化旅游对传统产业结构的转型升级与改造。文旅融合正逐步成为经济发展的新动能。文旅融合可以调节第二产业和第三产业的关系，同时有利于传统服务产业的升级、产业结构的转型和优化、发展态势上的转型等，从而促进旅游业从规模型向质量效益型转变，从单一的观光旅游向深度体验游转变。

（二）文旅融合塑造区域品牌

品牌形象不仅属于企业和商品营销领域，对一个区域来说也至关重要。大至一个国家，小至一座城市，都需要对自己的整体形象进行包装、策划和推广，使其在激烈的社会竞争中获取更多资源。文旅融合发展所形成的文化旅游产业集群对区域的整体形象有十分显著的改善效应，能够加速推动区域宜人、宜居和宜游环境的建设，强化对各类文化遗产的保护、发掘和传承，增加各类公共文化设施，提升社会治理水平。同时，大量旅游者的到来也能够促进区域品牌形象的向外传播并重塑区域品牌，增强区域知名度和美誉度，进而吸引更多的关注、资金和人才，在区域之间的竞争中获取更多的战略性配置资源。

良好的区域品牌形象能大幅提升一个区域的识别度、知名度、美誉度和吸引力，在当代区域发展竞争格局中发挥着日益重要的作用。文化是构成区域品牌的核心内涵，通过文化传统的传承、文化价值的提升、文化景观的营造、文化内涵的充实、文化氛围的形成、文化营销的运用等，能够塑造、提升并广泛传播城市的文化品牌形象，使文化品牌成为区域综合价值的赋值平台，形成吸引投资、创业、商务、居住、旅游、休闲的独特魅力，促进区域内行政级别的提升、相关产业的发展、基础设施的改善和人民生活水平的提高等，从而全方位促进一个区域的转型发展。

（三）文旅融合构建产业集群

近年来，随着全域旅游概念的提出和广泛实践，越来越多的区域被作为旅游目的地来建设和运作，以区域资源有机整合、产业融合发展、社会共建共享，从而实现旅游业带动和促进经济社会协调发展。文化、旅游两大行业都具有广泛的产业融合性，所形成的"文化+""旅游+"等概念近年来已产生了广泛影响，由文化旅游融合所形成的产业与农业、制造业和其他服务业融合并产生诸多新的产业和产品门类，进而促进传统产业中产品与服务的创新、产品附加值提升和产业转型升级，成为我国城乡从传统制造业或传统农业主导向先进制造业、现代生态农业与现代服务业主导转型的必由途径。通过文化旅游产业与相关产业的融合，能够提升相关产业的文化内涵与附加值，助推城市产业结构的升级和转型，成为支撑区域发展的新型产业集群，调整优化产业结构，提升产业发展质量，促进产业转型升级，进而实现区域增长方式的转型与可持续发展。

（四）文旅融合助推增长方式转型

由旅游产业与文化产业融合发展形成的文化旅游产业集群能够对区域发展产生良好的"五位一体"综合效益。在经济效益方面，文化旅游有助于改变一个区域的产业结构和消费模式，促进文旅投资与消费，为关联产业赋值，优化产业结构，从而推动经济发展。在政治效益方面，文化旅游通过为一个区域赋予文化价值提升该区域的首位度和重要性，并由此推进区域治理的现代化和法治化水平。在社会效益方面，文化旅游可以改善社会环境和社会风气、增加公共设施，从而提升全民文化素养和文明程度。在文化效益方面，文化旅游可以促进优秀传统文化的保护、传承、创造性转化和创新性发展。在环境效益上，文化旅游从"生态文明"建设层面实现环境伦理观、生态价值观和社会效益观的有机统一，从而促进环境保护和美丽中国建设。因此，文化旅游产业将从根本上改变传统行业的"先污染，后治理"的方式，在资源节约和环境友好的基础上实现区域增长方式的转型，取得"五位一体"的综合效益。

二、荆州经济社会转型发展的形势分析

荆州位于长江中游、湖北省中部和江汉平原腹地，素有"文化之邦、鱼米之乡"的美誉。然而，在全省的区域经济发展版图中，荆州的经济社会发展一直处于较薄弱的水平态势，与全省平均水平及周边地市相比均有较大差距，经济社会发展和产业转型的步子较为缓慢，在周边城市快速发展的态势下处于区域性"洼地"的窘境。

（一）第一产业比重过高制约了高附加值产业的发展空间

荆州是国家重要的农产品综合生产基地，粮食年产量约占全国的1%，淡水产品、油菜籽产量连续多年居全国市州之首，被誉为"中国淡水渔业第一市"。与此同时，荆州第一产业占全市GDP的比重长期在20%左右，不仅远高于湖北省平均水平9%，也远高于荆州周边的地级市。第一产业所占比重过高，既挤占了其他高附加值产业的发展空间，也限制了人均GDP和城镇化水平的提升。2018年，荆州的人均GDP为3.69万元，城镇化水平为55.81%，均远低于湖北省平均水平和周边地市水平。

（二）宜昌、襄阳等省域副中心城市的"虹吸效应"

荆州周边同样位于鄂西的宜昌、襄阳被确立为湖北省"一主两副"的两个省域副中心城市，两市经济基础雄厚，工业基础较好，具有强大的区域"虹吸效应"，尤其是其对重要工业企业的吸引，制约了荆州第二产业的发展。荆州市经济总量只有宜昌、襄阳的一半左右，第二产业占全市GDP比重仅为43.7%（见表1），工业基础较为薄弱，决定了荆州难以通过制造业实现区域经济"突围"。

表1 荆州市与湖北全省及省内周边城市经济社会发展对比（2018年）

项目	湖北省	宜昌市	襄阳市	荆门市	荆州市
GDP（亿元）	39366.55	4064.18	4309.8	1847.89	2082.18
人均GDP（万元）	6.66	9.83	7.62	6.37	3.69
一、二、三产业比（%）	9.0/43.4/47.6	9.5/52.5/38.0	9.6/51.5/38.9	12.2/51.1/36.7	19.4/43.7/36.9
城镇化率（%）	60.3	59.58	60.8	59.21	55.81
接待游客量（人次）	7.27亿	7738万	5500万	3056万	4306万
5A级景区数量（个）	13	5	0	0	0
4A级景区数量（个）	117	17	7	4	7

资料来源：根据湖北省及省内各地市经济社会发展统计公报整理

（三）文化旅游产业的发展潜力未充分显现

荆州作为"楚国故都、三国名城"，积淀了深厚的历史底蕴和丰富灿烂的文化资源，纪南城遗址、荆州古城、三国文化等都是荆州享誉世界的文化名片。尽管荆州的文化旅游资源丰富，但相较于宜昌5个5A级、17个4A级旅游景区，荆州仅有7处4A级旅游景区，5A级尚未实现"零的突破"。在文化和旅游融合发展的国家战略契机下，荆州文化旅游的核心竞争力依然不够突出，发展潜力尚未充分显现。

（四）文旅融合是荆州实现"洼地突围"、转型发展的关键引擎

通过对荆州经济转型发展面临的形势分析可见，第一产业和第二产业均很难担当起承载荆州实现"洼地突围"的重任。在文旅融合的国家战略背景下，在经济增长方式的新旧动能转换过程中，荆州唯有凭借丰富的文化资源并依托文化资源的创造性转化和创新性发展，通过文旅融合撬动区域产业结构转型升级的杠杆效应，方能实现对传统农业、传统制造业和传统服务业等传统产业的"价值改造"，重塑荆州品牌形象，促进产业结构调整和增长方式转型，提高发展的质量和内涵，这也是驱动荆州转型发展的重要引擎和结构性力量。

三、荆州纪南生态文化旅游区文旅融合发展现状

荆州纪南生态文化旅游区（如图1所示，以下简称"纪南文旅区"）位于国家历史文化名城——湖北省荆州市，也是2010年国家文物局和湖北省人民政府确定的"国家大遗址保护荆州片区"的核心保护示范区，总面积225平方千米，是荆州市重要的特色功能区。纪南文旅区以生态为基础，以文化为灵魂，以旅游为载体，以产业为动力，促进生态、文化、旅游与城市发展深度融合，探索文旅融合促进区域发展的荆州模式。

图1 荆州纪南生态文化旅游区范围

（一）大遗址保护的国家典范

荆州纪南生态文化旅游区是春秋战国时期楚国国都纪南城遗址所在地，前后20代楚王在此建都411年，是我国楚文化遗产、遗址、文物最密集的区域。区域中包括纪南城遗址、郢城遗址等在内的文物遗址面积

约 20 平方千米，是我国南方大遗址保护重要示范区，也是继西安、洛阳两个大遗址保护片区外我国第三个国家级大遗址保护区。区内现有以古遗址、古墓葬为重点的不可移动文物 139 处，其中有楚纪南故城遗址（包括雨台山古墓群）、郢城遗址、鸡公山遗址共 3 处全国重点文物保护单位，是我国南方文物遗址分布最密集的区域之一。荆州古城还是我国府城中保存最为完好的古城垣，城内东西直径 3.75 千米，南北直径 1.2 千米，面积 4.5 平方千米，城墙周长 10.5 千米、高 8.83 米、共 6 座城门，每座城门上均建有城楼。

（二）园区发展机制格局基本形成

荆州纪南生态文化旅游区管委会作为荆州市人民政府派出的正县级行政机构，全面负责区域内大遗址管理、保护、利用并承担区域内经济社会事务管理的行政职能。2014 年 6 月，湖北省委常委会明确将纪南文旅区建设纳入全省"一元多层次"战略体系和省级重大项目给予重点支持，成立由分管副省长任组长的协调小组。

2014 年 5 月，荆州市政府引进西安曲江文化产业投资集团、中建三局集团两大企业，成立了由三方共同出资的平台公司——荆州纪南投资发展控股有限公司，由其负责的重点项目策划设计和招商引资工作也已全面铺开。2015 年成立的湖北省纪南生态文化旅游区协调小组，也按照"省级项目、荆州实施"原则将纪南生态文旅区纳入全省"一元多层次"战略体系给予重点支持，湖北省发改、财政、国土、交通、文化、旅游、南水北调等部门对此都给予积极支持和政策倾斜。

（三）文化旅游产业集聚态势良好

近年来，荆州纪南生态文化旅游区加快推进基础设施建设，以文化旅游产业为主导大力推进招商引资和项目建设，一大批文化旅游项目已经落地，开发建设步入快速发展轨道。其中，荆州古城是国家重点文物保护单位，国家 4A 级旅游区，2017 年游客量突破 180 万人次；荆州博物馆被列入国家一级博物馆名单，有馆藏文物 13 万余件，包括国家一级文物 492 件套；2016 年总投资 15 亿元的关公义园开园，世界最大体量青铜关公雕像正式亮相；2019 年 6 月，由华强方特总投资 230 亿元的荆州华夏历史文化科技园第一期项目建成并营业，这是湖北省近年来投资体量最大的单体文化旅游项目；湖北省第二届园林博览会主会场于 2019 年 11 月举办；楚王宫景区、通用机场等 7 个项目已经落地；融资瓶颈取得突破，融资规模超过 200 亿元；项目建设强力推进，在建项目投资达到 700 亿元，文化旅游产业的集聚态势良好。

四、文旅融合促进区域发展的荆州纪南模式

在文旅融合发展的时代背景下，纪南文旅区以生态为基础，以文化为灵魂，以旅游为载体，促进生态、文化、旅游与城市发展深度融合，成为促进荆州城市发展的重要引擎。

（一）促进优秀传统文化传承创新的重要举措

楚文化是周代至春秋时期在江汉流域兴起的一种地域文化，是中华文明的重要源头之一。楚文化所代表的"筚路蓝缕"的开拓创业精神、"抚夷属夏"的开放精神、"一鸣惊人"的创新精神、"深固难徙"的爱国精神等是中华优秀传统文化的重要组成部分。

荆州纪南生态文化旅游区作为楚国故都，是荆州楚文化大遗址群的核心区，具有丰富的楚文化遗存和深厚的楚文化底蕴，其规划、建设以及一系列重大项目的实施，是促进以楚文化为代表的中华优秀传统文化创造性转化和创新性发展的重要举措。纪南文旅区依托大遗址文化资源，规划建设荆州华夏历史文化科技园、楚王宫景区、荆楚文化大观园、中国二十四节气文化旅游景区、楚国八百年展示区、郢都楚文化展示区等文化旅游融合项目，通过多手段、多视角、多层面的文化旅游项目开发，集观光、休闲、度假、娱乐体验等产品类型于一体，实现文化遗产资源的创造性转化和创新性发展，打造大遗址保护示范区和重要的旅游目的地。

（二）树立长江经济带绿色发展的典型样本

荆州纪南生态文化旅游区是长江中游江汉平原地区生态环境的典型代表，区内水域面积约40平方千米，环绕湖北省第三大湖泊——长湖，沿岸森林覆盖率高，环境优美，目前正在申报国家级湿地保护区。纪南文旅区作为鄂西生态文化旅游圈的重点项目，坚持长江经济带"生态优先、绿色发展"的总体理念，以长江生态大保护为基础，以保护区内长湖为主体的生态基底，以培育文化旅游融合产业为绿色发展新动能，促进发展方式转型，目的是打造成为鄂西生态文化旅游圈绿色发展的典范。

纪南文旅区在设计之初便将生态、文化与旅游相融合。良好的生态环境是文化旅游发展的基础，同时文化旅游又为区域发展提供了绿色动力，促进了生态环境的美化与净化。荆州纪南生态文化旅游区有着良好的自然生态环境基础，长湖也正在建设环长湖湿地修复工程。区内规划有众多生态项目，其中，第二届湖北省园博会于2019年11月在区内举办；"中德生态城"充分借鉴德国先进生态城市建设理念及技术，从生态环境、绿色交通、绿色建筑、可持续能力建设、低碳示范社区能源系统共5个专项进行设计。2019年5月，纪南文旅区入选"践行联合国2030可持续发展最佳实践"典范案例，具有世界性示范价值。

（三）打造文旅融合促进区域发展的荆州经验

文化是荆州的核心优势，也是重塑荆州城市地位的原动力。在文化和旅游融合发展的时代背景下，荆州纪南生态文化旅游区作为荆州城市发展的重要功能区，以文化为核心价值，塑造区域文化价值影响力，以文化旅游产业为发展动能，通过荆州纪南生态文化旅游区与荆州古城整体打造"大遗址—楚故都—古城池—生态新区—运河工程"为一体的江汉平原核心文化旅游区，推动实现文化遗产保护与文化旅游产业相结合；通过引江济汉工程与荆州古城营造相结合、生态建设与文化建设相结合，建设国际文化旅游目的地城市，带动纪南文旅区、荆州古城和荆州主城区的联动发展，进而打造文旅融合助推区域转型发展荆州纪南模式，成为引领区域转型的结构性力量。

纪南文旅区正围绕建成国家级大遗址保护示范区、国家文化产业示范园区、国家城乡统筹发展示范区和国家级生态文明新区的宏伟目标，加快推进基础设施建设。一大批文化旅游项目已经落地，开发建设已步入快速发展轨道。纪南文旅区的规划建设，联结了新老城区的文化旅游资源，推进了荆州市文化与科技、文化与旅游、文化与生态融合共生，促进了荆州文旅融合的发展态势，对荆州乃至湖北都有广泛的带动作用和示范意义（如图2所示）。在文旅融合带动下，纪南文旅区项目建设和招商引资成效明显，新区发展总体格局基本形成。

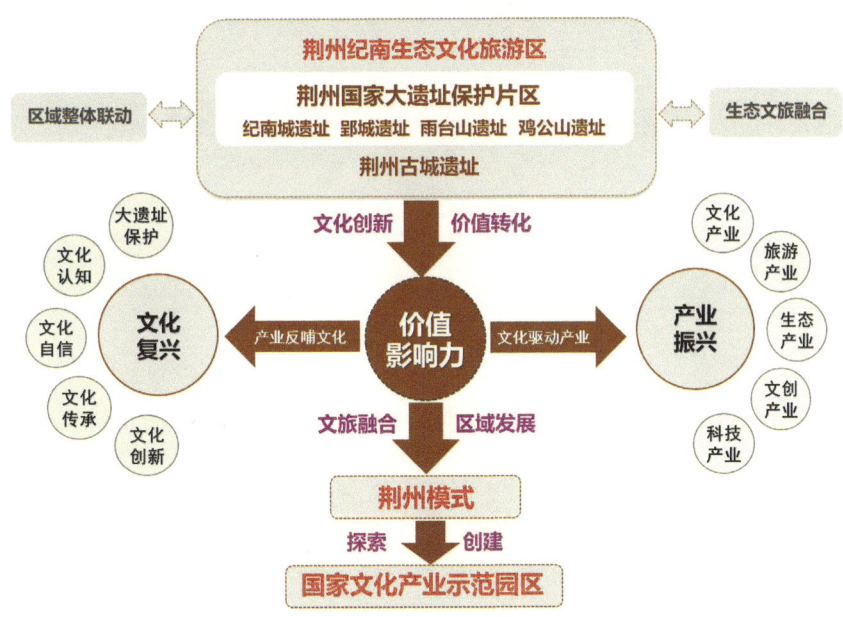

图2 文旅融合促进区域发展的荆州纪南模式

五、结论

近年来，随着经济增长方式转型和产业结构调整，文旅融合对区域发展的综合带动作用日益显现，涌现出一大批以文化旅游产业为主导的文化城市、旅游城市、特色小镇、美丽乡村、特色街区、文化综合体等，文化旅游产业已经成为国民经济中的重要支柱性产业，文旅融合已经成为助推区域发展不可或缺的结构性力量。荆州纪南生态文化旅游区以荆州市丰富的楚文化大遗址文化资源为依托，通过城市新区的载体形式将生态、文化、旅游集聚于区域内进行融合发展，有效地带动了区域内文化旅游和相关产业、基础设施的投资建设，创造性地实现了纪南文旅区、大遗址保护区、荆州古城和荆州主城区的联动发展，从而形成具有国家示范意义的文旅融合促进区域转型发展荆州模式。

公共文化空间在中小城市文化旅游发展中的功能探析
——以丽江大研古镇的"文化院落"为案例

■戴曦霞[①]

从古希腊时期到现代社会,人们对空间的认知不断深化,伴随着"空间"内涵的扩展,其外延从基于距离和时间的量化定义,逐步演变为与地方、群体、经验、意识形态、消费相关的质化概念,在流变中被赋予了文化性。

"空间"是由点、线、面构成的客观的物理存在。古希腊时期,地中海区域的毕达哥拉斯、亚里士多德和欧几里得等哲人通过天文学、数学和几何学建构起人们的空间观念。[②]

中世纪以来,伴随人文科学的发展进程,人们对"空间"的认识进一步深化,超越了单一的物理概念,拓展到"文化"领域。这里的"文化"是广义的,包含了政治、经济、艺术等视角。"文化空间"由此与文化发展、族群生存、权力博弈等产生关联。其研究视角和代表学者及机构有:神学、宗教学——托勒密、哥白尼等;经济学——马克思、恩格斯、哈维等;人文地理学——海德格尔、段义孚等;社会学——布迪厄、列斐伏尔等;城市社会学芝加哥学派——克拉克等;非物质文化遗产视角——联合国教科文组织等。

随着社会发展的现代化和城市化进程,"文化空间"的公共性日渐凸显。人们更加重视空间研究的社会学语境,"公共文化空间"不再仅仅是一个名词,而是成为"空间化"的动词。一方面,人们从公共文化服务体系的视角对图书馆、博物馆、文化馆、体育场等公共文化空间展开研究;另一方面,人们从文化产业的视角对电影院、茶馆、旅游场所等公共文化空间展开研究。

[①] 戴曦霞:云南大学文化发展研究院文化管理专业研究生。
[②] 希尔兹.空间问题:文化拓扑学和社会空间化[M].谢文娟,张顺生,译.南京:江苏凤凰教育出版社,2017:56.

从"公共文化空间"的概念而言,"公共的"空间包含了可进入、共建、共享三层意涵。"文化的"空间指向实物、行为、观念三个层面,"公共文化的"空间则在一定程度上属于现代公共文化服务体系的构成部分。历史学者雷颐提出:"不同于伴随着公民意识的觉醒而产生的图书馆、博物馆、电影院等公共文化空间,它们的出现是清末民初'西风东渐'的产物。然而,桥头井边、茶楼酒肆等传统的公共文化空间却是自然形成的。"[①] 丽江大研古镇发轫于宋末元初时期的传统乡里社会,近数十年来,经由改革开放、申报世界文化遗产等历史事件而迈入以文化旅游为支柱产业的后工业社会,也因此形成了由自然发育的传统公共文化空间演变而来的功能齐全的现代公共文化空间。由于大研古镇具有上述特殊性,所以图书馆、博物馆、电影院等并非本文的研究对象,本文所探讨的"公共文化空间"主要指的是在丽江大研古镇范围内民间生成、古已有之、不断流变的文化场所、文化设施和文化活动。(见表1)

表1 丽江大研古镇公共文化空间概况

空间类别	空间名称
文化场所 (25个)	收费项目:丽江古城博物院(木府)、狮子山公园、大研纳西古乐会。 22个文化院落:丽江古城历史文化展示馆、红军长征过丽江指挥部纪念馆、方国瑜故居、王丕震纪念馆、顾彼得旧居、周霖艺术馆、王家庄基督教堂遗址、十月文学馆、老木艺术空间、雪山书院、天地院、恒裕公纳西民居博物馆、纳西象形文字绘画体验馆、手道丽江民间手工艺术馆、喜鹊纳西人家、丽江古城银文化院落、天青阁东巴青花瓷器馆、丽江古城三联韬奋书店、徐霞客纪念馆、文昌宫、文庙、武庙(这22个文化院落在不同程度上得到了丽江古城保护管理局、丽江古城管理有限责任公司的政策和资金扶持,均免费开放)
文化设施 (2 136个)	2个庙堂寺观:白马龙潭寺、普贤寺 358个公共景观:354座桥、4口三眼井(大研古镇以"家家流水,户户垂杨"而闻名,纳西人爱水、敬水,桥与井是他们汲水、清洁、交往的设施,具有功能性) 1 776个休闲场所:1 642家客栈、134家酒吧
文化活动 (3个)	1个常规文化展演:四方街"打跳" 2个常规节庆展演:春节花展、国庆花展

---

① 徐伟,雷颐.从公共空间到公民意识[J].世界遗产地理,2016(1):71-79.

一、丽江大研古镇"文化院落"的案例

(一)"文化院落"产生的背景

1. 公共文化空间的属性从生活场所转变为消费场景

一个地方的公共文化空间对其内部原住民而言,是本土的、族群的真实性经验的实践之地,是原住民不同阶层、行业、组织日常生活的具体空间,由于地理的边界和群体的内聚力,公共文化空间在一定程度上具有共同体的特性。

在全球化带来的时空压缩背景下,传统公共文化空间的地理边界和群体边界逐渐被打破,尤其是在以文化旅游业为主导的地方,公共文化空间的受众更加多元,也因其承载着"原住民"和"旅游者"的活动而进一步拓展了外延。一方面,对于原住民而言,公共文化空间除了继续作为他们祭祀、交往、节庆等日常活动的地方性场所之外,其商业价值也日渐被发掘,原住民将公共文化空间视为构成地方文化旅游竞争力的资源禀赋,利用它吸引旅游者前来消费。另一方面,对于旅游者而言,公共文化空间内的人事活动能够满足他们对"异文化"的想象和找寻,作为"被凝视的景观",公共文化空间不仅成为旅游者进行在地性文化体验和旅游消费的对象,还成为承载旅游者消费活动的场所。

大研古镇位于云南丽江,是世界文化遗产丽江古城的重要组成部分。早在唐代作为纳西族村寨存在时,大研古镇就是服务于本地和汉藏区域的经济贸易枢纽。宋末元初,由于地方行政权力的进入,大研古镇的街巷水系、民居建筑得以系统规划,逐渐建成了木府等宫殿建筑、福国寺等宗教建筑、三眼井等文化设施。到了清朝,中央政权在丽江实行改土归流,行政权力的转移带来了文庙、武庙、雪山书院等与本地文化截然不同的汉地文化空间。加上特色鲜明的各类民居,这些都为后来"文化丽江"旅游发展中"文化院落"的打造奠定了基础。1986年,国务院授予丽江古城"国家历史文化名城"的殊荣;1997年,联合国教科文组织世界遗产委员会将丽江古城列入"世界文化遗产"名录,以上两项身份仿佛预示了文化旅游业成为丽

江城市转型发展的必然选择。在城市化进程和文化旅游业的推动下,大研古镇逐渐演变为一个生活社区与旅游景区复合存在的空间——部分原住民的留驻使得三眼井这样的文化设施仍旧发挥作用,大量游客的涌入则使恒裕公民居博物馆这样的文化场所、四方街"打跳"这样的文化活动得以存续。这些文化设施、文化场所和文化活动共生同构,形成了当下由原住民和旅游者共享的公共文化空间,在丽江旅游发展中作为重要的文化景观维系地方文化、拉动旅游消费。

经历了由农耕经济向服务经济的转型,丽江大研古镇内公共文化空间的属性从原住民日常生活的场所转变为提供给旅游者体验消费的场景。在文化消费的驱动之下,大研古镇内的"文化院落"因兼具社会效益和经济效益而受到推崇,成为借助公共文化空间发展特色文化产业的典型案例。

2. 大研古镇从"艳遇丽江"到"文化丽江"的转型诉求

城市建构了文化,文化塑造了城市。在城市的转型发展过程中,文化的变迁轨迹影响着城市的品格与精神气质。

在丽江旅游业发展早期,"历史文化名城""世界文化遗产""欧洲人最喜爱的中国旅游城市"等荣誉称号为丽江带来了"天雨流芳、梦话丽江""柔软时光、休闲丽江"等城市形象表征,其后的《木府风云》《一米阳光》《茶马古道》等文化作品,指向古城的古朴、宁静、原生态和美好。随后,丽江古城的古城形态及其文化演变进入"旅游目的地与空间整体转型期",尽管游客数量的急剧增加带来可观的经济利益,但古城原生居民的搬离和外来经商者入驻形成的"人口置换"现象很大程度上削减了古城的原始风貌,抽离了古城的人文精神。伴随原生居民外迁的是传统文化的逐渐式微和社区结构的逐渐瓦解,利益驱使下的商业发展以睥睨之势占据城市发展上风,古城传统的文化空间被旅游经济的膨胀严重挤压,景区负荷过载、文化生态脆弱,呈现出多元变动的复杂状态。在此市场环境中,丽江古城旅游在商业化浪潮下逐渐树立起具有显著消费文化特色的形象——"艳遇之都"。以商品的大规模消费为特征的社会,不仅改变了人们的日常生活,而且改变了人们的社会关系和生活方式。这种改变不仅是社会经济结构和经济形式的转变,而且是一种整体性的文化转变。在吸引了大量小资群体来到丽江之后，酒吧、歌手意味着都市文化中暧昧情怀的元素以其迷离虚幻而指向人的消费与欲望。现代都市中的消费、金钱、欲望等关键词集中于丽江旅游，在自由散漫、民风淳朴的环境中使其成为一个超越现实的精神乌托邦。约瑟夫·派恩提出体验经济下的文化产品应满足"知识、审美、娱乐、逃遁"的目标，在这个意义上，丽江旅游既可以作为都市青年逃避压力的消遣娱乐，又可以为其提供"异文化"想象空间。2002年以来，丽江在民间话语中成了"艳遇之都"。"由于丽江丰盛的酒吧文化，使其一早便以'艳遇之都'扬名，从词语'艳遇'的频数及与之相关的文本内容来看，尽管感知有异，不可否认的是'艳遇之都'的烙印已深深刻在丽江，难以易辙。"[①] 伴随着"艳遇丽江"而来的，是城市形象的负面化，高度商业化的丽江不再是"文化的容器"，而是人类文明与野蛮撕裂得最为荒诞的地方。

费孝通认为，社会问题起源于文化失调。在"艳遇丽江"饱受诟病之后，人们意识到丽江传统的、根植于百姓内心深处的文化空间或游客初始的想象空间正在被新的文化空间所代替，历史的记忆已经被打破。原本丽江丰富多元的文化作为民族民间日常生活的产物，是一种地域性群体文化，具有边缘性、多样性、乡土性、和容性特征，由下而上滋长，但在城市化进程的冲击下日益成为一种脆弱的自然、社会和精神生态。丽江极度商业化的旅游发展正在导致人类精神家园的漂泊离散。于是，地方政府、原住民和企业开始积极思考丽江的城市转型问题，而这次转型正是对原有文化的一次回归。其中，大研古镇内的22个"文化院落"正是从"艳遇丽江"向"文化丽江"转型，以文化稀释商业浓度、以特色文化打破趋同桎梏的新型实践。

（二）"文化院落"的发展概况

截至2020年5月，丽江大研古镇一共规划并建设了22个"文化院落"。这些"文化院落"零星分布于大研古镇之中，涵盖了民族文化体

[①] 赵仁玉，李洪波. 丽江旅游形象感知研究——基于网络文本分析的方法 [J]. 广西经济管理干部学院学报，2013(25)：83-90.

验、宗教文化展示、历史文化展示、名人旧居等类别，供游客免费参观，一部分院落内提供有偿的特色文化产品和文化服务。这既是强化大研古镇文化氛围的重要载体，也是大研古镇文化旅游和特色文化产业发展的重要资源依托，见表2。

表2 丽江大研古镇22个"文化院落"的概况

空间名称	空间简介
丽江古城历史文化展示馆	丽江古城历史文化展示馆于2019年10月开馆，主要介绍丽江古城的形成与发展及其所发生的历史事件和所衍生的文化
红军长征过丽江指挥部纪念馆	红军长征过丽江指挥部纪念馆于2019年7月开馆，既展示了红军长征过丽江的重要历史事件，也是体现了纳西族特色与外来文化融合的标志性建筑
方国瑜故居	方国瑜故居于2007年5月开馆，为云南省爱国主义教育基地和省级文物保护单位。故居陈列着方国瑜先生一生各个时期的照片和书稿、专著、笔墨等遗物
王丕震纪念馆	于2012年12月建成开馆。纪念馆再现了作家王丕震先生创作时的场景，展示了王丕震先生的创作成果和一些当地作家的作品。
顾彼得旧居	顾彼得旧居为俄国作家顾彼得在丽江古城期间租住工作生活的民居，于2016年原址修复。楼下陈设了顾彼得的生平介绍，楼上是顾彼得当年居室
周霖艺术馆	周霖艺术馆于2018年5月建成开馆，是集收藏、研究、展示于一体的专题性名人博物馆
徐霞客纪念馆	2020年1月徐霞客纪念馆开馆，主旨是展示徐霞客在丽江的珍贵历史，弘扬徐霞客精神、传承徐霞客与丽江的深厚情谊
喜鹤纳西人家	"纳西人家"以纳西婚俗东巴婚礼为主导，通过纳西优秀传统节庆婚俗、传统手工技艺、传统文化传习以及传统饮食文化再现了丽江民俗文化的地域性、独特性、民族性和原真性
"手道丽江"民间手工艺术馆	该民间手工艺术馆是集中展示、体验传统手工艺的窗口，于2016年3月开馆。馆内分为东巴造纸、纳西皮艺、古城书画等展示区域，是深入体验纳西传统手工技艺的绝佳场所
雪山书院	雪山书院于2012年11月开馆，定期举办丽江讲坛，内容涉及人文历史、社会科学等，致力于打造成为丽江古城的"文化名片"与"文化窗口"
天地院	丽江市纳西文化传习协会成立于1999年。2016年，丽江古城管理局和丽江市纳西文化传习协会合作打造了天地院民族歌舞展演节目，供国内外游客欣赏

续表

空间名称	空间简介
恒裕公纳西民居博物馆	该博物馆于 2011 年 10 月开馆，是完整展示丽江传统民居"四合五天井"建筑形式的重点保护民居，展示了纳西族李氏商号文化
王家庄基督教堂遗址	王家庄基督教堂遗址于 2016 年 3 月开馆，是丽江古城多元宗教文化交相辉映的见证
纳西象形文字绘画体验馆	纳西象形文字绘画体验馆于 2016 年 9 月开馆，是集展览、销售、体验和学习为一体的民间综合性艺术馆
老木艺术空间	老木艺术空间展示了纳西族代表性木雕艺术家木欣荣的木雕和装置艺术作品。2018 年 7 月，该空间被丽江古城保护管理局纳入文化艺术院落加以保护
丽江古城银文化院落	古城银文化院落于 2018 年 2 月开馆，按照"银器贯穿纳西族一生"的展示主题，设有闺房、厨房、银器制作等寻常生活场景展厅。二楼按照纳西传统婚房布置，全方位体现了丽江银文化的深厚历史底蕴
十月文学馆	于 2019 年 7 月开馆。由北京十月文学院与丽江古城保护管理局携手共建，是国内外知名作家创作、沙龙、讲堂的场所
天青阁东巴青花瓷器馆	天青阁东巴青花瓷器馆于 2019 年 9 月开馆，可开展东巴文化交流、青花瓷绘制、艺术研讨会等活动
丽江古城三联韬奋书店	2019 年 8 月引入。丽江三联韬奋书店是北京三联韬奋书店在北京之外开设的第二家分店，也是丽江古城作为云南省特色小镇建设的重要文化支撑项目
文昌宫	文昌宫于 2017 年 1 月开馆，打造了文昌宫·洛克印象馆，陈列有美籍奥地利植物学家和民族学家约瑟夫·洛克在丽江生活事迹和相关的图片、书籍、展板
文庙、武庙	文庙、武庙始建于康熙年间，是中原汉族文化与边陲纳西族文化交流融汇的产物，是清代丽江科举、教育和军政领域的重要活动场所

表 2 中的"文化院落"兼具主题性、体验性、文化性、公共性和商业性，在旅游旺季每个院落平均每天接待 600 多名游客，淡季每天接待 100 多名游客。不同的"文化院落"以其独有的文化气质吸引着游客前来参观、体验、消费，既产生了宣传民族文化的社会效益，也以各具特色的文化产品和服务创造了经济效益，成为对当地以自然观光为主的单一旅游产品的有效补充。

二、大研古镇"文化院落"在文化旅游发展中的功能

丽江的旅游业经历了 20 多年的高速发展，在探索形成经典的"丽江模式"的同时，也进入了矛盾的集中爆发期。其中文化方面最为突出的矛盾表现为两点：一是现代商业文化掩盖了传统民族文化，令大研古镇的文化内涵减弱；二是业态同质化发展严重，缺乏精品旅游项目和文化产品。这也是中国的许多城市在特色文化产业、文化旅游发展过程中普遍面临的问题。为此，在上述发展过程中，要找准地区的文化资源特色，尤其是要充分利用好已有的历史文化、民族文化资源，在此基础上对接文化与市场、传统与现代、地方与全球。

丽江大研古镇的 22 个"文化院落"，正是以业态创新、文化导入的方式增添文化旅游发展动能，以政府引导和市场机制运营文化产品，以优质服务挤出低端产品和过剩供给，从而增强丽江特色文化产业竞争力的新尝试。"文化院落"的建设回应了丽江文化旅游发展中面临的以下问题。

第一，在丽江古城因过度商业化而饱受诟病的当下，大研古镇 22 个"文化院落"的出现在很大程度上促进了文化的回归，而这种文化的回归正是在文化旅游融合发展背景下吸引游客前往丽江开展体验和消费活动的重要因素。"文化旅游是人们对异地异质文化的求知和憧憬所引发的，离开自己的生活环境，观察、感受、体验异地或异质文化，满足文化介入或参与需求冲动的过程。"[1] 不同类型的"文化院落"为游客提供了文创产品、服饰体验、美食体验、民俗体验、文化感知等产品和服务，满足了不同游客来到丽江之后对地方文化的介入和参与需求。因此，对"文化院落"的关注和建设将有助于丽江在文化旅游升级转型过程中打开突破口，实现多元主题与民族文化特色的结合，引领新一轮的文化旅游消费需求。

第二，丽江大研古镇"文化院落"的开放带来了游客流量、旅游消费、宣传推广等红利，这些不仅作用于公共文化空间内部，而且会对公共文化空间所处的街道、周围的商铺等起到辐射与带动作用，释放正外部效应。所以，"文化院落"的排列组合会直接影响区域的收益和发展，公共文化

---

[1] 张国洪. 中国文化旅游——理论，战略，实践 [M]. 天津：南开大学出版社，2001.

空间分布的密集程度与空间所处区域的经济社会效益呈正相关。在这样的背景下,22个"文化院落"的出现推动了公共文化空间红利的分享和平衡,可以缩小大研古镇内不同街道和区域间火爆与冷清、拥挤与稀疏、中心与边缘的差距,从而推动大研古镇区域的整体发展。

第三,"文化院落"不是昙花一现的现象,其发展不仅事关传统文化、民族文化的传承和弘扬,还有利于整个丽江文化旅游业的可持续发展。虽然当前22个"文化院落"多数是以政府扶持的形式维持运营的,还未产生可观的经济效益,但是这些"文化院落"进行了公共文化服务与文化产业融合发展的路径探索,当其积累了一定的经验之后,势必会在公益性文化展示的基础上衍生出更加符合消费需求的文化服务和文化产品,"以文养文",充分激发和释放民族文化IP的活力,实现社会和经济双重效益。

三、公共文化空间在中小城市文化旅游发展中的功能

截至2019年12月,中国有133座城市被国务院列为国家历史文化名城,有528个由住建部和国家文物局共同组织评选的名镇、名村和历史文化街区。这些城市、村镇和街区中有很大一部分都和丽江大研古镇类似,是区域发展的重要文化资源禀赋,是区域个性的象征,是区域文脉的延续……在这些城市、村镇和街区之中,存在着数量众多的公共文化空间,这些公共文化空间将在未来的文化旅游发展中发挥重要的功能,作为重要的资源禀赋成为中小城市城市更新和产业升级的重要抓手。公共文化空间在中小城市文化旅游发展中的功能主要表现在以下几方面。

其一,公共文化空间是中小城市文化旅游发展的重要资源禀赋。全球化带来了人口、资本、市场、消费和技术的聚集,在建构都市生活图景的同时也重构了传统、文化、空间和族群。由此,对于中小城市而言,公共文化空间承载了历史时间意蕴、自然生活意义和族群精神意涵,在满足他者、异文化的寻找过程中将地方性的生存空间转化成为被消费的对象。可以说,在全球化进程中,中小城市的公共文化空间成为城市发展过程中产业业态中的一个重要依托,引领着文化旅游产业的发展方向。

其二,公共文化空间的存在是凸显特色文化产业的"特色"抓手。"伴

随着后工业社会的来临，芝加哥学派提出了场景理论，认为生活娱乐休闲设施的组合构成了场景。这些组合在蕴含功能的基础上传递着文化和价值观，并形成抽象的符号和信息传递给不同的群体，进而吸引其前来展开消费实践，推动城市的更新与转型。"① 不论在任何地区，公共文化空间大抵包含了名人故居、历史遗产、特色街区、文化展示空间、宗教空间等类别。同时，这些类别因为存在于不同的地方而具有了地域性和主题性，不同地方的公共文化空间也因此具备了独特的文化身份。一个城市的公共文化空间组合起来就会成为具有城市气质和特征的"场景"，这些"场景"由于凸显出这个区域的文化产业的"特色"，所以能有效推动文化旅游的发展。

其三，文化旅游发展中的公共文化空间成为关怀地方民生发展的载体。在传统文化的现代建构过程中，"变"是永恒的，"不变"是暂时的。作为对全球化进程的积极适应性活动，公共文化空间的现代建构在传统的基础上生发出更多的创意与价值，这一过程是对全球化带来的时空压缩的积极回应，也是人们主动寻求更好生活的行为。特色文化产业的发展深入地渗透于地方文化和经济活动之中，在实践层面有助于文化扶贫的实现。文化旅游发展不仅关乎旅游者与旅游企业，而且关乎一个地区的产业布局和民生诉求。在公共文化空间的开发和建设过程中，虽然原住民会让渡一定的生存空间，但是，通过提供就业岗位和政府购买服务等形式，仍旧可以强化原住民与公共文化空间之间的情感联结和价值联结。

其四，公共文化空间可以拓展中小城市的发展空间，增强城市的竞争力。作为公共文化服务与文化产业融合发展的载体，中小城市的公共文化空间打破了传统农业社会和工业社会的拘囿，在原有的空间基础上植入观念、创意、艺术和文化，大大增加了空间的文化附加值。除了丽江大研古镇的文化院落之外，当下盛行的工业文化遗产的文创开发、创意农业园区的开发等都是因地制宜的公共文化空间的开发案例。在充分发掘地方特色的基础上开发利用公共文化空间，不仅可以避免不同城市在文化旅游发展中的同质化竞争，强化城市的文化、经济影响力，而且能提升城市的竞争力，突破诸多国内中小城市以农业、工业为主的单一

---

① 吴军.城市社会学研究前沿：场景理论述评[J].社会学评论，2014，2(2)：90-95.

发展结构，拓展中小城市的发展空间。

　　总而言之，不同于图书馆、博物馆等具有公共文化服务属性的公共文化空间，承载着民族文化和历史文化的中小城市公共文化空间，既不完全是政府计划的产物，也不纯粹是市场经济的产物，而是在发展文化旅游的社会背景下诞生的兼具公共属性和商业属性的产物。这些公共文化空间在历史长河中积淀起一座城市的艺术文化、生活方式乃至气质特征，这些元素在全球化的交流与碰撞中成为异质性的文化资源，吸引着不同地域的人前来体验和消费。在体验和消费的过程中，公共文化空间特有的精神性、文化性和社会性成为中小城市发展文化旅游的契机和优势，这就突破了原先基于自然观光的旅游模式，而更多地带给人们沉浸式的文化享受。公共文化空间不仅是中小城市文化旅游发展的重要资源禀赋、凸显特色文化产业的"特色"的抓手、文化旅游发展中实现地方民生关怀的载体，而且可以拓展中小城市的发展空间，增强其城市的竞争力。

民族地区全域旅游发展研究
——以湖北民族地区为例

■ 纪东东 余召臣[①]

我国逐渐步入休闲经济时代和大众旅游时代，旅游市场规模不断扩大、旅游消费需求潜力日益增强，具有更深内涵、更高质量、更远目标的全域旅游模式成为旅游业改革创新、转型升级的新目标和新路径。湖北民族地区旅游资源丰富，实施全域旅游战略有着得天独厚的资源优势，但是湖北民族地区的旅游产业在现实中的发展成效尚未完全显现。为推动湖北民族地区全域旅游的发展，有必要深入探讨影响湖北民族地区全域旅游发展的主要因素，分析影响湖北民族地区游客满意度的根本原因，以期为湖北民族地区全域旅游的进一步发展提供可资借鉴的参考。

一、全域旅游的内涵和特征

（一）全域旅游的内涵

我国全域旅游的提法最先出现在城市的旅游规划中。2010年大连市委提出以"全域城市化"战略作为推进城乡统筹、优化城市功能的基本战略，在《大连市旅游沿海经济圈产业发展规划》中提出了全域旅游的规划理念，通过全域旅游推动"全域城市化"战略实施。2013年起，学者开始对全域旅游的内涵进行学理性阐释。厉新建等对全域旅游进行了全面的论述，明确提出了全域旅游的概念并总结了全域旅游理念的核心是"四观八全"[②]。魏小安提出发展全域旅游需要全要素、全过程、全结构、全体系、全管理、

[①] 纪东东：女，汉，湖北远安人，华中师范大学国家文化产业研究中心副教授，研究方向：文化产业管理、公共文化管理、文化调查研究方法等。余召臣：男，华中师范大学国家文化产业研究中心研究生，研究方向：文化产业管理。

[②] 厉新建，张凌云，崔莉.全域旅游：建设世界一流旅游目的地的理念创新——以北京为例[J].人文地理，2013，28(3): 130-134.

全推进①。吕俊芳认为开展全域旅游不能脱离现实，必须建立在休闲时代的来临、非农人口比重的增加、旅游资源全域化的基础之上。②同时，吕俊芳从城乡统筹视角下提出发展全域旅游的新范式，通过全域"大旅游"乘数效应和关联带动作用打破产业界限，融合一、二、三等产业形成全域旅游"第六产业"。③

随着我国经济发展进入新常态，供给侧结构性改革成为破解我国经济层面矛盾的新思路，全域旅游发展战略成为落实旅游产业供给侧改革的新途径。2016年1月29日，全国旅游工作会议提出将全域旅游作为新时期国家旅游发展指导理念。随后，当时国家旅游局在全国范围内开展国家全域旅游示范区建设，全国范围内兴起了建设全域旅游示范区的浪潮，众多学者也对全域旅游的内涵和外延进行了全方位的解读。杨振之强调，全域旅游的核心内涵是在旅游资源富集地区以旅游产业为主导或引导，在空间和产业层面合理高效优化配置生产要素，以旅游产业来统筹引领区域经济发展，持续增强区域竞争能力。④戴学锋强调发展全域旅游的体制机制创新和因地制宜特色化发展的重要性，认为全域旅游是实现旅游业带动我国全面深化改革的重要支点。⑤张辉等从社会经济发展层面认为，发展全域旅游是当前我国推动社会经济发展的重要方式，发展全域旅游要打破旧的旅游空间格局，形成新的发展格局。⑥厉新建等认为全域旅游是旅游产业资源优化、服务优化、平台优化、管理优化和利益优化的需求，是新时期旅游发展战略的创新理念。⑦苏剑认为全域旅游是以旅游产业为核心，依靠旅游产业带动产业结构调整，实现相关产业的全耦合，统筹社会经济全面协调发展。⑧从上述学者对全域旅游内涵和外

---

① 魏小安. 促进全域旅游发展[N]. 中国旅游报，2015-12-07.
② 吕俊芳. 辽宁沿海经济带"全域旅游"发展研究[J]. 经济研究参考，2013(5)：52-64.
③ 吕俊芳. 城乡统筹视阈下中国全域旅游发展范式研究[J]. 河南科学，2014(1)：139-142.
④ 杨振之. 全域旅游的内涵及其发展阶段[J]. 旅游学刊，2016，31(12)：1-3.
⑤ 戴学锋. 全域旅游：实现旅游引领全面深化改革的重要手段[J]. 旅游学刊，2016，31(9)：20-22.
⑥ 张辉，岳燕祥. 全域旅游的理性思考[J]. 旅游学刊，2016，31(9)：15-17.
⑦ 厉新建，马蕾，陈丽嘉. 全域旅游发展：逻辑与重点[J]. 旅游学刊，2016，31(9)：22-24.
⑧ 苏剑. 关于全域旅游的理论认知[J]. 旅游纵览，2017(4)：15-17.

延的论述来看,全域旅游发展理念契合新时代下"创新、协调、绿色、开放、共享"新发展理念,是推动地区旅游经济协调发展的新模式。

(二)全域旅游的基本特征

1. 资源综合利用

全域旅游树立了综合协调的旅游资源发展观,推动了旅游基础设施的合理布局、旅游公共服务的优化供给和旅游业态的创新。新的资源观突破了传统景区景点资源开发利用的旧循环,打破了景区景点间缺乏联系、孤立分散的发展状态。随着游客旅游需求向高层次和多样化发展,全域旅游模式以旅游资源为核心开展区域综合开发,对区域内自然风光、人文风情、社会习俗等本地化旅游资源进行深层次挖掘,促进各种旅游要素在区域内持续优化整合,使传统旅游要素中的"行、游、住、食、购、娱"等内容不断丰富,而新增的"商、养、学、闲、情、奇"等要素则成为全域旅游发展的关键。

2. 产业融合发展

全域旅游以旅游产业为优势产业,通过产业融合,利用区域内资源禀赋、地理优势、经济条件等,因地制宜整合区域内关联产业,打造产业集群,带动区域经济协调发展,从而形成特色地域产业经济综合体。全域旅游改变了我国传统的单一旅游形态为主导的产业结构,构建起以旅游为主体的复合型产业结构,推动我国旅游产业域由"小旅游"向"大旅游"转型。全域旅游以"旅游+"的方式进行业态创新,实现旅游产业和生态农业、体育产业、金融产业、健康产业、制造产业、网络产业等相关产业有机融合,从而优化旅游产业结构,激发旅游产业的综合联动效能。

3. 综合治理创新

全域旅游突破了传统旅游产业的管理域限,实现管理体制、政策匹配、综合执法等治理体系的创新。随着国家治理体系和治理能力现代化进程的加速,全域旅游治理体系的创新成为旅游产业治理现代化的重要实践。全域旅游治理突破了旅游业体制壁垒和管理瓶颈,降低了沟通协调成本,通过设立综合管理机构,建立起多规合一的全域旅游规划编制和协调机制,从而形成发展合力。同时，此举创新了旅游市场综合监管体制，完善了旅游市场法规，通过设立旅游警察、旅游巡回法庭、工商旅游分局或类似功能机构等，降低多头管理的低效率弊端，从执法模式和执法手段等多方面保障游客权益，建立法治化监管格局，营造良好的旅游市场秩序。

4. 全民共建共享

全域旅游的空间域覆盖范围更广，旅游的核心吸引物更多元。全域旅游的规划建设项目更为关注游客全方位、全过程的旅游体验，依据游客的出行需求、审美诉求、兴趣爱好等建设旅游目的地，以增强游客欢乐感和获得感。同时，在全域旅游发展中，更为重视本地居民的生活质量和调动当地居民参与全域旅游建设的积极性，不断改善当地居民的生活环境，把当地居民的利益放到首位，强调当地居民的参与，让更多的当地居民享受全域旅游发展带来的收益，传承和发展本地优秀文化遗产，从而增强当地居民的认同感、自豪感、获得感。

二、民族地区发展全域旅游的现实意义

民族地区发展全域旅游积极顺应了经济新常态和旅游新时代的要求，贯彻落实了五大发展理念的客观需求，是推动旅游业供给侧结构性改革、实施乡村振兴战略的现实需求。

（一）全域旅游有利于激发民族地区特色资源的品牌效应

民族地区旅游资源禀赋丰富且独具特色，自然旅游资源和人文旅游资源拥有量在全国地域分布中占据绝对优势，独特的自然景观和浓郁的民族风情资源具有很高的旅游开发价值。但同时，我国民族地区交通区位和经济发展水平存在先天劣势，旅游产品和旅游项目尚无法满足游客多元化、个性化的旅游需求。因此，民族地区通过发展全域旅游，依托全域旅游示范区的政策红利，由政府主导全域统筹，对区域内旅游资源、相关产业、旅游环境、政策法规等进行系统化整合，可以进一步激发区域旅游资源的有机整合和产业融合，创新民族地区的特色旅游景观，扩大旅游项目的影响力，打造民族地区特色旅游品牌。同时，全域旅游所建立的全新旅游资

源利用观,可充分挖掘民族地区旅游资源的观赏价值和人文价值,点线面结合推动民族地区全域景区化,实现区域间旅游资源的联动,提高民族地区旅游品牌的美誉度。

(二)全域旅游有利于推动民族地区产业结构的合理优化

随着全域旅游的推进,以创建国家全域旅游示范区为契机,民族地区依托全域旅游发展战略深入推进旅游产业供给侧结构性改革,积极发挥"旅游+"战略,结合本地优势产业进行产旅融合,从而实现全域产业特色化、差异化定位发展,释放更大经济效能。围绕旅游相关产业进行多元扩展,可有效改变产业业态不丰富的短板。通过"旅游+农业"的模式,实现农旅结合、茶旅结合、文旅结合,推进其由传统产业、自然经济、作坊式生产向现代化、规模化、标准化转变,从而刺激乡村旅游消费增长与农产品品质升级;通过"旅游+电商"的模式,依托旅游电商互动平台的大数据基础,精准对接游客多样化、个性化的需求,从而实现旅游各环节消费体验的提升;通过"旅游+城镇"的模式,加深城镇发展与旅游发展的关联程度,让城镇成为自主独立的旅游景观,从而使游客在城镇旅游中获得归属感;此外,民族地区可通过发展全域旅游,不断探索旅游与康养、体育等产业的融合,使旅游新业态愈加丰富。

(三)全域旅游有利于提高民族地区旅游公共服务水平

民族地区经济基础薄弱、产业层次低、公共服务财政投入有限,加之受自然地理环境和历史传统文化环境的制约,导致旅游公共服务质量不高,供给结构不合理等情况发生。因此,民族地区需要全面构建开放共享的旅游公共服务,既为游客提供体验旅游地文化的载体,也满足本地居民的文化需求。民族地区通过发展全域旅游,可以汇聚各类旅游公共服务要素,推动旅游交通便捷服务、旅游公共信息服务、旅游惠民便民服务、旅游安全保障服务和旅游行政服务等全域发展。在全域旅游理念的指导下,民族地区可以更有效率地推动旅游公共服务体系建设力度,扎实推进"厕所革命",完善综合交通运输体系,改善公路通达条件,推进旅游休闲设施建设，构建畅达便捷交通网络，完善集散咨询服务体系，规范完善旅游引导标识系统，完善自驾游全域服务体系，从而建成覆盖城乡、便捷高效、保基本、促公平的旅游公共服务体系，更好地满足居民和游客的美好生活需要。

（四）全域旅游有利于实现民族地区全面小康的发展诉求

民族地区大部分属于典型的连片贫困地区，脱贫攻坚任务十分艰巨。同时，民族地区区域内多为限制开发区或禁止开发区，产业开发制约因素多。此外，民族地区许多县市可进入性差，产业发展水平低，因此实现全面小康的任务繁重。全域旅游可以兼顾地区经济发展、居民增收和生态环境保护，是民族地区在资源有限的条件下发挥比较优势，实现区域经济增长、居民脱贫致富的理想选择和绝佳路径。[①]民族地区通过发展全域旅游，利用自身资源优势，对区域内基础设施、旅游景点、生态环境等外在条件进行全面提升和综合改造，探索扶贫开发与全域旅游有机融合的新途径、新方式。通过融合本地特色产业，打造景区带动型、乡村旅游型、生态度假型、创业就业型、产旅融合型、文旅融合型等旅游扶贫发展模式，从而推动旅游扶贫模式的不断创新，为当地贫困居民提供新的就业、创业和增收渠道，使之成为助推民族地区全面建设小康和精准扶贫的重要力量。

三、基于模糊综合评价的湖北民族地区旅游游客满意度实证分析

模糊综合理论的概念由美国自动控制专家扎德（Zadeh）教授提出，是以模糊数学为基础，应用模糊关系合成原理，依据隶属度理论将对被评价事物的定性评价转化为定量评价，即用模糊数学对受到多种因素制约的事物或对象进行综合性评价的方法。[②]笔者对湖北民族地区10县市（恩施市、利川市、咸丰县、来凤县、鹤峰县、宣恩县、建始县、巴东县、长阳县、五峰县）的全域旅游发展成效及游客满意度的实际情况进行实地

---

① 朱宝莉，刘晓鹰. 精准扶贫视域下的民族地区全域旅游：经验和思考：以贵州黎平为例[J]. 社会科学家，2018(2)：104-109.

② 顾芳芳，陶卓民. 基于模糊综合评价法的夫子庙秦淮风光带游客满意度研究[J]. 旅游纵览，2013(1)：58-60.

调研，采取问卷调查的方式，共发放问卷 1 608 份，其中有效问卷 1 234 份，有效率 76.74%。调研样本的游客基本信息情况如下：在性别分布上，男女比例基本持平，性别分布较为均匀；在年龄分布上，样本年龄层分布较广，18~30 岁和 30~40 岁年龄段人数最多，占总体比重分别为 32.5% 和 23.9%；在学历分布上，游客学历以高中及以上学历为主，约占 86.8%，大专及以上学历的游客占比达 58.4%，游客的文化水平相对较高；在职业分布上，大多集中于企事业管理人员、专业技术人员、学生等；在月收入分布上，游客月收入多集中于 3 001~5 000 元和 5 001~10 000 元两个收入水平，占比分别为 27.5% 和 31.2%。

（一）湖北民族地区游客满意度因子分析

1. KMO 和 Bartlett 球形度检验

KMO（Kaiser-Meyer-Olkin) 检验统计值是用于比较变量间简单相关系数和偏相关系数的指标，KMO 值越接近于 1，意味着变量间的相关性越强，变量越适合做因子分析。一般情况下，KMO 值大于 0.8 便适合做因子分析。表 1 中，KMO 值为 0.97，说明该组数据非常适合做因子分析。Bartlett 球形度检验则用来验证相关矩阵是否为单位阵，即各变量间的独立情况。表 1 中 Bartlett 球形度检验的显著水平为 0，即 $P<0.05$，表明数据具有相关性，因此影响游客满意度的 39 个指标非常适合做因子分析。

表 1 KMO 和 Bartlett 球形度检验

取样足够度的 Kaiser-Meyer-Olkin 度量		.970
Bartlett 的球形度检验	近似卡方	41897.762
	df	741
	sig.	.000

2. 公因子提取

运用主成分分析提取公因子，并通过方差最大值旋转对提取的公因子进行旋转。在因子提取中以更具特征根大于 1 的原则，经过正交旋转后提取了 5 个公因子（F_i，$i=1$，2，…，5），并对 5 个公因子进行信度检验，Alpha 系数均大于 0.8，说明数据具有较高的可信性。同时，因子分析结果显示前 5 个公因子的方差贡献率累积达到 67.88%，说明这 5 个公因子承载了原始变量的大部分信息，因此可以把 39 个评价指标划分为 5 类主因子进行研究（见表 2）。

表 2　因子载荷及信度检验

目标层	准则层	评价因子层	因子载荷	特征值	方差贡献率（%）	累计方差贡献率（%）	Alpha
游客满意度 F Tourist satis-faction	旅游地吸引物体验 F_1 Tourist attraction experience	X_{31} 特色活动之体验丰富程度	0.798	7.851	20.131	20.131	0.949
		X_{32} 特色活动之体验趣味程度	0.797				
		X_{33} 特色活动之体验参与程度	0.794				
		X_{34} 民俗特色的夜间活动	0.774				
		X_{29} 历史特色街区	0.747				
		X_{30} 民族特色建筑	0.714				
		X_{28} 公共休闲场所设置	0.619				
		X_{24} 旅游商品设计新颖，有特色	0.564				
		X_{25} 旅游商品价格	0.501				
		X_{15} 步道、绿道、骑行道等自助免费设施完善	0.465				
	基础设施体验 F_2 Infrastructure experience	X_{19} 饮食特色	0.714	6.277	16.096	36.277	0.929
		X_{20} 饮食卫生	0.693				
		X_{22} 住宿环境洁净	0.676				
		X_{21} 住宿特色	0.642				
		X_{18} 交通安全程度	0.631				
		X_{17} 交通便捷程度（景区内、景区与景区之间等）	0.601				
		X_{27} 公共卫生间方便程度	0.583				

续表

目标层	准则层	评价因子层	因子载荷	特征值	方差贡献率（%）	累计方差贡献率（%）	Alpha
	基础设施体验 F_2 Infrastructure experience	X_{26} 公共卫生间洁净程度	0.561				
		X_{23} 旅游商品/土特产的种类	0.548				
		X_{13} 通信/银行/邮政等基础设施完备程度	0.469				
		X_{16} 网络覆盖及网速	0.462				
	观赏环境体验 F_3 Watch the environment experience	X_7 治安环境	0.632	4.766	12.220	48.447	0.895
		X_8 城市风貌	0.607				
		X_{12} 当地居民友好程度	0.601				
		X_{11} 景点拥挤程度	0.599				
		X_{10} 观赏价值。即景区的总体情况与其所在星级（5A/4A/3A）相符程度	0.580				
		X_6 交通状况（城市内以及城市到景点等）	0.511				
		X_9 门票价格	0.534				
		X_{14} 指示牌设置合理程度	0.512				
	服务体验 F_4 Service experience	X_{37} 旅游咨询服务	0.816	3.970	10.18	58.627	0.891
		X_{36} 导游服务	0.814				
		X_{38} 投诉处理服务	0.798				
		X_{39} 景点工作人员的服务水平	0.647				
		X_{35} 讲解服务（导游讲解、自动讲解等）	0.613				
	城市环境体验 F_5 Urban environ-mental experience	X_3 街区规划	0.805	3.609	9.253	67.880	0.842
		X_1 经济发展程度	0.782				
		X_4 街区整洁度	0.718				
		X_2 物价水平	0.693				
		X_5 人文素质	0.524				

提取方法：主成分。旋转法具有 Kaiser 标准化的正交旋转法。旋转在 7 次迭代后收敛。

3. 各级指标权重及满意值

根据因子分析结果，对主因子的方差贡献率和各评价指标的因子载荷进行归一化处理，以此确定各级评价指标的权重。[①]通过 5 个主因子的方差贡献率与累计方差贡献率进行计算，可以得到 5 个主因子在整个评价体系中的权重。以各个评价指标的因子载荷值占该类评价指标的比例为各个评价指标的权重。[②]根据表 3 的数据可以得出各个评价指标所占权重。为进一步确定各个评价指标在整体评价体系中的地位，对主因子权重与评价指标权重进行运算并得到各评价指标总权重。同时，依据各因子权重与各评价因子的满意度均值进行运算，得到评价因子的满意值。

表 3　评价指标的权重

目标层	准则层	权重	评价因子指标	权重	总权重	满意值
F	F_1	0.2966	X_{31}	0.117 8	0.034 9	3.77
			X_{32}	0.117 7	0.034 9	3.76
			X_{33}	0.117 2	0.034 8	3.75
			X_{34}	0.114 3	0.033 9	3.80
			X_{29}	0.110 3	0.032 7	3.83
			X_{30}	0.105 4	0.031 3	3.92
			X_{28}	0.091 3	0.027 1	3.83
			X_{24}	0.083 3	0.024 7	3.70
			X_{25}	0.074 0	0.021 9	3.66
			X_{15}	0.068 7	0.020 6	3.75
	F_2	0.2371	X_{19}	0.108 5	0.025 7	3.98
			X_{20}	0.105 3	0.025 0	3.91
			X_{22}	0.102 7	0.024 4	3.93
			X_{21}	0.097 6	0.023 1	3.88
			X_{18}	0.095 9	0.022 7	3.94
			X_{17}	0.091 3	0.021 6	3.82

---

① 朱晓柯，杨学磊，薛亚硕，等. 冰雪旅游游客满意度感知及提升策略研究：以哈尔滨市冰雪旅游为例 [J]. 干旱区资源与环境，2018，32(4)：189-195.
② 黄宇. 西安休闲农业可持续发展能力评价与分析 [J]. 中国农业资源与区划，2015，36(6)：158-163.

续表

目标层	准则层	权重	评价因子指标	权重	总权重	满意值
F	F_2	0.2371	X_{27}	0.088 6	0.021 0	3.84
			X_{26}	0.085 3	0.020 2	3.86
			X_{23}	0.083 3	0.019 8	3.80
			X_{13}	0.071 3	0.016 9	3.87
			X_{16}	0.070 2	0.016 6	3.72
	F_3	0.1800	X_7	0.138 1	0.024 9	4.06
			X_8	0.132 6	0.023 9	4.04
			X_{12}	0.131 3	0.023 6	4.14
			X_{11}	0.130 9	0.023 6	3.86
			X_{10}	0.126 7	0.022 8	3.93
			X_6	0.111 7	0.020 1	3.81
			X_9	0.116 7	0.021 0	3.69
			X_{14}	0.111 9	0.020 1	3.90
	F_4	0.1420	X_{37}	0.221 3	0.031 4	4.08
			X_{36}	0.220 7	0.031 3	4.05
			X_{38}	0.216 4	0.030 7	4.08
			X_{39}	0.175 4	0.024 9	4.05
			X_{35}	0.166 2	0.023 6	3.96
	F_5	0.1363	X_3	0.228 6	0.031 2	3.71
			X_1	0.222 0	0.030 3	3.68
			X_4	0.203 9	0.027 8	3.88
			X_2	0.196 8	0.026 8	3.88
			X_5	0.148 8	0.020 3	4.09

（二）游客满意度模糊综合评价计算

模糊综合评价的基本步骤为：首先，建立影响研究对象的评价指标集 U 和评价集 V，确定评价指标的权重 W；其次，依据隶属程度对评价指标进行数据化表达，建立各因素的评分隶属函数和综合评价矩阵 R；再次，将关系矩阵 R 与指标权重 W 进行运算，求出模糊综合评价集 B，即 $B=W\times R$（式1）；最后，去模糊值处理，即用模糊综合评价集 B 和测量标度 H 计算出评价对象的综合评价分数 E，即 $E=B\times H$（式2）。根据因子分析可知，本研究中的旅游满意度评价指标集 U 包含旅游地吸引物体验、基础设施体验、观赏环境体验、服务体验、城市环境体验等5个准则层，即 $U=(U_i)$（$i=1, 2, 3, 4, 5$）。其中每一个 U_i 又分别由下一级指标 U_{ij} 构成，即 $U=U_{ij}$。根据评价集 $V=(V_1, V_2, V_3, V_4, V_5)=$（很不满意，

不满意，一般，较满意，很满意），权重集 $W=(W_{ij})$。[①] 利用模糊综合评价模型得出旅游地吸引物体验、基础设施体验、观赏环境体验、服务体验、城市环境体验等各准则层游客满意度的评价矩阵 R_1、R_2、R_3、R_4、R_5 如下：

$$R_1 = \begin{pmatrix} 0.027 & 0.078 & 0.293 & 0.312 & 0.291 \\ 0.033 & 0.077 & 0.280 & 0.316 & 0.294 \\ 0.034 & 0.085 & 0.270 & 0.318 & 0.293 \\ 0.036 & 0.075 & 0.261 & 0.305 & 0.323 \\ 0.032 & 0.059 & 0.266 & 0.335 & 0.309 \\ 0.025 & 0.056 & 0.246 & 0.325 & 0.348 \\ 0.024 & 0.057 & 0.277 & 0.350 & 0.293 \\ 0.024 & 0.105 & 0.293 & 0.311 & 0.268 \\ 0.031 & 0.087 & 0.323 & 0.315 & 0.245 \\ 0.033 & 0.089 & 0.288 & 0.278 & 0.312 \end{pmatrix}$$

$$R_2 = \begin{pmatrix} 0.009 & 0.049 & 0.263 & 0.307 & 0.372 \\ 0.009 & 0.055 & 0.276 & 0.328 & 0.331 \\ 0.009 & 0.051 & 0.276 & 0.327 & 0.336 \\ 0.010 & 0.060 & 0.293 & 0.321 & 0.317 \\ 0.020 & 0.041 & 0.258 & 0.332 & 0.348 \\ 0.028 & 0.068 & 0.275 & 0.316 & 0.314 \\ 0.019 & 0.061 & 0.289 & 0.315 & 0.315 \\ 0.018 & 0.064 & 0.274 & 0.335 & 0.310 \\ 0.015 & 0.085 & 0.284 & 0.314 & 0.301 \\ 0.012 & 0.059 & 0.292 & 0.321 & 0.316 \\ 0.033 & 0.088 & 0.303 & 0.277 & 0.299 \end{pmatrix}$$

$$R_3 = \begin{pmatrix} 0.010 & 0.016 & 0.251 & 0.348 & 0.375 \\ 0.011 & 0.027 & 0.239 & 0.357 & 0.366 \\ 0.007 & 0.027 & 0.201 & 0.349 & 0.416 \\ 0.019 & 0.053 & 0.276 & 0.344 & 0.307 \\ 0.024 & 0.053 & 0.253 & 0.314 & 0.356 \\ 0.024 & 0.072 & 0.276 & 0.325 & 0.303 \\ 0.079 & 0.058 & 0.266 & 0.285 & 0.312 \\ 0.014 & 0.062 & 0.268 & 0.324 & 0.332 \end{pmatrix}$$

[①] 廉同辉，余菜花，包先建，等．基于模糊综合评价的主题公园游客满意度研究：以芜湖方特欢乐世界为例[J]．资源科学，2012，32(5)：973-980．

$$R_4 = \begin{pmatrix} 0.013 & 0.061 & 0.208 & 0.291 & 0.427 \\ 0.016 & 0.066 & 0.220 & 0.245 & 0.453 \\ 0.015 & 0.058 & 0.226 & 0.276 & 0.426 \\ 0.015 & 0.060 & 0.233 & 0.281 & 0.412 \\ 0.031 & 0.071 & 0.212 & 0.277 & 0.409 \end{pmatrix}$$

$$R_5 = \begin{pmatrix} 0.024 & 0.088 & 0.317 & 0.299 & 0.273 \\ 0.028 & 0.074 & 0.350 & 0.289 & 0.259 \\ 0.017 & 0.066 & 0.251 & 0.349 & 0.317 \\ 0.017 & 0.064 & 0.280 & 0.309 & 0.331 \\ 0.011 & 0.038 & 0.203 & 0.353 & 0.396 \end{pmatrix}$$

根据评价因子39个指标的权重值，对各准则层指标评价集进行处理并得到评价集 B_1、B_2、B_3、B_4、B_5：

$$B_1 = W_1 \times R_1 = (0.030\ 0.076\ 0.278\ 0.318\ 0.300)$$
$$B_2 = W_2 \times R_2 = (0.016\ 0.061\ 0.279\ 0.318\ 0.327)$$
$$B_3 = W_3 \times R_3 = (0.023\ 0.045\ 0.253\ 0.332\ 0.348)$$
$$B_4 = W_4 \times R_4 = (0.017\ 0.063\ 0.220\ 0.274\ 0.427)$$
$$B_5 = W_5 \times R_5 = (0.020\ 0.068\ 0.287\ 0.317\ 0.309)$$

根据式2对准则层评价集进行去模糊计算，分别得出旅游地吸引物体验、基础设施体验、观赏环境体验、服务体验、城市环境体验等的评价值 E_1、E_2、E_3、E_4、E_5：

$$E_1 = b_{11} + 2b_{12} + 3b_{13} + 4b_{14} + 5b_{15} = 3.79$$
$$E_2 = b_{21} + 2b_{22} + 3b_{23} + 4b_{24} + 5b_{25} = 3.88$$
$$E_3 = b_{31} + 2b_{32} + 3b_{33} + 4b_{34} + 5b_{35} = 3.94$$
$$E_4 = b_{41} + 2b_{42} + 3b_{43} + 4b_{44} + 5b_{45} = 4.03$$
$$E_5 = b_{51} + 2b_{52} + 3b_{53} + 4b_{54} + 5b_{55} = 3.83$$

根据前式及准则层指标的权重值，得到游客满意度模糊综合评价的最终评价集 A 如下：

$$A = W \times B = (0.022 \quad 0.063 \quad 0.265 \quad 0.312 \quad 0.332)$$

对最终评价集进行去模糊计算，得到游客满意度的综合评价值 E 如下：

$$E = 0.022 + 2 \times 0.063 + 3 \times 0.265 + 4 \times 0.312 + 5 \times 0.332 = 3.85$$

（三）游客满意度的评价结果分析

通过湖北民族地区游客总体满意度值及各准则层满意度值与 39 个评价因子的满意度评价值相比可看出：

1. 游客总体满意度值约为 3.85

满意度得分位于"一般"和"满意"之间，根据最大隶属度原则，满意度得分最高值为 4.14，在"满意"值（4 分）的等级之上。表明游客对湖北民族地区旅游的总体满意度为基本满意。

2. 服务体验的游客满意度评价值最高为 4.03

达到"满意"水平且高于游客满意度的综合评价值。其中旅游咨询服务、导游服务、投诉处理服务、景点工作人员的服务水平等都达到满意水平，而游客对讲解服务的满意度值较低，为 3.96，说明湖北民族地区的旅游景区在导游讲解上缺乏系统性、持续性的专业知识培训，在自助讲解、自助智能导览等方面体验较差。

3. 游客对湖北民族地区的观赏环境体验的满意度值为 3.94

其中当地居民友好程度满意度为 4.14 分，说明湖北民族地区热情好客的朴素民风有助于塑造良好的旅游目的地形象和口碑，而交通状况（城市内以及城市到景点等）的满意度值为 3.81，表明湖北民族地区内的立体交通网络体系尚不健全，内畅外联的立体交通体系有待完善，景点与城市之间的交通道路有待优化升级。门票价格的满意度值为 3.69，表明游客对门票价格满意度较低，当前景区门票价格存在偏高的问题。景点拥挤程度的满意度值为 3.87，表明景区游客超载，影响游客的观赏体验。

4. 基础设施体验的满意度值为 3.88

基础设施是景区发展提升游客满意度的基础。湖北民族地区的基础设施体验处于一般偏上等级，存在较大的提升空间。其中，饮食特色的满意度值最高，表明湖北民族地区作为少数民族聚集区在饮食文化方面有极大的特色，在饮食文化的挖掘上有巨大的潜力。住宿特色、住宿环境洁净程度的满意度评价未达到满意水平，表明湖北民族地区的住宿虽然在硬件设施上已有所改善，但服务质量仍参差不齐。同时，因纳凉避暑发展起来的民宿产业缺乏特色民宿统筹管理办法和民宿业硬件建设以及服务评价标准，大量民宿配套设施简陋，卫生条件和安全保障不过关，缺乏配套的优质体验服务。公共卫生间的洁净程度和方便程度的满意度值分别为3.86、3.84，表明还须不断推进旅游区内的"厕所革命"，构建覆盖城乡的旅游厕所体系和建设管理责任体系。网络覆盖及网速的满意度值为3.72，表明湖北民族地区在智慧旅游体系、旅游信息互动终端体系等方面建设不足，游客在接入使用信息服务网络的方便程度上满意度较低。

5. 城市环境体验的满意度评价值为3.83

这也是处于一般偏上的水平。其中人文素质的满意度评价最高为4.09，而经济发展程度的评价值最低为3.68，表明湖北民族地区虽具有深厚的人文资源和文化底蕴，但受地理区位的条件限制，产业业态不丰富、产业发展水平低、经济附加值不高，对地区经济带动不明显。

6. 旅游地吸引物体验的满意度评价值最低为3.79

说明游客对满意度评价相对一般。其中对特色活动体验程度、特色活动趣味程度、特色活动参与程度等的满意度评价较低，分别为3.77、3.76、3.75，主要原因是湖北民族地区在旅游资源开发过程中缺乏对民族特色文化资源的深层次挖掘，缺乏有足够影响力的文化旅游品牌，旅游产品特色不鲜明，大部分具有地方特色的旅游项目尚处于粗放开发状态，缺乏深层次参与的体验游项目，旅游活动缺少代入感和体验感，旅游项目对游客的核心吸引力不够，难以适应当前个性化、多样化的旅游消费需求。同时，步道、骑行道等自助免费设施完善满意度值为3.75，表明湖北民族地区缺乏针对游客休闲游"慢游"等放松休闲的多功能路线。

四、湖北民族地区全域旅游发展优化策略

基于对湖北民族地区旅游游客满意度的实证分析结果，湖北民族地区在实施全域旅游发展战略中，要在创新、协调、绿色、开放、共享发展理念的指导下，围绕旅游交通、公共服务、文旅融合、观赏体验、经济效能等方面不断优化，从而推动湖北民族地区旅游产业的高质量发展。

（一）构建通达便捷的综合旅游交通网络

从游客对湖北民族地区旅游基础设施的满意度评价结果看，湖北民族地区旅游交通的可达性不高，区域之间的畅通性差、景区之间的通达性差。因此，湖北民族地区需要不断优化全域旅游交通集散体系，改善公路通达条件，完善集散咨询服务体系，规范完善旅游引导标识系统，完善自驾游全域服务体系，建成覆盖城乡、便捷高效、保基本、促公平的旅游公共服务体系。要充分利用公路交通灵活便捷的优势，合理布局旅游交通，确保主要景区都有直达所在县城的公共交通，旅游旺季要适当增加营运车辆并延长营运时间，科学布局交通路网，将点状分布的景区聚合，形成旅游环线。同时，鉴于湖北民族地区山区道路复杂、自驾游受到局限的实际，要建设低碳环保的公共交通运营网络。此外还要建设满足旅游体验的"慢游"交通网络并结合沿线景观风貌打造具有游憩、健身、文化等复合功能的线路，并根据游客需求增设自行车道、步道等设施和观光车等高收益设施，从而构建"快旅慢游"新格局，满足当代游客休闲游的新需求。不仅如此，还要完善城区、特色小镇、美丽乡村等三级旅游接待中心体系，形成覆盖更加全面、功能更加系统、服务更加便捷的旅游接待空间。

（二）建设配套的旅游信息公共服务智慧体系

完善的旅游服务体系是保障游客满意度的关键。针对湖北民族地区旅游配套服务体系不健全、旅游信息数字化服务滞后等问题，应完善旅游配套服务的建设体系和监管体系，明确旅游服务行业指导规范和标准，提高旅游信息公共服务的水平。例如，针对讲解服务满意度不足的问题，

湖北民族地区政府相关部门及行业协会应开展旅游教育培训服务，建立湖北民族地区科学化、体系化的旅游公共服务体系，从而提高从业者的业务素养。针对旅游信息数字化、网络化服务满意度不足的问题，湖北民族地区需要建立全域旅游智慧服务平台，将景点景区、旅游线路、旅游工作人员等纳入平台，将线上服务与线下体验相结合，优化游客的旅游体验，为游客提供包括旅游实时资讯信息、深度旅游引导、紧急救助、行业投诉、酒店入住、灾害预测预警等公共服务，通过智慧旅游服务平台有针对性地在每天的若干时段按时通报交通、人流、票务等信息，以确保旅游信息与游客之间的通达度。

（三）提升游客物超所值的观赏体验

观赏价值体验是影响游客能否故地重游的重要因素。研究表明，湖北民族地区的人文素质和当地居民友好程度能够极大提升游客的观赏体验，但是在旅游景区的门票价格和游览通畅程度等方面却存在发展短板。针对这些现状，可以分区间调整景点景区的门票价格，根据年龄层次的差异实行不同定价，同时区域之间实现旅游联动，科学合理地把热门景点景区的游客分流到区域内其余县市。通过多区域景点景区联动，一方面能够提升游客的观赏体验满意度，另一方面也能实现区域协同发展。因此，湖北民族地区10县市应明确把湖北民族地区作为一个大景区来建设的理念，打破各县市之间的行政壁垒，依托不同县市的旅游资源特色，进行有机联动开发，建立跨区域的旅游合作机制，通过跨行政区域的旅游整体规划整合优势资源，完善湖北民族地区旅游产品结构，形成旅游产品高中低档错落分布、区域之间差异明显的良好局面，增强整个区域的旅游吸引力。在此基础上，应进一步构建湖北民族地区10县市旅游共同体，形成相对平等的成员地位、多形式参与机制、利益共享风险共担的协调机制等，以实现旅游宣传合作、旅游利益分享和无障碍旅游合作，建立对区域内其他县市游客互送长效机制，从而实现湖北民族地区全域旅游的联动发展。

(四）创新文旅深度融合的旅游体验项目

游客对核心吸引物体验的满意度是衡量一个地区旅游产业发展优劣的核心指标。湖北民族地区旅游的核心吸引物体验满意度低于总体满意度评价指标值，尤其是其中的关键指标，包括特色活动体验丰富程度、趣味程度和参与程度等的满意度评价处于一般水平。针对这些问题，湖北民族地区应创新文化旅游项目，最大限度激发旅游的文化价值。因此，应全面系统地梳理区域内优质的旅游资源特色，以文化为脉络将民族地区核心资源进行链接，构建独具特色的文化旅游目的地和文化旅游品牌。同时，要进一步实施文化旅游产品创新战略，完善湖北民族地区文化旅游产品谱系，提升旅游文化价值。在对区域文脉和资源特色进行综合分析的基础上，选取最具地方特色和比较优势的文化资源并根据旅游消费者的差异化需求，遵循资源导向和市场导向，从历史文化、风俗人情等方面进行深度挖掘，加强与现代的设计理念相融合，重点建设与民族文化深度契合的体验型旅游项目。通过增强旅游产品的综合性、互动性和享受性，将旅游者带入情境之中，实现人景互动，提高游客的参与深度。

（五）激发旅游产业的经济带动效能

游客对湖北民族地区经济发展程度的满意度评价偏低，主要原因在于该地区经济基础薄弱，区域内多为限制开发区或禁止开发区，产业开发制约因素多，缺乏为地区经济发展提供支撑的支柱性产业。随着全域旅游的推进，湖北民族地区要积极把握创建国家全域旅游示范区的契机，依托全域旅游发展战略，深入推进区域内旅游产业供给侧结构性改革，积极发挥"旅游+"战略，结合本地优势产业进行产旅融合，实现全域旅游产业特色化、差异化定位发展，释放更大经济效能。毕竟，旅游业是民族地区在资源有限的条件下发挥比较优势、实现区域经济增长和居民致富的理想选择和绝佳路径。

因此，湖北民族地区应积极利用自身丰富的旅游资源优势，对区域内旅游基础设施、旅游景点、生态环境等外部条件进行全面提升和综合改造，探索产业开发与全域旅游有机融合的新途径。要加大对本土旅游产业的扶持力度，在资金、技术、政策、人才等方面做相应的要素倾斜。本地旅游产业要融合本地特色产业，将旅游产业链根植于当地经济，通过产业融合实现产业主体多元化、业态多样化、发展集聚化的态势。

【脱贫攻坚与乡村振兴】

导言（主持人：詹绍文①）

詹绍文

习近平总书记在决战决胜脱贫攻坚座谈会上强调，要继续推进全面脱贫与乡村振兴有效衔接。2020年全国两会上，习总书记在参加内蒙古代表团审议时强调，要巩固和拓展产业就业扶贫成果，做好易地扶贫搬迁后续扶持，推动脱贫攻坚和乡村振兴有机衔接。精准脱贫是全面建成小康社会具有决定性意义的攻坚战，乡村振兴是新时代做好"三农"工作的总抓手，是全面建设社会主义现代化国家的重大战略，二者协调推进、有机衔接，对于实现"两个一百年"奋斗目标意义重大。

本栏目选取的5篇文章，分别从文化与科技融合、城乡融合、美丽乡村建设、文物保护与旅游开发、特色小镇等不同的视角出发，探索乡村振兴的路径选择，以及如何推动农村现有产业又快又好发展，进入脱贫、增收、经济可持续发展的良性循环。实践证明，没有农业农村的现代化就没有全面的、全民族的现代化，没有农村的和谐稳定，就没有国家的和谐稳定。继续推进脱贫攻坚与乡村振兴有机衔接，要立足现实，顺势而为，坚持以人民为中心，加强实现乡村振兴的系统性政策设计，统筹推进实施乡村振兴战略举措的落实。

---

① 詹绍文：教授，博士生导师，西安建筑科技大学公共管理学院院长。

特色文化产业助力脱贫攻坚
——贵州省的实践经验与创新路径
■ 肖 锋 吴佳丽[①]

党的十八大以来，在习近平总书记的部署下，全国范围内展开脱贫攻坚战。2020年是我国全面建成小康社会、打赢脱贫攻坚战决胜之年，目前我国脱贫工作取得显著成效，完成脱贫目标已基本在望。我国作为文化大国有着丰厚的特色文化资源，其中许多分布在中西部贫困地区，因此特色文化产业作为软实力在脱贫攻坚战中发挥了独特作用。然而，脱贫收官之年遭遇新冠肺炎疫情影响，给各地脱贫工作带来更多考验，如何在防控疫情的同时及时跟进扶贫政策成为各贫困地区面临的主要问题。

一、特色文化产业与脱贫现状

作为人口大国，贫困一直是我国面临的难题。新中国成立以来，我国扶贫工作经历了救济式扶贫、改革扶贫、开发扶贫、攻坚扶贫、精准扶贫等五个发展阶段。[②] 党的十八大以来，随着"精准扶贫"的提出，我国扶贫进入新阶段，习近平扶贫思想的提出为我国打赢脱贫攻坚战指明了方向——消除贫困，改善民生，实现共同富裕，是社会主义的本质要求，是我们党的重要使命[③]。

党的十八大以来，我国贫困人口和贫困发生率逐年下降，截至2019年末，全国农村贫困人口从2012年末的9 899万人减少至551万人，共减少9 348万人；贫困发生率从2012年的10.2%下降至0.6%，共下降9.6

---

① 肖锋：中国传媒大学人文学院教授、博导，主要从事文艺批评研究。吴佳丽：中国传媒大学人文学院文艺学2018级研究生。
② 胡炳琰. 习近平精准扶贫思想研究综述[J]. 改革与开放，2017（24）：52.
③ 中华人民共和国中央人民政府. 中共中央 国务院关于打赢脱贫攻坚战的决定[EB/OL].（2015-12-07）.http://www.gov.cn/xinwen/2015-12/07/content_5020963.htm.

个百分点(见图1)。此外,"2013—2019年,贫困地区农村居民人均可支配收入增速分别为16.6%、12.7%、11.7%、10.4%、10.5%、10.6%、11.5%,年均名义增长12.0%,扣除价格因素,年均实际增长9.7%,实际增速比全国农村平均增速高2.2个百分点。2019年贫困地区农村居民人均可支配收入达到11 567元"①。脱贫工作取得显著成效,脱贫攻坚的目标已接近完成。

图1 2012—2019年我国农村贫困情况
资料来源:国家统计局《中国统计年鉴(2019)》

特色文化产业是指依托各地独特的文化资源,通过创意转化、科技提升和市场运作,提供具有鲜明区域特点和民族特色的文化产品和服务的产业形态②。党的十七届六中全会《决定》提出"发掘城市文化资源,发展特色文化产业,建设特色文化城市"③的发展路径后,特色文化产业凭借其绿

---

① 国家统计局. 方晓丹: 2019年全国农村贫困人口减少1 109万人[EB/OL].[2020-01-23]. http://www.stats.gov.cn/tjsj/sjjd/202001/t20200123_1724700.html.
② 文化部,财政部. 关于推动特色文化产业发展的指导意见[EB/OL].(2014-08-08). http://wenku.baidu.com/view/d8e18397591b6bd97f192279168884868762b8fb.html.
③ 中华人民共和国中央人民政府. 中共中央关于深化文化体制改革推动社会主义文化大发展大繁荣若干重大问题的决定[EB/OL].(2011-10-18).http://www.gov.cn/jrzg/2011-10/25/content_1978123.htm.

色低碳等优势成为地区经济可持续发展的有效途径。作为文化大国，我国有着丰富的文化资源，且多分布在西部贫困地区，因此在脱贫攻坚规划中，产业脱贫板块中的特色文化产业起着重要作用。2014年，原文化部和财政部联合印发的《关于推动特色文化产业发展的指导意见》指出，"发展特色文化产业对深入挖掘、阐发中华优秀传统文化的时代价值……推动区域经济社会发展……加快经济转型升级和新型城镇化建设，发挥文化育民、乐民、富民作用，具有重要意义"，①明确了特色文化产业是发展经济和助力扶贫的重要途径。2016年《"十三五"脱贫攻坚规划》在产业发展脱贫中特别提出"积极发展特色文化旅游""开展非物质文化遗产生产性保护，鼓励民族传统工艺传承发展和产品生产销售。坚持创意开发，推出具有地方特点的旅游商品和纪念品，支持农村贫困家庭妇女发展家庭手工旅游产品""支持贫困地区基础条件较好、具有特色资源的县城和特色小镇加快发展，打造一批休闲旅游、商贸物流、现代制造、教育科技、传统文化、美丽宜居小镇"②等，进一步说明了特色文化产业是扶贫工作中不可缺失的一环。

相较于农林产业扶贫、电商扶贫、科技扶贫等，一方面，特色文化产业扶贫的优势在于经济价值与文化价值的兼容，特色文化依托市场将文化资源转化为产品，谋求经济利益；另一方面，发展特色文化产业，挖掘文化价值，有助于提升贫困地区人们的文化意识和文化自信，这也是对"造血"式扶贫的积极响应。特色文化产业具有绿色低碳、强融合性、强渗透性等特征，贫困地区可因地制宜，有效利用当地特色文化，与旅游业、电商、科技等相结合，发展区域特色经济，吸引人才与劳动力回流，形成良性循环。经济与文化的双向联动发展可以激发贫困地区人们对当地文化的认同感与归属感，提高民众文化素质，将扶贫与扶志、扶智相结合，从根源处改变贫困民众的意识，"实现贫困地区内源式发展"。

当下特色文化产业发展态势良好，特色文化产业属于文化产业，因

---

① （原）文化部，财政部. 关于推动特色文化产业发展的指导意见[EB/OL].（2014-08-08）. http://wenku.baidu.com/view/d8e18397591b6bd97f1922791688846868762b8fb.html.
② 中华人民共和国中央人民政府. "十三五"脱贫攻坚规划[EB/OL].（2016-12-02）. http://www.gov.cn/xinwen/2016-12/02/content_5142245.htm.

此我们可以从文化产业发展动向中窥见特色文化产业近年来的趋势。如图 2 所示，文化产业的营收在 2012 年到 2019 年之间波动较大，2014 年为 234.03 万元，跌至最低，2019 年为 7 709.47 万元。以旅游演艺行业为例，如图 3 所示，2012 年到 2018 年，我国旅游演艺行业演出场次和票房收入均呈波动态势，2013 年到 2016 年持续下降，2017 年开始回升。二者互作参考，可见特色文化产业有巨大发展潜力，在市场经济环境中能为贫困地区带来长久效益；同时，营收的波动说明特色文化产业尚不稳定，还有很大的提升和改善空间，离不开政府相关政策的有效引导。

2020 年是脱贫攻坚的收官之年，新冠肺炎疫情的出现使各项经济指标受到不同程度的影响。一季度我国国内生产总值（GDP）为 206 504 亿元，比上年同期下降 6.8%；3 月起，由于疫情得到有效控制，降幅收窄，各项经济指标逐渐回升。2020 年 4 月 17 日，国家统计局新闻发言人毛盛勇就 2020 年一季度国民经济运行情况答记者问中指出，当下"脱贫攻坚扎实推进""今年一季度下达中央的扶贫资金 1 396 亿元，全国中西部 22 个省的扶贫项目中已超过 26 万个开工建设。从收入来看，贫困人口比较多的一些地区，如四川、广西、西藏、贵州、青海等，一季度居民人均可支配收入分别名义增长了 5.3%、4.6%、9.5%、4.8% 和 3.1%，明显高于全国水平"，毛盛勇指出，"回升的态势有望延续"[1]。在全国居民人均可支配收入比上年同期下降 3.9%、人均消费支出比上年同期下降 12.5%、人均教育文化娱乐消费支出比上年同期下降 36.1%[2] 的情况下，一季度特色文化产业对扶贫的助力显得比较微弱。2020 年 3 月 6 日，习近平总书记在决战决胜脱贫攻坚座谈会中提出多条疫情下扶贫工作的指示并强调"今年是脱贫攻坚战最后一年，收官之年又遭遇疫情影响，各项工作任务更重、要求更高。各地区各部门要坚定不移把党中央决策部署落实好，确保如期完成脱贫攻坚目

---

[1] 国家统计局. 国家统计局新闻发言人就 2020 年一季度国民经济运行情况答记者问 [EB/OL].[2020-06-16].http://www.stats.gov.cn/tjsj/sjjd/202004/t20200417_1739461.html.
[2] 国家统计局. 2020 年一季度居民收入和消费支出情况 [EB/OL].[2020-06-16].http://www.stats.gov.cn/tjsj/zxfb/202004/t20200417_1739334.html.

标任务"①。在国家大力扶持和疫情逐渐得到控制的情势下，随着各项工作的正常展开，疫情对经济和扶贫的影响只是暂时的，扶贫工作总体必然向好。

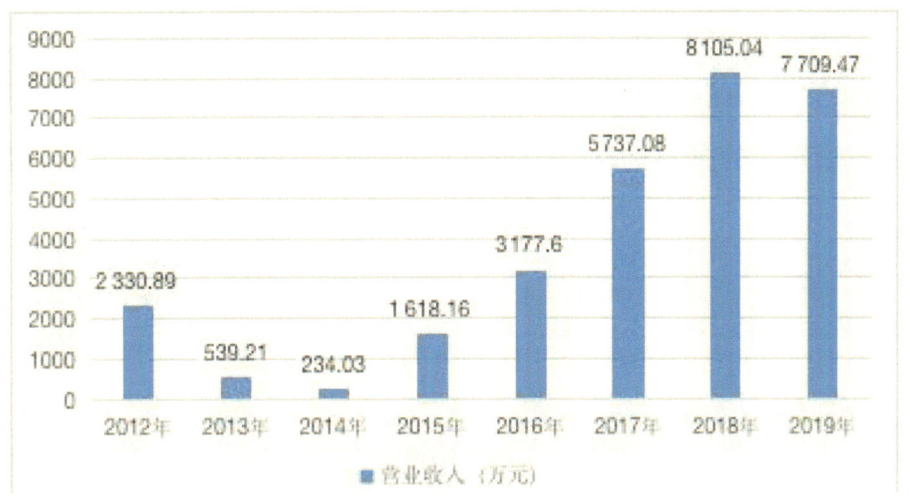

图2　2012—2019年我国文化产业营业收入
资料来源：艾媒数据中心

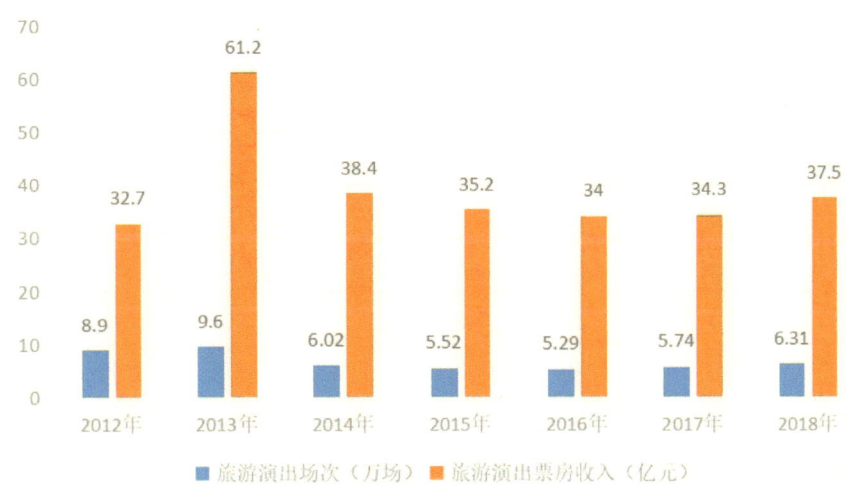

图3　2012—2018年我国旅游演艺行业演出场次及票房收入
资料来源：中国演出行业协会

---

① 中华人民共和国中央人民政府.习近平出席决战决胜脱贫攻坚座谈会并发表重要讲话[EB/OL].[2020-06-16].http：//www.gov.cn/xinwen/2020-03/06/content_5488151.html.

二、贵州省的特色文化产业脱贫

党的十八大以来,习近平总书记提出精准扶贫的思想,变"输血"式扶贫为"造血"式扶贫,为今后的扶贫工作指明了道路。特色文化产业以其自身优势为贫困地区带来经济效益的同时,还有助于提升人的素质,增强脱贫意识,摆脱"等靠要"的落后思想。随着贫困人口的逐年减少和人均可支配收入的逐年增长,加之城市文化消费趋于饱和的情况下,贫困地区的特色文化产业有巨大市场潜力。

图4　2015—2019年贵州省农村建档立卡贫困人口及贫困发生率
资料来源:《2019年贵州省国民经济和社会发展统计公报》

贵州省是我国贫困问题最突出的省份之一,也是我国扶贫攻坚的"省级样本",尽快脱贫是贵州省实现共同富裕的重要途径。贵州省扶贫工作的展开以旅游扶贫、易地扶贫搬迁、教育扶贫为主,已取得显著成效。如图4所示,2019年全省建档立卡贫困人口30.83万人,贫困人口相比2018年减少124.45万人,贫困发生率相比2018年下降了3.44个百分点,为0.85%,全年共24个贫困县摘帽,2 300个贫困村出列[①],且在2015—2019年贫困人口和贫困发生率呈直线下降,总体趋势良好。2012年国务院出台《关于进一步促进贵州经济社会又好又快发展的若干意见》,首次从国家层面对

---
① 贵州省人民政府.2019年贵州省国民经济和社会发展统计公报[EB/OL].[2020-04-10]. http://www.guizhou.gov.cn/zwgk/zfxxgk/fdzdgknr/tjxx/tjgb/202004/t20200409_55864325.html.

贵州经济发展作出指导，为贵州扶贫工作奠定了有力的经济基础，体现出党和国家对贵州脱贫的决心。《意见》中将贵州定位为"扶贫开发攻坚示范区"和"文化旅游发展创新区"，特别指出要"传承优秀传统文化，弘扬社会主义先进文化，探索特色民族文化与旅游融合发展新路子，努力把贵州建设成为世界知名、国内一流的旅游目的地、休闲度假胜地和文化交流的重要平台"[1]，重点在黔东南州、黔南州、黔西南州等民族地区打造一批原生态民族文化旅游区。

贵州是多民族聚集省份，蕴含丰富的文化资源，特色文化产业一直是贵州经济发展的重头戏。贵州省有 17 个世居少数民族，少数民族人口占总人口的 34.7%，各民族创造了丰富多彩的特色文化。民族手工艺有安顺蜡染、苗族刺绣、苗族剪纸等，民族音乐有"飞歌"、侗族大歌等，民族节庆有彝族火把节、布依族"三月三"、仡佬族"牛王节"等。此外，长期以来，贵州因交通相对封闭，各类传统文化资源受外部侵袭较少，反而得到很好的保护，使其民族特色文化具有种类丰富且原生态的特质，为特色文化产业的发展提供了肥沃的土壤。目前，贵州省特色文化产业以打造民族文化品牌为主，着力于文化产品的创新发展。2018 年贵州启动了"黔"系列民族文化产业品牌，目前已有"黔酒""黔绣""黔节"等 11 个初步形成的品牌并积极参加各类推介会，推动"黔货出山"。更早的则是创立于 2005 年的"多彩贵州"品牌，"'多彩贵州'区域文化品牌是对全省民族文化、红色文化、生态文化、三线文化、土司文化等多元文化形态的集中提炼和形象表达"[2]，文化品牌化与品牌文化化双管齐下，囊括了多彩贵州酒、多彩贵州水、多彩贵州玉等品牌产品并多次在国内外举办推介会和国际巡展，"多彩贵州"文化品牌已成为贵州的"文化代言人"。此外，贵州文化产业不囿于一隅传承，如贵州丹寨宁航蜡染公司为寻找创新之路，在邀请专业设计师提供当下流行元素的同时，还与 36 所高校合作，将苗族蜡染推广至省外乃至全国。

---

① 中华人民共和国中央人民政府. 关于进一步促进贵州经济社会又好又快发展的若干意见 [EB/OL]. (2012-01-16). http://www.gov.cn/zwgk/2012-01/16/content_2045519.htm.
② 刘星. 区域文化品牌建设的路径研究：以"多彩贵州"为例[J]. 贵州师范学院学报, 2019(2)：26.

特色文化产业的发展红利惠及当地民众尤其是贫困人口。总的来看，贵州省特色文化产业扶贫主要体现在文化旅游扶贫、手工艺品扶贫等方面。为了更有针对性地发挥旅游对贫困地区的扶贫作用，贵州省主要采取了异地扶贫搬迁的措施，形成异地搬迁社区，从而创造出新型旅游产业，使之成为移民谋生之道，实现脱贫。其旅游景观主要依靠对原有村落生态的还原与二次建构，为游客提供真实的体验感。文化旅游具有极强的融通性，可囊括手工艺品、演艺、节庆等，打造多维、共享的旅游体系。目前，贵州手工技艺类非遗共有71项，是农民经济收入的主要来源，也为旅游市场提供了丰富的手工产品。"依托生产鸟笼带动农家乐的形式，2016年，卡拉村成为丹寨县第一批脱贫出列村"，玉屏自治县桐木油茶丰产林示范基地"每年可解决当地农民剩余劳动力200余人，油茶采收期临时性务工每天达500余人，1 000余户农户家庭直接受益，每户年净增收1 000余元"[①]。2017年贵州省文旅厅出台了《文化扶贫行动计划（2017—2019）》，其中文化富民的规划提出加强文化遗产保护和利用、实施县域文化产业、推进文旅融合等具体措施。2019年12月"中国非遗年度人物"中的提名候选人石丽平，作为贵州纺织类非遗民营企业的带头人，经过多年努力，她的公司目前打造了一支260人的贵州纺织非遗技术生产队伍，并且带动松桃县以及周边地区的4 000多名妇女在家门口就业。[②]贵州另一位候选人韦桃花于2015—2019年培训马尾绣绣娘12 000多人（次），其中贫困户7 500多人，目前为止共带动农村妇女、传承人、手工艺人、残疾人、贫困户等10 000余人实现在家创业就业，人年均增收5 000元以上，其中涉及30多个贫困村和3 000个贫困户[③]，为贵州省脱贫攻坚贡献了力量。作为多民族聚居地，贵州还有众多民俗节庆——苗族"四月八"、土家族"八月八"唢呐节、苗族采花节、侗族北部方言歌会等，众多节庆散布在全年各个时段，为贵州各贫困地区发展节庆旅游提供了可持续发展的可能。

---

① 江婷婷，李兰松. 擦亮贵州民族特色文化产业品牌[J]. 当代贵州，2019（40）：57.
② 光明网. 2019"中国非遗年度人物"30位提名候选人：石丽平[EB/OL].[2020-06-16]. http://topics.gmw.cn/2019-12/10/content_33390384.htm.
③ 光明网. 2019"中国非遗年度人物"30位提名候选人：韦桃花[EB/OL].[2020-06-16]. http://topics.gmw.cn/2019-12/10/content_33390387.htm.

贵州特色文化产业扶贫对全国扶贫工作有重要的示范意义。2017年，"特色文化产业与脱贫攻坚（贵州）高峰论坛暨文化脱贫行动"在贵州铜仁市举行，会上各代表达成共识，"大力发展特色文化产业，有利于推动贫困地区和群众强化脱贫的主体意识，增强文化自信……拓宽脱贫攻坚路子，特色文化产业必将在脱贫攻坚最后阶段作出重要贡献，不断探索文化扶贫更为有效的途径和模式具有重要意义"[1]。2020年一季度，贵州省在努力遏制疫情的同时，继续抓紧经济发展和脱贫攻坚等各项工作，其中，"脱贫攻坚投资力度不断加大，全省农业投资比上年同期增长14.2%，林业投资增长3.0倍，渔业投资增长47.0%"[2]，由于特色文化产业扶贫主要依靠人口流量较大的旅游业，加之封城等影响错过春节旺季，其效用受到重创，所以政府将重心放在了第一产业。随着疫情压力减弱，各地陆续解封，民众出行意愿增加，旅游人数即便在受控情况下也势必会形成可观的增长，贵州乃至全国的旅游业和相关产业正在告别寒冬，逐渐回暖。

三、贵州扶贫工作中特色文化产业的创新路径

当前，大规模的脱贫攻坚即将结束，贵州特色文化产业作为具有鲜明区域特征和民族特性的文化产品业态，是扶贫工作中不可缺失的一环，且发展势头良好，与此同时，除了特色文化产业自身存在的高端人才缺乏、市场化程度不高、产业内部不规范等问题外，如何在现有基础上将扶贫与特色文化产业更好地结合并落到实处是面临的一大问题，加之疫情的影响，目前最大的困难是产品滞销，要做到在收官之年疫情防控与产品销售两手抓，就要求政府与市场做好双向调控，打赢脱贫攻坚的决胜之战。

（一）坚持民族特色文化品牌战略，发挥独特性文化的重要价值

民族特色文化品牌是在市场环境下对文化品牌化与商业化的产物，

---

[1] 贵州省扶贫开发办公室. 2017特色文化产业与脱贫攻坚（贵州）高峰论坛召开[EB/OL].（2017-08-15）.http://fpb.guizhou.gov.cn/xxgk/zfxxgkml/xwfb_12453/201710/t20171013_27926826.html.
[2] 贵州省人民政府. 贵州省2020年一季度主要统计数据[EB/OL].[2020-04-20].http://www.guizhou.gov.cn/xwdt/gzxwfbt/202004/t20200427_57756793.html.

对当地经济发展和文化传承都有重要意义。目前贵州省已发展出独有的特色文化品牌，准确定位了贵州的文化优势，打造出具有独特性、区域性、鲜明性的特色文化品牌，在特色文化产业扶贫中应继续坚守当前特色文化品牌战略。同时，在塑造品牌并加强与贫困地区联系的过程中应注意以下问题：一是加强资源整合。积极掌握贫困地区经济状况、文化资源、人力资源等情况，贫困地区本就缺乏各类资源，要整合现有可利用的资源，提高利用率。二是强化产业集群，打造完备的特色文化产业链。发展产业集群能够降低生产和运营成本，为企业在材料供应、产销、后期保障等方面提供便利，减少恶性竞争，增强企业竞争力和效益。三是加强消费者研究。任何产品的生产都以满足被消费为目的，消费者决定了产品能否顺利完成完整的产销链条，因此对消费者购买意愿、消费倾向等的研究是必不可少的。

（二）政策引导与市场规律相结合，优先帮扶贫困地区

以市场为主导并辅以政策干预是我国经济发展的一般路径，特色文化产业扶贫更应加强政策引导。市场追逐利益，而贫困地区缺乏发展产业的各类资源，很难吸引投资者，若没有政策干预很可能会引起资源滥用和过度开发，制定政策时应注意以下几点：一是给予贫困地区特色文化产业政策倾斜，敦促企业积极吸纳贫困地区劳动力。发掘贫困地区可利用的文化资源，鼓励附近中小企业拓宽产业链条；尽量吸纳当地劳动力，做到内部消化；对疫情期间扶贫相关产业予以资金支持，帮助企业尽快渡过难关。二是坚持"东西对口帮扶"和"结对帮扶"，激发群众内生活力。以资金扶持、项目扶持为主，在帮扶过程中注重帮扶地区与帮扶对象的致富意识，侧重技能帮扶，"坚持激发群众内生动力活力"，提升贫困地区"造血"能力，在疫情得到控制的情况下加快扶贫劳动力的复产复工。三是出台具体的政策法规，规范文化资源的开发。不同类别文化资源的开发、生产与销售需要采取不同的规范标准，制定行业规范制度，减少资源浪费与恶性竞争的现象，同时要注意开发与保护相结合的原则，尽可能保障文化资源的原真性。

（三）加强对外宣传与合作，对内人才培养和技术革新

内外联动的发展模式有助于缩短贫困地区脱贫时间，激发脱贫意愿，尽快帮助当地实现经济又好又快发展。内外合作可以在摸索过程中借鉴经验，实现资源的高效利用，其中人才是贫困地区发展的关键。一是加强校企结合、校农结合，吸纳高校人才，增强企业竞争力，提高农民专业技能。贵州省贞丰县是国家扶贫的重点对象，与贵州大学形成结对帮扶，"2015年以来，贵州大学先后选派了33名优秀干部到贞丰县任驻村扶贫干部，抓党建、抓贫困、抓发展，帮助建强基层党组织，落实精准扶贫任务"。[①] 二是重视非物质文化遗产传承人的培养。贵州省非遗传承人多在家族内部，在传承人紧缺、互联网发达的环境下，传承人的选择可通过与高校合作，培养双创人才。三是定期举行推介会，加大宣传力度，引进现代科技。贵州省已在国内外举行多次推介会和巡回展览，这些举措卓有成效。如2018年在西安举办的第九届中国西部文化产业博览会上，贵州省签约项目金额达46.5亿元。[②] 在此基础上，还应注意融入科技元素，以更符合市场要求和消费热点。科技的融入须对症下药，例如手工制品的价值就在于人力，若强行更换为现代技术制作，只能适得其反，而演艺类节目如《壮美大瀑布》《水姑娘》等，就可以加入VR使舞台更炫美。只要做到对每个产品的精细化革新，科技自然会成为提升产品艺术感和使用感的重要工具。

（四）积极推动电商合作，促进疫情期间产品销售

互联网的发展和物流系统的完善催生电商扶贫。疫情期间，包括贫困地区在内全国各类产品都出现滞销，这就凸显了电商扶贫的优势。习近平总书记在决战决胜脱贫攻坚座谈会上指出，"要切实解决扶贫农畜牧产品滞销问题，组织好产销对接，开展消费扶贫行动，利用互联网拓

[①] 李昕昌.精准扶贫背景下高校扶贫工作路径浅析：以贵州大学帮扶贵州省贞丰县为例[J].教育文化论坛，2020（2）：49.
[②] 贵阳网.贵州省在西部文博会签约逾46亿元[EB/OL].[2020-06-16].https://www.sohu.com/a/252821690_119665.

宽销售渠道，多渠道解决农产品卖难问题"①，强调了网络渠道对产品促销和扶贫工作的重要性。近几年，各大电商平台均开设了扶贫专区，为贫困农户提供了产品销售的新渠道，在疫情影响下甚至成为唯一渠道。直播带货是电商营销的手段之一，已经成为许多地区发展经济和扶贫的重要渠道。2020 年 3 月以来，淘宝、抖音、快手等平台已举办数百场县长直播，帮助因疫情影响而滞销的农产品快速找到销路，例如，湖南省桑植县分管扶贫的副县长袁宏卫在两场直播中推荐的 5 种商品共成交 2 000 单，销售额超过 46 万元。②贵州省各贫困地区也可借鉴直播带货并融合当地特色，促进滞销产品的销售，保障疫情期间扶贫的继续推进。

---

① 中华人民共和国中央人民政府.习近平出席决战决胜脱贫攻坚座谈会并发表重要讲话[EB/OL].[2020-06-16].http://www.gov.cn/xinwen/2020-03/06/content_5488151.htm.
② 新京报官方微信公众号. 风口上的县长直播带货："像偶买噶这种网络用语，干部来说可能不太合适" [N/OL].2020-04-26.

从文创数据视角看乡村旅游产业的智能化路径实施

■ 任 兀　余晓叶[①]

中国自2001年加入世界贸易组织（WTO）以来，国内旅游市场迅猛发展，随着旅游者消费理念和旅游资源的双重成熟，2003年国内中短途旅游、自驾车旅游和自寻景点旅游者数量明显增多，自此对"乡村旅游"的相关研究在学术界逐渐展开。在中国知网以"乡村旅游"或"农村旅游"为主题，针对CSSCI和核心期刊数据库共同检索，可得到3 696篇检索结果，对其进行初步分析（见图1），完全印证了此时间契合度。

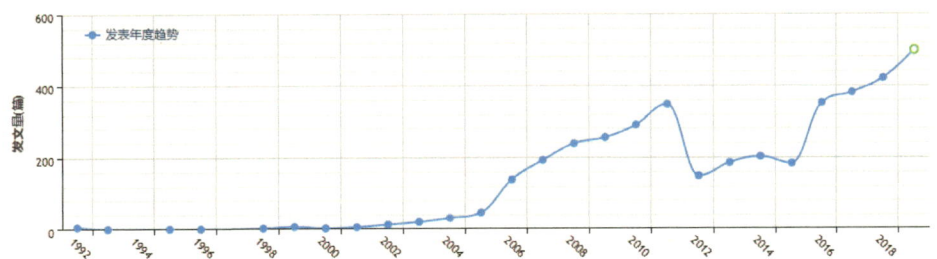

图1　在中国知网检索"乡村旅游"主题的相关核心期刊发文量统计（截至2019年9月）

结合我国在相关时间节点出台的政策解读上述发文数据可见，伴随2003年原文化部《关于支持和促进文化产业发展的若干意见》、2008年党的十七届三中全会《中共中央关于推进农村改革发展若干重大问题的决定》和2009年国务院《关于加快发展旅游业的意见》等政策的出台，有关"乡村旅游"的研究一度延续到2010年达到一个峰值。自2011年起，"旅游扶贫"被写入政府扶贫纲领性文件，2014年国务院提出"旅游精准扶贫"，

---

① 任兀：天津音乐学院艺术管理系讲师，硕士，主要研究方向：大数据艺术市场营销。
余晓叶：天津音乐学院艺术管理系，本科在读，艺术管理专业。

2015年国务院发布《关于进一步促进旅游投资和消费的若干意见》，2017年，党的十九大明确提出"实施乡村振兴战略"，学界又将对此主题的相关研究推向新的高峰。

产业链理论主要研究产业内部各生产要素的最优配置和空间合理布局以提高产业和区域的整体竞争力，迈克尔·波特的价值链理论对产业链理论起到了关键的导向作用。产业链理论和产业集群理论密切相关，但就"旅游产业是否适合用产业集群来研究"学界仍存在争议，本文也并未就"旅游产业集群"相关主题做研究梳理。

乡村旅游产业链的概念包含于旅游产业链涵盖范围之内，同时乡村旅游产业链的直接主题研究文献较少，因此本文直接研究并梳理旅游产业链的研究热点、研究动向，以期挖掘乡村旅游产业链研究过程中值得注意或可借鉴的问题。

一、国内旅游产业链研究知识图谱

以"旅游产业链"为检索主题，在中国知网对国内期刊进行精确匹配，截至2019年9月共检索得到文献633篇，其中有效期刊文献604篇。利用引文空间软件（CiteSpace v5.5 R2）对所采集结果进行分析，因文献时间跨度较长（2000—2019），故设置时间切片为4年；对关键词内容进行分析，选择条件为Top N（50），进行聚类分析后显示出8个聚类（如图2所示），参数Q=0.417 9，Silhouette=0.566，认为聚类分析结果具有一定可信度。由图2可明显识别学术界针对该主题的主要研究，在"旅游产业链"主题的研究范畴内有关会展旅游、旅游企业、乡村旅游、知识联盟和区域旅游等内容相继出现，成为热门研究主题。

关键词的分析结果见表1（只列出排名前20个关键词）所示，从表中可以观察出"乡村旅游"是"旅游产业链"相关研究中非常高频的一个关键词，由此可以断定乡村旅游产业在我国旅游产业中占有核心研究地位。

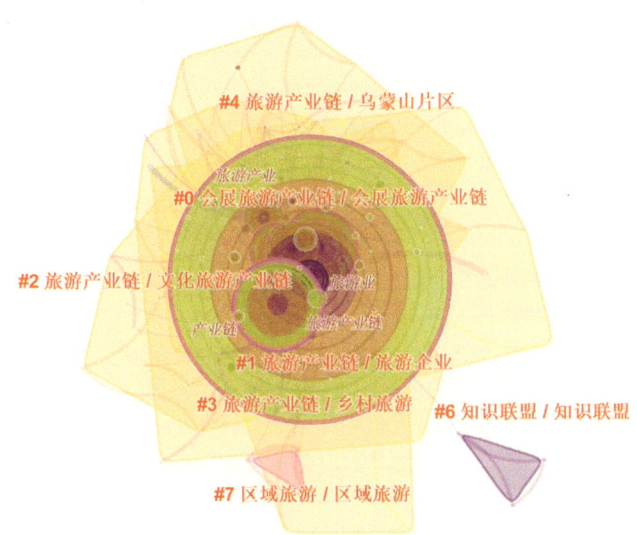

图 2　聚类分析结果（Top 50，Q=0.417 9，Silhouette=0.566）

表 1　关键词分布前 20 统计

词频排序前 20			中心度排序前 20		
序号	词频	关键词	序号	中心度	关键词
1	220	旅游产业链	1	0.4	产业链
2	76	产业链	2	0.34	旅游产业链
3	71	旅游业	3	0.25	旅游业
4	56	旅游产业	4	0.25	旅游产业
5	51	旅游	5	0.2	旅游
6	39	乡村旅游	6	0.12	乡村旅游
7	20	游客	7	0.1	旅行社
8	17	全域旅游	8	0.07	游客
9	15	旅行社	9	0.07	全域旅游
10	15	产业	10	0.06	产业
11	14	会展旅游	11	0.05	会展旅游
12	13	旅游企业	12	0.04	旅游企业
13	13	产业融合	13	0.04	景区
14	13	景区	14	0.04	整合
15	13	旅游资源	15	0.04	创意旅游
16	13	文化旅游产业链	16	0.04	对策
17	11	智慧旅游	17	0.04	知识联盟
18	11	资源	18	0.03	产业融合
19	11	可持续发展	19	0.03	旅游资源
20	11	文化旅游产业	20	0.03	文化旅游产业链

使用 CiteSpace 过滤出持续出现 3 年以上的引文突现关键词（前 17 个）见表 2，很容易发现"智慧旅游"一词在 2014 年突现且持续至今，但其突现度并不高，2016 年突现的"全域旅游"则成为时下研究热点。

表 2　2000—2019 年前 17 个突现关键词

关键词	突现度	起始	终止	2000—2019 年
旅游	2.361 4	2000	2004	
旅游产业	3.922 2	2000	2010	
旅游业	2.995 7	2000	2006	
旅游资源	2.464 5	2003	2006	
旅游者	2.529 5	2004	2006	
资源	2.334 6	2004	2010	
旅游企业	2.337 5	2005	2009	
旅游产业集群	3.226 8	2007	2011	
产业集群	3.226 8	2007	2011	
对策	2.258 3	2008	2011	
影视旅游	2.355 5	2013	2015	
智慧旅游	2.239 2	2014	2019	
文化旅游产业	2.237 5	2014	2017	
游客	5.239 0	2014	2016	
精准扶贫	2.467 6	2016	2019	
全域旅游	7.080 3	2016	2019	
融合发展	2.285 2	2016	2019	

为了方便观测研究热点的演变过程，采用时间区域布局（如图 3 所示）。由此可看出近几年相关研究动向，在文献中不仅出现了与政策紧密联系的"旅游扶贫""精准扶贫""一带一路""全域旅游"等关键词，而且继"智慧旅游"之后新出现了"旅游产品""大数据""互联网+"等关键词。这既是学界研究状况的体现，也是社会发展情况的一个侧写。

再次利用 CiteSpace 对该数据集的作者合作进行网络分析（如图 4 所示），可以看到郭舒的突出位置，相关话题发文数量为 8 篇。根据普赖斯定律计算得到 N 为 2.118，由此可以认定发文量在 3 篇以上的即为该领域的核心作者（见表 3）。

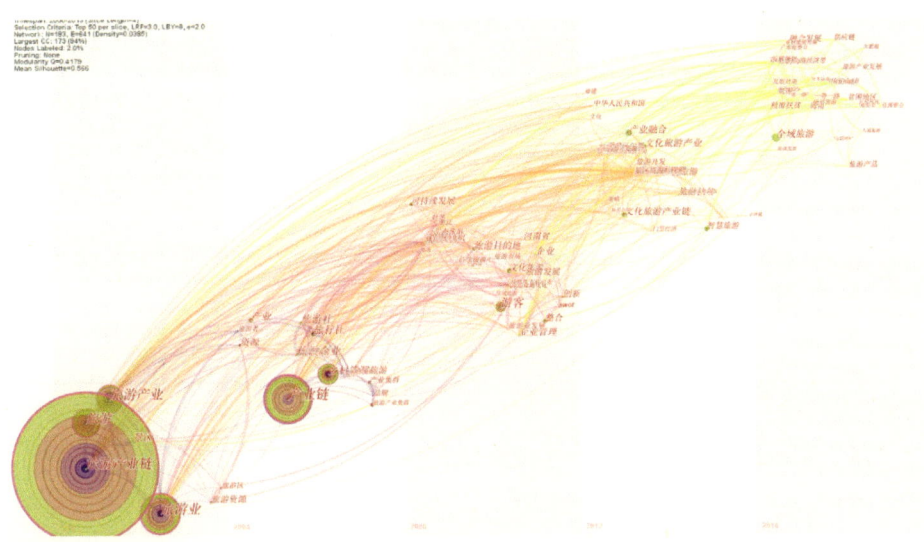

图 3 2000—2019 年（每 4 年为一组）的研究热点发展过程

图 4 作者合作网络分析

表3 核心作者列表

序号	发文量	作者	序号	发文量	作者
1	8	郭舒	10	3	张春娥
2	6	赵承华	11	3	吴春华
3	4	邓小海	12	3	王慧敏
4	4	蒋辉	13	3	潘鸿雷
5	4	曾亮	14	3	荆艳峰
6	3	曾克峰	15	3	张怀英
7	3	李红	16	3	王颖
8	3	孙慧	17	3	孙洁
9	3	厉无畏			

基于CiteSpace对"旅游产业链"研究主题的相关文献进行可视化分析，可以得出以下结论：第一，乡村旅游在国内旅游产业链的研究中占有绝对优势地位。第二，对旅游产业链相关问题，从产业结构、旅游资源到游客需求等，国内学者已进行了充分的研究，但针对乡村旅游中从农户角度的分析则还没有得到足够体现。第三，随着我国扶贫工作进入攻坚时期，乡村旅游以扶贫和乡村振兴为目标的研究已逐渐成为学界共识。第四，旅游产业的发展过程中须注意"可持续发展"问题，对旅游资源的合理开发运用和如何生成更具创意的旅游产品等问题，也应给予重视。第五，目前，全域旅游、文旅融合、精准扶贫和智慧旅游成为持续研究重点，结合旅游产品、"互联网+"和大数据等的相关研究正在成为前沿。

二、乡村旅游产业面对的主要问题

乡村旅游是指以乡村地区为活动场所，利用乡村资源满足城市游客旅游需求的全新经营活动。从产业链建构和延伸的角度看乡村旅游存在或可能面临的主要问题，可以总结为如下四点。

（一）乡村旅游产业链形态短窄

相较于旅游者消费需求的升级，乡村旅游产品开发的深度不足、广度单一，产业链形态偏短窄。围绕旅游六要素（食、住、行、游、购、娱）产业的服务日渐增多，但是地域内行业间的交流合作仍相对较弱，主要体现为信息化协作意识不强，尤其是区域内的核心企业没有发挥其应有价值。

中国乡村旅游虽然在多年发展中取得了显著成绩，但发展模式集中在"农家乐""古村镇"和民间手工艺上，大多数乡村旅游产品仍属低层次和重复性开发。旅游产品缺乏个性，模式创新乏善可陈，泛化的内容势必又会降低旅游者的重游动力。

（二）乡村旅游产业链构建忽视农户视角

乡村旅游是调整农村产业结构、改善农村劳动力状况、重塑乡村社会形象的重要途径。新时代下，乡村旅游也是从"漫灌"转为"滴灌"扶贫的有效方式。然而，乡村区域中的农户在进入旅游产业时也面临障碍，主要体现为农户与旅游企业在农产品供求关系中的不一致，以及农户收入低的问题。

旅游的经济溢出效应往往是季节性的，过于宏观的扶贫效应统计会掩藏农户"周期性脱贫"的假象；此外，一些旅游线上代理商会通过隐性方式挤掉部分乡村旅游收入；再有，"旅游飞地"的现象也会导致作为扶贫对象的农村剩余劳动力失去转型的机会。

（三）技术变革引发产业链重构过程中的思维变迁

移动互联网与数据挖掘技术的出现不仅是技术上的变革，更是商业模式的变革。大数据时代，旅游产业链面临升级和重构的问题。以大数据为中心的扩张性融合势必在工具化应用、跨行业链接和数据资产效应等方面有所体现。乡村旅游产业应注意到，此背景下的创新方向更加偏重对旅游者的组织以及消费需求进行挖掘，行业竞争的重心也发生了本质变化，从以产品创新为主导变成了引导与激发游客的潜在消费力。

电子商务的发展也导致了旅游供应商与线上旅游代理商（OTA）之间的渠道权之争，酒店集团和航空公司"断供"OTA成为旅游产业链结构重组过程中的代表性事件。"互联网+"所引发变革的凸显特征为互动性，"平等互动"的覆盖范围之广、沟通成本之低前所未有。互联网的开放移动与自助旅游市场的消费意愿十分吻合，该部分市场份额的持续增加为必然趋势。

在此变革趋势下，一方面作为原产业链中起到协调作用的旅行社要面临双向选择的问题，另一方面旅游产业上游的成熟度要接受相当严峻的考验。

（四）可持续发展视角下的保护与开发

有限的旅游资源面对任意增长的旅游者数量时，可持续的乡村旅游开发呈现出一些矛盾和问题。从可开发区域资源方面看，大部分旅游地区生态系统的生态阈值目前还不清楚，在此情况下即使反复强调景区的保护问题，也很难消解利益驱动下的短期旅游开发行为及其造成危及生态环境的后果。

从文化的传承保护方面看，在现代和外来文化冲击下，古朴珍贵的民俗文化被粗俗泛滥的表演形式所侵染，特色文化价值被商业价值所取代，旅游文化的教育功能呈现"反向输出"的状态。旅游文化品位偏低，从侧面反映出规划思路的单一。文化的传承是两个层面的意义，"传"的意义在于传播和影响，"承"的意义在于可持续性。因此，将文化传播作为内生动力去搞旅游是一种思路，将区域的文化保护列为主体逻辑又是一种思路。这不仅是业界的问题，也是学界值得研究的课题。有学者指出，国外专家对旅游产业与文化产业融合的研究，主要从遗产保护和跨文化交流角度进行，且需求的变化受供给的影响更大。

三、文创数据平台助力乡村旅游产业

在梳理了乡村旅游产业链构建过程中可能遭遇的问题后，可以看出其根源主要在于思维和时代发展的错配，进一步可抽象为"创新"的问题。如何保障创新驱动，国内外学者专家多认为既要有持续进步的技术条件，又要有鼓励个性发展的制度基础。结合研究前沿的分析，以及前述的几方面问题，本文提出建立文创数据平台以助力乡村旅游产业的建设。目前，云计算、大数据技术在我国方兴未艾，在诸多领域都展开了科技对文化创意的介入性研究，数据平台是保障多样性思维集聚的有效路径，以文化创意为内核或为有效策略。

(一)文化创意在乡村旅游产业中的作用

长期工业化进程的负面作用是使城市发展呈现出"千城一面"和"人居自然生态恶化"的现象。乡村文化的价值以"历史回忆"的方式而存在,多样性的乡村特色文化正是拓展城市群体文化记忆边界的良方。"文化是旅游的灵魂,旅游是文化的载体",新时代下文化和旅游的"体用一致"是"文旅融合"的内涵诠释。

文化创意本身就是高阶的竞争性资源,文化创意与技术创新之间有着紧密联系。乡村旅游地具有区域资源和特色文化的双重属性,是孕育文化创意的天然沃土,文化创意与乡村旅游的融合发展,就是要以文化创意为手段,促进乡村旅游发展,体现文化创意的价值。

从旅游者的获得感看旅游的本质,其中必然有"体验"感受获得,还有物质形式的旅游商品等的获得。从体验经济的视角进行旅游产品的设计与创新,是创意文化产业的研究课题;如何将区域文化符号化,则是文化创意发挥价值的所在。比如,旅游纪念品在旅游商品中占有核心地位,而地方特色又是旅游纪念品的本质特征,把地方特色更好地与旅游纪念品进行关联,就是将文化创意植入产品的过程。从知识产权产业价值链构建角度,可以看出文化创意在上游的主导作用及其融合各产业的过程(如图5所示)。

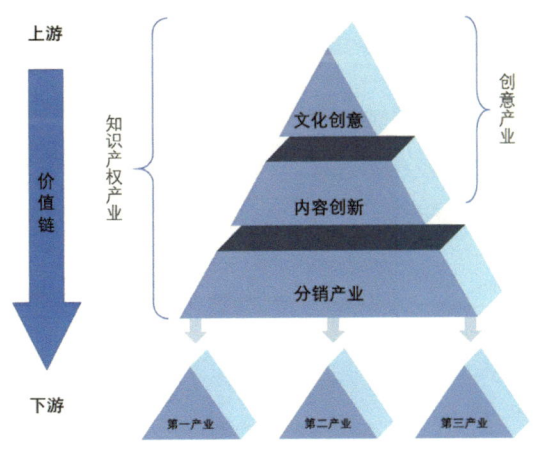

图 5　知识产权产业的价值链

(二)文创数据平台的主体思路

大数据技术所带来的时代变革不仅已经逐渐延伸到诸多行业之中，也逐渐渗透到产业链的各级环节之中，成为自然基础资源、企业规模、人才储备、基础设施、企业资本和创新研发等文化创意产业要素的激活条件。文化创意数据平台不仅将服务于文化创意生成的宏观决策，还将指引"由创意走向产品"组织过程的协同共生。

从数据积累的角度看，乡村旅游产业需要依赖自身的自然资源禀赋和乡村文化资源形成一个能够产生创意的素材库，随着创意的积累和成果转化，创意在形成积累的过程中也伴生出了项目库。文创数据平台的4库模型如图6所示，4个沉淀数据库在实际效用发挥上相互协同、彼此链接、互为因果，是一种共生机制，也是大数据思想的体现。在这个空间关系中，从数据关系看可最大限度保证结果的溯源性，且内容之间可彼此迭代，从而能够很好地寻找到从素材、知识到创意和项目的过程，而在此过程中又不会遗漏反向输出的作用。

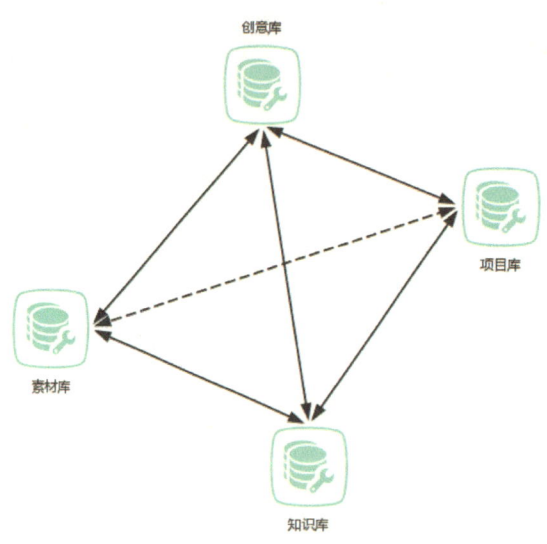

图6　文创数据平台4库模型空间关系示意图

文创数据平台在系统中无须设置使用人员的角色分类和权限，使用者采用更自由的方式进行需求、作品（半成品）、资源、创意（想法）、素材（片段）、生产过程的发布或合作。政府、旅游企业、农户和旅游者等均可以从各个环节进行操作，所有的数据积累也是创意的众筹、模式的开源、项目的合作以及素材和知识的挖掘过程。

（三）以资源积累素材库

我国幅员辽阔，地势结构丰富，多元的民族构成确保了多样的特色文化，各地区丰沛的资源禀赋以何种理念或形式才能获得更深远的传播效果成为业界、学界一直研究的问题。以旅游纪念品为例，与之相关的产品设计策略、价值提升、文化因素分析等研究课题一直被关注。

区域的特点各不相同，在呈现方式上也分门别类、多元复合。在文化特色的表现上，除可符号化的视觉设计外，还可以是诗歌、舞蹈、故事、戏曲等多种形式。所有创作的构思都源于创作者对生活素材的观察和体验，素材是文学、艺术的原始材料，即未经总结与提炼的实际生活现象。素材库的建设极大程度上弥补了创作资源的稀缺，创作者无须付出更多的时间成本便可以检索到更多类型的素材并可以在素材的刺激下获取超预期的创作灵感。

素材资源从不同专业领域的视角有不同的理解和认知，因此素材库中的素材要提供多种可被检索的标签，存储格式上包括音频、视频、图形、符号、文本等，此外还应该包括情感、地区、民族、内涵、色彩、用途、材质等多维度不同抽象层级的信息标签。

（四）以文化构建知识库

2018年3月，文化和旅游部的设立从组织形态上为推进文化和旅游融合发展建立了制度保障。文化和旅游部公布的"2019年国庆假期文化和旅游市场情况"中表明"66.4%的游客假日期间参观了人文旅游景点，59.45%的游客参观了历史文化街区，86.36%的游客参与了两项以上文化活动"，这也充分印证了"以文促旅，以旅彰文"融合基调的正确决策。

旅游者的旅游观感如果从文化性的角度理解，可看作是空间和文化的关联体验，作为旅游主体的游客会依据空间坐标生成对"文化回忆空间"的"索引"。有学者从人类学的视角分析，乡村旅游的内部动力主要来自"地方性知识"对人的吸引力。可见，将地方性知识梳理归档，就是将地域特色名牌化的过程，也是从文化基因的角度把握了旅游者的引力源。

互联网平台工具也是旅游产业链中知识转移与创新的有效工具。文创数据平台的知识库，是将文化的内涵外显，生成可传播和重复利用的知识语料库。在此过程中，会挖掘出大量隐性知识的价值，在知识转移效率提升的语境下，无论是乡村居民文化素质还是旅游人群获得的地方性知识皆呈现正增长。可以想见，这种以文化为资源的知识生产过程，是以创新、协调、绿色、开放和共享为行动基准的，也是以守正为前提的创新保障。

（五）以需求衍生创意库

有学者提出旅游产业的发展模式是以旅游者不断变化的需求为核心，旅游消费过程中存在典型的"凡勃伦效应"。因而，在不断强调个性旅游产品的同时，应发现其内生逻辑是对多样性需求的满足，创意旅游产品设计的出发点就是为了满足游客不断升级变化的需求。

新时代下的创意产业是一个与个人创造力、知识产权等相关的概念，不仅注重文化的经济化，更注重产业的文化化。创意成为时下各个行业的关注焦点，创意已经从相关产业中分离、独立出来，其本身成为其他产业的投入要素。从系统设计的角度看，这里的需求应该是更多角色的需求。这里的角色应该包括游客、旅游企业、乡村农户、政府等各方，任何一方需求因出发角度不同都可能与他方需求相冲突，如何更好地挖掘出需求的排他性并进行最大程度的消解，这本身就是创意。只有在兼顾各方诉求基础上生成的创意才是可持续发展的创意，每个创意的背后都应该体现出各类角色的需求满意度。以往的乡村旅游产品更多从乡村特色出发设计纪念品让游客带走，游客眼中的乡村特色往往是旅游地内的设计者忽略的内容。

创意库中所积累的创意已经不单纯是基于听觉、视觉的产品设计，还应该包括创意产生的构思过程、对各方面利益的考量、与素材库和知识库的引用关系等。创意库所积累的数据不是孤立的创意结果，而是多方需求平衡后的自然涌现过程。

（六）以共创产出项目库

"互联网+"和大数据产生的时代变革过程主要体现为人们对互联网传播特点和趋势的深入把握。互联网"资源共享和数据传输"的本质，结合大数据"用总量替代样本"的特性，都是在强调和凸显全面和对等。新创作环境中产生的项目都应该符合"全员""全息""全程""全效"等特点，智慧文创、智慧旅游、智慧乡村、智慧生活等概念也由此应运而生。

文创数据平台中对"项目"的定义比较宽泛，旅游产品、旅游纪念品、旅游演出、旅游活动等一切将资源组织起来的过程都可被认为是一个项目而并不区分项目的体量，很有可能项目A和项目B是包含在项目C中的。对项目的共创性体现在多个方面：第一，创意、素材和知识三方面数据内容来自多角度、多过程、多需求；第二，项目的主体也可能是多方合作构成的；第三，一个项目往往会催化其他项目的生成；第四，项目落地过程中也是在多方建议下不断打磨、动态完善的。每一个最终生成的项目，都是从一开始的某个小诉求开始的，这个诉求也许是一个游客的想法，也许是一个农户的困难，又或许是旅游企业或政府的资源状况。

智慧的乡村旅游需要科技的融合，应该以旅游者自主体验为核心，以全方位、一体化的旅游行业信息管理服务活动为基础，服务于旅游者、乡村农户、旅游企业、旅游地政府的全新旅游发展理念与运营方式，且为全流程、全时空、全媒介、全机构的整合、协同、优化和提升，为旅游行业内各主体提供全域信息。

文化创意的过程不像旅游会受到季节的影响和限制，信息可以让产品溢出持久的效应，面向平台直接供销，没必要让中间商出现。当然，这一过程中还要注意数据劫持效应的发生。

文创数据平台的建立，是乡村旅游产业转向智慧乡村旅游的一条有效路径，要着力解决乡村特色文化的挖掘深度不够和旅游产品同质化问题，有效降低创意生成过程成本和思维匮乏的壁垒，加速文化创意的生成和迭代过程。除此之外，文创数据平台因全量信息的效用，还能有效应对《在线旅游经营服务管理暂行规定（征求意见稿）》提及的大数据杀熟等问题。

（七）文创数据平台实施过程中须避免的问题

智慧旅游的内容必然涵盖科技对"人"产生的影响。金元浦总结如下，在"互联网+"时代背景下的"创客"群体应该注重"大、智、云、移、自、小、微、新、特、融"十方面的技术变革所引发的社会变革趋势。在此基础上，也应关注科技兴旅过程中对高端人才的迫切需求。更值得注意的是，需要把握趋势转变观念的还应该包括旅游产业链上各环节服务的提供者。服务的目标是辅助决策，决策既包含了产业环节的过程，也包含了旅游者的出行过程，是实现从服务供给端到服务消费端的全面决策。决策是依据历史数据的积累和实时数据的响应而形成的，旅游者行为模式在被驯化的同时也在进化，供给方的思维模式也要与时俱进、相时而动。

数据正成为巨大的经济资产，成为21世纪的"矿产"与"石油"，将带来全新的创业方向、商业模式和投资机会。前文谈及OTA与旅游供应商的渠道权利之争，身处数据时代中，可将此问题理解为信息的不对等，以及数据资本的不对等。谁掌控了数据的主导权，谁就拥有了对未来的决策权。乡村旅游产业向智能化转型的过程中，可以对比参考演艺产业链建构过程中出现的问题。随着线上以"票务"为典型代表的互联网企业的崛起，互联网企业对传统行业的业务逻辑构成了一种"数据劫持"的威胁。互联网企业将本应属于固有企业的数据，借自身的技术先发优势截获并归为己方的数据资产。产业链的稳定性，主要取决于竞争定价机制、利益调节机制和沟通信任机制的共同作用，一旦互联网企业与原有企业产生信任危机，整个产业链的稳定性就会受到威胁，而原有企业也将因"数据蒸发"而丧失决策和变革的主动权。对此政府应有针对性地进行政策引导，避免数据劫持带来隐患，尽早规避风险和后期的协调障碍，将文创数据平台的数据把控在政府或具有公信力的机构手中。

余秋雨先生在《文化苦旅》中总结了对于旅游文化性挖掘的几方面：听故事、学艺术、探历史、寻文化。这些对旅游产品的开发既是一种提示，也是创意和素材的来源，更是旅游者的个性化需求。不能孤立看待这些方面去开发对应的产品，必须以需求为导向，用文化基因进行串联，将各方面资源系统性地组成立体生命。我国历史文化丰富、创意转化优越、产业发展广阔，有无可比拟的城市优势、文化优势、资源优势和融合提升优势，借助文创数据平台的实施，乡村创意旅游产品会越发丰富，让乡村之旅少些"苦涩后的回味，焦灼后的会心"，让乡村之行更多"冥思后的放松，苍老后的年轻"。

乡村振兴背景下城乡融合发展的道路与实践
——馆陶县村镇化模式可行性初探

■ 徐海敏[①]

十九大报告提出的乡村振兴战略对"三农"工作具有重大的现实意义和深远的历史意义。振兴乡村,首先要理解乡村。理解乡村问题,既要有长时间、远距离的历史眼光,也要有开阔、开放的国际视野。加快乡村建设与治理,重构乡村与城市均衡关系,实现城乡融合发展,不仅是实现中华民族伟大复兴中国梦的必然,而且是后工业文明时代全球共同关注的重要议题。馆陶通过六年实践,坚持"以美丽乡村、特色小镇为突破口,助推脱贫攻坚,带活工作全局"为总指导思想,摸索出了一条平原落后地区乡村振兴的路子,这条路就是馆陶小镇模式。

一、馆陶特色小镇探索

馆陶县位于河北和山东交界处,以卫运河为界,与山东冠县、临清市相邻。全县面积456平方千米,总人口36万,4乡4镇,277个行政村,以农业种植为主。面对馆陶这样的穷地方、小地方,黑龙港流域的盐碱地,怎么发展?项目少、工业底子薄是全县的主要矛盾,怎么破解这个主要矛盾,突破口在哪里?就是抓美丽乡村、特色小镇建设。

浙江是我国最早开展美丽乡村建设的地方。2014年2月,河北省委组织县委书记对标发达地区专题学习班,学习期间考察了浙江安吉、桐庐等地的美丽乡村建设经验,大家看后深受震撼,同时也看到了建设好本省新农村的希望。浙江学习回来,馆陶县委组织召开全县乡局级领导干部培训班,会上第一次提出"要抓两个特色村,王桃园教育小镇和依托粮食画艺

---

① 徐海敏:女,河北馆陶人,毕业于北京师范大学马克思主义哲学专业,研究生学历。现任馆陶县美丽乡村建设办公室主任。

术创作的粮画小镇。千万不要建新的,一定要保持村庄的特色,我们一定要抓特色村镇建设工作"。馆陶县打造特色小镇的规划随之诞生。2014年3月和4月,馆陶县分别在寿东村和王桃园村召开现场办公会,以粮画小镇和教育小镇作为首批试点开展特色小镇建设。

馆陶在美丽乡村建设之初就明确了乡村建设的正确方向,那就是要努力回答三个问题:一是经济欠发达县域如何脱贫攻坚,二是经济欠发达县域如何解决城乡统筹发展的问题,三是建设什么样的美丽乡村。围绕这些重大的发展问题,确定美丽乡村特色小镇的目标后,馆陶开始了长达4年时间的艰苦探索,在没山缺水少绿的黑龙港流域先后建起了粮画小镇、黄瓜小镇、教育小镇等一批美丽乡村特色小镇,如星星之火,渐成燎原之势。其中,粮画小镇寿东村从一个省级贫困村蝶变为全国文明村镇、中国十大最美乡村、全国乡村旅游重点村、国家4A级景区。先后有600万国内外游客走进馆陶小镇。2018年9月28日,馆陶县终于摘掉了贫困县的帽子。县里专门出了一本书——《美丽乡村追梦之道》,记录了这几年乡村的美丽蝶变(如图1所示)。馆陶被确定为"全国休闲农业与乡村旅游示范县""全国电子商务进农村综合示范县""全国农村集体产权制度改革试点县"。国内"三农"领域的专家学者及全国各地千余批次考察学习团对馆陶模式和样板给予高度评价,普遍认为馆陶以美丽乡村为载体,以"一镇多社区"为架构,以产兴镇,产业、文化、

图1 今日馆陶

生态高度融合的特色小镇创建之路适合我国大多数农村发展现状,为之提供了一条可学习、可复制、可推广的新路径。

二、馆陶特色小镇的内涵与特点

特色小镇与美丽乡村有着深刻的内在逻辑关系。随着经济社会的发展,乡村经历了从村落、社区到小镇的转变,村民也经历了从农民到小镇居民的跨越。2014年3月,馆陶明确提出建设美丽乡村,按照"小镇文化"的理念打造特色小镇。这一概念在提出时间上比浙江要早半年,从这个意义上说,馆陶称得上是特色小镇的发源地。馆陶的特色小镇与浙江相比,有相似点也有个性差异。相似点是在规律和理念上相同,都突出一镇一业,坚持产业、文化、生态(文旅)的融合;个性化主要是指经济发展程度、区位优势、战略培育方式、生活主体等方面存在差异。

形态上,小镇既不同于建制镇,又不是产业园区,而是"镇"的特征加"小"的概念。"镇"的特征有三条:一是为数不多的居民聚集地;二是相对完善的市政功能;三是有产业特色。"小"则是指特色、个性和情调,突出打造"小而特""富而美""新而活"的特色小镇。

内容上,中国特色的"小镇文化"包含生态环境、族群文化、历史传承、产业特色、建筑形态等元素。这些元素与西方小镇有所不同,例如更加突出族群文化,以村庄为载体,以血缘关系为纽带,等等。

在创建过程中,我们对特色小镇特征进行了研究和总结,主要有以下方面。

(一)建设载体

以美丽乡村为载体,村民不离村、不离土地,是留得住乡愁、听得见乡音、闻得到乡味的农村产业社区。综观全国特色小镇的实践和案例,大致可以分为两种形态,一种是嵌入都市型的,地处大都市圈之内,如浙江的梦想小镇、云栖小镇、袜艺小镇等;另一种是远离都市的,处在相对偏远的传统乡村,乡村无法接受大城市的资金、人才等资源辐射,需要自己构建产业动能。馆陶作为大平原欠发达地区,纯粹在乡村空间发展特色小镇的模式，可以说没有现成可借鉴的经验，但这也正是特色小镇对解决新时期乡村问题的价值所在。

（二）建设空间

以"一镇多社区"为架构，按照"地域相连，基础设施和服务功能共享，依托同一主导产业基础"的原则，在不改变原有村庄格局的前提下，合理规划建设小镇，人口一般控制在一万人左右，实现以城带乡到以乡促城再到城乡融合发展的城镇化新格局。这样做，一方面可避免过去城市化中"摊大饼式扩张"的弊端；另一方面，可汲取城市化的积极因素，让乡村回归乡村，成为宜居乐业的生活空间（如图2所示）。

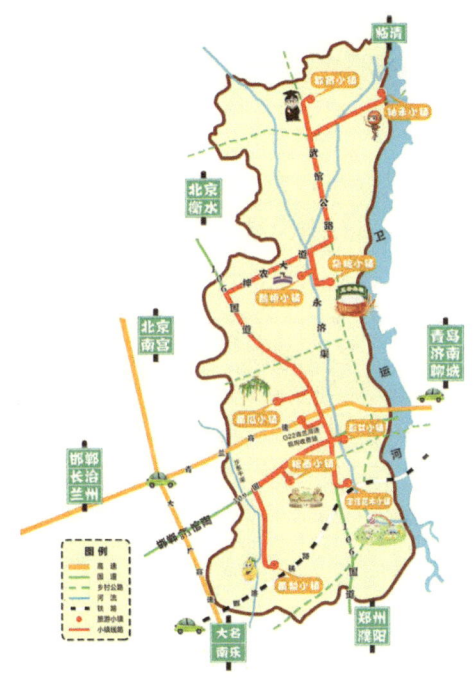

图2 馆陶现有小镇区位示意图

（三）建设标准

"乡村风情，城市品质"。乡村风情，即把乡村建设得更像乡村，保留传承更多的农村记忆和元素，有"望得见山，看得见水，记得住乡愁"

的那种境界。城市品质,是指乡村又不是过去的乡村,既解决脏乱差,又完善农村基础设施和公共配套服务功能,同时加入时尚创新元素,从而实现传统与现代的完美融合。

(四)产业定位

以产兴镇,按照"产业加美丽,美丽助产业,产业更美丽"的理念,让"产业插上文化的翅膀",产业、文化、生态高度融合。特色产业在哪儿,小镇就在哪儿。一个小镇拥有社区的数量,取决于产业的支撑和辐射能力。馆陶依托全县蛋鸡、黄瓜、晚秋黄梨、轴承等大产业,以及粮食画、艾草、黑小麦等特色产业,让更多的美丽乡村建设具备产业基础。

三、馆陶特色小镇的路径

(一)指导思想

馆陶特色小镇建设以"尊重民意、留住乡愁、做强产业、改造提升"为指导思想。尊重民意即尊重老百姓现阶段生产生活方式的选择;留住乡愁即保留田园风光,恢复有鸡鸣、有狗吠、有老物件的乡村记忆;做强产业是馆陶美丽乡村的一个鲜明特点,每一个特色小镇都有一个清晰的产业,通过"一产多村""一镇一品"两条路径,坚持不富不美,先富后美,既富而美;改造提升,指在馆陶没有大拆大建,而是根据实际情况改造提升,把"乡忧"变成了"乡愁",把"乡怨"变成了"乡约"。同时,在老百姓逐步富美的过程中,适时导入信仰教育。这样,通过对物和人的改造,实现环境和人的全面提升。

(二)运作模式

"政府引导、村为主体、村民自觉、社会参与、市场化运作"的模式符合客观规律,符合馆陶实际。政府引导,指在理念和资金上对特色小镇建设加以引导;村为主体,指村干部不能有"等靠要"思想,要主动作为、要有主体能力,主要体现在要想方设法增加集体收入;市场化运作的前提是市场发育的程度,因而要注重市场培育。政府必须进行基础投资和产业引导投资,拿出投资城市的力度来投资乡村建设。经过数年的实践,美丽乡村的市场效应已经凸显并吸引了社会资本参与。

(三)建设内容

"六位一体"即教育村民、方便村民、富裕村民、壮大集体、美化环境、加强党建,六个方面是一个有机的整体。新农村必须有新农民,通过成立村民学校和美丽乡村广播站、制定村规民约、编写村歌等方式教育村民。方便村民,主要指让农民在乡村能够享受城市水平的便利公共服务。小镇有咖啡屋、酒吧、超市,在城市能享受到的,在乡村也可以享受到。富裕村民,主要指发展产业,让农民增收致富。壮大集体,集体收入增加才能更好地服务老百姓,凝聚群众。美化环境,美是美丽乡村的要义所在,用美丽引导小镇方方面面的建设。党的建设是美丽乡村建设的基础和保障,馆陶在特色小镇建设中探索出了"三位一体"基层党建新模式(如图3所示),《光明日报》曾将该经验做法予以刊发。

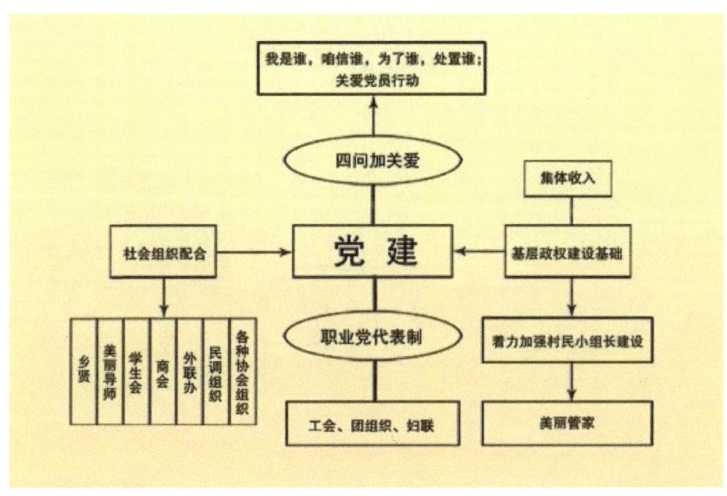

图3 党建工作模式

四、馆陶特色小镇实践案例

特色小镇发展的关键在于产业培育,产业聚集后才有人口聚集,人口聚集后才有更大的发展空间。以下列举几个馆陶小镇的实践案例。

（一）文创旅游小镇——以粮画小镇为例

粮画小镇（如图4所示）位于馆陶县城西3千米处，原是省级贫困村。美丽乡村建设工作集中推进后，通过政府牵线搭桥，引入粮食画产业，发展成为以粮画产业为主导，集加工制作、交流展示、观光体验于一体的全国最大的粮食画制作基地和生产、生活、生态融合发展的特色小镇。它颠覆了人们对于传统农村的刻板印象，街道整洁、巷陌井然、优雅清静，青瓦白墙的农舍别具特色，主路两旁错落有致的咖啡屋、粮画作坊、微电影院、西餐厅等赋予了村庄时尚品位，实现了传统与现代的巧妙结合，成为冀南地区规模最大、功能齐全，集生态观光、休闲度假、养生艾浴、餐饮住宿于一体的综合性旅游度假景区，开创了以美丽乡村为载体的省级特色小镇的全新模式。这里有海增粮画基地、粮画体验吧、古韵葫芦坊、黑陶体验馆、布糊画艺术馆等20余家手工体验坊；有梦田园、艾草小院、智能小院、黄土小院、粮画客栈等主题民宿；还有全国唯一的情景式小镇党校和互动式美丽乡村电视台。今天的粮画小镇，成功入选河北省首个中国十大最美乡村、河北省首批创建类特色小镇，并成为全国乡村旅游重点村、全国乡村旅游典型案例，以及华北大平原首个以美丽乡村为载体的国家4A级景区。

图4　粮画小镇

（二）传统产业小镇——以黄瓜小镇、羊洋花木小镇为例

1. 黄瓜小镇

自20世纪80年代开始种植大棚黄瓜起，黄瓜小镇（如图5所示）至今已有40多年的"黄瓜"史。美丽乡村建设过程中，馆陶县按照"产业加美丽，美丽助产业，产业更美丽"的发展思路，做强黄瓜主导产业，挖掘黄瓜文化，建设了黄瓜种植培训基地、黄瓜博物馆、黄瓜酒坊、黄瓜食府、黄瓜美容院和黄瓜主题公园等，营造商业业态化的黄瓜小镇。目前，全县黄瓜日光大棚由2015年的3.5万亩（1亩=666.67平方米）发展到2019年的10万亩。通过建设特色小镇，小黄瓜铸就了大品牌并与国内最权威的黄瓜研究所——天津科润黄瓜研究所合作，推出的"馆青"黄瓜连续荣获国家绿色食品博览会金奖和中国国际农交会金奖。"获奖"黄瓜每斤可多卖5角钱，仅此一项即可年增收4 000余万元。目前，黄瓜日交易量已突破20万斤（1千克=2斤），年销售额高达3亿元。馆陶黄瓜还被确定为北京冬奥会指定产品。世界黄瓜看中国，中国黄瓜看馆陶正在成为现实。

图5 黄瓜小镇

2. 羊洋花木小镇

该小镇（如图6所示）将传统养羊业和现代花木种植业高度融合，整合为活羊交易、苗木花卉种植和休闲旅游于一体的羊洋花木小镇，是整合

产业的典型案例。目前，小镇已建成高标准的养殖园区，由家庭散养转化为集中养殖，建成了冀中南地区最大的活体羊交易市场。村内流转土地全部用于花木产业，形成"四村两湖一河"的天然森林氧吧，建成冀南地区规模最大、品种最全的生态主题公园。2018年，为实施县城突破战略，加快推进羊洋花木小镇与主城区融合发展，馆陶构建了涵盖4个村庄的南城公园，实现村庄即公园、小镇大县城。

图6 羊洋花木小镇

（三）工业小镇——以轴承小镇为例

轴承小镇距离县城28千米。该镇的轴承产业起步早、发展快，距今已有30余年历史，获得"中国轻工轴承之乡""河北省中小企业公共技术服务平台"等荣誉。该镇带动轴承加工户2 000余户，吸纳从业人员3万余人，年加工能力45亿套，占国内微型轴承市场份额60%以上，销售网遍布全国并延伸到东南亚。该镇产品适用于各类轻工业设备、小微型电机、门窗家具、办公器材、仪表仪器、激光打印雕刻等相关领域，且已建立起技术较为成熟、较为科学的轴承加工工业体系，产业特色明显。2018年，首个"轻工微型轴承"团体标准在此诞生，对国内轴承行业发展具有较强的指导意义。

（四）康养小镇——以彭艾养生小镇为例

作为千年古县，馆陶有着种艾用艾的传统，养生鼻祖——彭祖晚年在古馆陶修行，教化百姓种植艾草，防病济世，历代相传。彭艾养生小镇（如图7所示）是结合彭祖养生文化形成的康养小镇，建有太极广场、彭艾养生广场、体验馆、研究院、珍藏馆等特色景点，以全国最大的古法艾绒生产基地和全国最大的艾灸培训基地为目标，构建"彭艾文化、中医养生"的健康品牌。彭祖（世界）艾产业博览会成功举办，"南有蕲艾、中有宛艾、北有彭艾"的格局基本形成，助推彭艾产业成为扶贫产业、健康产业、文化产业。

图7 彭艾养生小镇

（五）文教小镇——以教育小镇为例

教育小镇（如图8所示）隶属路桥乡，是全县最偏远的一个贫困乡镇，原来没有什么名气，关注度也不高。县里在一次调研时，听乡镇党委书记透露，当地王桃园村出了很多大学生，于是让教育局进一步了解情况，结果非常令人惊讶。高考制度恢复以来，该村125户人家考出了100多位学子，几乎家家户户都有大学生。后来在建设美丽乡村中，王桃园村把教育当成资源、当成卖点，做起教育旅游产业，名之为教育小镇。目前，教育小镇恢复了文庙和陶山书院，建设了昆虫馆、农耕园、麦场游乐园、华夏第一磨、小学旧址、乡村音乐厅、书画工作室、百年石等教育类景观，形成以"开悟、励志"为主题的"圆梦课堂"品牌，乡村旅游业发展势头强劲。现在的教育小镇已经是远近闻名的教育"圣地"。

图 8　教育小镇

五、启示与体会

馆陶依托美丽乡村发展特色小镇的做法,经历了从不认识到认识、到再认识的过程,锤炼出了从迷茫到迷恋的探索创新精神,把不可能变成可能的挑战拼搏精神,夙兴夜寐、激情工作的忘我奉献精神,这是最宝贵的经验。

启示之一:特色小镇需要特色的主导产业。党中央提出精准扶贫、精准脱贫。什么是贫困?是因困而贫。解了困自然就脱了贫。困在哪儿?农村没有致富产业,只靠"输血",不能持久,"授之以鱼不如授之以渔",乡村振兴的主要矛盾是产业。特色小镇建设的首要任务是明确产业基础和发展方向,否则走不出"两年过后又回到原点"的怪圈。馆陶通过挖掘、外引、培育等途径做强特色产业,特色就是赋予文化的差异化,走出一条"产业+文化+体验+电商+信誉"的新路子。

启示之二:特色小镇需要持之以恒的定力。乡村振兴是一个艰巨的系统工程,面对特色小镇这一重大课题,必须考虑可持续发展问题,必须有功成不必在我的定力。做特色小镇不只是在城市周边或者城乡接合部,更应该把视角延伸到广阔的乡村大地,乡村同样可以做特色小镇。做以美丽乡村为载体的特色小镇更加复杂，产业培育、建设运营、资金回报周期更长，要用做事业的心态去经营小镇。

启示之三：特色小镇需要合理规划、因地制宜。平原地区小镇规划有其特殊性，应遵循"精准定位、总体把握、逐步完善"的思路。小镇规划不同于桥梁、楼房规划，属于"非标产品"，由于自然条件、人文资源、发展基础、目标定位不一样，不存在可以"一刀切"、完全靠复制的小镇。

启示之四：特色小镇需要专业人才队伍。人才是乡村建设最迫切的现实需要。在特色小镇建设过程中，最纠结的不是钱而是人，最需要的是懂农业、爱农村、爱农民的"三农"队伍。现在的农村大都看不到青年人，只靠留守妇女、老人和儿童建设美丽乡村是不可能的。馆陶探索成立"美丽乡村大学"，面向社会招生，目的就是为乡村建设培养人才。

综上所述，在乡村振兴战略背景下，以美丽乡村为载体的特色小镇蕴含着巨大的发展空间，乡村实现就地城镇化（村镇化）是一次发展机遇，是城乡融合发展的一种必然趋势和有效路径。

乡村振兴战略下贵州石门坎文物保护利用的"民族文化"扶贫路径

■ 汤雅乔[①]

乡村振兴战略是党的十九大作出的重大部署。实施这一战略的目标原则、远景谋划经2018年中共中央、国务院印发的《乡村振兴战略规划（2018—2022年）》得以明确。到2020年全面建成小康社会这一时间节点之前，一方面，脱贫攻坚成为贫困地区与乡村振兴进行战略对接的重要抓手；另一方面，乡村振兴战略也为更好地推进脱贫攻坚提供了方向指引，有助于贫困地区基于自身禀赋优势实现后发赶超。

地处威宁县西北部的石门乡作为贵州省20个极贫乡镇之一，不仅借党的十九大"坚决打赢脱贫攻坚战"政策的利好东风夯实了脱贫基础，还在省、市、县的持续帮扶下跃升为如今备受关注的政治高地、民生福地和攻坚阵地。在此背景下，基于石门乡人民政府驻地的省级重点文物保护单位——石门坎光华学校旧址的保护利用，通过深挖其独具特色的民族文化资源禀赋，不仅对于促进群众内生动力形成、助力乡村社会经济的可持续发展意义重大，而且能够实现与乡村振兴战略目标的更好对接。

一、石门坎文物本体历史沿革

石门坎地区自古生存环境恶劣，地区居民以苗族中的一支"大花苗"为主。清光绪年间举人李约翰曾用"天荒未破，畴咨冒荆披棘；古径云封，遑恤残山剩水"描述此地。物质环境匮乏对能动者带来的影响往往具有两

[①] 基金项目：贵州省艺术科学规划重点项目"石门坎文物保护扶贫价值研究"（编号：16GA02）阶段性研究成果。汤雅乔：女，汉族，湖南长沙人，产业经济学硕士，贵州省文化艺术研究院馆员，贵州省生态文明研究会常务理事，贵州省艺术科学学会理事，主要从事产业经济、文化发展战略研究。

面性，即"约束或帮助"。唐世平教授将其提炼总结为物质环境对能动者的行为塑造。据《威宁彝族回族苗族自治县民族志》载：1905年春，英籍基督教牧师柏格理来到石门坎，计划以教会投资和民助办法修建教会和学校。同年3月，经与威宁大官寨彝族土目安荣之商议，柏格理获赠石门坎内600平方英尺土地。10月，以当地苗族群众自筹资金为主，群策群力制造砖瓦、石灰，运送木材，在短时间内建起了一座房屋（教堂兼学校）。11月，滇黔川第一所少数民族学校诞生，即"石门坎光华小学"。由此，光华学校在石门坎几代人的不懈努力下，建筑规模不断扩大（光华学校旧址历史沿革具体见表1）。鼎盛时期，整个石门坎区域扩展至方圆2平方千米，大小建筑共40余栋（组）。原本"瘦瘠异常""不便稼穑"的石门坎实现了华丽蜕变，创造出苗族史上多个第一：培养出苗族第一位医学博士；结束了苗族无母语文字的历史；在中国首创和实践双语教学；开创中国近代男女同校之先河；创办乌蒙山第一所苗民小学；设立威宁县第一所中学；创办乌蒙山区第一所麻风病医院；建立中国第一所苗民医院；成为乌蒙山区第一个接种牛痘预防天花的地方。石门坎因其突出成就一度被誉为当时"西南苗族最高文化区"和"苗族文化复兴圣地"。

表1　石门坎光华学校旧址历史沿革简介

序号	文物名称	历史沿革
1	石房子（牧师宿舍）	始建于1937年，由高志华牧师设计，次年竣工，因整栋房屋均由条石堆砌而得名。建筑落成前，高志华遇刺身亡。2006年修缮，用作石门坎历史文化陈列室
2	长房子（办公室）	始建于1912年，曾为光华小学高等教导处、光华小学中等教导处、辅道公会石门坎教区宗教文化教育总部、中华基督循道公会西南苗疆部教育委员会等的办公场所
3	女教师宿舍	始建于1907年，用于从外地聘请来的女教师住所，建筑经修缮现保存完好
4	麻风病院	始建于1921年，主要由门诊部、住院部、福音堂、1号病房、2号病房、3号病房、运动场等建筑组成。2006年，北京光华慈善基金会捐资修建单层砖混结构宿舍，麻风病人从麻风病医院门诊部和住院部迁出
5	小砖房（教师宿舍）	始建于1948年

续表

序号	文物名称	历史沿革
6	足球场	始建于1910年。1924年石门坎地区遭遇大荒年,为救济灾民,也为学校开辟足球场地,光华小学以工代赈,在学校的山下挖出一个比较标准的足球场,为之后足球运动在石门坎地区的普及和发展奠定了良好的基础
7	游泳池	始建于1912年,泳池四周建有夯土墙。1913年5月端午运动会上正式启用,现游泳池主体建筑仍在,夯土墙则因遭受破坏仅剩残垣断壁
8	柏格理、高志华墓	柏格理墓建于1916年,高志华墓建于1938年,20世纪90年代对两座墓进行了修缮
9	石梯路	始建于1905年,为方便从昭通运送砖瓦到石门坎修建教堂和学校
10	女生宿舍遗址	始建于1912年,垮塌时间不详,现仅存西次间正立面和西侧立面部分墙体
11	灵修室遗址	始建于1948年,由朱焕章主持修建,是牧师与信徒们共商议事的场所,于1993年垮塌
12	奶羊场遗址	始建于1936年,1948年地震中倒塌
13	大礼堂遗址	始建于1912年,1948年地震中倒塌,现为4层中学教学办公楼
14	平民医院遗址	1905年学校成立之初即已设立药房,1930年,苗族医学博士吴性纯回来将之扩充成为平民医院;1942年,改为石门坎实业推广部,现建筑已无存
15	邮政代办所遗址	始建于1932年,国外邮件只要写有"中国石门坎"字样均可邮寄至此,现邮政代办所建筑已无存
16	大砖房遗址	始建于1905年,1946年重建为实木结构。新中国成立后改为学生寝室。1962年遭遇火烧,建筑损毁一半,原址现为篮球场
17	福音堂遗址	始建于1905年,在1948年地震中倒塌。1957年在原址新建了工字房作为乡教辅站办公室
18	栅子门遗址	原栅子门已毁,栅子门为当年石门坎通关驿道,是云贵川三省客商马帮必经之地
19	孤儿院遗址	始建于1932年,现建筑已无存

资料来源:贵州省文物保护研究中心

二、乡村振兴战略下石门坎文物保护利用的"民族文化"扶贫价值

《中共中央 国务院关于实施乡村振兴战略的意见》将摆脱贫困作为实现"乡村振兴"的前提,强调要瞄准贫困人口精准帮扶、聚焦深度贫困

地区集中发力、激发贫困人口内生动力，以坚决打好精准脱贫这场对全面建成小康社会具有决定性意义的攻坚战。具体到石门坎地区而言，其文物所承载的"民族文化价值"，可促进实施乡村振兴战略与打好精准脱贫攻坚战的有力对接。

首先，石门坎相关历史遗存是乌蒙山苗族人民应对自然环境"约束或帮助"下自我创造和发展的记忆载体和叙事依托。正是在地区能动者对自然环境"约束或帮助"的克服运用下，石门坎一改贫穷落后、闭塞孤立的状态，跃变成为远近闻名的"西南苗族文化最高区"以及附近地域争相模仿的现代性"样板"。伴随对石门坎相关历史遗存的梳理，地区能动者为求突破的自我塑造和价值重构过程得以显现：以光华学校校舍、教师宿舍保证教育主体空间；在课程安排中拓展学科门类以促进苗族子弟的文化水平、科学素养普遍提升；修建游泳池、足球场等体育文化设施，令民众体质得以强健、旧时陋习得以移除；打造石阶小道，改善石门坎地区的进出交通，开阔村民眼界；精心维护社区内树林、花园，令文明新风得到倡导。此外，还逐步完善小纺织厂、乡场、医院、孤儿院、麻风病院等功能性建筑，不断提升社区现代化水平，从而促进形成一个包容完整的地域共同体，亦令周边落后地区得到带动。本质上，石门坎文物是过去"石门坎现象"的见证者，它见证了光华小学教学环境开放、人才交流无阻的文化繁荣景象；见证了苗族子弟突破自我、自立自强的价值观建构过程；见证了苗民自主参与、合力共享的乡村建设成果。保护利用石门坎文物，即是对石门坎苗族人民文化精神的深入解读与传承弘扬，让其明晰自己的"来龙"，从而更好地把握自身的"去脉"。

其次，保护利用石门坎相关历史遗存促进了"民族文化"的多元扶贫路径拓展。作为特定历史时期的叙事依托，石门坎文物承载的民族文化内涵至少可提炼为三方面：自由平等、薪火相传的教育理念；绝境求生、自强不息的奋斗理念；凝聚力量、众志成城的团结理念。这三方面共同构建了石门坎民族文化内核，彰显出鲜明的精神特质。以文物保护利用为依托，石门坎民族文化可充分发挥其在精神和物质层面的扶贫功能：通过立足文物提升打造石门坎民族文艺精品，注重民族资源禀赋在开展公共文化服务中的作用发挥，提升对民族文化作为石门坎文物旅游产品打造中重要元素的认识，以探索民族文化助推脱贫的多元路径，进而全面发挥民族文化在脱贫攻坚中的"励民、惠民、育民、富民"价值，从更高层面更好对接石门乡产业兴旺、生态宜居、乡风文明、治理有效、生活富裕的振兴目标。

三、乡村振兴战略下石门坎文物保护利用的"民族文化"扶贫路径

乡村振兴战略的提出为贫困地区脱贫攻坚指出了新的方向。围绕决战脱贫攻坚、决胜全面小康，理解、把握石门坎"民族文化"的多重扶贫价值，应基于石门坎文物的保护利用，聚焦当地群众内生动力的形成，从而进一步提升群众主体意识，增强文化自信，推动地区形成"底线"与"高线"有机对接的可持续发展模式。

第一，依托石门坎文物保护利用，实践民族文化励民功能。文艺精品能赋予石门坎文物新的生命力，使历史遗存承载的民族文化价值得到现实转化，使石门坎前人的自强观念、自觉意识、团结精神被有效感知。目前，依托石门坎文物打造民族文艺精品的力度还远远不够，依托民族文艺精品的品牌传播力增强当地发展内生动力，助推经济增长、乡村繁荣的作用尚未发挥。因此，应以文艺精品的形式对石门坎民族文化进行建构性打造、品牌性传播，包括广泛组织专家赴石门坎开展艺术创作采风活动，从展现民族百年历史变迁的角度对石门坎文物进行精品孵化；综合多类艺术形式彰显石门坎历史和现实、自然和人文、开放和包容等诸多方面的精彩传奇，促进石门坎苗族人民优良传统和优秀品质的广泛传颂，等等。同时，要以更加包容的意识和开放的视野讲述石门坎的"老故事"和"新故事"，既要围绕石门坎文物叙述过去"苗族教育发展和乡村建设"的"百年故事"，使村民在前人自强不息、合作奉献的主体精神感染下激发内生动力；又要结合今天石门乡不畏艰难、戮力攻坚的"三鞋干部""十户一体"的自治脱贫模式发出新时代"好声音"，使静止、尘封的历史文物焕发新的生命力，使石门坎民族文化在脱贫攻坚、决胜小康的伟大实践中实现价值内涵的新转换。

第二，凭借对石门坎文物的保护利用，激活民族文化惠民、育民效能。

陈列展览是石门坎文物开展公共文化服务的最佳切入点，展陈水平的高低对石门坎"民族文化窗口"的"惠民"效果影响深远。应在定期清理维护展陈建筑、紧扣展品内涵提升策展水平的基础上，围绕观者诉求进一步规划营造石门坎文物穿越百年的厚重历史氛围，彰显石门坎苗族人民鲜明的精神文化特质。与此同时，注重在"惠民"资源优势发挥的基础上丰富公共文化服务的形式和内涵，以满足不同层面群众的多元文化需求并进一步激活石门坎民族文化的"育民"效能。如，扩展文物核心区学术研究、文化交流使用，在研究和交流中强调将石门坎这一案例纳入"和而不同、多元一体"的中华民族文化视野，整合黔滇川等省苗学民间组织形成资源联动，广泛开展石门坎文物保护研究、石门坎文化现象研究、苗族教育发展研讨等；以石门坎发展经验和苗族主体性建设理论研究指导当下文化教育实践，探索建立石门坎少数民族文化特色示范学校，加强区域间苗族文化交流以促进民族文化教育水平整体提升。又如，开展"大花苗民族文化记忆工程"，以抢救民族传统文化，收集整理大花苗族群资源，围绕该民族历史脉络、文化印记、迁徙轨迹等展开价值梳理和现实转化，唤醒石门坎民众的民族记忆，让大花苗珍贵的民族文化荣光重现。

第三，借助石门坎文物保护利用，发挥民族文化富民功能。基于不可移动文物保护和利用的双轨并进，进一步规划整合以提升民族文化内涵在旅游产品中的比重，从丰富就业供给、促进多元增收的角度布局，发挥民族文化富民效能。一方面，要科学规划功能分区，核心区和过渡区的划分有助于景区结合实际充分发挥功能效用。过渡区的设置能够促进游览氛围营造和商业服务展开，如香港迪士尼乐园以"美国小镇大街"作为过渡区，通过各类街市建筑和市镇会堂营造怀旧氛围、吸引消费；又如，成都大熊猫繁育研究基地将入园的熊猫大道开辟为过渡区，发挥熊猫文化展示和基地参观引导作用。由此可见，石门坎文物景区应打造完善旅游过渡区，于主入口（石门）、次入口等附近设立游客中心，提供餐饮休闲、景点指引、咨询等服务以烘托核心区旅游参观氛围。针对核心区的亮点提升，则应策划更具石门坎历史遗址和民族文化特色的旅游产品，如"活化"邮政代办所遗址，推出"石门坎邮局"主题活动，基于石门坎苗文意象研发系列文创产品；规划足球场用于苗族传统项目体验，营造"百年石门坎"的运动活力氛围等。另一方面，应加强景区整合能力，立足文物观光与区域内民族文化资源进行战略整合，培育以石门坎文物要素为主导，以相关文物保护单位、博物馆、非物质文化遗产保护利用设施和实践活动为支撑的体验旅游、研学旅游等。采取以石门坎文物景区为统揽，整合周边特色苗寨——石头寨、年丰村等乡村旅游景点并结合加强村寨景点建设的思路进行优化；同时，大力发展石门坎民族文化演艺旅游，推动旅游实景演出发展，打造石门坎民族节庆旅游品牌等，通过区域内旅游资源的横向流动实现旅游产品多元化，从而促进文化与旅游深度融合，多渠道助推村民收入增长。

乡村振兴战略路径探析
——以陕西咸阳范李村为例
■ 高文智[①]

为深入贯彻十九大精神,落实乡村振兴战略,实现乡风文明、生态宜居、产业发展、人民幸福的愿景,结合陕西咸阳市地方志办公室帮扶该村的实际,在坚持内外因辩证关系和矛盾特殊性关系原理的前提下,通过探析该村在乡村振兴战略实施过程中的发展路径,充分激发群众从"要我富"到"我要富"的内生动力;发挥帮扶部门优势,因势利导协助其发掘村情文化资源,不仅使群众富裕,而且使村集体经济建立起来,并且有文化软实力的支撑,更进一步向乡村振兴迈进。

一、乡村振兴的哲学基础——内外因辩证关系和矛盾特殊性原理

唯物辩证法告诉我们:内因(即事物的内部矛盾)是事物自身运动的源泉和动力,是事物发展的根本原因;外因(即事物的外部矛盾)是事物发展、变化的外部原因。内因是变化的根据,外因是变化的条件,外因通过内因而起作用。在乡村振兴过程中,村组干部群众是其内因,是推动乡村振兴和实现个人致富奔小康的内在因素,外界的帮扶是推动村集体经济发展外部因素。如果要推动村上各项事务的开展,就必须紧紧抓住村组干部群众这个大多数和内因,如果这个内因抓不好或不配合,单靠外在的帮扶,那只能是"输血",永远不会自己"造血"。如果一味增加外部因素的权重而忽视内部因素的整合和发展,显然是舍本逐末的做法。因此,实现乡村振兴,必须首先明确内外因辩证关系原理,以科学的理论为指导,抓内因和主要矛盾,然后借助外因和次要矛盾助推事物向前发展。

同时,我们要坚持矛盾的特殊性原理,推动乡村振兴因地制宜开展。

[①] 高文智:陕西师范大学文学院中国古典文献学专业博士。

乡村振兴是一个共同愿景，如同共同富裕，不是同时一起富裕，而是最终的目的是都富裕，乡村振兴亦是如此。

中国的乡村数量庞大、村情千差万别。就陕西咸阳地区而言，其辖下行政村有1 864个，自然村个数更多。因此，如何使这些乡村在乡村振兴战略实施过程中真正发展起来，须认真慎重地加以考虑。这就须坚持矛盾特殊性原理，立足于每个村的实际，充分考虑村情实际。

二、激发群众内生动力，谋划村集体产业，夯实乡村振兴硬实力

乡村振兴，村集体经济是关键。从社会经济发展角度而言，当前高速发展的社会生产力，势必要求有与之相应的社会生产关系来匹配，这是生产关系要适应生产力发展的基本要求。党的十九大报告中明确提出"中国特色社会主义进入新时代，我国社会主要矛盾已经转化为人民日益增长的美好生活需要和不平衡不充分的发展之间的矛盾"。咸阳市地方志办公室驻村工作队助推帮扶村——范李村进行乡村振兴的过程，就是在坚持马克思主义哲学原理和当前中国社会主要矛盾的前提下，实事求是，与村两委干部依据范李村的实际，在调查研究基础上因地制宜，最终确定该村产业发展方向的。

首先，观念更新促换代。范李村从20世纪起就有发展杂果经济的历史，其中杂果类型主要为：苹果、桃、柿子、杏和葡萄等，其中尤以苹果和葡萄占主导。随着社会经济的发展,苹果种植逐渐退出范李村杂果经济的范围，代之而起的是鲜食桃子、鲜食葡萄和酿酒葡萄等，另外夹杂其他果木经济作物，如皂角、国槐、枣、梨和核桃等（见表1）。

表1 范李村果业类型分布及面积

乡镇名	果园（亩）						
	苹果园	枣园	桃园	杏园	柿子园	梨园	葡萄园
兴 隆	740.5		451.7		17.2		402.9
白 王	784.9		297.8	40.7	65.4		886.6

从表1可以看出，范李村所在乡镇的葡萄园总面积为1 289.5亩。

陕西省泾阳县历来有"百果之乡"的美称,泾阳县范李村地处渭北旱塬腹地,具有发展葡萄与葡萄酒产业得天独厚的生态条件,如海拔较高、光照充足、热量丰富、土层深厚、昼夜温差较大等,是生产葡萄与葡萄酒的最佳区域之一,主打的传统葡萄品种有"户太八号"等。然而,传统种植习惯与思维模式限制了该村葡萄品质的更新换代,尽管有最新的葡萄品种引进,还是少有人愿意尝试。如自2007年从日本引种的欧美杂交葡萄品种"阳光玫瑰"(Shine-Muscat,别名:夏音马斯卡特、耀眼玫瑰),果实含糖量较高,香、脆、甜,玫瑰香味较浓,是目前综合评价品质较好的葡萄品种。虽然该品种在全国各葡萄产区已经普遍种植,但在范李村种植此品种的农户仅有三四户,而且都非葡萄种植大户。2017年,"阳光玫瑰"葡萄客商上门收购价格为每斤人民币10元以上,远高于普通品种每斤2元到3元的价格;2018年,"阳光玫瑰"葡萄客商上门收购价格约13.5元/斤,也远高于普通葡萄品种2.6元/斤的收购价格;"阳光玫瑰"在南方的市场价格则一度达到80元/斤。因此,驻村工作队和村组干部针对农户种植葡萄的实际,聘请葡萄农技专家到村指导,村文书联合村葡萄合作社负责人率先示范,分别在自家葡萄园广泛种植,以消除群众胆怯心理,增强种植新品种的信心,从而带动群众更新葡萄品种,种植优质葡萄。村里还带动群众进行"阳光玫瑰"葡萄种苗的繁育工作和套种,承诺在果树正式挂果之前可以通过售卖种苗和套种赚取收益。

其次,整合集体流转土地萌生机。范李村所属地区白王乡的土地类型主要为川水地和塬水地。20世纪末至今,主要通过引水张家山水库和灌溉用水井,水浇地面积覆盖率达92%以上(见表2)。仅剩不到8%的旱地全部分布在洪沟周边,主要为地面开阔度小于250米的沟谷旱地、坡度大于6度的梯台旱地以及地面坡度大于6度的旱耕地等类型,计约500亩,土质为黄绵土。

表2　20世纪90年代水浇地面积分布情况统计（单位：亩）

乡镇名称	滩水地	川水地	沟水地	梯水地	塬水地
云阳	460.5	45 447.6			
蒋刘	1 146.9	349.4			19 035.6
高庄	3 809.4	14 438.9			5 599.7
燕王		29 748.6	11.1		
太平	1 287.5	32 893.1	1 030.5		11 428.1
兴隆		1 963.0			31 522.0
白王		1 587.0			24 340.0
合计	222 682	478 647.8	1 264.8		154 282.1

新一届村两委班子成立后，在驻村工作队的协助下，整合分布在村西南方向洪沟沿岸的村集体流转土地约200亩——因长期种植和管理不善，此处农田基础设施薄弱，荆棘丛生（如图1所示）。

图1　荆棘地

在此条件下，有两种药用经济作物可以生长，可是这两种中草药品质不高、产量有限。如柴胡原本生长在沙质草原、沙丘草甸和阳坡疏林下，具有和解表里、疏肝升阳之功效，主要用于感冒发热、寒热往来、胸胁胀痛等。根据当地卫生工作人员实地调查发现，本地产柴胡每亩产量仅二三十斤，根茎细长（如图2所示），当地市场收购价格才6元左右，远低于其他地区高品质柴胡每斤24~75元的价格。

图2　本地产柴胡

还有一种具有安神益智、祛痰消肿功能的中草药远志（如图3所示），又名葽绕、蕀蒬等。虽然市场行情比柴胡稍微好点儿，当地的收购价格为每斤12元左右，但也远低于30~180元的优质远志价格，而且亩产不高。

图3　本地产远志

因此，本着"合理规划、科学开发、节约成本"的原则，按照目前村所属镇的统一布局，如北部沿山地区重点发展山地抗旱作物等的规划要求，结合本村实际整合并开发利用此处土地。花椒属于耐旱作物，与此地荆棘丛生的枣刺有相似特性。另外，它属药食两用作物，市场接受面较为广阔，而且容易保存、采摘期集中，平时管理也不用太精细，省工省力，符合本村常住青壮年劳力少的现实。所以，村两委干部和驻村工作队发动村民对该村洪沟沿岸约 200 亩被枣刺所占据的集体流转土地进行平整，同时依托帮扶单位——咸阳市地方志办公室从外部寻求花椒种植项目，当集体流转土地平整好之后，花椒项目也谈下来了。村两委干部、驻村工作队和群众一起利用一周时间将 200 亩花椒种植完毕并及时做好管护工作。至此，范李村花椒产业园初步建立。但是，后期管护依然是该产业园发展的关键。因此，又针对该产业园存在的短板项目及时进行补足，如道路问题、灌溉问题等。俗话说"要致富先修路"，村组干部和帮扶部门继续争取农田基础设施建设项目，将通往此处的生产道路予以硬化。另外，争取农田灌溉用水井和 U 型渠衬砌项目或滴灌项目支持，使此处土地和周围群众田地能够及时得到灌溉，保种保收。真正让这一片集体流转地有人种、能成活、运得出、保丰收。

在村集体产业筹建的同时，村两委深入考虑该产业园后期发展方向：一是采摘售卖，带动贫困劳动力增收致富；二是产品深加工，依托当地其他花椒园区，如与北边的白马杨村、南边的双槐村合作打造由北向南一条总面积达 1 500 余亩的花椒种植带，对花椒产品进行深加工后售卖；三是以花椒产业园为基础，发掘该村文化资源优势，规划观光采摘体验游项目。

三、发挥帮扶部门优势，发掘村文化资源，构建乡村振兴软实力

脱贫攻坚进入倒计时阶段，在各项指标都已达标前提下，不能故步自封、止步不前，而应充分发挥帮扶部门的优势，推动该村积极对接乡村振兴。

咸阳市地方志办公室，一个秉持着修志、存史、资治功用的文化部门，在其所帮扶的范李村乡村振兴过程中，从发挥自身部门优势的角度出发，协助范李村发掘整理该村文化资源，积极弘扬中华民族优秀文化，为该村振兴提供智力支持，主要表现在以下三点。

第一，梳理村情沿革，为该村寻找时空定位。通过查阅资料，现存

最早的县志——葛晨纂修的《泾阳县志》卷二（乾隆）《建置志·乡里》中已有关于该村的记载："金圭乡在县北五十里……范村里，在县西北三十五里。"由此可知，该村至少在清乾隆之前就已经形成村落形态了。

另据道光《重修泾阳县志》卷六记载："范村里，十一村。范村、岳家坡、张家山、苗家村、高家村、范村李家、祁家村、宗家沟、白马宫、张胡山和木梳湾。"（如图4所示）

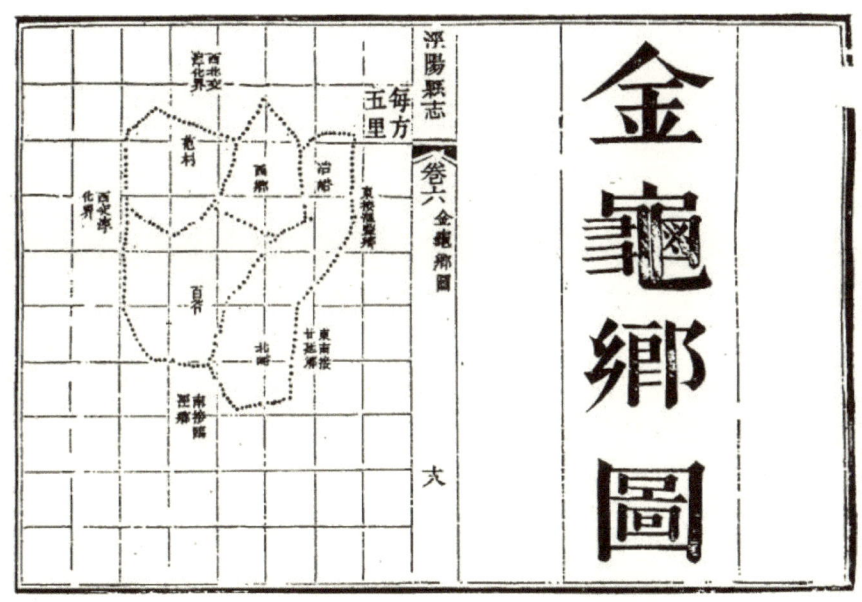

图4　清道光年间《重修泾阳县志》中的金圭乡

另据载，"金圭乡：在县西北三十里，西南界泾水，西北境与淳化、醴泉接，百谷、石桥两镇属焉。议事则总查集各里正副于社仓公所。统里六：曰石桥、曰范村、曰北赵、曰北峪、曰北谷、曰李方。堡十有二，村六十有九"。（如图5、图6所示）

由上可知，该村在清代和民国初年，依然以"范村里"为名辖于金圭乡。

图 5　清宣统《重修泾阳县志》县境

图 6 清宣统《重修泾阳县志》金圭乡

民国时期，该村一度属金圭乡和百谷乡辖。中华人民共和国成立后，该村属七区辖。1956年撤区并乡，该村由新成立的白王乡辖。1958年12月，该村为石桥人民公社白王管区。1961年白王人民公社成立，辖范村李等13个生产大队、88个生产队。1984年5月，恢复乡建制，该村依然为白王乡下辖。1989年白王乡下辖15个村民委员会、88个村民小组、3 944户、19 318人，范村李就在其中（从1961年一直到20世纪90年代，该村名为范村李，此前的称谓则为范村里。至于现在的称谓范李村，当是20世纪90年代撤乡并镇合村后的事了）。据2011年《陕西省发布撤乡并镇及部分乡镇行政区划调整公告》"撤白王镇并入兴隆镇"可知，该村所属乡与兴隆镇合并。至2015年撤乡并镇完成后，该村为所属新的兴隆镇辖18个行政村之一，包括上祁家、下祁家、西张堡3个自然村。全村6个村民小组，常住人口403户1 598人，耕地面积2 300亩。人均耕作土地约1.24亩。该村位于北仲山脚下，距原白王乡街道500米，距现兴隆镇10余千米。粮食种植主要为小麦和玉米，面积约963.3亩；经济作物主要以葡萄、桃为主，面积约395.3亩。此外还有苹果、皂角、油菜、国槐、杏、枣、椒树、梨树、核桃、桐树、牡丹、苗圃、梅李和柿子等。养殖业主要以奶山羊和生猪为主，杂以牛、鹌鹑、鸽子和鸡等。该村东北1.5千米处有陕西省第一批重点文物保护单位之一的唐宣宗贞陵，西北5千米处有张家山风景旅游区，西10千米处有礼泉袁家村。

第二，发掘整理该村文化资源，弘扬传统文化，为该村振兴奠定文化软实力。正所谓"郑渠首，唐王冢，北仲山上草覆土，他年青山埋忠骨。四桂祠，三升碑，万国寺空育儿孙，乡村振兴看此村"，帮扶部门依托范李村特有的史地传承，协助发掘该村文化资源，先后发掘整理了明代张四桂事迹、清代祁三升事迹和万国寺遗址等。如首先发掘整理明末清初该村人物祁三升事迹后，引起了一定的社会反响。当微信公众号推出"都督祁三升"这条文化信息后，现在西安经商的祁三升后人中的一支依照在商洛档案馆影印的族谱寻根至此，认祖归宗，体现了中华民族"怀恋故土、不忘根本"的民族情怀。

另，查阅资料整理了该村明代烈女张四桂事迹。张四桂，其父早亡，与其母相依为命，贤良淑德。其邻里有个叫王宰的少年，看上了四桂，先是让附近娼妓为说客，四桂怒骂娼妓。王宰未能得愿，于是趁四桂母外出之际，从她家后院翻墙而入，意欲侮辱四桂。四桂不从，终被残忍杀害。后来当地行政长官为表其贞烈，为其建祠立碑，碑记原文流传至今。张四桂身上体现的女性自尊自爱、不畏强权、敢于反抗的精神流传至今。其具体事迹可见明代郭郭所撰《张烈女祠碑记》。

继而，梳理近代以来该村红色基因的传承和革命先辈的活动情况。范李村属于白王片区，东与白王村相邻，北部与白马杨、崔黄村等相连，西与西苗村毗邻，南与太和村接壤。革命战争年代，该村及其周围就已成为党的思想文化宣传的桥头堡，"他们带上革命标语和《告劳苦群众书》到处散发；召集群众，发表演说。……（苗）家祥在范村李万国寺（今范李小学。作者注）讲话，慷慨激昂，动情处，声泪俱下"。也因此，在该地文化传播的重点区域——九娘庙小学（今白王中学。作者注），共产党员李润诚进校执教时，就已经接收边区下来的党员陈汉亮，进而发展党员3人并成立了支部，受泾阳县工委领导。同时，该村及其周围广大群众也深受早期党的主要领导干部的关怀和帮助，如刘志丹率领红二十六军第二团700余人在西苗村驻扎时曾召开群众大会，对苗家祥游击队的成绩和靠拢红军的积极性给了充分肯定。同时，刘志丹"代表渭北游击队总队授予苗家祥'陕西渭北游击第二大队'队旗和印章三枚"。另外，因为该村所在区域是经关中北上陕北苏区的必经之地，战略意义重大，早在共产党泾阳地下工委成立后，我党就在北仲山脚下建立了交通站——口镇赵春喜开的酒店。"著名的爷台山战役前，习仲勋派人送来亲笔信，让赵春喜将口镇一线的敌情了解清楚，及时报告给警三团（关中警备区第三团，群众习称红三团。作者注）"。

第三，范李村尽管处于咸阳北部旱原地带，但是依托张家山水库的区位优势，不仅有便利的灌溉条件，而且随着张家山旅游风景区的开发和运营吸引了大批游客来到本地。另外，唐贞陵虽然位于崔黄村东北、北仲山南麓，但距离该村只有两三千米远。位于该村西南约20千米、距唐太宗昭陵10千米的礼泉县烟霞镇袁家村，现已形成以昭陵博物馆、唐肃宗建陵石刻等历史文化遗迹为核心的点、线、带、圈一体的旅游体系。拥有优越地理位置条件的范李村，可以借势发展，通过帮扶部门协助，发掘本村文化资源优势，一起向社会推介。同时，结合该村逐渐形成的花椒产业园和更新后的葡萄品种等，在支部引领下，发展"产业＋文化旅游"新模式，拓宽群众增收渠道，真正实现乡村振兴。

四、结语

2018年9月，中共中央 国务院印发《乡村振兴战略规划（2018—2022年）》，提出"必须传承发展提升农耕文明，走乡村文化兴盛之路"，并指出"实施乡村振兴战略是传承中华优秀传统文化的有效途径"。一个没有文化根基的民族是没有希望的，一个有着深厚文化底蕴却没有被继承和发扬光大的地区，也是足以令人遗憾的。为了让远去的历史依然清晰，让优秀的文化依然鲜活，陕西省咸阳市地方志办公室发挥自身优势并结合被帮扶村的特点，坚持内外因辩证关系和矛盾特殊性原理，以党支部为引领，坚持文化和产业两手抓、两手都要硬，以文化促产业、以产业兴经济，以经济强文化、以文化强经济，围绕乡村振兴逐步形成文化、产业、经济相互促进、相互繁荣的和谐发展局面。

【特色文化产业青年调研】

导言（主持人：卢世主①）

卢世主

实证调查是文化传承与特色文化产业研究的重要内容。通过跨国比较、区域比较、村落社区比较等多层次的实证比较研究，梳理我国实施文化传承创新模式的地方经验，提炼其他国家或地区推进特色文化产业的正反经验，把握我国文化传承与特色文化产业基本格局的现状、问题与经验。

通过实证研究，建立文化传承与特色文化产业的区域类型及村落类型的分类体系。通过建立区域类型与文化产业的分类体系，再从每种类型当中选择典型个案进行实证研究，从而有利于准确把握中国当前文化传承的总体发展状况。

明确不同地区文化资源的基本类型，探索推进文化资源整合的路径，实现文化资源的整合利用。首要任务是对文化资源进行调查摸底、划分类型，以便分类施策，充分发挥本地文化资源的优势，分析各种乡村文化资源的基本内涵、特征、开发前景。

总结文化资源实现产业化的创新模式。深入调查各地对各具特色文化资源的整合开发，加快发展以文化旅游业为重点的乡村文化产业。在不同类型的地区，选择典型的区县和村落，通过扎实的实证研究，将有代表性并且已经产生较好效益的乡村文化资源转化路径、模式梳理出来，分析这些创新模式的基本做法，应对的问题和实际效果，实现乡土文化的有机传承与乡村旅游的可持续发展。

---

① 卢世主：湖南大学设计艺术学院教授、博士生导师，教育部工业设计教学指导委员会委员、中国艺术学研究生教育联盟副主席。

湖北民族地区全域生态文化旅游发展调研报告

■ 余召臣 程 希 张 炜①

改革开放40多年来，随着我国经济社会快速发展，人民生活水平大幅提高，旅游业已成为当前消费型经济、富足型社会、宜居生活形态下国民经济的战略性支柱产业。大众旅游时代，旅游市场规模进一步扩大、旅游需求潜力进一步释放，具有更深内涵、更高质量、更远目标的全域旅游模式成为旅游业发展改革创新、转型升级的新目标和新路径。同时，党中央从全面建成小康社会、实现社会主义现代化角度出发，对推进中国特色社会主义事业作出"五位一体"总体布局，描绘出"四个全面"发展蓝图。国务院发布的《"十三五"旅游业发展规划》《国民旅游休闲纲要（2013—2020年）》《"十三五"脱贫攻坚规划》等规划纲要和原国家旅游局发布的《关于开展"国家全域旅游示范区"创建工作的通知》等都为新时期发展全域生态文化旅游，促进产业发展、产城融合，全面建成小康社会明确了新的发展方向。

"十三五"时期，湖北省积极适应经济新常态和旅游新时代（"泛时代""加时代""创时代"）的要求，在"创新、协调、绿色、开放、共享"的发展理念指导下，全面融入"一带一路"、长江经济带、长江中游城市群等国家发展战略和省"两圈两带"发展战略，以城市为依托，以交通为纽带，努力构建以"金带总揽、两极发力、廊道贯通、板块崛起"为支撑的"一带两极三廊道四板块"旅游业开放式战略布局。湖北省将旅游业和全省经济社会发展紧密结合起来，致力于实现六大战略任务，探索全域旅

---

① 指导老师：纪东东，华中师范大学国家文化产业研究中心副教授，硕士生导师，研究方向：文化产业理论、公共文化管理、文化调查研究方法、农村文化等。调研人员：余召臣，程希，张炜，均为华中师范大学国家文化产业研究中心研究生。

游发展的"湖北实践",推动湖北由旅游名省向旅游强省迈进。

湖北民族地区是湖北省贫困范围最大和贫困人口最多的地区,同时也是省内生态文化资源最为富集的地区之一,具有得天独厚的地理、资源优势。2016年,湖北民族地区全部入选"国家全域旅游示范区",其作为湖北省内全域旅游发展的重要"支点"和试点工程,有利于助推湖北省全域旅游发展"走在前列",构建新型旅游发展格局。在湖北民族地区探索全域生态文化旅游产业发展,对于湖北省旅游业实现战略大协同、资源大整合、产业大融合、全域大联动、区域大合作、扶贫大攻坚具有非常重要的战略实践意义。因此,湖北民族地区应利用好"自然生态资源"和"民族文化"两大旅游核心要素,找准切入点,抓住关键点,聚力突破点,通过发展全域生态文化旅游产业助推当地全面小康建设。

为了了解湖北民族地区10县市全域生态文化旅游产业发展的现实情况和全域生态文化旅游对民族地区精准脱贫的成效,课题组成员在2018年8月20日至2018年9月7日对湖北民族地区10县市进行了实地调研,一方面,课题组在民族地区10县市中选取重点县市和有代表性的景区作为具体的调研地点(如图1所示),采取"分区域分类型随机抽样"的问卷调查方式,精心设计了针对湖北民族地区10县市全域生态文化旅游发展研究的游客问卷和旅行社工作人员问卷,游客问卷主要从游客基本情况、游客对旅游地所在市县的评价、旅游景区和旅游过程中的体验三方面进行调查,旅行社工作人员问卷主要从个人基本情况、工作人员对本地旅游业发展情况的认知和评价、对城市风貌和旅游景区的评价三方面进行调查,并由调研员在调研现场一对一指导填写。另一方面,课题组走访湖北民族地区10县市的旅游部门和扶贫部门并召开相关部门负责人座谈会(如图1所示),对民族地区旅游发展促进扶贫情况进行了多角度、全方位地深入了解,结合文献研究形成如下报告,以期为湖北民族地区发展全域生态文化旅游、助推全面小康工作提供帮助。

图1 问卷调研和座谈

一、全域生态文化旅游的内涵及目标

（一）全域生态文化旅游的概念、特点和内涵

全域旅游是以旅游业为优势产业，通过对区域内经济社会资源，尤其是旅游资源、相关产业、生态环境、公共服务、体制机制、政策法规、文明素质等进行全方位、系统化优化提升，从而实现区域资源有机整合、产业融合发展、社会共建共享，以旅游业带动和促进经济社会协调发展的一种新的区域协调发展理念和模式。其特点是全域景区化、产品四季化、服务人性化，旨在以"全新的资源观""全新的产品观""全新的产业观""全新的市场观"为核心理念打造一个处处有景观、有设施，时时有服务的旅游行政区。它强调各部门联动、各行业协调、社会各阶层参与，从空间、要素、产业、管理等各层面实现旅游公共服务的整合发展。

生态文化旅游是以游客的生态文化体验需求为基础，包含融入生态理念的文化旅游和植入文化形态的生态旅游的集合。它以生态理念为核心、自然旅游资源与文化旅游资源为依托，强调对文化原生地生态的保护性、科学性和转型性发展，使游客在旅游过程中实现人与生态、人与文化、人与人之间的和谐共生。它不是简单地将生态旅游和文化旅游相加，而是强调资源双重性与融合性、深度体验性、系统协调性，是一种具有生态价值和可持续发展的旅游活动。

生态环境保存良好、民族风情独特、生态文化资源富集的多为边远贫困地区或经济欠发达区域。生态文化旅游作为一种产业链长、关联性强、增速快的产业，可以通过发展旅游相关产业、带动就业创业，帮助民族地区居民快速增收脱贫致富，促进经济社会全面发展。这与全域旅游强调的统筹规划建设、促进产业融合、经济转型升级、改善人居生态环境、实现幸福生活全面小康等目标不谋而合。因此，全域生态文化旅游是全域旅游在生态文化资源丰富区域的一种典型实践和深入探索。它从全域旅游视角出发，综合了全域旅游的"全""域"特点、生态文化旅游的"特色资源"等优势，把生态文化资源富集的区域整体作为旅游目的地来建设，将区内特色旅游资源从统筹规划、空间布局、开发模式、产业融合等方面进行最大化整合利用和系统实施。全域生态文化旅游以旅游业为带动，促进相关特色产业融合发展，更加注重公共服务建设、当地居民参与和生态环境保护，以最终实现区域内经济效益、社会效益、生态效益的全面协调提升。

（二）全域生态文化旅游的目标

全域统筹就是要打破条块利益分割，形成大旅游、大发展。全域生态文化旅游涉及发展规划、资源开发、运营管理等方面，具体目标包括以下方面内容。

1. 在顶层设计上由"单打独斗"向全域统筹转变

管理理念与机制方面，要做到城乡发展统筹、区域合作统筹、旅游与城市发展统筹，以及产业与城市发展统筹。尤其是城乡建设规划、土地利用规划、产业发展规划和旅游发展规划要做到"四规合一"，破解"条块分割"，凸显旅游规划在城乡发展中的重要性和主体地位。

2. 在空间规划上由单一景区建设向生态城镇融合规划转变

改变以景区为主要架构的旅游空间系统，构建起以景区、度假区、休闲区、旅游购物区、旅游露营地、旅游功能小镇、旅游风景道等不同旅游功能区为架构的旅游目的地空间系统，将区域旅游要素进行多元、立体、全域配套，联通旅游、旅居、在地的生活，打造全产业、全天候、全方位、全感官的旅游目的地。

3. 在旅游产品上由风景观光游向深度体验、文化旅游融合发展转变利用生态（自然环境）、挖掘文态（人文习俗）、促进形态（新区建设）发展，改变传统单一的风景观光游发展路径，向文化旅游融合、深度感知、交互参与体验等方向发展。通过深度参与和服务升级使游客感受"家"的舒适和慢游生活，最终形成良性发展链条，促进旅游目的地的发展。

4. 在运营管理上由旅游资源开发向旅游环境建设转变

改变以旅游资源单一要素为核心的旅游开发模式，构建起旅游与资本、技术、居民生活、城镇化发展、城市功能完善等的旅游配套服务模式；全面提升旅游硬体设施和软体服务，提供更加便利的旅游交通网络、智慧旅游服务、生态化服务设施等，不断完善旅游公共服务、提升服务水平；加强生态保护和生态建设，坚持生态良性循环与生态文化旅游可持续发展；建立完善全面的共建、共治、共享机制，充分调动当地居民的积极性，实现旅游成果全民共享。

5. 在产业业态上由单一旅游业向生态农业、特色产业等多元业态融合转变

改变以单一旅游形态为主导的产业结构，构建起以旅游为平台的复合型产业结构，推动农旅、文旅、商旅、体旅等产业联动融合发展，形成以地域特色文化产业与特色生态文化旅游为支撑的经济发展新局面。

6. 在价值导向上由追求旅游经济发展向经济、社会、生态协调推进转变

全域生态文化旅游更加注重对区域范围内生态文化资源的传承保护与合理开发利用、游客旅游消费体验与旅游产品供给、城区经济发展与全面小康建设等对立关系的处理，不单单追求旅游业带来的经济价值，而是力求在经济、社会、生态之间找到平衡。

二、湖北民族地区生态文化旅游资源概况

湖北民族地区位于湖北省西部、鄂渝湘三省接壤处，包括恩施市、利川县、宣恩县、咸丰县、来凤县、鹤峰县、建始县、巴东县、长阳县、五峰县10个县市，范围涉及整个恩施土家族苗族自治州和宜昌部分少数民族县市，国土面积达到315.12平方千米。截至2016年末，该区内总人口达到

535.8万人，其中常住人口达到392.8万人，少数民族占总人口的54.68%，包括土家族、苗族、侗族、白族、蒙古族、回族等29个少数民族。该区域属于武陵山区，位于我国中西两个经济带的结合部，旅游资源丰富而独特，为鄂西民族地区生态文化旅游业的发展打下了良好的基础。

（一）湖北民族地区生态文化旅游资源分类和特征

根据原国家旅游局2003年颁布的《中国旅游资源普查规范》标准，将旅游资源分为8个主类，即地质地貌景观、水域风光、生物景观、天气与气象景观、遗址遗迹、建筑设施、旅游商品、人文活动。其中前4类主要为自然旅游资源，后4类为人文旅游资源。根据此标准，可将湖北民族地区生态文化旅游资源划分为自然旅游资源和人文旅游资源两大类。

1. 自然旅游资源

湖北省民族地区地处中国二三级阶梯分界线处，地势落差起伏较大，大山名川等自然资源十分丰富。区内拥有武陵山、巫山、齐岳山等山川名岳，清江、长江等大江大河，以及水产、矿产、医药、动植物等各类资源，有"鄂西林海""世界硒都""华中药库"之称，旅游资源富集。目前该区域拥有国家级湿地公园3个，国家级自然保护区5个，国家级森林公园2个，省级自然保护区3处，待开发资源十分丰富。已开发的旅游资源中，包括地质地貌景观57处、水域风光37处、生物景观15处、天气与气象景观1处（见表1）。

表1 湖北民族地区自然旅游资源统计情况

资源类型	恩施市	利川市	宣恩县	咸丰县	来凤县	鹤峰县	五峰县	建始县	巴东县	长阳县
地质地貌景观	10	8	8	5	3	1	4	9	6	3
水域风光	3	7	4	3	1	1	3	3	7	5
生物景观	2	3			1	2	2		2	3
天气与气象景观		1								

数据来源：《湖北国家级景区大区 湖北A级旅游景区名录》，十大品牌网 https://www.china-10.com/goomai/189687.html#modellist-590636，《湖北旅游景区》，博雅旅游分享网 http://www.bytravel.cn/view/index125.html 等

湖北省民族地区自然资源旅游开发价值高，具有以下三个特点。

（1）地质地貌景观独特。湖北民族地区绝大部分是山地，惯称"八山半水分半田"。地貌以碳酸岩组成的高原型山地为主，兼有碳酸盐岩组成的低山峡谷与溶蚀盆地，以及砂岩组成的低中山宽谷与山间红色盆地。山体多为丹霞地貌和喀斯特地貌，其中最具标志性的丹霞地貌景观为恩施挂榜岩和鼓楼寨，最具特色的喀斯特地貌景观为恩施大峡谷云龙地缝和利川腾龙洞。恩施大峡谷云龙地缝是世界上唯一两岸不同地质年代的地缝（右岸为1.8亿~2.3亿年前形成的三叠纪地层，左岸是2.5亿~2.8亿年前形成的二叠纪地层，如图2所示），也是世所罕见的"U"形地缝，具有极大的科考价值；利川腾龙洞为中国已探明的最大溶洞，也是世界已探明的最长洞穴和世界特级洞穴之一。这些奇特的地质地貌景观集山、水、洞、林于一体，以雄、险、奇、幽、秀而驰名中外，成为湖北民族地区别具一格的生态文化景观。

图2　恩施大峡谷云龙地缝

（2）绿水青山，引人入胜。湖北民族地区矿产资源十分丰富，拥有世界上唯一独立的硒矿床，也是我国迄今发现的第一个富硒区。该区域内硒石资源得天独厚，山水亦多富硒，矿物质含量非常高，河流多呈黛绿色，最典型的代表为清江。清江自利川齐岳山逶迤西来，洋洋洒洒800里，宛如一条绿色飘带，穿山越峡，横贯鄂西民族地区10个县市，在清江流域内形成386万亩亦江亦湖的奇妙自然景观（如图3所示）。两岸山川高耸巍峨，层峦叠嶂，树木直刺苍穹，湖内数百个翡翠般的岛屿星罗棋布、灿若绿珠。如黛江水烟波浩渺，高峡绿林曲径通幽，人称清江有长江三峡之雄、桂林漓江之清、杭州西湖之秀，风光无限，无与伦比。此外，还有宣恩贡水河国家湿地公园、鹤峰木子林国家自然保护区等"绿水青山"资源，共同构成了湖北民族地区独树一帜的生态文化景观。

图3 清江

（3）四季分明，气候宜人。由于旅游资源本身具有地域性、不可转移性等特征，受地理纬度、地形地势、气候条件等因素的影响，在不同季节、不同气候条件下，旅游地的旅游景观（尤其是自然景观）常常会表现出明显的季节性变化，对游客的吸引力也各不相同。湖北民族地区为亚热带季风气候，受此影响，自然景观呈现出四季变化分明的特征，旅游季节变化明显。春季主要以巴东野三关森林花海花展为旅游观光特色；夏季以利川苏马荡凉爽的气候为休闲度假特色；秋季以宣恩黄金梨、建始猕猴桃等果实为旅游品尝特色；冬季以利川齐岳山雪景为旅游观赏特色。其中夏秋季节凉爽的气候是该地区发展生态文化旅游业的最大特色，也是该地区吸引游客休闲度假的最大亮点，而冬春季节该地区气候较为寒冷，且路面易滑，游客出行人次相对较少。

2. 人文旅游资源

湖北省民族地区除拥有丰富的自然旅游资源外，人文旅游资源也异常丰富。区内少数民族众多，既是巴人文化的发祥地，又是中原汉文化和西南少数民族文化的汇融之地，巴蜀文化、巴楚文化和巴渝文化在这里交融与传承，民族文化资源十分丰富。据统计，区内拥有人文旅游资源166处，其中遗址遗迹资源62处、建筑设施71处、特色旅游商品9种、人文活动24项（见表2）。

表2 湖北民族地区自然旅游资源统计情况

资源类型	恩施市	利川市	宣恩县	咸丰县	来凤县	鹤峰县	五峰县	建始县	巴东县	长阳县
遗址遗迹	8	11	8	6	2	6	3	3	7	8
建筑设施	11	14	7	4	10	2	3	4	5	11
旅游商品	2		2	2	1			2		
人文活动	3	7	3	1	3	1		1	3	2

数据来源：《湖北国家级景区大区 湖北A级旅游景区名录》，十大品牌网 https://www.china-10.com/goomai/189687.html#modellist-590636，《湖北旅游景区》，博雅旅游分享网 http://www.bytravel.cn/view/index125.html 等

其主要特征如下。

（1）文化底蕴深厚。湖北民族地区东连荆楚、西临渝黔、南接潇湘、北依荆襄，东西南北不同文化在此地汇聚，为该地区创造了独一无二、弥足珍贵的历史文化资源。主要表现在两方面：第一，该区域保存了大量石刻、墓葬、佛教等遗址遗迹，历史文化遗址资源十分丰富，例如建始直立人遗址和来凤千佛寺。其中，建始直立人遗址是中国最早的古人类遗址之一，距今120万~250万年，是我国首次发现的直立人与巨猿共生的化石点。来凤千佛寺距今已有1 600多年的历史，是我国开凿年代最久远的石窟寺之一。第二，该区域是土地革命时期工农革命军第四军军部和红二军团总指挥部所在地，红色旅游与红色教育资源十分丰富。例如，鹤峰贺龙故居、鹤峰苏维埃政府旧址、叶挺囚居旧址、红二军团总指挥部旧址等。这些积存丰富、底蕴深厚、特色鲜明的历史遗迹和红色文化资源为该地区发展生

态文化旅游、讲好中国故事和湖北故事提供了丰富的素材。

（2）民族特色突出。湖北民族地区作为土家族、苗族、侗族、蒙古族等众多少数民族的集聚区，保留了大量的少数民族资源，民族特色十分突出。主要体现在三方面：第一，民族特色建筑众多，建筑风格别具匠心。目前该区域内民族特色建筑包括木制和石制房屋，主要代表性的建筑有宣恩土家吊脚楼、利川大水井建筑群、宣恩彭家寨古建筑群、天柱山古建筑群等。第二，民族节庆别有风味。目前该区域有牛王节、女儿节、嫁毛虫节、五月节、赶年节、舍巴节、六月六、调年会等土家民族节庆活动。其中最具特色的节庆活动是女儿节，于每年农历三月初三、七月二十或八月十五举办节庆活动，活动涉及摔碗酒、女儿会、音乐节、摆手舞、土家传统民俗杂技等众多民俗活动。第三，湖北民族地区保留了大量的非物质文化遗产资源。目前，该区域拥有国家级非物质文化遗产17项，省级非物质文化遗产资源72项（如图4所示），其中，国家级非遗主要有都镇湾故事、薅草锣鼓、土家族打溜子、利川灯歌、土家族撒叶儿嗬、肉连响、土家族摆手舞、龙舞、南剧、灯戏、傩戏、南曲、恩施扬琴、三棒鼓、土家族吊脚楼营造技艺、恩施玉露制作技艺、长江峡江号子等。此外，该区域还有土家哭嫁歌、喜花鼓、利川灯会等土家地方歌舞，堂戏、柳戏等地方戏剧。这些歌舞节庆既展示了土家族生产生活的多彩多姿，又体现出了湖北地区文化资源的丰富多彩。

（二）湖北民族地区生态文化旅游资源空间分布

1. **区域空间分布**

鄂西民族地区北部为巫山山脉，西部为齐岳山脉，东南为武陵山脉。全区三山鼎立，呈现北部、西北部和东南部高，逐渐向中、南倾斜而相对低下的状态。河流多向中间汇聚，呈自西向东的流向，其中清江是该区内最具特色的河流。清江由西向东将鄂西民族地区分为南北两部分。北部主要以利川、恩施、建始、巴东、长阳5县市为主，南部主要以宣恩、来凤、咸丰、鹤峰、五峰5县市为主。南北片区在旅游资源上呈现出不同的分布特征。

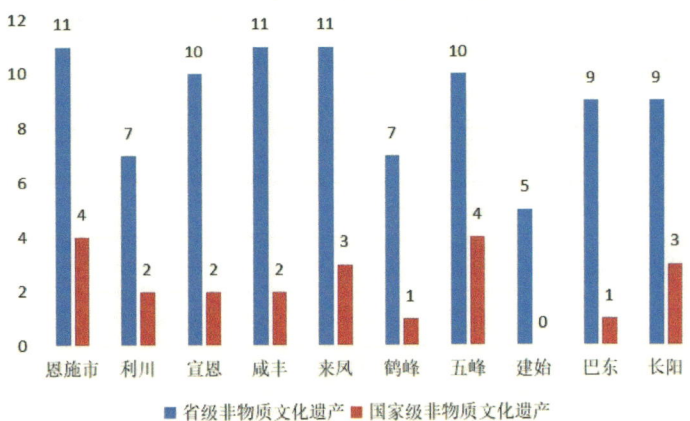

图 4　湖北省民族地区各县市非遗数目

数据来源：《国家级非遗名录》，湖北省人民政府网 http://www.hubei.gov.cn/2015change/2015sq/sqa/fwy/gjfy/，《湖北省省级非物质文化遗产名录》，百度百科 https://baike.baidu.com/item/ 湖北省省级非物质文化遗产名录 /19266900 等

首先，从 A 级旅游景区数量来看，北部片区有 33 个，南部片区仅有 13 个。其中，5A 级景区北部片区有 3 个，南部片区为 0 个；4A 级景区北部片区有 12 个，南部片有 9 个；3A 级景区北部片区有 15 个，南部片区仅有 3 个；2A 级景区北部片区有 3 个，南部片区 1 个，南北差距十分明显。其次，从生态文化旅游资源总量来看，北部片区拥有生态文化旅游资源 174 处，南部片区拥有生态文化旅游资源 102 处，北方远多于南方。其中自然旅游资源北部片区有 72 处，南部片区有 38 处；人文旅游资源北部片区有 102 处，南部片区有 64 处，北部片区依然优于南部片区，"北多南少"的局面十分明显。最后，从非物质文化遗产上来看，南北片区均拥有国家级非物质文化遗产 12 项；在省级非物质文化遗产上，南部片区拥有 49 项，北部拥有 36 项，南部明显多于北部；在总体非物质文化遗产方面，北部拥有 48 项，南部拥有 61 项，南部依旧优于北部（见表 3）。因此，从整体来看，北部片区在 A 级景区数量以及生态文化旅游资源总量上优于南部片区，在非物质文化遗产方面则远不如南部片区。

表3 南部片区和北部片区资源比较

	A级景区数量（个）					旅游资源总量（处）			非物质文化遗产（项）		
	5A	4A	3A	2A	合计	自然旅游资源	人文旅游资源	合计	国家级	省级	合计
南部片区	0	9	3	1	13	38	64	102	12	49	61
北部片区	3	12	15	3	33	72	102	174	12	36	48

2. 交通线分布

湖北民族地区处于鄂湘渝三省交界处，交通线路主要呈东西走向或南北走向并贯穿全区。目前该区内已建成的主要交通线路有：东西向的宜万铁路、沪渝高速公路、G318国道，南北向的安来高速公路和G209国道。在建的交通线路主要有8条，沿线经过的重要A级旅游景区达到31处（见表4）。从整体来看，湖北民族地区重要A级生态文化旅游资源主要分布于交通沿线附近，尤其是东西向交通线。其中宜万铁路沿线重要A级旅游景区达到11个，沪渝高速公路沿线重要A级旅游景区达到14个，G318国道沿线重要A级旅游景区达到15个。此外，东西向的交通干线经过的A级旅游景区总数也达到20个。在南北向的交通线路上，G209国道沿线经过的重要A级旅游景区达到11个，安来高速公路沿线重要A级旅游景区也有5个。湖北民族地区南北向和东西向主要交通沿线经过的A级旅游景区总数达到28个，占鄂西地区全部A级旅游景区的59.57%。其中5A级景区2个，占鄂西地区5A景区总数的66.67%；4A级景区11个，占鄂西地区4A景区总数的52.38%。

表4 湖北民族地区交通线沿线重要A级旅游景区汇总

交通线	重要旅游景区
宜万、渝利铁路沿线	邓玉麟故居、野三关、野三河、朝阳观、石门河、恩施土司城、龙鳞宫、玉龙洞、腾龙洞、龙船水乡、朝阳洞等
沪渝、沪蓉高速公路沿线	麻池古寨、天柱山、邓玉麟故居、野三关、野三河、朝阳观、石门河、恩施土司城、狮子岩、龙鳞宫、玉龙洞、腾龙洞、龙船水乡、佛宝山等
G318国道沿线	清江画廊、麻池古寨、天柱山、邓玉麟故居、野三关、野三河、朝阳观、石门河、团堡、玉龙洞、腾龙洞、龙船水乡、利川丽森休闲度假村、朝阳洞、苏马荡、鱼木寨等

续表

交通线	重要旅游景区
G209 国道沿线	神龙溪、链子溪、无源洞、巴人河、寇准公园、朝阳观、团堡、恩施土司城、狮子关、宣恩贡水河、仙佛寺等
安来高速公路（恩来段）沿线	恩施土司城、恩施女儿城、龙鳞宫、狮子岩、仙佛寺等
黔张常铁路（在建）	千佛寺、杨梅古寨、坪坝营、黄金洞、唐崖河等
郑万铁路（在建）	神龙溪、链子溪、巴人河、寇准公园、无源洞等
腾龙洞至大峡谷旅游观光铁路（在建）	腾龙洞、恩施大峡谷、云龙地缝等
安张衡铁路（在建）	石门河、黄鹤桥、朝阳观、恩施大峡谷、土司城、女儿城、梭布垭石林、龙鳞宫、伍家台、硒博园、贡水河、满山红景区、鹤峰烈士陵园等
黔恩铁路（在建）	唐崖河、坪坝营、黄金洞、唐崖土司城、伍家台、硒博园、贡水河、恩施大峡谷、土司城、女儿城、梭布垭石林、龙鳞宫等
安来高速公路（建恩段）沿线	石门河、黄鹤桥、朝阳观等
宜来高速（在建）	柴埠溪旅游区、长乐坪、后河国家自然保护区、北风垭、湾潭土家文化景区等
利万高速（在建）	腾龙洞、龙船水乡、利川丽森休闲度假村等

三、湖北民族地区全域生态文化旅游发展情况

近年来，湖北民族地区依托独特的旅游资源，借助各级政府给予的支持，围绕建设全国全域生态文化旅游目的地和国家全域旅游示范区，将全域生态文化旅游业作为区域经济发展的重要推动力，全域生态文化旅游业呈现出快速发展的态势，产业结构不断优化。同时，积极探索扶贫开发与乡村旅游有机融合的新途径、新方式，支持贫困村和贫困群众开展乡村旅游创业就业，分享旅游发展红利，实现脱贫致富。

（一）出台全域生态文化旅游政策，支持民族地区旅游业转型升级

湖北民族地区各县市把全域生态文化旅游作为战略性支柱产业，出台了加快推进全域生态文化旅游发展的政策措施，对旅游市场主体给予要素保障和奖励，并把旅游产业发展纳入对县市党委政府考核的重要指标，政策倾斜、扶助之下全域生态文化已经成为常态。恩施州把生态文化旅游

列为四大产业集群之首和三个重点示范区之一，并将全域生态文化旅游示范区建设上升为州委州政府的主战略，相继编制了《恩施州旅游业发展"十三五"规划》《恩施州全域旅游发展规划》《鄂西生态文化旅游圈恩施州发展总体规划》《关于发展乡村旅游促进旅游扶贫的意见》《关于对旅游市场监管实施再监督的通知》《恩施州生态文化旅游产业集群三年行动计划》《恩施州旅游资源统筹管理办法》等政策文件，各县市也围绕全域生态文化旅游相继出台了各类规划和政策文件（见表5）。

表5　湖北民族地区各县市推动全域生态文化旅游政策一览

县市名称	政策文件
恩施市	《恩施市全域旅游发展规划》《恩施市鼓励旅游民宿发展和引导消费实施细则（试行）》《恩施市人民政府关于推进全域旅游发展的十条意见》等
利川市	《关于切实加强旅游资源管理的通知》《关于支持旅游业加快发展的意见》《关于加快旅游商品开发的意见》《利川市加快旅游产业发展奖励办法》《利川市民宿管理暂行办法》《支持康养、民宿产业发展的意见》《关于加强旅游市场综合监管的办法》《加快培育旅游支柱产业 建设生态宜居全国知名旅游城市的决定》《关于进一步加快旅游产业发展的十条意见》《关于大力实施旅游扶贫的意见》等
长阳县	《长阳县"十三五"旅游发展规划》《长阳县全域旅游发展规划纲要》《全域旅游行动纲要》《全县旅游行业开展文明创建常态化工作方案》《长阳土家族自治县旅游名镇、名村创建工作实施方案》等
巴东县	《关于进一步加快旅游产业发展的实施意见》《巴东县旅游发展总体规划》《巴东县"十三五"旅游专项规划》《巴东县旅游产业发展奖励办法（试行）》等
咸丰县	《咸丰县生态文化旅游产业集群建设三年行动方案（2018—2020）》《咸丰县创建国家全域旅游示范区实施方案》《县人民政府关于支持民宿产业发展的实施意见》《咸丰县全域旅游提升年工作方案》《咸丰县旅游厕所实施方案（2018—2020）》《咸丰县旅游业"十三五"发展规划》《关于加快旅游产业发展十条意见》《咸丰县创建国家全域旅游示范区实施方案》《咸丰县关于推进乡村旅游民宿建设的实施方案（讨论稿）》等
建始县	《关于进一步加快全县旅游产业发展的意见》《建始县旅游工作奖励办法》《建始县乡村旅游发展总体规划》《关于加快全域旅游发展的实施意见》等

续表

县市名称	政策文件
五峰县	《突破性发展旅游业的决定》《五峰土家族自治县旅游食品安全廊道创建工作方案》《2017年度乡村旅游扶贫扶持政策操作办法》《五峰乡村旅游扶贫工程实施方案（2017—2020）》等
来凤县	《来凤县创建全域旅游示范区实施方案》《来凤县生态文化旅游产业集群工作方案》等
宣恩县	《宣恩县乡村旅游发展总体规划》《宣恩县旅游业"十三五"发展规划》《宣恩县旅游业发展优惠奖励办法》《关于推进旅游产业跨越式发展的决定》等
鹤峰县	《鹤峰县旅游发展规划》《鹤峰县全域旅游发展规划项目（2017—2030）》《鹤峰县全域旅游三年行动计划》等

（二）全域生态文化旅游产业优化，推动区域经济发展

湖北民族地区全域生态文化旅游的高速发展，促进了区域产业结构的不断优化。2017年，湖北民族地区10县市实现旅游接待总人数6 276.04万人次，同比增长19.58%，旅游综合收入近470.6亿元，同比增长24.27%，占湖北民族地区生产总值的比重达46.96%（见表6）。其中恩施州全域生态文化旅游业对第三产业的贡献率超过50%，全域生态文化旅游业增加值约占其GDP的15%，全域生态文化旅游经济的快速增长推动全州经济产业结构由"一二三"向"三二一"转变。在全域生态文化旅游产业结构优化与精准扶贫关系上，湖北民族地区全域生态文化旅游扶贫模式不断创新，一方面，通过对区域内基础设施、产业融合、旅游景点、生态环境等外在条件进行全面提升和综合改造，为当地贫困居民提供就业、创业和增收的渠道。另一方面，湖北全域生态文化旅游还积极推动群众共享发展成果，通过民族地区A级景区免费开放日的活动，逐步探索由单一门票收益的观光旅游经济向收益结构多元化的休闲度假旅游经济形态转变。湖北民族地区全域生态文化旅游业结构的不断优化在促进民族地区人民增收和就业方面发挥了重要作用，成为助推湖北民族地区建设全面小康和精准扶贫的重要力量（见表6）。

表6 2017年湖北民族地区10县市旅游发展情况

	旅游总人数（万/人次）	同比增长率（%）	旅游综合收入（亿元）	同比增长率（%）
恩施市	1 738.54	15.27	140.96	19.03
利川市	1 229.16	22.90	70.10	18.20
长阳县	800.00	13.90	75.00	28.60
巴东县	719.45	9.31	55.09	17.64
咸丰县	578.78	9.70	52.73	15.80
建始县	312.00	18.83	20.96	21.14
五峰县	305.20	26.03	27.32	28.77
来凤县	250.95	30.00	11.56	36.80
宣恩县	185.39	31.47	8.54	36.71
鹤峰县	156.57	18.34	8.33	20.03

（三）全域生态文化旅游产品日益丰富，形成了一定的品牌效应

湖北民族地区为促进旅游产业转型升级、提质增效，以资源整合推动产业融合，构建全域生态文化旅游品牌体系，既打造了乡村旅游、康养旅游、度假旅游、文化旅游等系列旅游品牌，又催生了一批旅游新业态，优化了全域生态文化旅游供给，走出了一条符合民族地区实际的全域生态文化旅游发展道路。湖北民族地区在旅游品牌的塑造上，一方面，积极入选国家级和省级层面优秀旅游名录，如恩施州荣膺全国休闲农业与乡村旅游示范州，各县市相继入选湖北旅游强县、乡村旅游后备厢工程示范区、省级休闲农业与乡村旅游示范点等。同时，湖北民族地区区域内的旅游名镇、旅游名村也逐年增加。另一方面，湖北民族地区为建设优质的国家全域旅游示范区，依托《国务院办公厅关于促进全域旅游发展的指导意见》和《国家全域旅游示范区创建工作导则》，立足地方旅游发展条件和所处阶段，对不同区位、不同资源、不同发展阶段的区域，在全域旅游建设中因地适宜，通过科学合理的规划和配套政策的支持，不断推进景区的提档升级。包括：实施恩施大峡谷"5A+"行动，依托核心景区发展生态观光、避暑度假、运动休闲、特色小镇等旅游综合体；理顺神农溪5A级景区管理机制，加大基础设施建设投入力度，提升纤夫文化旅游品牌的影响力和竞争力；培

育利川腾龙洞、咸丰坪坝营捆绑唐崖土司城，建始石门河捆绑野三峡创建5A级景区；推进三峡大坝—清江方山—清江画廊南北快速通道项目建设，打造三百里清江旅游黄金水道和318国道优质生态景观廊道，形成独具特色的水上旅游品牌，等等。此外，湖北民族地区还依托特色旅游资源优势开发富含少数民族风情的特色民宿，积极开展乡村民宿旅游产业，让农区变景区、民房变客房、农产品变商品，建设新型美丽乡村。如恩施茶花山居民宿、利川东城白鹊山民宿和丽森民宿、长阳香花岭民宿等入选首批湖北省10家金宿级民宿，利川大美土家民宿、长阳向王寨民宿、宣恩千户土家民宿等入选首批湖北省10家银宿级民宿。

（四）全域生态文化旅游重点项目不断推进

湖北民族地区全域生态文化旅游建设势头强劲，全域生态文化旅游投资对湖北民族地区的贡献率进一步提升。例如，恩施州整体谋划了千亿级全域生态文化旅游产业集群项目库，其中3个项目入选全国优秀旅游项目，5个项目入选全省优选旅游项目。2017年恩施在建旅游项目已完成投资20.24亿元，同比增长55.08%。不仅如此，鄂旅投公司未来3年将在恩施州增加投资100亿元，重点实施8大项目；湖北省交通投资有限公司与恩施州合作将推进恩施大峡谷至腾龙洞观光铁路等旅游交通和特色小镇文化旅游项目；中诚信集团公司将投资40亿元，在巴东绿葱坡建设滑雪小镇和度假小镇等。此外，还有一大批重点全域生态文化旅游项目正在签约或加快建设中，如长阳县和五峰县全域生态文化旅游重点项目已相继启动：长阳县谋划了73个重点旅游项目，总投资超过100亿元，其中重点招商引资项目长阳卓尔国际旅游度假区项目于2017年2月正式开工，项目一期投资5.86亿元的"大溪地生态旅游度假区"已初步建成并开始对外试营业；投资0.8亿元的高家堰龙池山休闲旅游项目和投资1.52亿元的香花岭乡村旅游综合开发项目已正式对外营业；投资4.04亿元的倒影峡项目已完成项目修建性详规编制，正在开展征地兑付工作。五峰县也在深入推进"中国自驾游试点县"建设，启动了150千米的五峰生态景观廊道、苏家河自驾车营地、五西高原自驾游环线等自驾游服务配套设施建设。

（五）全域生态文化旅游管理机制不断完善

湖北民族地区在发展区域生态文化旅游的过程中，紧扣旅游治理规范化、旅游发展全域化、旅游供给品质化、旅游参与全民化、旅游效应最大化的要求，不断健全全域生态文化旅游的管理体系。湖北民族地区建立了党政主导的全域生态文化旅游领导机制，如恩施州由州委州政府一把手分别担任全域旅游委员会主任和全域生态文化旅游产业集群领导小组组长，主持召开全域旅游动员大会、全域生态文化旅游产业集群建设推进会等。同时，湖北民族地区各县市不断完善旅游部门的机构改革，有序推进旅游局更名为旅游发展委员会并建立与全域生态文化旅游相配套的综合协调管理机构和执法体系。如，创新"1+3+N"旅游综合监管机制，逐步成立旅游警察大队、旅游巡回法庭、旅游工商分局等，强化旅游的综合执法和安全监管，确保旅游市场秩序规范，全面完善民族地区全域生态文化旅游保障体系。

四、湖北民族地区全域生态文化旅游发展调研数据分析

（一）调查样本的基本特征

调研组在湖北省民族地区10县市20个景区中，针对游客共发放1 610份问卷，针对旅行社工作人员发放问卷165份并对恩施市、利川市、巴东县、建始县、长阳县进行了重点调研。问卷分布情况见表7。

表7　湖北民族地区全域生态文化旅游发展研究调研样本分布和数量统计

调研对象	恩施市	利川市	咸丰县	来凤县	鹤峰县	宣恩县	建始县	巴东县	长阳县	五峰县	总计
游客	477	169	11	69	11	87	258	396	132	—	1 610
旅行社工作人员	5	15	4	—	—	8	35	88	10	—	165

调查样本呈现如下人口特征：性别分布上，男女比例基本持平，性别分布较为均匀；年龄分布上，样本年龄层分布较广，18~30岁和30~40岁年龄段人数最多，占总体比重分别为32.5%和23.9%；学历分布上，游客学历以高中及以上学历为主，约占86.8%，其中大专及以上学历的游客占比达58.4%；职业分布上，游客的职业大多集中在企事业管理人员、专业技术人员、学生等方面；月收入分布上，游客月收入多集中在3 001~5 000元和5 001~10 000元两个收入水平，占比分别为27.5%和31.2%（见表8）。

表8 调查样本基本信息

项目	分组	百分比（%）
性别	男	45.6
	女	54.4
年龄	18岁以下	5.9
	18~30岁	32.5
	30~40岁	23.9
	40~50岁	19.7
	50~60岁	10.2
	60~70岁	6.3
	70岁及以上	1.5
文化程度	小学及以下	2.5
	初中	10.7
	高中/中专	28.4
	大专	24.7
	本科	27.4
	研究生及以上	6.3
职业	政府部门工作人员	7.4
	企事业管理人员	20.7
	专业技术人员	16.9
	工人或服务人员	12.8
	农民	3.4
	学生	16.7
	离退休人员	9.0
	其他	13.1

续表

项目	分组	百分比（%）
月收入	3 000元以下	12.0
	3 001~5 000元	27.5
	5 001~10 000元	31.2
	10 001~20 000元	7.7
	20 001~40 000元	2.1
	40 001元以上	1.7
	没有固定收入	17.8

（二）湖北民族地区全域生态文化旅游情况分析

1. 总体情况分析

近年来，湖北民族地区依托独特的旅游资源，借助各级政府给予的支持，围绕建设全国全域生态文化旅游目的地和国家全域旅游示范区，把全域生态文化旅游业作为区域经济发展的引擎和抓手，不断创新"旅游+"融合发展模式，湖北民族地区全域生态文化旅游业已经发展成为最具活力的优势产业，呈现出多元化、差异化的发展态势。

（1）游客出游目的多元化。游客来湖北民族地区旅游的目的呈现多元化的发展趋势，主要以放松休闲为主，以山水观光、兴趣爱好和感受少数民族文化等为目的的也增长迅速。通过对游客的访谈了解到，随着生活水平的提高，人们不断追求生活品质的改善，外出旅游可以让游客离开生活熟悉地到新的环境体验不同的风光和文化，从而成为新的放松休闲方式。调查表明，有53.6%的游客来湖北民族地区旅游的主要目的是放松休闲；为了山水观光来湖北民族地区旅游的游客所占比重次之，达到了36.1%；以兴趣爱好、感受少数民族文化和增长见识等为出游目的的，占比分别为25.6%、25.3%和23.7%（如图5所示）。

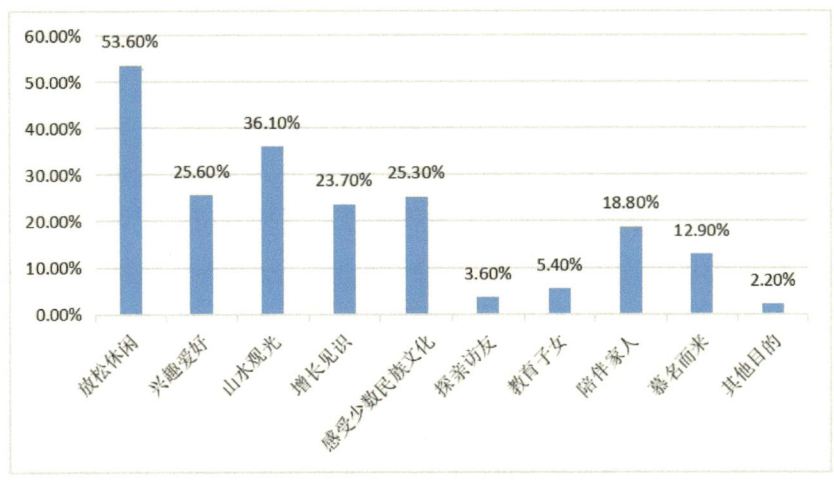

图 5　游客来湖北民族地区旅游目的分布

（2）游客出游方式的差异化。游客来湖北民族地区的出游方式呈现差异化的发展趋势，其中选择自助游方式的比例最高，自驾游和报旅游团紧随其后。调研数据显示，游客选择自助游和自驾游为出游方式占比分别为31.40%和28.90%（如图6所示）。随着人们旅游观念的转变，逐渐追求自然、个性、舒适、独立的旅游方式，而自助游和自驾游作为新兴起的一种旅游方式，摆脱了旅行社预先安排好行程的模式，可由游人根据自身条件自由选择服务组合，因而在出游中有充分的时间来享受旅游乐趣，符合上述新出游理念，备受游客喜爱。

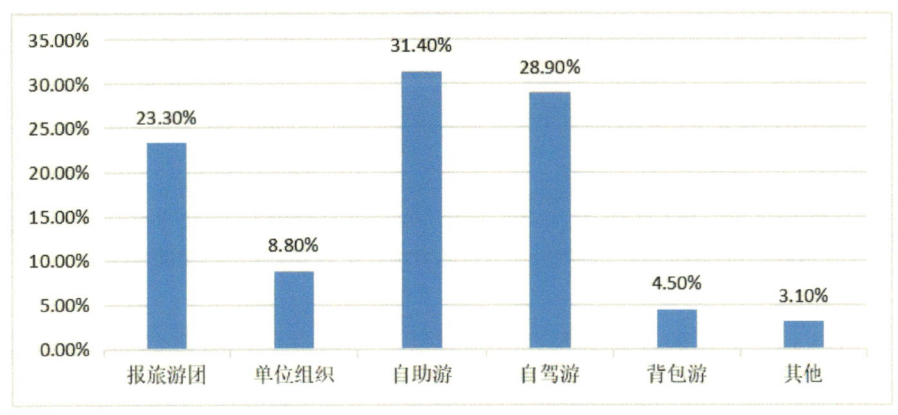

图 6　湖北民族地区旅游的游客出游方式

2. 交叉分析

（1）游客融入当地人生活节奏交叉分析。全域生态文化旅游是一种放松休闲的方式，游客在旅游中能否融入当地人的生活节奏是衡量一个地区旅游业对游客的友好度和游客对其满意度的重要指标。课题组在对湖北民族地区全域生态文化旅游发展研究的调研数据分析时，以性别、年龄为自变量，以对游客在旅游中是否感觉融入当地人的生活节奏为因变量做交叉分析。如图7所示，从性别来看，女性在本地旅游过程中感觉融入当地人的生活节奏占比为72.20%，男性为71.40%，差别不大；从年龄来看，整体上各年龄段大多数游客都能融入当地人的生活节奏之中。具体来看，18~30岁年龄段融入程度最低。究其原因，湖北省民族地区当前旅游业主要以避暑度假等为主，城市化程度低，生活节奏慢，而年轻游客生活节奏普遍较快，加上这一年龄段游客多为短期旅行，在旅游地停留时间短，因此融入度也低于其他年龄段。

图7　游客在湖北民族地区旅游融入当地人生活节奏情况的交叉分析

（2）游客出游目与出游喜好交叉分析。从游客出游目的来看，不同年龄段的出游目的呈现出不同的特点，如图8所示。各年龄段最主要的出游目的是放松休闲，其次为山水观光，但是游客出游的目的有着多元化的需求，不同年龄段呈现出不同的需求特点。除去以放松休闲和山水观光为主要出游目的外，18 岁以下人群更偏重于增长见识，18~30 岁的游客则偏重兴趣爱好，说明这两个年龄段的游客目前大多暂时无家庭和抚养子女负担，生活上追求放松和安逸，因而出于兴趣爱好、增长见识的目的而选择出游的比重相对最高；30~40 岁游客的出游目的偏重于陪伴家人，40~50 岁游客的出游目的则大多为感受少数民族文化和陪伴家人，说明这两个年龄段游客更考虑旅行对子女的教育意义和陪伴家人；50 岁以上年龄段的游客更偏重于慕名而来和感受少数民族文化。可见，年轻人看重旅游的趣味性，中年人看重旅游的功能性，老年人更看重旅游目的地的知名度。

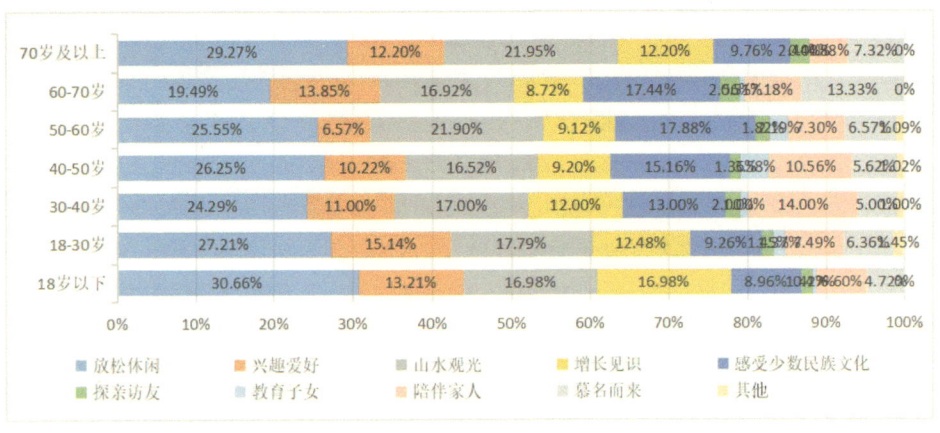

图 8　不同年龄的游客来民族地区旅游目的的喜好程度分布

（3）游客职业与出游喜好交叉分析。不同职业的游客来湖北民族地区旅游的目的喜好程度也各不相同，如图 9 所示。不同职业最主要的出游目的为放松休闲和山水观光，但是其多元出游目的的占比却各有侧重。例如，学生游客群体偏重于增长见识，说明学生群体旅游的过程也是不断学习的过程；政府部门工作人员偏重于兴趣爱好和感受少数民族文化；企事业管理人员多以陪伴家人和兴趣爱好为出游目的；专业技术人员偏重于增长见识和感受少数民族文化，说明其中一些人来湖北民族地区旅游的主要目的或许是感受少数民族文化以便做文化或学术方面的科研；工人和服务人员喜爱陪伴家人和感受少数民族文化；离退休人员中则以慕名而来作为出游目的的占比相对较高。可见，职业性质的不同会在较大程度上影响游客对于出游目的的喜好程度。

（4）游客出游方式与年龄交叉分析。从游客出行方式来看，游客年龄对出行方式选择有一定的影响。如图10所示，以50岁为分界，50岁以下选择自助游和自驾游两种出行方式最多，50岁以上则更倾向于选择报团游。自助游和自驾游不受时间、地点约束，不受集体行动的限制，可以规避旅行社"宰客"和导游强制购买等风险，所以受到喜爱自由、精力充沛的年轻人欢迎。报团游经济实惠，一站式服务方便快捷，因此更受中老年人喜爱，所以50~60岁、60~70岁和70岁及以上3个年龄段的游客选择报团旅游的方式占比最高。

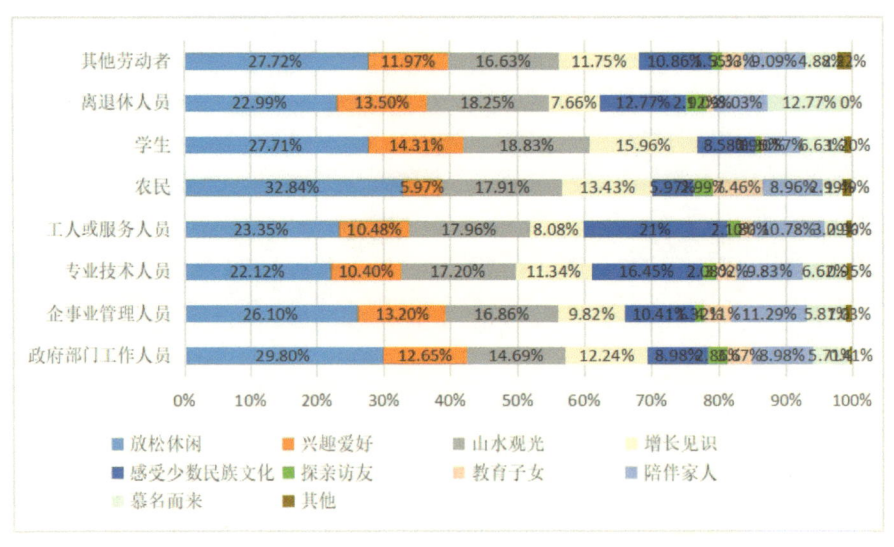

图9 不同职业的游客来民族地区旅游目的的喜好程度交叉

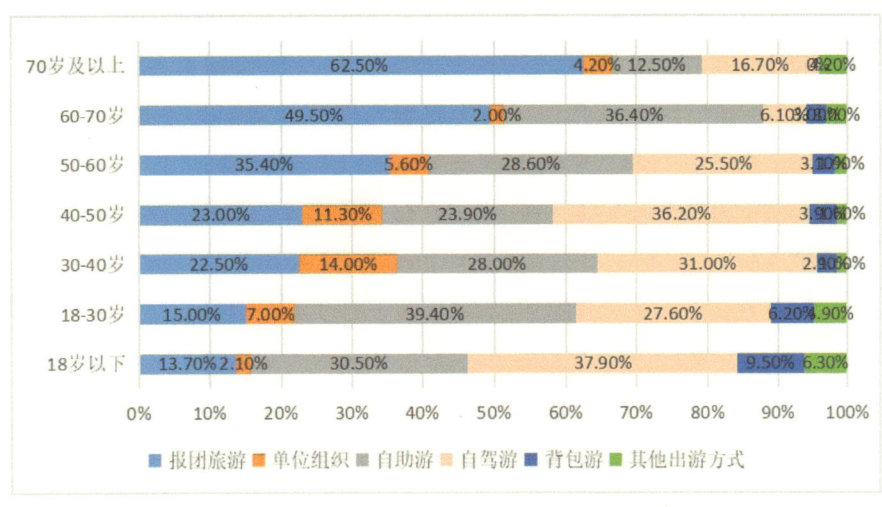

图 10　不同年龄的游客来民族地区旅游出行方式的喜好程度交叉

（三）湖北民族地区全域文化生态旅游满意度评价分析

游客在旅游过程中，对旅游地城市、旅游景区和旅游过程的满意度评价会直接影响该地区全域生态文化旅游的发展。因此，课题组将游客对湖北民族地区全域生态文化旅游的满意度按照城市评价、环境体验、基本保障服务体验、基本服务设施体验、配套服务设施体验、核心吸引物体验、服务体验7个维度设计了包含31项指标的满意度评价指标体系。采用五点利克特量表（Likert scale）衡量受访者对旅游地的满意度，回答选项分为"非常满意""满意""一般""不满意""非常不满意"5项，依序分别给予5、4、3、2、1分数值标记，以"非常满意"为满意度最高，"非常不满意"为满意度最低，借以量化受访者对旅游目的地的服务满意度。

1. 旅游城市外部环境满意度分析

在游客对湖北民族地区城市的外部环境总体满意度评价中，课题组主要以经济发展程度、物价水平、街区规划、街区整洁度、人文素质、交通状况、治安环境、城市风貌8个指标进行评价。调研数据显示，游客对湖北省民族地区外部环境总体满意度较高，其中对地方人文素质和治安环境满意度评价最高，评价得分分别为4.03分和4.01分，均高于满意度评价均值。

在满意度频率分布中，选择"很高"的频率占比分别为 37.2% 和 35.5%，在 5 级频率分布中占比最高，说明土家族人热情好客的淳朴民风和当地稳定的治安环境对提升游客的满意度起到了重要作用（见表 9）。从具体县市来看，课题组在实地调研和对游客问卷分析后发现，游客对宣恩县的城市满意度最高，其 8 项城市满意度评价指标均高于湖北民族地区 10 县市的整体满意度得分。这表明近年来宣恩县以"仙山贡水"为主题，着力将县城打造成 4A 级开放式景区的策略取得了成效，城镇建设和美化程度要优于其他县市，因此游客体验感也更优。游客对恩施市城市满意度评价最低，其中对"街区规划""交通状况"的满意度评价最低，得分仅为 3.33 分和 3.45 分，说明恩施市在城市规划设计方面存在不足，如从恩施市区到女儿城的这段道路上，傍晚时段会出现长时间的堵车问题，给来女儿城游玩的游客带来极大不便。

表 9 游客对湖北民族地区外部环境评价指标得分

	满意度频率（%）					满意度评价	
	很高	较高	一般	较低	很低	均值	总得分
经济发展程度	25.0	28.3	35.6	7.8	3.3	3.64	3.85
物价水平	31.4	31.4	28.5	6.7	2.0	3.83	
街区规划	26.4	29.1	32.0	9.8	2.7	3.67	
街区整洁度	30.9	33.5	26.6	6.8	2.2	3.84	
人文素质	37.2	35.5	21.7	4.4	1.2	4.03	
交通状况	28.8	32.2	27.7	8.0	3.3	3.75	
治安环境	35.5	35.3	25.5	2.2	1.5	4.01	
城市风貌	34.8	35.9	24.7	3.4	1.2	4.0	

2. 旅游环境体验满意度分析

根据旅游环境体验满意度分析数据显示（见表 10），游客对湖北民族地区旅游环境体验满意度整体较高，其中对当地居民友好程度满意度最高。旅游目的地居民友好程度会影响游客的旅游体验，进而影响旅游目的地的形象和口碑。例如土家族人热情好客的民风对于塑造"山好水好人好"的旅游目的地形象产生了良好的正面效应。与此同时，游客对门票价格满意度较低，这说明当前景区门票价格存在偏高的问题。在对具体县市进行分析时发现（见表11），游客普遍对景点门票价格满意度评价低，以湖北民族地区两大主要游客接待地来看，游客对恩施市门票价格满意度为3.39分，对利川市门票价格满意度最低，为2.67分，其中游客对利川市景点门票价格很不满意的程度高达32.9%。课题组在实地调查中发现，湖北民族地区旅游景点的门票价格普遍居高，如利川市景区门票均价达200元以上。除了价格虚高外，景区性价比不高也是造成游客满意度不高的原因之一，如恩施市的土司城景区在整体修缮期间仍对游客开放，游客们普遍反映十分失望，有被欺骗感。

表10 游客对旅游环境体验满意度评价指标得分

	满意度频率（%）					满意度评价	
	很满意	较满意	一般	较不满意	很不满意	均值	总得分
门票价格	28.7	28.4	27.7	6.7	8.5	3.62	3.85
观赏价值	32.7	32.9	25.8	6.1	2.5	3.87	
景点拥挤程度	28.8	34.4	28.9	5.6	2.3	3.82	
当地居民友好程度	39.5	35.1	21.1	3.2	1.1	4.09	

表11 湖北民族地区部分县市门票价格满意度得分

	满意度频率（%）					满意度评价	
	很满意	较满意	一般	较不满意	很不满意	均值	排序
恩施市	18.7	29.3	33.3	9.7	9.0	3.39	4
利川市	10.8	21.5	24.7	10.1	32.9	2.67	5
建始县	37.5	25.7	24.2	6.7	5.9	3.82	2
巴东县	38.3	29.7	28.0	2.0	2.0	4.0	1
长阳县	23.8	36.9	29.3	6.9	3.1	3.72	3

3. 设施体验满意度分析

旅游基础设施的完善是发展全域生态文化旅游的前提，在对湖北民族地区10县市的基础设施的调研中，课题组将其分为三个维度进行深度分析，分别是基本保障服务设施、基本服务设施、配套服务设施。

（1）基本保障服务设施体验满意度分析。课题组调研数据显示（见表12），游客出游的主要目的是放松休闲、观赏民族地区壮美河山和感受少数民族特色文化，为保障游客的出游目的和出游体验，旅游目的地配套服务设施必须完备。根据课题组回收的问卷统计，湖北民族地区10县市基本保障服务体验总体得分为3.76分，在7个评价维度中排在倒数第二位，与游客的旅游体验期望有一定的差距。得分最低的为网络覆盖及网速，为3.65分，低于基本保障服务体验满意度的均值，步道、绿道、骑行道等自助免费设施完善次之，为3.69分。课题组实地调研发现，湖北民族地区在旅游景点开发中缺少步道、绿道、骑行道等自助免费设施的提供，一方面在于地理条件的限制，另一方面也在于前期旅游规划开发过程中缺少这方面的考量。

表12 游客对旅游基本保障服务体验满意度评价指标得分

	满意度频率（%）					满意度评价	
	很满意	较满意	一般	较不满意	很不满意	均值	总得分
通信、银行、邮政等基础设施完备程度	29.4	33.2	29.5	6.6	1.3	3.83	3.76
指示牌设置合理程度	31.2	32.9	27.9	6.4	1.6	3.86	
步道、绿道、骑行道等自助免费设施完善	28.6	28.7	29.7	9.2	3.8	3.69	
网络覆盖及网速	27.6	28.0	30.9	9.0	4.5	3.65	

（2）基本服务设施体验满意度分析。课题组根据调研问卷数据分析发现（见表13），旅游基本服务设施体验满意度总体得分为3.80分，在7个评估维度中处于中等位置，游客对湖北民族地区10县市全域生态文化旅游的基本服务体验相对一般。在9个二级指标中发现，"饮食特色"的满意度最高，均值为3.92分，这说明湖北民族地区作为少数民族聚集区在饮食文化方面有着极大的特色，在饮食文化的挖掘上有着巨大的潜力。在"旅游商品/土特产的种类""旅游商品设计新颖、有特色""旅游商品价格"3个指标的满意度评价上，满意度得分为3.75、3.65、3.63分，均低于基础

设施体验的均值,说明湖北民族地区在旅游商品的设计和开发上存在着较大的短板,缺少有代表性、能够体现少数民族文化的旅游商品。

表 13　游客对旅游基本服务设施体验满意度评价指标得分

	满意度频率(%)					满意度评价	
	很满意	较满意	一般	较不满意	很不满意	均值	总得分
交通便捷程度	28.6	32.4	28.3	7.5	3.2	3.76	3.80
交通安全程度	32.9	33.4	26.6	5.1	2.0	3.90	
饮食特色	34.0	32.2	26.9	5.6	1.3	3.92	
饮食卫生	31.0	33.2	28.4	6.2	1.2	3.83	
住宿特色	29.8	32.9	30.3	5.8	1.2	3.84	
住宿环境洁净	32.0	32.7	28.5	5.4	1.4	3.89	
旅游商品/土特产的种类	27.9	31.3	30.5	8.5	1.8	3.75	
旅游商品设计新颖、有特色	25.1	30.9	30.1	11.4	2.5	3.65	
旅游商品价格	23.2	31.9	33.0	8.6	3.3	3.63	

(3)配套服务设施体验满意度分析。2015 年 4 月,习近平总书记曾经就"厕所革命"作出重要的批示,强调抓"厕所革命"是提升旅游业品质的务实之举。原国家旅游局相继制定了《全国旅游厕所建设管理三年行动计划》和《全国旅游厕所建设管理新三年行动计划(2018—2020)》等方案,强调厕所革命向中西部倾斜、向有旅游资源的建档立卡贫困村倾斜。湖北民族地区也在不断扎实推进旅游厕所的建设,构建覆盖城乡的旅游厕所体系和建设管理责任体系。课题组在对湖北民族地区的调研数据显示(见表 14),游客对旅游配套服务设施体验满意度的均值为 3.82 分,在 7 个评价维度中排在第二位,说明游客对湖北民族地区配套服务设施的体验总体比较满意。但是在对湖北民族地区重点调研的县市评价中发现(见表 15),在配套服务设施满意度上,恩施市和利川市的满意度均值低于总体满意度,分别为 3.76、3.18 分。恩施市和利川市作为湖北民族地区游客的主要旅游承接地,2017 年游客接待总量均超过千万人次,巨大的游客涌入量使配套服务的建设力度显得很不够。课题组在恩施市的土司城和女儿城调研发现,土司城景区内公共卫生间异味非常大,严重影响游客旅游体验,

女儿城的公共卫生间数量较少且指示导引标志不清晰。

表14 游客对旅游配套服务设施体验满意度评价指标得分

	满意度频率（%）					满意度评价	
	很满意	较满意	一般	较不满意	很不满意	均值	总得分
公共卫生间洁净程度	29.5	33.5	28.0	7.2	1.8	3.82	3.82
公共卫生间方便程度	29.6	33.1	29.0	6.3	2.0	3.82	
公共休闲场所设置	28.2	35.3	27.8	6.2	2.5	3.81	

表15 游客对湖北民族地区重点调研县市配套服务设施满意度得分

	恩施市	利川市	建始县	巴东县	长阳县
配套服务设施满意度	3.76	3.18	4.05	3.82	3.93
排序	4	5	1	3	2

4. 核心吸引物体验满意度分析

对核心吸引物的满意度在游客的评价和传播中有着极大的影响力，一个地区能否吸引游客故地重游的关键在于这个地区是否有足够的魅力，游客在旅游过程中能否得到深层次的参与体验。调研发现（见表16），湖北民族地区民族特色建筑丰富，有土家族的吊脚楼、侗乡的风雨桥等富含少数民族风情的古建筑群，游客对"民族特色建筑"的满意度也相对较高，为3.87分，高于同维度的其余6个指标。但是游客对核心吸引物的体验总体上并不十分满意，得分为3.75分，在7个维度的满意度得分中排到末位。尤其是"特色活动体验丰富程度""特色活动体验趣味程度""特色活动参与程度"3个指标的满意度得分均为3.71分，在31个评价指标中处于相对较后的位置。这说明湖北民族地区旅游资源虽然丰富，但是依然处于观光游阶段，缺乏深层次参与的体验游项目。调研组在实地调研中发现，目前湖北民族地区的旅游资源以自然旅游资源的开发为主，对人文旅游资源的挖掘深度和力度不够，即便部分景区配有文化活动，也仅是处于展览和展示阶段，缺乏游客的深层次互动参与。

表 16 游客对旅游核心吸引物体验满意度评价指标得分

	满意度频率（%）					满意度评价	
	很满意	较满意	一般	较不满意	很不满意	均值	总得分
民族特色建筑	32.5	33.1	25.7	6.2	2.5	3.87	
历史特色街区	29.3	32.6	28.5	6.5	3.1	3.78	
街区规划	26.7	32.0	29.6	8.6	3.1	3.71	
特色活动体验丰富程度	26.7	32.0	29.5	8.7	3.1	3.71	3.75
特色活动体验趣味程度	27.7	31.5	29.1	8.0	3.7	3.71	
特色活动体验参与程度	27.5	31.6	28.7	8.8	3.4	3.71	
民宿特色的夜间活动	31.2	30.5	26.7	8.1	3.5	3.78	

5. 服务体验满意度分析

课题组在对湖北民族地区旅游景区服务体验满意度的评价上，主要分为"讲解服务""导游服务""旅游咨询服务""投诉处理服务""景区工作人员的服务水平"等 5 个指标进行满意度评价（见表 17）。游客对湖北民族地区旅游景区服务体验满意度评价最高，为 3.98 分，居 7 个评价维度的首位。其 5 个指标中，"很满意"的频率均为最高，分别为 38.6%、43.0%、40.3%、40.7%、39%，说明湖北民族地区旅游景区的旅游服务做得较好。对湖北民族地区重点调研县市的游客问卷分析发现（见表 18），巴东县的服务体验满意度最高，为 4.39 分。巴东处于长江巫峡段，旅游发展相对较早，也是湖北民族地区中国际游客主要旅游目的地，所以景区服务建设相对较好；长阳县次之，为 4.04 分；服务体验满意度最低的为利川市，满意度评价值为 3.57 分，显示其服务体系还有待进一步完善。

表 17 游客对旅游核心吸引物体验满意度评价指标得分

	满意度频率（%）					满意度评价	
	很满意	较满意	一般	较不满意	很不满意	均值	总得分
讲解服务	38.6	28.4	22.5	7.2	3.3	3.92	
导游服务	43.0	25.4	22.6	6.8	2.2	4.0	
旅游咨询服务	40.3	29.6	22.1	6.2	1.8	4.0	3.98
投诉处理服务	40.7	27.9	23.3	6.2	1.9	3.99	
景区工作人员的服务水平	39.0	28.9	23.9	6.2	2.0	3.97	

表 18 游客对湖北民族地区重点调研县市服务体验满意度得分

	恩施市	利川市	建始县	巴东县	长阳县
服务体验满意度	3.75	3.57	3.98	4.39	4.04
排序	4	5	3	1	2

五、湖北省民族地区全域生态文化旅游发展的短板与不足

结合全域生态文化旅游的发展目标进行分析，湖北省民族地区全域生态文化旅游发展还存在一定不足，主要表现在以下几方面。

（一）顶层设计缺乏全域理念，旅游统筹协调能力有待提升

全域生态文化旅游以旅游业为优势产业，实现区域资源有机整合、产业融合、社会共建共享，带动和促进经济社会协调发展。因此，全域生态文化旅游的顶层设计是跨行业、跨部门的协同设计。目前在顶层设计上存在以下两点不足。

1. 缺乏全局观念，统筹协调难度大

全域旅游更加注重拓展开放发展空间，打破地域分割、行政分割，打破各种制约，走全方位开放之路，形成开放发展的大格局。发展全域生态文化旅游是一项复杂的系统工程，需要进行系统改革创新，全面营造良好的发展环境。因此，应改革创新全域统筹发展的领导体制，构建从全局谋划和推进、有效整合区域资源、统筹推进全域生态文化旅游的体制和工作格局，形成各部门联动的发展机制。湖北民族地区涉及恩施州全部区域和宜昌市所辖长阳、五峰区域，行政管理主体分散，各区域拥有不同的发展政策、思路和发展重点，在管理体制上存在区域之间协调发展阻力大等弊端，难以从全局把握顶层设计。如湖北民族地区最著名的清江流域上中下游无法实现联动开发机制，难以形成强大的旅游产业链。各县市基于行政区域界限，在其管辖的范围内缺乏有效统一的旅游开发协调机制，加之各县市的旅游产品重合度高、旅游要素布局不合理，导致旅游项目重复建设、浪费资金，区域资源的优势不能充分体现。

同时，全域生态文化旅游的规划是多规合一，需要各个部门协同规划，做到全域优化配置经济社会发展资源，充分发挥旅游业带动作用。比如，

水利建设不仅要满足防洪排涝、灌溉功能，还要有审美游憩价值和休闲度假功能；交通建设和管理不仅要满足运输和安全要求，还应建设风景道，规划建设厕所等公共服务设施，提供完善的自助游、自驾游服务；农业发展除了满足农业生产需要，还应满足采摘、休闲等需求，等等。虽然湖北民族地区 10 县市在积极创建国家全域旅游示范区的推动下相继成立旅游发展委员会等进行统筹协调，但是由于各市县旅游主管部门与相关涉及旅游工作的职能部门之间缺乏有效的沟通和协调，管理的越位和缺位的现象突出，协调难度大，部门合作缺乏有效的沟通机制。

2. 规划编制滞后，引领作用不强

2016 年 2 月，原国家旅游局公布了首批国家全域旅游示范区单位名单，将全域旅游的建设付诸实践。恩施州成为全国首批、全省唯一的以市州创建国家全域旅游示范区的单位，长阳土家族自治县和五峰土家族自治县也相继入选国家全域旅游示范区创建单位。但是湖北民族地区 10 县市全域生态文化旅游发展规划的编制却进展缓慢，恩施州总体全域旅游发展规划于 2018 年 3 月出台，距入选国家首批全域旅游示范区名单已经过去两年之久，其所辖的 8 个县市的全域旅游规划于 2018 年底出台，宜昌市所辖的长阳和五峰的全域旅游规划目前也已编制完成。规划编制滞后导致规划引领与调控作用较弱，难以科学地指导湖北民族地区全域生态文化旅游发展。从目前已经出台的《恩施州全域旅游规划》来看，恩施州将全域生态文化发展的重点放在了景区景点的建设和挖掘上，要打造一批有特色的旅游新产品、新项目，但是，湖北民族地区部分景区因私人承包，在开发过程中缺乏科学合理的规划，无序开发问题严重，如利川市的大水井木结构建筑群由私人开发商承包，同时该开发商还承包了附近的龙桥大峡谷。这两个旅游项目规划没有做好，运营效益也不好，尤其是龙桥大峡谷仅仅开发了一半就因资金短缺停工，既破坏了整体的景观，又给当地居民带来极大不便，一定程度上降低了全州旅游业整体发展的协同性。

（二）全域生态文化旅游基础设施与保障服务薄弱，旅游服务体系建设有待加速

发展全域旅游是促进旅游业转型升级和可持续发展的必然选择。2015年，我国国内游达40亿人次，人均出游接近3次，旅游已成为居民日常生活的必要组成部分。出游方式上，自助游超过85%、自驾游超过60%。区域的旅游质量不单单取决于旅行社、酒店、景区的服务质量，而是由整个区域的综合环境决定的。这就要求我们从全域整体优化旅游环境、优化旅游全过程，配套好旅游基础设施、公共服务体系和旅游服务等要素。当前，湖北民族地区一些地方的旅游市场秩序与人民群众"更加满意"的目标不相适应，旅游产品和以厕所为代表的公共服务、交通等基础设施供给与爆发式、井喷式增长的旅游市场需求不相适应，酒店、餐饮等保障服务与多元化的旅游市场需求不相适应。课题组在对旅游从业者的问卷调查中发现，49.2%的从业者认为旅游基础设施不到位，27.3%的从业者认为在暑假、国庆等高峰期接待能力不足（如图11所示）。

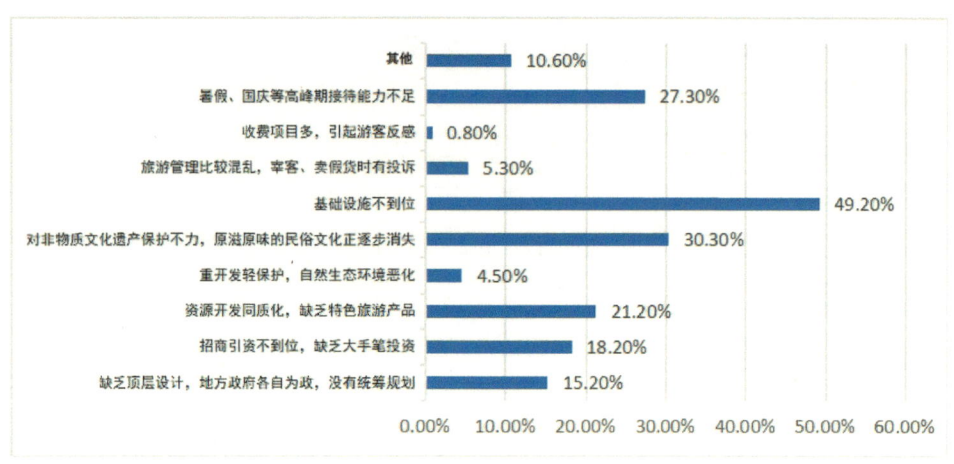

图11　旅游从业者对湖北民族地区全域生态文化旅游发展的看法

1. 交通网络体系不完善

由机场、铁路、国道、省道、高速公路等组成的便捷交通网络是发展全域旅游的必要条件，但目前湖北民族地区立体交通网络体系发展薄弱，内畅外联的立体交通体系尚待完善。从外部交通环境来看，湖北民族地区的旅游交通可达性不高，已建成的两条铁路线宜万铁路和渝利铁路仅串联起民族地区北部4县市，剩余县市的进入路径只能依靠国道和省道；恩施州虽已建设了机场，但航空路线少、架次少、吞吐能力有限。从区域内交通环境来看，湖北民族地区主要以公路交通为主，游客在途时间长，且沿途多高山峻岭，区域之间的畅通性差、景区之间的通达性差、景区分散，前往有代表性的自然景观和文化集聚景区时需要多次换乘，景点与城市之间的交通道路有待优化升级。区域内联通各景区的道路也多数以双向两车道为主，因此，每到节假日特别是黄金周逢节必堵已经成为常态。同时，各县市之间的交通信息服务平台尚未建立，在线售票业务和查询业务也尚未开通，民族地区南部县市之间的旅游公共交通尚未开通，自助游只能通过包车的方式前往，市场不规范且费用偏高。同时，通行道路条件较差，如通往鹤峰县的交通仍处于二、三级公路水平，导致进入鹤峰县景区通行不畅，需要付出巨大的时间成本和精力。此外，部分县市的公共交通指示牌不清晰，出租车服务存在拼车、拒载和乱收费等现象，这些都降低了游客出行的满意度。

2. 配套服务质量有待优化

湖北民族地区对旅游消费市场缺乏调研，旅游配套设施分布不均、档次不高、总体数量不足。如咸丰县无4星级酒店，宣恩县4星级酒店和3星级酒店各只有1家，旅行社也只有1家。在旅游旺季，游客人数和旅游服务需求远远超过当地旅游业的接待能力，同时许多酒店虽然在硬件设施上有所改善，但是服务质量仍然参差不齐。随着湖北民族地区"卖气候"迅速发展起来的民宿产业，缺乏特色民宿统筹管理办法和民宿业硬件建设和服务评价标准。原国家旅游局发布了《旅游民宿基本要求与评价》，明确规定了民宿行业标准，规定了旅游民宿的定义、评价原则、基本要求、管理规范和等级划分等条件并于2017年10月1日起实施。旅游民宿分为两个等级——金宿级、银宿级。金宿级民宿是会讲故事、张扬个性、有品有格的精品民宿,近几年流行的潮宿更包含了个性化的高等级民宿服务,满足中高端市场的需求。湖北民族地区要打造世界硒都特色养生旅游目的地、国际知名旅游目的地、生态文化健康休闲旅游胜地,必须转型升级配套服务设施。然而,目前当地大量民宿配套设施简陋,卫生条件和安全保障不过关,缺乏配套的体验服务,影响了湖北民族地区旅游服务质量和全域生态文化旅游的美誉度。

3. 旅游信息化服务不健全

完善的旅游信息化服务是保障游客满意度的关键,但是湖北民族地区旅游信息服务网站建设滞后,地区旅游网站旅游信息更新较慢,游客难以掌握各景区最新的旅游资讯。景区介绍多以文字和图片简单描述为主,旅游组合线路推介较为简单,缺乏交通住宿引导,线上咨询预订功能也不足。景区的信息服务度相对较低,游客在游览过程中的自助购票服务、自助智能导览等方面体验较差。旅游信息大数据平台尚未建立,智慧旅游新业态尚未形成。同时,随着人们旅游观念的提升,国内旅游也逐渐迈入了以生态休闲游为目的的新时代,游客对旅游个性化需求增多,选择自驾游、自助游的游客与日俱增。课题组调研发现,目前来湖北民族地区的游客出游方式发生了很大改变,从以旅游团为主转变为自助游和自驾游为主。但是,目前湖北民族地区缺乏针对这部分人群的具有咨询、接待、租车、预订等功能的综合性旅游咨询服务中心。

(三)特色民族文化资源挖掘不够,文旅深度融合有待加强

湖北民族地区拥有丰富的历史文化资源和自然资源,如果民族地区的旅游资源能成功和本土文化相融合,两者必然相得益彰。但是湖北民族地区在全域生态文化旅游的打造中存在最为突出的问题便是对当地特色文化开发不够、生态文化产品缺乏,未能形成融合度较好的全域生态文化旅游产业链,对当地经济社会发展的综合带动作用不够强。

推进全域生态文化旅游不是到处建景点景区,而是要因地制宜,充分挖掘、整合人文自然资源。湖北民族地区资源富集,但是没有全面清晰地

认识到特色民族文化资源的重要性，没有完全把握全域生态文化旅游的内涵，使得湖北民族地区在文旅融合发展中没有打造成有足够影响力的文化旅游品牌。

少数民族地区以物质或非物质形式蕴藏着数量巨大且各具地域、民族特色和独特魅力的文化资源。这些丰富而深厚的文化资源是发展全域生态文化旅游的优势。深度挖掘民族文化旅游资源不仅是为了满足游客休闲娱乐的需求，同时也是通过民族文化资源独有的文化艺术内涵满足人们在旅游活动中的精神体验。在漫长的历史发展中，各民族在自己独特的生存环境中创造了具有本民族特色的民族文化，如各民族的衣、食、住、行、婚姻丧葬、节日、乡俗、宗教、工艺、图腾等，涉及生活的方方面面，内容丰富，是重要的旅游资源和吸引游客的重要因素，具有很高的生态旅游开发价值。挖掘旅游资源中的文化内涵，使之物化外显，优化整合高品质、有文化内涵的精品项目是文化旅游可持续发展的重要措施。

目前，湖北民族地区旅游项目开发尚缺乏创新性，旅游市场中大部分具有地方特色的项目处于粗放式开发状态，民族文化植入不够，旅游文化项目体验方面有待进一步开发；游客旅游体验的参与感较低，许多活动有文化之名，缺文化之实，流于形式，缺少深层次、有足够吸引力的内容。课题组在对游客问卷数据做综合性分析时发现，游客对湖北民族地区景区的核心吸引物体验满意度评价不高，虽然这里拥有丰富的民族特色建筑，但是游客对特色活动体验丰富程度、趣味程度和参与程度的满意度评价较低。对游客而言，旅游活动缺少代入感和体验感，不能充分满足他们的需求，很容易缩短游客在本区域停留天数，从而使本区域旅游带动消费的潜力不能够充分彰显。调研数据显示（如图12所示），游客在本区域停留的时间中1~3天占比最高，达34.6%，停留一周以上的游客只占比13.2%，可见本区域的游客依然以短期游为主，中长期旅居游客占比并不高。即便是夏季避暑的长住游客也普遍反映缺少多元的休闲方式和民族特色鲜明的体验活动，因而只能选择打麻将、看电视作为主要消遣活动。

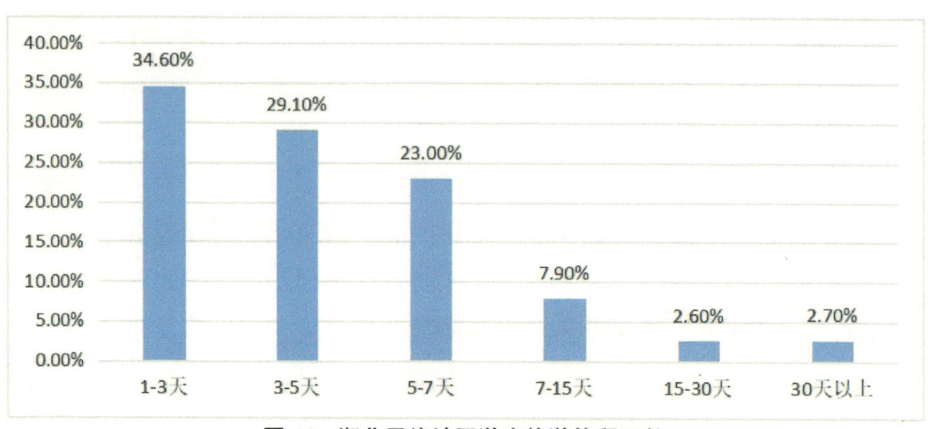

图 12　湖北民族地区游客旅游停留天数

推进全域生态文化旅游要因地制宜、突出特色，不可简单复制、粗暴克隆。在实景演出方面，湖北民族地区虽然打造出了 6 台演艺节目，但是在游客中的知名度并不高，观看人数较少，运营效果不佳，即便是印象系列《龙船调》也在亏本运营。土司城和腾龙洞的演出则包含在门票中，不属于游客主动购买，所以演出的市场价值和市场认可度有待进一步检验。造成这一问题的主要原因是文化与旅游融合中缺乏对游客文化需求的分析和独创性的文化创意。在节庆文化旅游方面，虽然湖北民族地区有着众多的少数民族节日，但是除了已经被游客所熟知的《女儿会》之外，其余节会市场影响力依然有限，关键原因在于与文化的融合不够。尽管各县市纷纷跟风举办各种节庆活动，但是节庆体验策划亮点不足、缺少创意，无法形成差异化的节庆品牌，难以形成激发游客兴趣的旅游核心产品。

（四）旅游产品同质化程度高，地区之间旅游联动发展有待提高

湖北民族地区在对旅游资源开发过程中，大多围绕自然生态资源进行规划和开发，旅游产品体系不丰富、旅游业态单调，众多旅游资源仍处于以观光产品为主的初级阶段，休闲度假产品较少、生态文化旅游产品缺乏，呈现出有数量而无质量的增长特点。湖北民族地区地势、地貌、山水景观趋同，只做简单的静态观光型和浅层次休闲度假型旅游项目容易产生旅游产品同质化现象。调查发现，湖北民族地区缺乏针对年轻人

旅游市场的探险游，缺乏深度文化参与的体验游，游客在山水观光过程中容易出现审美疲劳，后期旅游体验差。这种浅表层的旅游发展模式，既不能满足日益增长的自助游和自驾游群体的旅游体验诉求，也无法有效带动景区贫困人口的脱贫目标。同时，雷同的山水景观资源难以吸引游客持续游览的兴致，不能满足游客多样化、多层次的旅游需求，容易拉低游客故地重游的意愿。调研数据显示（如图13所示），来湖北民族地区旅游的游客5年内有故地重游意愿的占比为35.5%，不确定的比例高达45.40%，这说明目前湖北民族地区的旅游景观对游客的吸引力有限，并未成为游客未来出游计划中首选的旅游目的地。

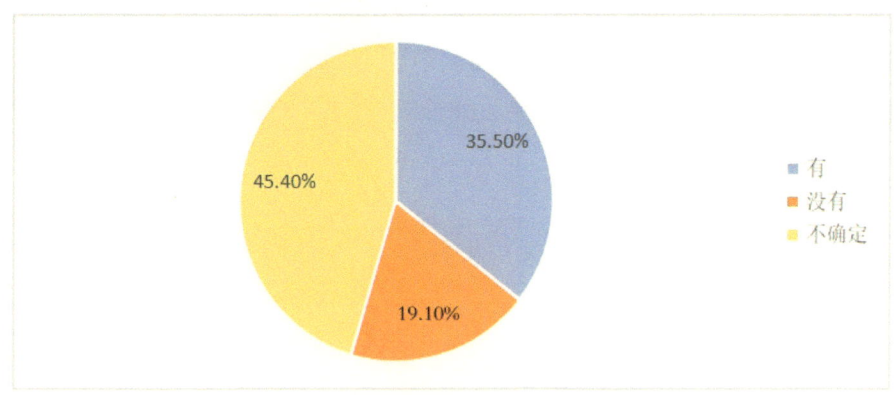

图13 五年内游客重游本区域的计划

全域生态文化旅游要打造的是一个综合旅游目的地，需要区域内各种旅游资源、社会资源、产业资源相互融合，依靠主要交通干线、交通网络的联结，形成点线面一体化的综合性旅游目的地。区域生态文化旅游需要区域内各县市实现整体联动发展，依靠各自的优势实现不同的区域定位，构建特色的全域生态文化旅游品牌。目前，湖北民族地区10县市旅游联动机制尚未建立，各县市之间全域生态文化旅游呈零散发展状态，区域之间旅游发展水平差距大。课题组调研数据显示（如图14所示），2017年湖北民族地区北部旅游片区的5县市（恩施市、利川市、长阳县、巴东县、建始县）旅游接待总共4 799.15万人次，在湖北民族地区10县市旅游总人数中占比高达76.47%，旅游综合收入362.11亿元，占比 76.94%。南部旅游片区的 5 县市（咸丰县、五峰县、来凤县、宣恩县、鹤峰县）旅游接待总共 1 476.89 万人次，在湖北民族地区 10 县市旅游总人数中占比 23.53%，旅游综合收入 108.51 亿元，占比 23.06%，南部旅游片区的发展明显落后于北部旅游片区。其中，恩施市和利川市旅游业发展水平最高，在旅游综合收入、旅游接待人数等方面都领先于其他各县市，旅游总人数均超过千万人次，旅游收入分别达到 140.96 亿元和 70.1 亿元，在整个湖北民族地区旅游产业综合收入中占比达 29.95%。相比之下，湖北民族地区南部区域的建始县和五峰县旅游人数均为 300 多万人次，在整个湖北民族地区旅游接待总人数中占比仅为 4.86%，旅游产业综合收入占比为 4.45%。宣恩县、来凤县的旅游发展增速很快，但由于发展起步晚，接待游客人数和旅游综合收入占比不高，旅游的经济效益发展尚不明显。

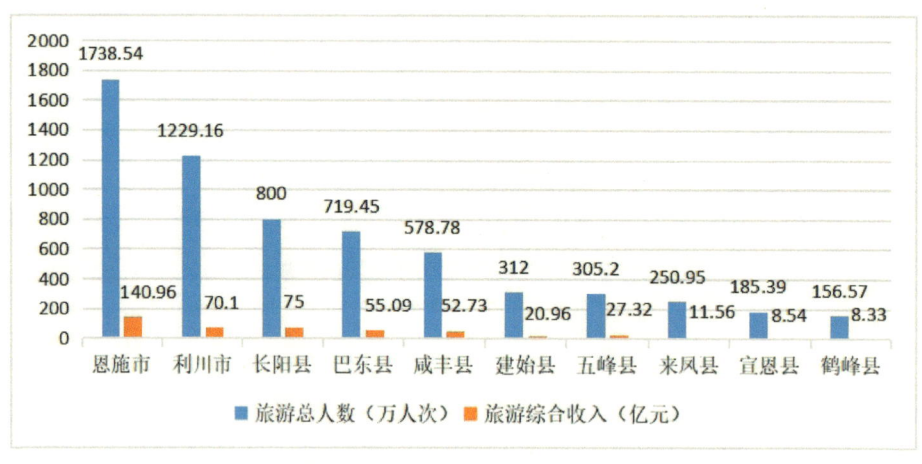

图 14　2017 年湖北民族地区 10 县市旅游发展水平比较

（五）全域生态文化旅游宣传和推介机制创新不足，旅游市场影响力有待增强

旅游宣传和推介是对一个旅游景地精要的展示和表现，通过多种传播途径提高旅游景地的知名度和曝光率，以便更好地吸引投资和增加旅游、彰显旅游景地品质和个性、挖掘景地特色的地域文化特征、增强景地吸引

力，从而提高景地的竞争力、促进经济发展水平。良好的旅游宣传和推介能够让地区的旅游品牌产生良好的美誉度和影响力，能够不断吸引、积累更多的市场投资和游客。

湖北民族地区当前的宣传推介与全域生态文化旅游发展不匹配，主要体现在以下几方面：一是宣传方式相对落后，主要集中在旅游路线推广和旅游活动宣传上，在旅游整体形象塑造和文化宣传等方面有所欠缺；宣传内容也主要集中于观光旅游的推广，在体验旅游，如自驾游、探险和少数民族民风民俗体验等方面的旅游形象宣传打造匮乏。二是宣传渠道狭窄，目前旅游宣传主要方式是在定点省市开展旅游推介会，通过央视主流媒体和广告牌投放宣传广告。对近些年发展迅猛的新媒体社交网络、短视频、直播、微博、微信和旅游在线平台等虽有涉及，但在推广方式和内容品质上缺少体系化、专业化运营，有待进一步挖掘。各县市区域整体品牌意识薄弱，在旅游策划和旅游宣传上没有系统的旅游形象设计和塑造，缺乏准确的市场定位和统一的策划营销，从而导致整个湖北民族地区缺乏统一的、特色鲜明的区域旅游主题形象，旅游品牌知名度不高。湖北民族地区的旅游品牌中，除巴东神农溪具有一定国际影响力外，其他如恩施大峡谷、利川腾龙洞、咸丰坪坝营、长阳清江画廊、五峰柴埠溪大峡谷等风景区，只是在湖北省内和相邻的重庆市较有影响力，在全国范围内的影响力较小。宣传力度的不足限制了本区域旅游资源的开发和旅游资源开发环境的改善，同时也影响了民族传统文化的传播和内在价值的展现。

由于宣传和推广的局限性，湖北民族地区旅游市场影响力不足，在国内外的知名度不高。调查发现，一是入境游客少。以恩施州为例，2017年恩施州累计旅游接待5 170.89万人次，其中国际游客只有40.91万人次，仅占接待总量的0.79%，且同比减少14.42%，入境旅游市场相对低迷，接待人次处于负增长的态势。二是国内客源市场影响力有限。调研数据显示，华中地区的游客占比高达52.6%，排在第二位的华东地区只有14.3%，可见湖北民族地区的主要客源地来自湖北、湖南和重庆及周边地区，游客来源的地区分布非常不均衡，旅游市场还有较大拓展空间。

六、湖北民族地区全域生态文化旅游发展对策

（一）树立全域生态文化旅游观念，做好顶层设计

1. 切实发挥大旅游综合管理治理体制机制的优势

充分发挥湖北民族地区全域生态文化旅游发展办公室职能，建立主任联席会议制度。坚持主要领导亲自抓、分管领导具体抓，围绕生态文化旅游来统筹经济社会各方面发展；定期进行集中调度，研究相关产业的重大战略性问题，统筹推进全域生态文化旅游产业重大工程和重大项目实施。

2. 高点站位，全局谋划全域生态文化旅游发展

按照"全域景区化、景区全域化"的发展思路形成"一本规划，一张蓝图"。强化"多规合一"，各类规划的衔接与新型城镇化建设、特色小镇、美丽乡村建设形成联动发展态势，实现产、城、人、文、景的有机融合。在"严守生态红线，生态保护第一"的总原则下，整体布局、高端切入，选择更加突出地域特色、彰显民族文化、适合民族地区全域生态文化旅游发展的路径，形成错位发展的顶层规划设计布局。

3. 保护文化生态和自然生态，守护金山银山

湖北民族地区地方传统文化和自然生态脆弱，旅游开发必须严守生态红线，加强武陵山区（鄂西南）土家族、苗族文化生态保护，整体布局、突出特色，按照全域化要求配置生态、文化等要素资源，规划旅游布局，把全域旅游作为整体提升区域发展水平的战略举措再定位，融入经济社会发展全局再规划，促进民族地区全域生态文化旅游发展。

4. 高标准、严要求进行精细化管理

以全球视野对接国际标准，采用标准化、精细化管理提高旅游业整体效能。景区建设对接国际体系，从小处着眼，从细微处入手，高标准、严要求打造国内外知名旅游目的地，并倒逼交通、生态乃至人文素质等各方面的提高。

（二）提升全域生态文化旅游公共服务，增强文化旅游获得感

湖北民族地区多分布于交通条件较差、信息相对闭塞的边远山区，旅游公共服务体系还很不健全，完善旅游交通网络和公共服务网络，是民族地区发展生态文化旅游过程中亟待解决的关键问题。

1. 构建通达便捷的综合旅游交通网络，打造最美公路，提升全域形象

一是建立全域生态文化旅游交通集散体系，科学布局交通路网，将点状分布的景区聚合，形成旅游环线；同时，山区道路复杂，自驾游受到局限，要建设低碳环保的公共交通运营网络，确保主要景区都有直达所在或相邻县城的公共交通。二是建设满足旅游体验的"慢游"交通网络，重点支持民族特色村寨、特色小镇等旅游目的地的公路建设。结合沿线景观风貌，打造具有游憩、健身、文化等复合功能的线路并根据游客需求增设自行车道、步道等设施和观光车等高收益设施。例如，湘西州提出要"高品质建好1 000千米旅游公路、1 000千米生态旅游景观走廊、1 000千米旅游慢行体系"，构建"快旅慢游"新格局，这是湖北民族地区发展全域生态文化旅游值得借鉴的发展路径。

2. 构建"城区＋特色小镇＋旅游名村／美丽乡村"的三级旅游接待中心体系，形成覆盖更加全面、功能更加系统、服务更加便捷的旅游接待空间

在主要的旅游目的地附近配备绿地、公园、游船、观光亭等游憩设施，打造地方文化特色民宿以及公益演出等娱乐活动；继续完善景区导视系统、停车场，推进"厕所革命"，完善与旅游相配套的"衣食住行"设施服务；满足游客个性化的体验需求，提升景区整体品质、提高旅游服务水平、增强旅游接待能力。

3. 加强旅游公益服务，营造良好的游客融入所在地生活氛围

一是以公共教育系统和旅游协会服务系统为依托，提供旅游科普服务和旅游教育培训服务，提高民众的旅游参与意识与从业者的业务素养。同时，加强对旅游安全制度、风险管控和旅游救援等相关内容的培训学习。二是以社会公共服务系统和志愿者服务系统为依托，提供旅游目的地咨询、

服务等工作。旅游高峰期在城市中心、热门旅游景点等设置志愿者服务站，提供旅游公益服务，提升整体服务水平。

4. 建立旅游信息公共服务平台

一是推动旅游信息互动终端设备体系建设，在车站、码头、宾馆等主要游客集散场所提供PC、平板、SOS电话等互动终端，使游客更方便地接入并使用信息服务网络。二是加快旅游大数据中心建设，建立湖北民族地区全域生态文化旅游智慧服务平台，立足云平台提供旅游实时资讯信息、深度旅游引导、紧急救助、行业投诉、灾害预测预警等公共服务，确保旅游信息与游客之间的通达度。这方面，山东泰山景区基于云计算、物联网、地理信息、智能数据库建设的智慧泰山景区信息集成平台已成功用于虚拟旅游服务、客流监控管理、病虫灾害监测预防等，实现了景区在资源保护、定位展示和游客服务等方面高效的时空化管理，值得借鉴。

(三) 充分利用生态资源禀赋和民族文化优势，打造旅游吸引物体系

1. 做好资源普查分类

对旅游资源进行全面普查和科学分类并建立湖北民族地区生态文化旅游资源数据库，促进生态资源、文化资源的可调查、可统计、可整合、可利用，为盘活旅游资源存量、加大旅游资源保护和开发做好基础工作。

2. 打造深层次、体验型旅游业态和产品

在对区域文脉和资源特色进行综合分析的基础上，根据旅游消费者的差异化需求，从历史文化、风俗人情、土特产品、镇街小巷、个性产业等方面进行深挖深掘，丰富旅游项目、创新旅游业态，提升旅游产品吸引力。如湘西在大力推进生态文化村和特色民俗村的基础上进一步挖掘红色文化资源，通过革命历史和人物故事提升红色旅游产品的内涵和吸引力；同时积极开展与四川、贵州等地跨区域红色旅游合作，打造全国革命教育基地和红色旅游精品景区。通过文化挖掘、业态升级丰富了湘西旅游业态，扩宽了湘西旅游的市场群体，加大了游客与旅游目的地的互动黏性，值得借鉴。湖北民族地区在文化资源开发利用上要做到"五个一"：一是实施一

批特色文化资源与非遗文化保护工程。对区域内重点特色文化资源，如世界文化遗产唐崖土司城遗址、世界最优秀的25首民歌之一《龙船调》、国家非物质文化遗产"摆手舞"等加大保护传承力度。二是开展一批旅游产品创优计划。将地方民俗文化、艺术文化、建筑文化、宗教文化、饮食文化等文化样式中的独特元素融入旅游产品，生产具有特色吸引力、地域竞争力和文化消费力的优秀旅游纪念品。三是推进一批旅游活动精品项目。开发生态休闲、民俗体验、户外运动、特色文化、户外探险等旅游产品，形成多景点串联、多层次和内容丰富的旅游产品载体。四是生产一批文旅演艺佳品力作，深入挖掘婚丧嫁娶、节日、乡俗、宗教祭祀等人文活动和故事内涵，把民族地区特色文化资源盘活起来，编排具有文化体验和"五感"享受的集综合性、互动性、享受性为一体的精品旅游演艺项目。五是打造一批特色文化节庆活动。通过节庆活动塑造民族地区旅游目的地个性形象，弘扬民族优秀传统文化，传播民族特色旅游信息，拉动民族地区旅游经济发展。总之，文化资源开发利用要紧扣本地形象定位，确保县县有精品、整体有特色。

3. 打造特色旅游空间吸引物

改变以景区为主要架构的旅游空间系统，通过资源整合、空间升级，构建以景区、度假区、美丽乡村/民俗名村、特色小镇、旅游风景道等不同旅游功能区组成的旅游目的地空间系统。在旅游目的地打造过程中要注重结合民族建筑风格、历史遗址建筑特色，利用生态（自然环境）、挖掘文态（人文习俗）、促进形态（小镇建设），建设有核心吸引力的旅游目的地空间。通过创意和文化场景的应用，把特色文化资源优势转变为文化资本优势，把相关活动场所建设成可感知、可体验、可度假、可消费的国际知名旅游目的地。

（四）融合发展创新旅游业态，区域联动消除同质瓶颈

1. 构建"多点辐射、全域覆盖"的产业格局

湖北民族地区各县市应破除当前单一、静态以观光游为核心的同质化、

低端化旅游供给，因地制宜，结合地区资源优势推动旅游产业由观光式旅游向休闲式和体验式为主的康养度假旅游、生态文化旅游和全域生态文化旅游转型升级，形成丰富的旅游产业业态。如，以利川苏马荡、建始黄鹤桥带动休闲度假旅游产业发展；以咸丰唐崖土司城、恩施土司城、来凤仙佛寺带动文化旅游产业发展；以宣恩彭家寨、来凤杨梅古寨带动乡村民俗文化体验旅游产业发展；以恩施大峡谷、长阳清江、宣恩贡水、巴东神农溪带动"醉美"生态旅游产业发展；等等。在全域范围内形成差异化旅游定位和功能布局，以重点旅游目的地和旅游品牌为龙头，实现各县区旅游联动、全域生态文化旅游差异化体验全覆盖。

2. 多元融合提升旅游产业空间布局

一是加强农旅融合。湖北民族地区多以第一产业为主，产业附加值较低。为此，应当结合产业优势大力发展观光农业、休闲农业、创意农业、定制农业和会展农业，打造国内知名的乡村旅游品牌，促进当地村民扶贫致富、实现小康。二是发展特色产业。特色小镇强调"一镇一特色、一镇一风情、一镇一产业"，国内当前具有影响力的特色小镇如浙江云栖小镇、梦想小镇、海南雪茄小镇等，均立足特色产业元素形成核心竞争优势，不但发展了当地传统工艺产业，而且通过资源集聚打造出有明确产业定位、文化内涵、旅游特色和一定社区功能的空间平台，实现了以旅游集聚产业、以产业支撑旅游的互动。湖北民族地区应结合特色小镇、美丽乡村建设，依托山水风光、人文要素，以健康养生、运动休闲、文化创意、果蔬茶林等为方向找准地域特色产业，整合休闲、养生、文化、体育、商业等相关产业，实现一、二、三产业融合发展。三是培育一批乡村旅游综合体、旅游民宿等新兴业态。充分发挥民宿在推动全域旅游发展和乡村振兴中的特殊功能，如利川白鹊山依托城镇辐射功能大力开发民宿旅游产业，建有白鹊山书舍、灯歌口述博物馆、手作工坊、水井集市、竹林歌场、亲耕田园、赶山乐园、山林营地等游乐项目，以民宿为支点撬动旅游全产业链的延伸拓展，已成为恩施全州精品民宿的经典之作。

应鼓励优秀乡民创新创业、回乡创业，乡贤回乡献智，打造一批有民族风情、有情怀、有特色的精品民宿，以旅游民宿带动农村产业发展，真正实现全域旅游共建共治共享，彰显和释放民宿在促进传统村落保护、传统社区再造和美丽乡村建设等方面的社会功能。

（五）构建全方位智慧营销体系，推动旅游模式转型

1. 实施立体营销

调研数据分析发现，在出游方式上，50岁以上的游客更倾向于选择报旅游团，50岁以下的游客选择自助游和自驾游这两种出行方式的最多。在出游目的上，年轻人更注重旅游的趣味性，中年人更看重旅游的功能性，老年人更在意旅游目的地的知名度。因此，建议采用"不同群体特征＋不同地点＋不同方式＋不同宣传内容"的组合营销，开展有针对性的精准营销策略，将旅游市场庞大的潜在受众转变为旅游目的地的实际收益。如在旅游营销上走在前列的古北水镇，就锁定北京与天津作为广告重点投放区域，定向锁定旅游出行、生活服务、文化娱乐、汽车、餐饮美食、教育、房产等重点相关人群，设定精准投放并上线了5套视频素材，从不同的角度展现古北特色美景和风土人情，向用户传递符合消费者需求的信息，收到良好效果，值得学习借鉴。

2. 用好智慧营销

结合当下移动端的消费导向和自助游、自驾游的旅游趋势，大力推进智慧旅游、电子商务、电子信息、智慧小镇等建设。一是推动景区线上一体化旅游服务。实现"在线游、在线行、在线购"，着力构建国内领先、国际知名的智慧旅游体系。二是结合新媒体渠道特色开展智慧营销工作。利用微博、微信、抖音、快手、微视等新媒体进行旅游形象的塑造与营销。仍以古北水镇为例，它在宣传上积极和新媒体结合，利用舆论热点为自己造势。通过为明星代言人拍摄宣传片，嫁接起明星与粉丝之间的情感桥梁，使粉丝主动参与话题交流与扩散；积极与时下"流量担当"合作进行渠道营销，在新浪上创造了"三天内4 000多万人在议论"的旅游营销爆点，在今日头条与知乎合计广告曝光量超过1 480万、点击量超过35万、创新

性的营销推广为古北水镇赚足了"人气",用短短三年创造出了惊人的成效。三是加强与旅游电商平台合作。依托旅游电商平台的大数据基础,精准对接游客在吃、住、行、购、娱方面的个性需求,最终实现旅游各环节消费体验的提升,形成系列化和综合化的旅游收入。

华强方特主题公园 IP 项目分析与发展策略研究
——基于济南、泰安方特主题公园的调研

■付 伟[①]

一、孵化 IP 项目：主题公园发展的新路径

主题公园是随着现代化、工业化、城市化的发展，为满足人们的精神与休闲需求而人工建设的综合性娱乐场所。游客通过参与主题公园内多种类型的项目活动并投入项目设计的运动模式或场景模式，让自己的情感得到释放或陶冶，获得放松身心的游玩目的。主题公园能否获得良好的口碑，很大程度上在于能否给游客提供充实、愉悦的精神享受。

享受是人类社会更为高级的需求和目标，是作为主体的人必要的精神需求。人们既需要生存资料，也需要发展资料，恩格斯曾在致拉甫罗夫的信中指出："人类的生产在一定阶段上会达到这样的高度：能够不仅生产生活必需品，而且生产奢侈品，即使最初只是为少数人生产。这样，生存斗争——假定我们暂时认为这个范畴在这里仍然有效——就会变成为享受而斗争，不再是单纯为生存资料而斗争，而且也为发展资料斗争。"[②] 享受主要是对发展资料的需要，随着我国由短缺经济走向平衡经济甚至过剩经济，人们对发展资料的需求、对享受的需求日益增加。这既是我国主题公园在 2000 年以后大规模发展的深层动力，也是各个企业对主题公园进行整体规划、对公园内各个项目进行具体设计，以及对内部的服务、餐饮、交通进行管理时应考虑的核心要素，即以游客为中心，让游客获得充实的精神享受。

主题公园的室外项目一般为游客提供了特定的场域、固定的位置，通

---

① 付伟：中国传媒大学人文学院 2017 级文艺学专业硕士研究生。
② 恩格斯. 恩格斯致彼·拉·拉甫罗夫（1875 年 11 月 12—17 日）[M]// 马克思，恩格斯. 马克思恩格斯全集（第 34 卷）. 北京：人民出版社，1972：163.

过各种技术手段调动着游客的视觉、听觉、运动觉等感官,让人们"轻而易举"地便获得强烈的刺激感与奇异的惊诧感。这是一种极大地刺激感官的活动,如过山车、大摆锤一类游玩设施通过高速的机械运转将游客的各种感觉(如紧张、恐惧、失重等)"极致化",以获得一种情绪释放的快乐感和日常生活中难以获得的感官体验。然而,对享受的需要是多元化、多层次的,它并非止于快乐,对享受的体验过程越丰富,越具有审美意味。室外的刺激项目确实可以给游客带来快乐,但同时也局限于感官刺激的"片面"享受。这类刺激性项目具有可复制性,国内主题公园的同质化问题大都指向这种仅满足于感官刺激的项目建设。当本土主题公园已有足够的技术与资本去建设大规模机械化游玩设施时,如何有效促进文化和科技的融合,孵化出具有文化价值和沉浸式精神享受的 IP 项目,则成为主题公园可持续发展的新路径。

华强方特文化科技集团股份有限公司(以下简称"华强方特")是国内具有完全自主知识产权的大型文化科技集团,打造了众多"文化+科技"的 IP 项目(见图 1)。园区游玩设施的升级既给游客提供了多样化的项目体验和丰富的精神享受,也使得自身逐步发展成为具有文化品牌特色的主题公园。华强方特的发展战略与开发模式契合了城市化、科技化和全球化的发展趋势,为优秀传统文化的创造性转化和创新性发展提供了诸多启示,

图 1　华强方特四大 IP

深入总结其 IP 项目的开发经验及内容不足，有助于今后更好地打造具有中国特色的主题公园品牌。

二、华强方特主题公园 IP 项目分析

华强方特主题公园是以"文化＋科技"为发展目标的现代化科技类主题公园，除了室外游戏或刺激类的项目如"飞跃河谷"、"极地快车"、"仙岛密探"、"丛林飞龙"（见图 2）外，还提供了包括主题演艺和特种电影在内的融入文化内涵和故事元素的 IP 项目，以期给游客带来更深层次的体验。对于单纯的刺激类游戏，在设施上，安全性是第一位的考虑因素，在设计上，主要考虑的是普通游客的身体素质和对加速度、失重感等所能承受的强度。但对于加入故事元素、文化知识的项目来说，设计者的考虑就更为复杂些，它需要考虑故事内部的情理逻辑、表现形式，以及在此基础上的价值意义等因素。对这类项目的学理分析也需要根据项目的不同特质，采取不同的研究视角。

图 2　华强方特室外项目——丛林飞龙

方特主题公园 IP 项目能否给观众带来一种"忘我"的沉浸式享受，需要其形式、内容的完美融合。形式的要求是为游客打造真实度高的在场环境或虚拟世界，内容的要求是要有让人信服、让人感动的故事。因此，沉浸式体验的打造往往需要三种元素："虚拟技术""视觉特效""叙事

情节",这三种元素中前两者更强调形式,后者更突出内容。项目具体情况如表1所示。

表1 华强方特表演项目

项目	类型	虚拟技术	视觉特效	叙事情节
《孟姜女》	主题演绎	无	有	有
《化蝶传说》	主题演绎	无	有	有
《决战金山寺》	主题演绎	无	有	有
《聊斋》	主题演绎	无	有	有
《牛郎织女》	特种电影	有	有	有
《熊出没剧场》	特种电影	有	有	有
《女娲补天》	特种电影	有	有	有
《恐龙危机》	特种电影	有	有	有
《烈焰风云》	特种电影	有	有	有
《飞跃极限》	特种电影	有	有	
《九州神韵》	特种电影	有	有	
《梨园之春》	特种电影	有	有	

这种分类方式虽然不能达到对每个项目进行界限分明的区分,但是至少体现了各个项目的特性。从分类中可见,每个项目都有视觉特效这一特性,体现了华强方特对视觉化效果的重视;具有叙事结构的项目大都基于传统神话传说和民间故事,在结构上具有共同性。以下具体对华强方特游玩项目的视觉效果与叙事结构进行分析。

(一)华强方特主题公园IP项目的视觉效果分析

华强方特凭借其雄厚的科技实力和精湛的特效技术,对神话传说、历史事件等进行创造性的图像转化。神话传说的口头讲述和历史事件的文字记录,都需要听者或读者经过想象和联想在头脑中唤起具体可感的动人图景。它属于语言叙事,语言作为"暗示性"或"提示性"符号先验地规定了它的非直接性。而图像叙事是一种"在场"的言说,是一种直接、即时即地的表意行为。华强特种电影与主题演艺都突出了"视觉性"体验,把观众带入更为新奇、奇幻的世界。

"视觉性"并非指物的形象或可见性,而是使物从不可见转为可见的运作的总体性。首先,不可见之物包括人们基于日常生活的想象。在民间故事中有很多"超现实"的想象,如梁祝"化蝶"、孟姜女哭倒长城、牛郎上天寻妻等,它们通过作家或讲述者的文学描写或生动讲述,经由语言的"指示"和人们的想象形成"内视性形象"。华强的主题演艺通过真人表演与技术特效之间的配合,让这些超现实的文学描写直接呈现在观众眼前。如在方特《化蝶传说》中,当祝英台悲痛地向墓塚奔去后,舞台上只留下一处墓塚,伴随阴暗的灯光,气氛悲戚凝重;随即舞台上呈现二人同窗读书并翩翩起舞的形象,最后通过灯光、幻影成像等技术,二人变成相伴相飞的蝴蝶,将"化蝶"想象性描写空间化、可视化,这样的奇幻效果令人惊叹。

其次,不可见之物是人们自身视觉触及不到的时空,既包括地理空间,也包括历史时间。泰安方特中以环游世界为主题的《飞跃极限》,通过球幕电影展现世界各地的著名景点,随着画面的切换,游客置身其间,仿佛"飞跃"不同国家。此外,方特的《飞越千里江山》,将国宝级名画《千里江山图》改编为球幕电影,将地理时空与我国山水画相结合,不仅是视觉上的奇幻体验,更有着审美意味上的享受。以讲述华夏文化发展史的巨幕立体电影《九州神韵》(见图3),将涿鹿之战、百家争鸣、秦始皇登基大典、

图3 华强方特特种电影《九州神韵》

郑和归航、开国大典等重要历史和地理事件展现在观众面前，通过历史和地理时空的立体化给观众带来大气、恢宏的壮美体验。

最后，不可见之物还包括意境，它是人们审美关照的产物，是情与景的融合，它并非是语言的直接描写，而是"含不尽之意于言外"的"象外之象，景外之景"。虽然语言是非直接性的表意形式，但这让艺术形象具有一定的韵味，因此意境的视觉转化难度更高。华强方特在对民间传说的图像转化上，突出了技术特效对"意境"的表现。例如，在大型真人表演的舞台剧《孟姜女》中，孟姜女为丈夫制作寒衣时，舞台中间的四面立体门顺序转动，表演者随着转动改变做衣的动作，并伴随灯光、特效营造由春入冬的季节变化；在寻夫中，舞台呈现是用程控模砖矩阵技术展现修筑长城的宏大场面，当她得知丈夫牺牲在长城脚下而失声痛哭的时候，两千多块程控模砖组成的城墙瞬间坍塌。两个场景的组合，虽没有文字的吟咏，却表达出"可怜无定河边骨，犹是春闺梦里人"般的悲剧意境。

华强方特的特种电影和主题演艺通过虚拟技术、舞台表演、视觉特效等方式将不可见之物转化为可见之物，同时，这种视觉化效果又突破了二维平面的镜像距离，让人们进入三维实时的立体空间。拉康在镜像阶段的研究中引申出关于眼睛和凝视的辩证法，认为眼睛是一种欲望器官，因此，我们可以从观看行为中获得快感；但眼睛又是被充分象征秩序化的器官。当我们"凝视"屏幕时，我们在某种程度上逃离了象征秩序而进入想象的关系之中。[1] 华强方特 IP 项目的视觉效果是让人们从"凝视"屏幕转变为直接"进入"屏幕的场景之中，在奇幻、逼真的动态画面的立体"包围"中，使游客感觉虚拟世界与现实世界，人与媒介、环境融为一体，从而获得更为沉浸的感官体验。

（二）华强方特主题公园 IP 项目的叙事结构分析

叙事结构即故事的形成机制，是千变万化的故事内容背后隐藏的不变的"语法规则"。叙事学是对叙事文本进行结构—语法分析的研究模式，

---

[1] 戴锦华. 电影批评[M]. 北京：北京大学出版社，2004：157.

借助于叙事学理论可对具有叙事情节的 IP 项目进行深入剖析。俄国形式主义文论家普罗普在研究俄国民间故事的时候发现，人物功能在民间童话故事中是稳定的、不变的因素，并归纳了人物的 31 种功能。格雷马斯在此基础上将行动模态分为四个阶段，即产生欲望、具备能力、实现目标和获得奖赏。这四个阶段相互联系，其中"实现目标"是四个阶段的核心，"实现目标"是指一个使状态发生转换的行为，它包含从拥有到失去或从没有到拥有两种类型；"产生欲望"阶段是指施动者产生要实现某种目标的欲望的阶段，它往往需要外界的"推力"；"具备能力"是"产生欲望"和"实现目标"的过渡阶段，即为了实现愿望获得能够使得状态发生改变的能力；"获得奖赏"阶段是对最后的状态的判定。[1]这四个阶段只是一个理想模型，并非每个阶段都必不可少或者都要同样的顺序。依照"产生欲望"→"具备能力"→"实现目标"→"获得奖赏"这种叙事行动模态，可将方特 IP 项目的叙事结构划分如表 2 所示。

表 2 方特 IP 项目的叙事结构划分

	产生欲望	具备能力	实现目标	获得奖赏
《孟姜女》	在新婚之夜，范喜良被抓去修筑长城，孟姜女思念丈夫，欲与其团圆	无	孟姜女在寻夫过程中知道丈夫在劳役中丧命	范喜良死而复生，与孟姜女团聚
《化蝶传说》	祝英台被其父许配给马家，梁山伯因此病故，祝英台欲去祭奠梁山伯	祝英台把祭奠梁兄作为出嫁的条件	祝英台在祭奠梁兄时，殉情而死	梁祝化蝶
《牛郎织女》	织女与牛郎在人间结婚后，被王母发现，并将织女带回天宫，牛郎欲去天宫寻妻	牛郎在老黄牛的帮助下获得"上天"的法力	牛郎上天寻妻，并与妻子相见。但又被王母发现，二人被惩罚天河相隔、不得相见	牛郎织女在七夕相会
《决战金山寺》	白娘子喝了雄黄酒，变回原形，许仙被法海关在金山寺，白娘子想要救出丈夫	无	白娘子为救出许仙，与法海斗法并水漫金山	无

---

[1] 刘小妍. 格雷马斯的叙事语法简介及应用[J]. 法国研究，2003（1）.

续表

	产生欲望	具备能力	实现目标	获得奖赏
《恐龙危机》	恐龙袭击城市，护卫队需要保护市民撤离	无	护卫队带领市民突破重重危机，最后到达安全地带	无
《女娲补天》	补天需要五彩石	无	女娲阻止共工、祝融、炼狱黑龙等抢夺五彩石，并带领游客送出五彩石，完成补天	无
《烈焰风云》	灭火需要芭蕉扇	无	为取得芭蕉扇，孙悟空带领游客三次越过火焰山，与牛魔王决战，获得奖赏	无

由此可见，在"产生欲望"阶段，《孟姜女》《化蝶传说》《牛郎织女》《决战金山寺》都是由"平衡"到"不平衡"，即因第三方的破坏，男女主人公被迫分开；而《女娲补天》《恐龙危机》《烈焰风云》直接进入紧张危机并获得任务。在"实现目标"阶段，《孟姜女》《化蝶传说》《牛郎织女》都以失败告终，以男女主人公的悲情突出矛盾冲突，其后在"获得奖赏"阶段由悲转喜，获得团圆；《决战金山寺》中，在大水漫过金山寺后，故事便终止；《女娲补天》《恐龙危机》《烈焰风云》在"实现目标"阶段经历重重挑战，最终完成任务。

三、华强方特主题公园 IP 项目的价值评价与价值提升

（一）华强方特 IP 项目的价值评价

无论是视觉特效还是故事讲述，最终都是为了给游客带来充实的精神享受。在上述对 IP 项目的视觉特效分析中，华强方特对项目的视觉化表达的确美轮美奂，但是内容的价值体验上却有不足，瑜不掩瑕。

首先，缺乏对深层矛盾的思考，价值观表达不具信服力。具体来说，

在产生欲望阶段,从"平衡"到"不平衡"的状态转变,很多项目并没有做到合理的解释。以改编梁祝故事的《化蝶传说》为例(见图4),当祝英台向梁山伯坦白身份时,其父突然出现并声称已把女儿许配给有钱有势的马家,之后梁山伯就因病而终。此外,《聊斋》《牛郎之女》《决战金山寺》对于男女主人公与第三人之间矛盾的深层原因也没有做到合情合理的解释。究其根源,情节内在逻辑的不严密导致对矛盾产生的原因缺乏深入的思考,即缺乏对人物关系动因的深入洞察。祝英台的父亲为什么不顾女儿幸福执意将其许配给马家,是受到他人欺骗,还是趋炎附势,是不在意女儿的幸福,还是不得已而为之?不同的解释会有不同的叙事效果,以及不同深度对人性、社会以及时代的反思,在这方面,华强方特的IP项目还有很多可以提升的空间。"产生欲望"阶段和"实现目标"阶段紧密联系,如果前者没有对主人公实现某种目标进行合理说明,那么后者主人公为爱斗争、为爱牺牲的情感表达就让人感觉过于夸张,不具说服力,视觉图像奇幻、唯美却传递不出令人深层共鸣的共同价值观。

图4 华强方特主题演绎《化蝶传说》

其次,审美新奇性过重,价值体验相对单一。从华强方特IP项目来看,《女娲补天》《烈焰风云》等逃亡类项目着重突出了对虚拟场景的奇特、刺激的感官体验;《梨园之春》在四周放映各个地区的戏曲片段,带领游客走马观花地了解各个地方的戏曲文化,依然以"新奇"为吸引点;改编自民间四大传说的IP项目主题都是爱情,且如上述分析,大部分着重呈现视觉奇幻。虽然丰富多样的视觉效果会给游客带来新奇的时空体验,但在烦冗的科技特效叠加中往往会造成游客的审美疲劳。游客需多元化的享受体验，除了感官刺激与猎奇之外，还需要一些IP项目继续为游客提供深层的价值体验。此外，诸多项目重复"愿有情人终成眷属"的爱情观，虽然不乏如《孟姜女》（见图5）这样的精品出现，但是整体上缺少对正能量价值——如勇气、正义、友爱、善良等的表现，价值体验相对单一。

图5　华强方特主题演绎《孟姜女》

最后，IP项目与游客之间的互动性不高，游客主动参与叙事的体验不足。方特IP项目与游客之间的互动主要是游客"被发现""被要求完成任务"，而缺少让游客主动参与到叙事中的过程。例如，在《女娲补天》项目中，通过VR技术让虚拟人物如在游客眼前，与游客眼神发生接触并告诉游客"快拿着五彩石逃离这里"，这表示虚拟人物"发现了"游客，承认了游客在所构建的虚拟世界的存在。但是游客除了"被发现"外，并不能采取实质性的行动，依然是坐在活动座椅上看着虚拟人物如何带领自己冲破重重难关。再如，在《决战金山寺》中，游客置身于旧时的街市中，剧中饰演"小青"的演员出来问游客"你们看到我姐姐了吗"，同样承认了游客在剧中的"在场"身份，但在之后的路线行走中，游客依然是以旁观者的身份观看一场特效表演。因此，方特IP项目重视了游客在项目中的参与感，但是在项目设计上缺乏给游客进一步主动参与叙事的机会，参与式体验不够丰富。

（二）华强方特IP项目的价值提升

针对以上问题，华强方特首先应深入挖掘传统文化的内在价值，从民间传说的叙事表层深入到其内在的价值意义及人文精神。以《白蛇传说》为例，在冯梦龙笔下的《白蛇传说》中，故事以劝谕模式——异端的被收服和误入歧途之人回归正道为叙事结构，来警示世人贪图美色和享乐终究会走向灭亡。故事中的白娘子虽为蛇妖却重情重义、敢爱敢恨，暗含了人们的道德成见导致白娘子爱情悲剧的深意。在后代的《白蛇传说》中则进一步突出白娘子善良、贤惠的形象，白娘子形象集中了人们期待、赞许的传统品德。然而在方特"决战金山寺"中白娘子喝黄酒化为真形，接着就是与法海决斗，最后现场扑来滚滚大水，除了打斗激烈、特效逼真的感官震撼外，并没有留下一些有价值意义的"余味"。我国传统文化有着丰富的叙事资源，华强方特对这些资源的利用与开发，需要对历史文化有深入地把握与认识，以优秀传统文化的价值理念、传统美德与人文精神为核心，打造蕴含优秀传统文化内涵的IP项目。

其次，华强方特在深入理解优秀传统文化时，更要重视对传统文化的转化创新，不断赋予IP项目新的时代特色。华强方特IP项目将传统戏曲、华夏历史、民间传说等通过巨幕电影、球幕电影、VR技术等方式呈现出来，让优秀传统文化"插上"了现代科技的"翅膀"，在传统文化表现形式创新上作出了突出成绩。同时，华强方特IP项目还应以优秀传统文化为基础，不断注入新时代的精神，以丰富和深化IP项目的价值表现。时代精神是一个时代的主导精神和思想，它体现了一个时代里大多数人的精神追求，将优秀传统文化与时代精神相结合，符合人们潜意识中对民族文化、道德情感和价值观的认同与期待。以《哪吒之魔童降世》为例，哪吒作为我国传统神话人物，一直是保护百姓、匡扶正义的代表，电影在继承这一精神的基础上融入了"我命由我不由天"的时代精神，一方面这是张扬自我个性、证明自身价值的表现，另一方面也是我国坚定自身发展方向与坚信自身发展能力的表达，从而激发了观众深层的精神共鸣。方特的IP项目在设计故事情节和塑造人物时，也应切合当代现实生活，将民间传说里耳熟能详的人物塑造成具有当代特色的"时代新人"形象，这样不仅为故事融入当代价值观，而且提升了观众的观赏体验。

最后，华强方特应加强IP项目的互动设计，增强游客的互动式体验。真实的沉浸体验是"归还"一部分的主动性给观众，赋予观众部分的"叙事权"。对此，华强方特应在IP项目打造中，事先设计好观众的互动身份。哲学家伽达默尔在探究游戏的本质时指出，"游戏最突出的意义就是自我表现"，"游戏并不是在游戏者的意识或行为中具有其存在性，而是相反，它吸引游戏者进入它的领域中，并且使游戏者充满了它的精神。游戏者是把游戏作为一种超越他的实在性来感受"。游戏先于游戏者而存在，玩家置身在游戏中获得的自我表现，实际上是游戏本身已经设计好的内容与表现形式。游客的主动参与也是一种相对的参与，因此游客的参与需要设计者精心建构，一方面调动游客参与的兴趣，另一方面提升游客在进入故事情境中的趣味性体验。以《又见平遥》为例，导演将观众留置在犹如迷宫的剧场空间里，观众可以自由选择观赏路线，而故事内容的发展也随着观众选择的不同而变化，观众边走边看，并能与演员互动，如同回到清末时期的平遥。方特的《梨园之春》《决战金山寺》本身设计了故事的发生场景和观看路线，让游客能够穿行其中，那么，可以在此基础上增加多线的叙事结构，加入演员表演，以及与游客之间的互动，让游客不仅成为故事发生、发展的"见证者"，同时也是故事的"参演者"，给游客更深入的沉浸体验。

四、华强方特主题公园的发展建议

（一）根植地方传统文化，建设差异化主题园区

华强方特主题公园的建设主攻中国腹地市场，下沉二、三线城市。我国腹地有着亟待刺激的文化消费需求，潜藏着巨大的游客流量。但是，随着经济地理格局的都市圈化，成规模的旅游目的地大多在都市圈内，圈内旅游地之间的交通愈加便利。因此，方特在二、三线城市增建主题公园可能会出现同质化竞争的问题。以山东华强方特主题公园为例（见表3），济南与泰安之间坐高铁仅需17分钟，车票只需24.5元，公园票价相差20

元左右。从华强方特官方公布的财报来看，虽然济南方特和泰安方特在营收和净利润上都为增长，但济南方特营收增幅为37.04%，净利润呈数倍增长，泰安方特营收增幅为12.16%，净利润下降22.46%，济南方特对泰安方特的市场竞争压力可见一斑。解决这一问题的根本对策在于打造具有差异化内容的主题公园。我国具有丰富独特的地域文化传统，华强方特应依托所在地的地域文化优势，开发本地特色文化资源，打造具有特色地域文化的主题公园，从而让各地的主题公园呈现差异化面貌，提升游客在不同地区的复园率。

表3 济南及泰安方特主题公园营收及净利对比

公司名称	对应项目	2018年营收（亿元）	2018年净利润（万元）	2017年营收（亿元）	2017年净利润（万元）
华强方特（济南）旅游发展有限公司	济南方特东方神话	1.11	946.55	0.81	141.75
泰安泰山方特欢乐世界旅游发展有限公司	泰安方特欢乐世界	0.83	981	0.74	1 265.25

来源：华强方特财报

（二）打造园区整体故事系统

主题公园内部的各个设施，无论是主力打造的游玩项目还是连接各个项目的街道或是在进入项目设施时的等候区，以至围绕在道路两边的餐饮店、礼品店等，都可以是游客体验的环节。这需要在规划与设计主题公园时，把园区当作一个系统、一个故事，把内部的各个部分、设施都纳入公园的故事设计中并制定游戏规则。例如，根据"产生欲望"→"具备能力"→"实现目标"→"获得奖赏"的叙事模式，可以让游客进入园区领到与园区各个IP项目有关的任务，在园区各个部分增加打卡地点，其功能或是让游客具备"技能"或是标志游客实现阶段性目标，并在实现最终目标后获得奖励。这只是简单的设计，在此基础上可以增设多条叙事线索，并将各IP项目中的人物与情节形成各个故事单元融入户外的各个环节，营造内部项目体验与外部消费观赏于一体的具有互文意义的主题公园，这样不仅能增强游玩的趣味感、沉浸感，也可提升园区内部的二次消费，促进消费升级。

（三）提升园区非遗价值

非物质文化遗产是今天与过去沟通的通道，是民间集体记忆的根源。将非物质文化遗产融入主题公园中，让游客在游玩中感受传统技艺和文化精神，是提升游客游玩文化体验、树立企业文化品牌的重要发展战略。"非遗"不仅具有文化与审美价值，还具有商业价值，尤其是传统技艺，由于其能够生产出具有实用性或观赏性的产品，因此，更容易进行商业开发。济南的非遗传统技艺十分丰富，如济南毛笔制作技艺，"福顺酱园"的酱菜制作技艺，荷香包、玫瑰梨丸子制作技艺，柿子酒制作技艺等。但是，园区的非遗小镇并没有容纳、开发这些丰富的非遗资源，反而陈列一些与本地地域文化无关的剪纸馆、布艺馆、面塑馆、制陶馆等。非遗小镇的非物质文化遗产不具有地方特色，自然难以发挥出自身的价值。因此，提升园区的非遗价值应根植地方传统文化，结合主题公园内的游客需求，开发本地丰富的非遗资源。

（四）结合园区IP资源完善产业链

随着我国经济的发展，人们对物质产品的要求也由纯实用型转向实用兼审美型，产品对人们的吸引力不只在使用价值，还在于符号价值，即产品所代表的价值意义。因此，一个优质IP因其内容的共情力和感化力往往会激发人们对相关产品的需求。对方特东方神话主题公园的调研中发现（见图6、图7），其《熊出没》剧场、大型真人演艺《孟姜女》、介导现实（MR）电影《烈焰风云》等项目都深受游客喜爱，但是除了《熊出没》系列外，其他相关的衍生品寥寥无几。相反，与主题公园IP项目无关的T恤、防晒服、捕梦网等小商品却在纪念品店中随处可见。主题公园内部有着产业链发展不完善、IP衍生品开发不足的问题，园区内部需要进一步向有关IP项目的创意，衍生品的设计、生产、销售产业链的打造持续发力。由于创意产业最为核心的要素是"人的创造力"，而非遗的核心在于传承人的技艺，因此园区可结合非遗资源、非遗技艺来完善其内部的产业链。一方面，非物质文化遗产需要保持内在活力，适合新时代的需要，主题公园为非遗提供了展示自身价值的平台。另一方面，园区需要有特色、有创意的IP衍生品，这为非遗技艺提供了自身创新的空间。因此，园区非遗资源与内部产业链完善之间形成一种互补的关系。提升园区非遗价值的过程，也是促进内部产业链的完善与优化的过程，反之亦然。华强方特应重视非遗资源与产业链之间的内在联系，主动挖掘和引进非遗文化资源，加强两者之间的结合，促进园区的整体发展。

图6 济南方特东方神话主题公园调研采访

图7 泰安方特欢乐世界调研合影

综上所述，从发展现状来看，华强方特具有创意设计和IP打造的能力，但是高价值、高知名度的IP内容较少，IP产业链并不成熟；从发战略来看，华强方特重视文化与科技的融合，具有前瞻性的发展意识；从文化开发来看，方特打造了创新游玩体验形式和震撼感官特效的项目，但是在文化价值上开发不深。因此，华强方特应重视优秀传统文化的丰富性及其内蕴价值，一方面依托传统文化的多种类内容和多样化形式，丰富自身的 IP 内容，创新 IP 衍生品开发；另一方面挖掘优秀传统文化的价值理念，丰满故事内容，打造出更多符合主流价值观和人民群众需求的作品，不断增强主题公园的吸引力和影响力。

乡村振兴视阈下烟台特色文化产业发展路径研究
——基于山东省烟台六个市区的调研

■戚学儒①

一、引言

（一）概念解析

1. 特色文化产业

2014年8月，原文化部、财政部联合印发了《关于推动特色文化产业发展的指导意见》，其中指出：特色文化产业是指依托各地独特的文化资源，通过创意转化、科技提升和市场运作，提供具有鲜明区域特点和民族特色的文化产品和服务的产业形态，包括特色工艺、特色演艺、特色节庆、特色展览、特色旅游、特色产业文化园区和特色城镇等。学者齐勇锋教授认为："特色文化产业是由区域性和民族性的多层次、多样化的特色文化产品，以及具有中华民族共性的价值内涵和民族风格的文化产业形态构成的一个庞大体系，是我国文化产业的有机组成部分和文化市场发展繁荣的重要推动力。"

两个定义全面地概括了特色文化产业的内涵，文化资源、产品和服务、产业形态、文化共性均有所体现。总体而言，特色文化产业是基于区域性和民族性的可供产业化的文化资源，通过文化创意转化为具备中华民族共性价值内涵与民族风格的多样化的特色文化产品和服务的产业形态。

2. 乡村振兴战略

2017年10月18日，在党的十九大报告中，习近平首次提出实施乡村振兴战略，农业、农村、农民（简称"三农"）问题是关系国计民生的根

---

① 戚学儒：山东大学历史文化学院文化产业管理专业硕士研究生，研究方向：新媒体文化产业、农村特色文化产业等。

本性问题,必须始终把解决好"三农"问题作为全党工作的重中之重。明确提出要坚持农业农村优先发展,按照产业兴旺、生态宜居、乡风文明、治理有效、生活富裕的总要求加快推进农业农村内涵式发展、与城市融合发展、现代化发展。[①]乡村振兴战略不局限于农村农业的发展,并且扩大到了农村经济、政治、文化、社会、生态等各方面。2018年1月2日,国务院发布了《中共中央国务院关于实施乡村振兴战略的意见》。2018年9月,中共中央、国务院印发了《乡村振兴战略规划(2018—2022年)》。实施乡村振兴战略,是解决新时代我国社会主要矛盾、实现"两个一百年"奋斗目标和中华民族伟大复兴中国梦的必然要求,具有重大现实意义和深远历史意义。

(二)调研目的

在乡村振兴战略的实施中,要实现"产业兴旺、生态宜居、乡风文明、治理有效、生活富裕"的总要求,文化建设成为不可忽视的重要部分。乡村振兴离不开地域特色文化的支持,文化是民族发展的血脉,更是乡村振兴的重要组成部分。因此,发展特色文化产业符合乡村振兴战略的要求。在具体的实践中,特色文化产业已然成了实现乡村振兴的中坚力量。

基于国家乡村振兴战略的实施和特色文化产业的发展,以及烟台市特色文化产业发展的实际情况,结合文化产业学科的知识背景,我们提出调研特色文化产业助力乡村振兴的课题。探讨特色文化产业这一新兴事物成长、发展和成熟的规律,总结其与乡村振兴思想的契合机理和契合途径,深入实践领域,思考特色文化产业和乡村振兴之间的关系,了解农民、企业、政府在其中的角色定位,分析特色文化产业发展中出现的问题,最终提出解决路径。

(三)调研对象

本次调研选择烟台市芝罘区、莱山区,蓬莱市,龙口市,莱州市和招远市二区四市作为主要地点,实地考察调研葫芦雕刻产业、莱州面塑、手

[①] 廖彩荣,陈美球.乡村振兴战略的理论逻辑、科学内涵与实现路径[J].农业经济管理学报,2017(6).

工毛笔、葡萄酒庄园、蓬莱旅游村、黄金珠宝和乐器制造等特色文化产业，旨在探析特色文化资源和特色文化产业发展互动模式，为实现特色文化产业助力乡村振兴发展提供更多视角和路径。

（四）调研方法

1. 文献调查法

前期查阅资料，了解相关政策和调研地的背景。后期查阅资料，为调研报告撰写提供充分的理论依据。

2. 访问调查法

对二区四市的政府工作人员、普通居民、企业员工进行调查访问，获得第一手的口述资料。

3. 实地观察法

在二区四市进行实地观察、思考，并借助相机等设备记录调研地的实际情况，真切感受当地文化产业对乡村振兴实施的影响。

二、烟台市特色文化产业发展现状

烟台文化底蕴丰厚，被誉为鲁菜之乡、京剧之乡、葡萄酒名城，道家文化、葡萄酒文化、开埠文化、渔俗文化等影响深远。烟台有中国四大名楼之一的蓬莱阁，有世界著名的古海军基地——蓬莱戚继光水城，有中国北方最大的地主庄园——栖霞牟氏庄园，有堪称中国书法艺术瑰宝的云峰山魏碑石刻，海阳大秧歌、莱州蓝关戏、胶东大鼓和"八仙过海传说"等13个项目被列入国家非物质文化遗产名录。综上，烟台拥有丰富的文化资源，为烟台发展特色文化产业提供了丰富的土壤，使得烟台市文化产业总体体现为上升趋势。在特色文化资源产业化开发的转化中，既有可以借鉴的路径，也有其发展困境。

（一）特色文化旅游

1. 蓬莱八仙过海旅游集团文化景区

烟台市共有国家级旅游度假区 2 处、省级旅游度假区 8 处，共有 A 级旅游景区92处，其中5A级旅游景区3处、4A级20处、3A级52处、2A级17处，有海阳、蓬莱两处国家级度假区，养马岛以及开发区金沙滩8处省级度假区，占全省总数的22%。①烟台历史文化悠久，地理位置沿海，具有众多旅游文化资源，如蓬莱阁、八仙过海、三仙山、养马岛、烟台山公园等。

2002年，八仙过海旅游集团就以挖掘传统文化、促进旅游发展的思路布局产业发展，并打造了蓬莱三仙山风景区、八仙过海风景区、海洋极地世界、欧乐堡梦幻世界等多个景区，形成了集旅游开发、观光、服务为一体的综合性产业布局，年接待游客近千万人次，集团获评"国家文化产业示范基地"（见图1）。烟台在文旅融合发展的道路上不断实践，前期通过对当地文化资源的梳理，将蓬莱特有的仙家文化、海洋文化等进行开发，为旅游发展注入灵魂，营造沉浸式的文化氛围。

图1　团队成员调研八仙过海旅游集团

2. "三里沟村"农家乐旅游

三里沟村位于烟台蓬莱，具有千年的历史，自然环境优美，有着丰厚的文化底蕴，拥有自然文化和历史文化双重资源价值。三里沟村充分整合文化资源，探索集体经济新模式，打造了卓越的乡村文化品牌，逐渐变为

① 数据来源于《2018年烟台市国民经济和社会发展统计公报》。

产业兴旺、生态宜居的社会主义新农村。村里注册成立"古槐旅游服务有限公司",围绕村中古槐、古桥、古井做好"三古"资源的保护与开发,增加休闲旅游的文化内涵,同时还借助村中的传统胶东民居资源,推进民宿、餐饮产业发展,打造多位一体的农家乐品牌。

(二)手工艺、非遗产业

1. 蓬莱葫芦雕刻

葫芦雕刻作为一项非物质文化遗产,已成为蓬莱市代表性文创产品(见图2)。产品目前正在由观赏价值向观赏和实用价值兼备的方向发展,比如葫芦手链、葫芦茶叶盒,还有葫芦钟表和音响等。蓬莱葫芦雕刻产业包括众多葫芦工艺品公司,依托专门的研发团队开发各种新图案,在蓬莱市场上还成立了两家专卖店,并且在当地政府的扶植下进入各大超市进行形象展示,对当地文创市场的培育具有较大贡献。同时,葫芦灯工艺已经获得了国家发明专利,出口到日本、东南亚、欧美等多个国家和地区,深受市场的欢迎。目前,如何针对消费需求设计生产符合大众审美趣味的葫芦工艺品是一个需要注意的问题,要扩大整个葫芦工艺品的市场,才能让这个产业实现更好的发展。另外,创新也是必不可少的,需要专门的研发团队去开发新的图案,不断更新产品的设计。

图2 团队调研葫芦雕刻产业

2. 莱州面塑

莱州面塑是山东省莱州市的传统民间工艺和特产（见图3）。莱州面塑俗称面花、捏面人，是利用莱州独特的原料资源——优质小麦粉，采用传统手工工艺制作的集观赏和实用于一体的传统工艺品，有新婚喜庆、婴儿满月、长寿百岁、上梁大吉、逢年过节等5大类100多个品种，在莱州具有悠久历史。2012年，莱州面塑获批中国地理标志证明商标。

图3 莱州面塑——寿桃

莱州昭泰食品有限公司是胶东花饽饽习俗拓展项目莱州面塑的生产型加工企业，年收入达300多万元，建设了莱州昭泰面塑艺术博物馆，包含展览、体验、现代化加工等7个功能板块。"前展馆，后生产"的模式实现了文化和经济的双向互动。公司以"传承非遗技艺，创新融合发展"为理念，组建专业研发团队，利用农闲时间培养出创新面塑技艺的150余名乡村能人，产生了良好的经济效益和社会效益。

3. 莱州毛笔

莱州毛笔是一种古老的地方传统工艺品，曾是当地的四大贡品之一，有600多年的历史。莱州毛笔开峰尖细，书写流利，柔而不软，刚而含蓄，经久耐磨，具有"健、齐、圆、尖"四德兼备的特定品质。为了进一步培育保护"莱州毛笔"品牌，确保传统品牌的延续性，莱州市工商局经过长期准备，积极沟通，于2010年8月向原国家工商总局商标局递交了"莱州毛笔"证明商标注册申请，2010 年 11 月 13 日，国家商标局对"莱州毛笔"证明商标进行了初步审定公告，2011 年 2 月 21 日，"莱州毛笔"被原国家工商总局商标局正式注册为地理标志证明商标，成为莱州市第五件地理标志证明商标。1982 年，在全国第二届毛笔质量评比中，莱州毛笔一举夺冠，被誉为"状元笔"。2006 年，"莱州毛笔制作工艺"被烟台市政府录入首批非物质文化遗产名录。目前莱州市共有毛笔生产厂家 110 家，每年生产销售毛笔 500 万支，销售收入达到 5 600 多万元，其产品在国内外市场享有较高知名度。莱州市政府主导创建莱州毛笔展示基地，并拓展至相关产业，生产、销售与之相关的名家书画作品，搭建了对外展示平台，提升了莱州毛笔的销量。

（三）黄金珠宝产业

招远市是全国有名的"金都"，黄金储量常年位居全国县级市第一位。招远市开采黄金具有 3 000 多年的历史，其开采、冶炼和加工实践积累了深厚的经验，黄金文化资源丰富。以招金集团、中矿集团等为代表的黄金企业由此发展起来。

其中招金集团旗下招金银楼主打金银饰品制造，在传承花丝、做旧复古等中华传统黄金制作工艺的基础上，加强现代生产性创新研发，打造了"五九臻金"饰品等市场精品，年销售额达到 200 多亿元。

中矿集团则通过打造黄金博物馆和淘金小镇等特色景点，发展黄金文化旅游，并根据中小学生的知识结构和研学诉求，精心设计了矿石解读、黄金交易知识普及等研学课程，接待来自山东及周边省市的中小学生。

（四）乐器制造业

1. 龙口管乐器制造

龙口是全国最大的西洋管乐器生产基地之一，是占全国管乐器年生产总量 70% 的主产区，现有生产制造企业 42 家，年产值超 3 亿元，产品远销海外。由于历史原因，最早的管乐器生产厂家之一设在龙口，因此积累了技术和经验，管乐器制造业成了龙口的支柱性产业，形成了新的特色文化。

龙口管乐器制造属于文化制造业。龙口生产的管乐器音色雄壮辉煌，音质圆润饱满，音量宏大宽广，"泰山"牌管乐器是国内同行业唯一获得国家级驰名商标的品牌。成立于1987年的泰山管乐器制造有限公司是烟台市十大文化企业之一。以管弦乐器生产为核心业务，公司成立了萨克斯演奏乐队，并依托国内国外市场，利用线上线下平台搭建，不断拓宽销路，培育自主品牌。未来公司将借助"文化+""互联网+"的机遇，将乐器生产和音乐文化教育结合，开发管弦乐教育业务，涉足影视领域，努力促成所在区域向萨克斯小镇方向发展，并与烟台发达的旅游业相结合，实现从单一乐器制造业向复合产业结构的转变。

2. 烟台莱山编钟产业

编钟是中国古代大型打击乐器，兴起于西周，盛于春秋战国直至秦汉，是纯粹的中国文化符号。烟台豪特乐器有限公司是致力于新编钟研发、设计、安装测试于一体的国内企业。传统编钟演奏门槛较高，且需要多人配合才能完成，通过现代化改造，现在的新编钟可以通过控制系统实现一人操作，甚至自动演奏。公司以湖北随州出土的曾侯乙编钟为原型，利用现代集成技术，成功研制了数款符合国际标准化乐器性能和音乐功能的新乐器，如舞台新编钟产品、车载新编钟产品、水钟产品等。随着优秀传统文化的复兴，新编钟作为传统音乐文化的重要代表，市场应用前景十分广阔。

（五）特色产业园区建设——1861文创产业园区

1861文创产业园区是国家级文创园区。自规划建设以来，园区充分整合政府、社会、高校和企业资源，集聚载体、政策、市场和人才优势，打造了包含广告传媒、创意设计、影视动漫、数字创意等多元业态的文化创意产业综合体，有效推动烟台文化创意产业实现规模化、集约化、国际化发展。政府先后投入6亿元进行载体和平台建设，以"文化+"为发展理念，现已投入使用载体15万平方米。园区现入驻企业380多家，从业人员3 400余人，2018年总产值9.5亿元，利税1.3亿元，先后荣获广告、动漫、科普、版保4个国家级、10个省级授牌及称号，年均接待国家、省、市等各类参观200多场次，成为芝罘区对外交流和展示的重要窗口。山东省文化和旅游厅授予其"2018年度省级优秀文化示范园区"荣誉称号。

三、特色文化产业发展烟台路径的特色

文化产业概念的提出和经济发展方式转变的要求，改变了传统的资源评价标准，文化资源进入经济资源的评价体系。特色文化资源具有地域性和民族性的特点，大量存在于少数民族地区和农村，民间手工艺是其典型代表，并且，这些资源具有空间位置的唯一性。

特色文化资源转化为特色文化产业是一个质的飞跃，文化资源并不等于文化品牌，如果只是对资源进行简单的开发与利用，那么不仅获益有限，还会造成资源的浪费。因此，要想充分开发利用本地的文化资源，必须大力发展文化产业。不同于那些粗放的、依赖独特的地理名胜和生物物种、强调工业化复制的文化产业，文创产业强调人的创造力、知识、创意在经济和产业中的首要作用，强调将知识、创意与经济有机结合。

通过实地走访调查，笔者发现，烟台市特色文化产业发展具有很强的地域特色和资源特色，依靠消费需求、政府扶持、资源禀赋和集群发展四大力量促进烟台市特色文化产业的开发，每个特色文化产业类型都有相似点及独特之处，它们依靠一种力量或者多种力量的凝聚产生合力，促进特色文化产业的发展。具体发展路径如图4所示。

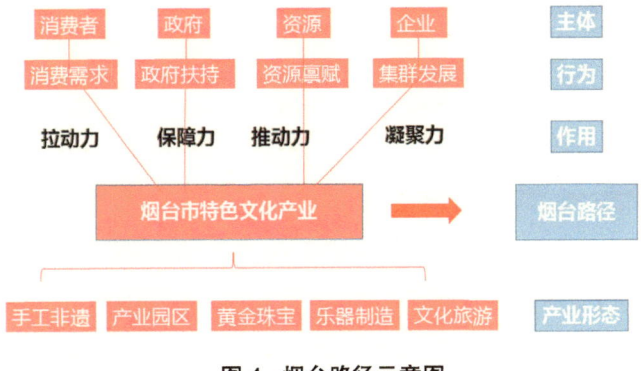

图4 烟台路径示意图

（一）拉动力——立足市场普遍文化需求，发展特色文化消费

文化需求指人们为了满足各种精神生活需要而形成的对文化产品和服务的要求，既是社会经济发展的必然产物，也是人自身发展的必然表现形态。其需求量的大小及品位的高低，已成为衡量一定文化区域现代化程度高低的标志。在不同的历史发展时期与不同的文化区域，其构成是不同的。现代文化需求一般可分为非商品性文化需求和商品性文化需求。前者指人们无须支付费用即可实现的需求，如广场音乐会、文化场所与公益演出等由文化生产部门无偿提供的文化艺术产品。后者指人们通过购买手段，支付一定的费用而实现的需求。根据需求动机和购买结构的差异，后者又可分为：投资性文化需求，如收藏、字画等；娱乐性文化需求，如KTV歌城、主题娱乐园等。烟台市文化产业发展立足于当下多样文化需求，首先在文化惠民方面，龙口管乐器制造提供演出设备，进行文化教育和公益演出，政府购买蓝关戏剧团下乡演出。其次在商品性文化需求满足方面，烟台市区两级、蓬莱文化旅游及非遗纪念品开发等均带来了不错的成就，带动国内外游客旅游，促进当地特色文化产业发展。

该路径具有以下几个特点：一是群众基础浓厚，吸引消费者效果明显。以满足消费需求而滋生的产业，极大地丰富了烟台当地居民和外来游客的文化消费种类。烟台作为旅游城市，2018年接待游客总人数8 001.34万人次，同比增长11.8%，文化旅游已成为烟台支柱性产业。二是溢出效应明显。溢出效应是指一个组织在进行某项活动时，不仅会产生活动所预期的效果，而且会对组织之外的人或社会产生影响。文化旅游的发展带来了大量的消费者，消费者在进行旅游消费时同样会带动其他产业发展。以大量需求为导向的技术和资本的介入，使得产品的销售渠道更加广阔和畅通，吸引了更多的关注和支持，居民的收入增加明显，2018年烟台市旅游消费总额1 081.68亿元，同比增长13.7%，其中入境游客消费61 273.27万美元，入境游客人数63.78万人次，烟台特色文化旅游为打造中国品牌、实现居民收入提升贡献良多。此外，非遗产品还远销海外，积极靠拢"一带一路"倡议。三是消费社群难以替代，开发当地特色文化满足旅游的需求，其需

求难以替代，消费社群唯一，如体验观赏八仙文化、当地非遗（包括莱州面塑、招远淘金、蓬莱葫芦雕刻）等文化须前往当地体验消费，才可满足相应文化需求。四是积极依靠节日庆典，发展互联网电商经济。政府通过文化和旅游部、教育部非遗传承研培计划，培植了一批烟台市特色非遗产业，确立了烟台县域十大特色文化产品，与节日、庆典相结合，如婚庆寿宴、二十四节气等传统文化习俗，为当地文化旅游提供衍生产品，并通过互联网线上销售，打通京东、淘宝、阿里巴巴、拼多多等电商平台渠道，壮大产业发展。

（二）保障力——依托政府提供公共服务，丰富文化产业类型

特色文化产业的发展离不开政府的扶持和投入，可通过政策扶持、资金导入、人才引流等方式丰富当地特色文化产品和服务的表现形式。烟台市政府在推动文化产业发展的路径中采取了多样化的方式，从市级到县级均有不同的针对特色文化资源开发保护的措施，如建设大型文化产业园区、发展乡村文化旅游集群、村党支部领办合作社等。为促进烟台市文化产业良性发展，市委市政府在《烟台市十三五规划纲要》中，明确提出要发展文化产业为支柱性产业，相继出台了《关于加快发展文化产业的意见》《关于进一步推动文化和旅游融合发展的意见》《关于促进文化产业对外开放的意见》等一系列优惠政策，在财税、土地、人才等多方面给予支持和引导，2019年拨发专项资金700万元，用于引导和扶持全市文化产业发展。

该路径具有以下几个特点：一是政府主导产业孵化，投入资金、人力等资源扶持文化产业发展，建设文化产业园区。1861文化创意产业园由政府主导投入6亿元进行载体和平台建设，为入驻企业提供法律、人力资源、金融财税、会展等多项服务内容，进行产业培植，目前入驻企业380多家，从业人员3 000多人，2018年实现产值9.5亿元。二是职能明确，宣传、保障、审核到位。在文化旅游方面，政府先后出台了《烟台市人民政府办公室关于印发烟台市新旧动能转换基金管理办法的通知》《烟台市人民政府办公室关于加快推进湿地保护修复的实施意见》等管理办法和实施细则，以扶持乡村旅游宣传、组织非遗产品参加博览会等方式，扩大市场影响力。

(三)推动力——开发当地物质文化资源,创意实现产业落地

资源并不是产品,更不是产业。资源仅仅是可供开发,或者具有开发潜力的存在。要将物质文化资源转化为文化产品和服务,需要注入当地特色元素和现代生活元素,从时间和地域上注入适应当代人和当地人的现代元素,实现"产业落地"。特色文化资源的保护和开发是烟台特色文化产业发展的重要保障,为当地特色文化产业发展提供了源源不断的开发条件。在开发的过程中,政府和企业在生产、销售等方面不断增加产品附加值,释放文化产业新动能,助力新旧动能转换。

烟台特色文化资源和文化产业的互动关系极为密切,该路径具有以下几个特点:一是资源丰富多样。烟台具有丰富的文化资源,分为物质资源(如招远黄金、自然山水景观等)和文化资源(如开埠文化、渔俗文化、红色文化、面塑文化、手工毛笔文化、蓝关戏文化等),滋生了许多特色文化企业和手工艺产品,成为当地旅游品牌发展的重要符号。二是创意元素凸显,产业结构转型升级。在物质资源产业开发的过程中极其困难的一点是资源的有限性。招远黄金在引入新兴技术的过程中,组建专业团队设计黄金文化元素和文化造型,与生肖、动漫及部分大型 IP 品牌联名,如猴年设计"孙悟空"形象的 AR 黄金卡片,增加了收藏价值,提升了文化附加值,实现了新旧动能转换和由资源导向型到创意导向性的飞跃。

(四)凝聚力——大企业催生技术外部性,建立地方特色品牌

烟台大型文化企业通常是基于历史原因及其资源禀赋而产生的,通过资本运营不断发展壮大。小微文化企业以当地区域性、广泛性的群众技艺和历史工业为基础,通过技术、资本的力量催生规模化的个体户和企业,拓宽销售渠道,提升产业价值,进而反作用于企业规模扩大和经济效益的提升,形成了烟台的产业集群,有利于当地地方特色品牌的建设。

该路径有以下几个过程特点:一是技术外部性明显。技术外部性强调的是一种基于技术交流和扩散的关联,企业间不一定存在投入—产出联系或交易关系。例如,龙口市的管弦乐器制造业因其历史原因从改革开放以

来发展至今，培养了当地农民的手工技艺，并不断完善流程制造，许多熟练工人在掌握技艺之后依托大型企业开设分厂、分支企业，实现了从农民到企业家的蜕变，并反作用于大型企业，形成产业集群，吸引技术、资金、客户源源不断拥入。二是产业链不断完善。由于产业集群的建设，在地理区域上形成了集聚，上游材料供应商和下游经销商便于在此区域进行经营发展，比如龙口的管弦乐制造业基本实现了同步销售。产业集聚后为了避免同质化竞争，各个分支企业拥有自己的特色，如泰山管乐器制造有限公司注重海外市场拓展，龙口金鸣乐器有限公司注重演出和新型乐器改良创造，与中国台湾地区学者开发出站立式单簧管并投入市场（见图5）。三是带动当地农民就业发展。龙口管弦乐器制造以农民为主阵地，在农闲时为农民提供工作机会，带动当地农民就业，提升当地农民生活水平。四是技术导向性突出，技术共享速度快。位于招远市的招金集团不断突破技术，开发出轻质量、大体积的"梦幻金"，满足了市场需求。龙口市的乐器制造行业由于地理集聚、产业类型同质，加之农村农民企业之间交流频繁，往往一家开始进行技术革新后带动经验共享，区域内的小微企业很快就可以实现技术同步进步，改进工厂流水作业形式，技术发展速度很快。

图5 台湾地区学者展示根据市场需求改造的管乐器

四、烟台特色文化产业发展路径中存在的问题

特色文化产业发展的"烟台路径"虽然具有显著的特点,并在帮助当地农民致富、培育文化品牌等方面取得明显成效,但要实现新突破、新发展,仍需要正视这种产业发展路径存在的问题。

(一)拉动力弱——文化需求多变,品牌效应难以实现

文化需求具有多种形式,包括非商品性文化需求、商品性文化需求和表达需求,文化需求也具有多种层次,包括刺激、休闲、信息、知识、思想、审美等多方面,这导致了文化需求会根据时间、空间变化,也会因为消费者自身所拥有的经济资本、文化资本和社会资本的不同而有所区别。把握一种或多种文化需求是十分困难的,通过现有文化资源所滋生的文化产业来满足消费者多变的文化需求也是十分困难的。烟台市发展较好的特色文化资源产业化开发以蓬莱文化旅游为主,以多项非遗手工制造(蓬莱葫芦雕刻产业、莱州面塑产业、莱州毛笔产业)为补充。但是存在这样几个问题:首先,烟台市特色文化产业在一定程度上无法满足消费者的文化需求。在文化与旅游融合发展建设中,景区建筑具有"形",当地文化"魂"不足,未能充分开发利用当地文化内涵满足游客文化消费需求。八仙过海集团开发的蓬莱阁景区、八仙过海景区、三仙山景区等具有同质化倾向,重复满足消费者需求,会造成审美疲劳。其次,烟台市特色文化产业在满足消费者文化需求的过程中受到内容、资源、规模等限制,导致文化产品的供给与需求有所偏差。在非遗手工制造产业开发的过程中,尽管许多产业采用了"互联网+"的电商模式,还是受到与当地文化资源内涵融合不足、生产规模小的限制,产业未能壮大。经过走访调查,发现莱州面塑在制作造型时,与当下时新 IP 挂靠,但并未取得 IP 所有者许可,或会引起版权纠纷。葫芦雕刻产业和莱州毛笔产业都是以家族或师徒为生产单位,生产团队 10 人左右,生产规模极其受限,难以实现量产,市场规模也十分有限。以上问题具体体现在特色文化产业的发展上,导致产业发展的营养不良,产业潜力不足,品牌效应难以实现。

(二)保障乏力——政府扶持困难,缺少有效审核机制

烟台市政府对当地特色文化产业发展十分重视,不断通过资金、技术、人才、政策等方面的引流,努力促进特色文化产业健康持续发展,但在保障方面仍存在一些问题:首先,从机构上来讲,烟台市乡村文化和文化产业的主管部门并不相同,发展乡村文化的力量还集中在移风易俗、改造旧习陋习的任务上。其次,由于政府资金有限,虽大力扶持当地文化产业园区建设、文化旅游融合发展、非遗保护和开发,但在资金结构上并不协调。烟台市芝罘区将6亿元资金投入1861文创产业园区,但其他区县对特色文化产业的扶持和建设并不能达到这样的力度。此外,在1861文创产业园区内部,资金大部分集中于龙头企业和大型企业,虽然促进了该园区的文化产业总体发展,但对具有烟台特色乡村文化的小微企业帮助力度有限,更加剧了两极分化。再次,政府缺少高效的审核机制,在扶持上难以甄别那些具有潜力、急需孵化的文化企业,从而导致资金利用不当、基础资源浪费等问题。通过走访调查,我们发现政府在扶持文化企业发展时,一些不法企业无视规则,利用政府的优惠政策倒卖公司场地,造成园区物理空间浪费,增加小微企业发展成本,不利于全市特色文化产业的协同发展,使烟台市特色文化产业结构难以得到持续性优化。

(三)推动竭力——资源人力匮乏,产业形态开发单一

要实现乡村振兴战略产业兴旺、生态宜居、乡风文明、治理有效、生活富裕的总要求,乡村资源的挖掘和开发是重中之重。物质资源、文化资源如果不能恰当地加以使用,就会造成资源浪费,导致资源枯竭。人力资源的匮乏或者滥用,也会影响特色文化产业的可持续发展。

在物质资源方面,招远市以出产黄金闻名,被誉为"中国金都",但矿产资源是不可再生资源,不会取之不尽、用之不竭,加之黄金价格受世界市场影响持续低迷,促进黄金产业转型升级已经迫在眉睫。在文化资源方面,历史文化资源和非物质文化遗产的开发如果做不到行之有效、符合市场发展规律,也存在无效解读和不合理解读的问题。莱州蓝关戏由于受

众日益减少，且没有在烟台进行产业化运作，而是以剧团形式生存。蓝关戏的宣传主要是通过政府购买服务进行文化惠民、文化传承等工作，存在扶持较为吃力、难以市场化的问题，需要另寻发展思路。莱山区新编钟的发展则是仿制楚文化曾侯乙墓葬中的编钟，进行更大范围的中国传统文化的解读，但烟台市的传统文化元素较为缺乏，难以扛起解读传统文化的重责。在人力资源方面，人才是特色文化产业发展的核心要素，作为文化产业发展的核心推动力量，培养大批懂技术、有创意和善于经营管理的各类复合型人才，对于文化创意产业快速健康发展的重要性日益凸显。"烟台路径"因为历史和地理原因，海洋文化、海洋经济较为强大，对于专业人才的培养和引流模式需要改进，仍存在不容忽视的问题：其一是缺乏专业对口的高层次人才，通过走访发现，当地发展文化产业的人才大多为"农村文化精英"，缺乏专业对口、理论和实践经验充沛的文化产业管理人才；其二是缺乏技能过硬的技术型人才，烟台市的非遗技艺传承多以家族为单位，国内知名的非遗传承领军人才较少。随着社会的发展，越来越少的年轻人愿意去继承非遗手艺，许多非遗技艺面临失传的危机。在资源型文化产业转型升级中，技术的革新是促进文化产业释放新动能的主要动力，如黄金产业的珠宝设计、乐器加工的流程优化和研发改造，都需要专业的技术型人才助力，以增加文化产品附加值，延长特色文化产业链，将这些资源优势转化为文化优势。

（四）凝聚失力——大企业"虹吸"，小微企业被边缘化

集聚效应可以对特色文化产业发展形成优势，但在烟台市特色文化产业发展的过程中，出现了"虹吸"现象。由于资金、技术、人力、历史渊源等优势，市场要素更多地向大型文化企业聚集。大型文化企业从政府、市场等方面吸纳资源，具有文化金融优势，其发展力量得以不断壮大。而小微企业在发展过程中被边缘化，规模受到资金、土地等要素的限制，获得市场占有率的能力减弱。在调研过程中，龙口乐器制造的小微企业经营管理者均为当地熟练农民工人，他们学习了技术后开厂，形成家族企业，在发展过程中安于现状，致使当地乐器制造产业的规模难以进一步扩大，

产业结构优化升级更是无从说起。莱山区新编钟产业的发展，虽然具有一定规模和影响力，但仍在资金流动和生产销售环节出现困境，土地、材料成本等要素的缺失限制了其市场进一步扩大。这些现状造成了两极分化的"虹吸"现象，使得烟台市整体特色文化产业结构难以优化。

五、烟台特色文化产业发展路径优化建议

（一）加强文化产业政策引导，政府服务职能转变

在发展特色文化产业过程中，政府需要创新文化管理体制机制，推动针对烟台特色文化产业发展的新政策尽快出台。建立健全党委领导、政府管理、行业自律、社会监督和企事业单位依法运营的文化管理体制。加快推进烟台市政企分开、政事分开，推动政府部门由办文化向管文化转变。建立党委和政府监管国有文化资产的机构，实现管人、管事、管资产、管导向相统一。整合文化执法职能，理顺文化市场执法体制。

（二）凝聚多方资金投入力量，探索资源产业互动

特色文化产业发展需要资金支持、产业孵化，凝聚多方资金力量是保证资源和产业循环互动的根本。首先，要完善烟台市文化产业投融资政策。确立政府指导、政策引导、企业为主、市场运营的文化产业投融资机制。改善文化金融服务，拓展和创新投融资渠道，支持各类文化企业开展项目融资、股权融资、产权和版权交易，推动文化产业领域兼并重组。支持各类有条件的特色文化企业上市融资或借壳上市，积极利用资本市场加快文化产业发展。其次，制定和实施烟台市财政支持政策，扩大特色文化产业发展专项资金规模，并根据产业发展需求和财力水平逐年增加，重点支持文化产业发展平台建设和新兴业态及骨干文化企业发展，逐步加大文化产业发展引导资金支持力度。加大政策执行力度，寻求发展和文化惠民的财政、税收、土地、金融等各项优惠政策。再次，鼓励各类社会资本发展烟台市特色文化产业。放宽文化市场准入门槛，吸引社会资本进入文化产业领域，从事文化产品生产经营，鼓励各类市场主体公平竞争、优胜劣汰。

在政策许可范围内，探索实行股权多元化，发展混合所有制文化企业，降低社会资本进入门槛，发展内容创作、交易传播等。

（三）积极融合地域文化旅游，延伸上下游产业链

地域特色文化资源和旅游融合有利于将资源优势转化为旅游发展优势，充分发挥旅游产业新动能，也是特色文化产业发展的新态势。一方面，旅游是文化建设的重要动力，是文化传播的重要载体，是文化交流的重要纽带。要用烟台特色文化资源滋养旅游，不断提升旅游品位，更好地满足游客个性化的需求。另一方面，使更多特色文化资源、文化要素转化为旅游产品，不断拓展旅游的空间，进一步推动旅游特色化、优质化、效益化发展。烟台市应积极促进本土文化和旅游景区结合，将八仙文化、红色文化、渔俗文化等融入景区建设，做到"形神具备"，并加以科技元素辅助。"文化+旅游+科技"既可以延长体验和消费时间，满足消费需求，又有助于从供给方面解决不足，延长上下游产业链建设，增加旅游产品的附加值，实现产业兴旺、生态宜居的美丽乡村建设。

（四）引进多层次产业新人才，建设地域文化品牌

乡村振兴首先是人才振兴，人才是制约特色文化产业发展的重要因素。政府应推出一些企业需要的引进、扶持和培育优秀文化产业人才的优惠政策和奖励政策，重点引进文化产业政策研究、重大项目策划设计、重点行业管理、重点产业推进等战略型、领军型人才，重点培育创意设计、文化旅游、网络传媒、体育服务、演艺娱乐、广播影视、数字动漫、会展广告、印刷复制、休闲体验、文化制造、艺术教育等文化经营管理人才，建立一支与推动文化产业大发展、快发展相适应的文化产业人才队伍。引进专业对口的高层次人才对烟台特色文化资源进行统一的梳理，培养当地懂文化、精手艺的技术型人才，从内容和宣传两方面增加特色文化产品的文化内涵，实现经济价值的提高和品牌效应的打造，建设具有"烟台路径"的特色地域文化品牌。

（五）健全烟台交通基础设施，培育烟台城市影响力

此外，应积极建设快速交通干线、干道，完善城际交通网络。自 2014 年青荣城际铁路开通以来，烟台市人口负增长现象明显放缓，人口流入增加。快速交通建设会带来虹吸效应、同城效应和节点效应，一方面加速区域中心城市的技术和知识外溢，通过扩散促进烟台各区县的经济协同增长，也能够吸纳经济发展优势区域（青岛）的文化产业发展经验；另一方面会加速市场整合和要素流动，使文化资源共享，并促使文化产业优秀人才流入潜力较大、环境良好的烟台。区域城市和沿途城市交通壁垒降低的同时，能够吸引资金、人口的流动，文化产品和服务容易通过市场一体化的形式更多地流入沿途地级市，扩大烟台影响力。

六、结语

本文通过对烟台市二区四市的实地考察，深入探索在乡村振兴视域下烟台市特色文化产业的发展机制。烟台立足于丰富的文化资源和沿海地域优势，在消费需求、政府扶持、资源禀赋和集群发展四大力量的推动下，走出了具有自身特色的发展路径，对于带动地方经济、打造烟台品牌、发展文化旅游、传承历史文化等方面起了促进作用。但在烟台特色文化产业发展过程中仍存在产业无法满足消费、人才缺口较大、资源整合不足、审核力度不强等普遍问题。因此，需要通过改善政策、投融资、产业链、人才、交通等机制和方法，优化烟台路径，使其发展得更为成熟。

南盘江流域生态文化旅游小镇建设调研报告

■ 于良楠 李雪韵 任潇湘[①]

南盘江系珠江上游,流经曲靖、陆良、宜良、开远、弥勒等县市,于罗平县境内汇合黄泥河后流出云南省境,至贵州蔗香与北盘江汇合,在广西桂平、梧州先后接纳右江、桂江后称为西江。南盘江有流域面积在 100 平方千米以上的一级支流 44 条,水资源极为丰富,有多样性的生态文化资源。从行政区划角度,南盘江流域包括云南曲靖、陆良、宜良、华宁、弥勒、开远、泸西、罗平、贵州省兴义市、安龙、册亨,广西河池市、隆林等县。历史上南盘江是西南地区云南、贵州通往两广的重要交通要道,是民族迁徙的通道,也是重要的商业通道。特殊的地理环境孕育了该流域多样化的生产生活方式和生态文化、民族文化。相比西北地区,该流域的一个重要特征是中小历史文化名城较多,村镇密集,依托南盘江流域丰富的水资源与多样性的地质地貌,形成了多样性的生态文化圈。在南盘江生态文化圈内,各民族在长期的生产生活中,孕育了以南方稻作文化为主体的多样性生态文化,包括以高原盆地——坝子为主体的农耕文化,以河谷为主体的稻作文化,以高寒、半高寒山区为主体的山地文化。从民族文化角度看,该流域包括了汉、彝、壮、布依、水、苗、瑶、傣、白、回、蒙古、仡佬等不同民族文化形态。南盘江流域各民族"大杂居,小聚居",形成了以中小城市、村镇为载体的民族文化生态集聚。

---

① 于良楠:云南大学公共管理学院在读博士、云南省文化产业研究会常务副秘书长,主要研究方向:政府文化管理、文化和旅游产业理论与实践、文化和旅游发展规划。
李雪韵:任职于云南省文化产业研究会,主要研究方向:政府文化管理、文化旅游理论与实践。
任潇湘:任职于云南大学民族学和社会学学院,主要研究方向:政府文化管理、文化产业理论与实践。

随着现代交通条件的改善，南盘江流域经济、文化得到了较大的发展，丰富的水资源带动了该流域经济、交通和城镇化的发展。旅游产业的发展带动了南盘江流域丰富多样的旅游资源的开发，珠江源、罗平万亩油菜花、抚仙湖、马岭河、万峰林、三江口等标志性的生态旅游资源的开发，推动了地方经济的发展和民族地区的脱贫致富。随着南盘江流域现代交通体系的建设与完善、城乡文化消费的互补，尤其是在国家"一带一路"的推动下，在国家全力推动新型城镇化建设，发展乡村旅游、休闲文化业和全域旅游，实施扶贫攻坚战略的大背景下，充分挖掘南盘江流域生态文化资源，合理配置资源，培育和建设南盘江流域生态文化旅游小镇集聚区，不仅对南盘江流域的政治、经济、社会、文化、生态五位一体协调发展具有重要意义，也是探索依托生态文化旅游资源，实现中小城市和村镇可持续发展的重要路径。

一、南盘江流域生态文化旅游小镇的资源和发展现状

结合经济社会发展现状，以及交通、区位、资源分布，南盘江流域凸显区域生态良好、文化多元丰富等优势和特点。优化区域内资源配置和空间分布，构建多元化、立体化的南盘江流域生态文化旅游小城（镇、村）发展体系，可推动南盘江流域生态文化旅游业发展，通过旅游带动流域经济社会实现跨越式发展。

（一）南盘江流域涉及的空间地理及区域经济发展现状

1. 南盘江流域基本概况

南盘江发源于云南省曲靖市乌蒙山余脉马雄山东麓，由北往南流经云南省沾益、曲靖，至陆良上折西流，至宜良上折南流，至开远折东北流，至八大河（清水江口）南岸进入广西境，至三江口（黄泥河汇口）北岸进入贵州后折东南流，至仓梗折东北流，至天生桥复折东南流，至百口折东北流，至贵州省望谟县蔗香村双江口与北盘江汇合（如图1所示）。南盘江自珠江源至北盘江汇合口全长914千米，流域面积为56 809平方千米，其中广西境内5 548平方千米，贵州境内7 713平方千米，云南境内43 548平方千米。

图 1　南盘江流域示意图

南盘江流经线路长、流域面积广，沿线形成了诸多支流，流域面积在 100 平方千米以上的一级支流有 44 条，其中以黄泥河最大（见表 1）。南盘江流域主要有抚仙湖、星云湖、杞麓湖等天然湖泊，也有因水电站建设形成的明月湖、万峰湖等人工湖泊。

表 1　南盘江流域重要支流和湖泊一览

	主要代表
重要支流	曲江、南洞河、金马河、泸江、清水江、黄泥河、马别河、海口河、巴盘江、法白河、板坚河、旧州河、百乐河、华溪河、青龙河等
主要湖泊	抚仙湖、星云湖、阳宗海、杞麓湖、异龙湖、明月湖、澄碧湖、万峰湖等

南盘江流经云南省曲靖市、昆明市、玉溪市、红河哈尼族彝族自治州（以下简称"红河州"）、文山壮族苗族自治州（以下简称"文山州"）、贵州省黔西南布依族苗族自治州（以下简称"黔西南州"）、广西壮族自治区百色市等七州市的沾益、麒麟、陆良、宜良、开远、罗平、泸西、砚山、建水、蒙自、丘北、澄江、富源、石屏、江川、华宁、通海、峨山、弥勒、广南、师宗、兴义、安龙、册亨、兴仁、普安、隆林、西林等三十余个县（区、市），是滇黔桂三省区重要的生态保护、民族团结和经济社会发展的区域。

南盘江流域是滇黔桂石漠化片区重要的流域，从总体来看，南盘江流域资源丰富多样，区位优势明显，基础条件较好，生态文化旅游发展空间较大，发展特色文化旅游业是滇黔桂石漠化片区脱贫攻坚的重要路径之一。

2. 南盘江流域经济社会发展现状

由于交通、区位及历史的原因，南盘江流域的经济社会发展滞后，是全国"贫困县"最多的地区之一，也是国家扶贫攻坚的重点区域。伴随"西部大开发""脱贫攻坚"的实施和推进，南盘江流域基础设施逐渐完善，沪昆、京昆、贵昆、汕昆、广昆、福昆、曲陆等高速公路网逐渐完善，贵昆、京昆、沪昆、云桂、滇越等高铁网络逐步构建，区域综合交通不断改进和完善。近些年，南盘江流经三省七州市经济社会发展呈现出良好态势（见表2），2016年实现地区生产总值1.34万亿元，占滇黔桂三省区总值的25.35%；常住总人口3 100多万人，占滇黔桂常住人口总数比重的23.29%；人均地区生产总值达到4.32万元，远远高于云南、贵州和广西三省区平均水平。

表2　2018年南盘江流域七州市经济和社会发展一览

	地区生产总值（亿元）	常住人口（万人）
曲靖市	2 013.36	615.54
昆明市	5 206.90	685.00
玉溪市	1 493.00	238.60
红河州	1 593.77	474.40
文山州	859.06	365.40
黔西南州	1 163.77	365.17
百色市	1 114.31	366.94

数据来源：七州市统计年鉴

3. 南盘江流域旅游业发展现状

南盘江流经的七州市积极发挥自身资源优势、区位优势和交通优势，大力推动旅游基础设施建设、旅游重大项目建设、旅游景区景点建设，旅游业呈现出蓬勃发展的良好态势，2018年旅游接待总人次超过4.36亿人次，占滇黔桂三省区旅游总人次比重达到18.63%；实现旅游总收入4 970多亿元，占滇黔桂三省区旅游总收入比重为19.07%（见表3）。

表3 2018年南盘江流域七州市旅游业发展一览

	旅游总人次（万人）	旅游总收入（亿元）
曲靖市	3 926.65	439.83
昆明市	16 053.43	2 180.08
玉溪市	4 290.90	368.30
红河州	5 778.56	699.22
文山州	3 019.80	320.22
黔西南州	6 338.76	509.01
百色市	4 208.38	456.00

数据来源：七州市统计年鉴

（二）南盘江流域生态文化旅游小镇资源分析

自古以来，南盘江川流不息，哺育着沿岸各族人民，积淀了厚重的历史文化底蕴，是一条实至名归的"黄金水道"。丰富多样的自然生态资源、历史文化资源和民族文化资源为生态文化旅游小城（镇、村）建设奠定了坚实的基础（见表4）。南盘江是一条绚丽多姿的自然之河，地处滇、黔、桂三省相毗邻的中心地带，跨区域流域长、地形地貌多样、气候立体多变，形成了南盘江流域内丰富多样的动物、植物、水能、生态旅游资源。曲靖有南盘江、北盘江、牛栏江、黄泥河、以礼河、块择河、小江等为主要干流的流域面积100平方千米以上的河流80多条，有种子植物3 000多种，脊椎动物290多种，占全省20%；黔西南境内国家一、二级保护动物占贵州省45.89%；百色植物资源236科、995属、2 775种，素有"土特产仓库""天然中药库"之称。

早在旧石器时代，南盘江流域就有人类活动的足迹，新石器时代，南盘江即成为珠江流域乃至东南半岛古文化传播的重要通道，至今积淀了深厚的历史文化资源。现代历史中，南盘江流域留下了曲靖三元宫"红军长征过曲靖"纪念园、虎头山红军烈士陵园、水城扩红文化生态园、百色起义纪念公园等诸多红色文化遗址，是纪念革命传统、进行爱国主义教育的珍贵场所，也是开展红色文化旅游的重要资源。

表4 南盘江流域文化资源分类及代表性资源

类型	主要代表性资源
自然生态文化资源	曲靖珠江源、朗目山、罗平多依河、九龙瀑布、寥廓山森林公园、菌子山,宜良九乡风景区、明月湖、柴石滩风景区,玉溪市抚仙湖、星云湖、阳宗海、杞麓湖,红河州泸西阿庐古洞、弥勒白龙洞、石屏异龙湖,文山州砚山浴仙湖、广南八宝景区,黔西南州兴义马岭河峡谷、兴义万峰林、兴义万峰湖,百色市大石围天坑群、澄碧湖、通灵大峡谷等
历史文化资源	鬼方国、南越国、古滇王国、夜郎王国、句町王国、东爨乌蛮、西爨白蛮、自杞国、罗甸国、邕州都督府、安龙南明永历朝庭等
民族文化资源	彝、壮、布依、水、苗、瑶、傣、白、回、蒙古、仡佬等民族的服饰、舞蹈、音乐、工艺美术、节庆、饮食等

南盘江流域世代生活着以汉、彝、壮、布依、水、苗、瑶、傣、白、回、蒙古、仡佬等为主体民族的世居民族,根据2010年第六次全国人口普查数据,南盘江流域七州市少数民族人口超过1 000万,占总人口比重37.90%,其中红河州、文山州、百色市占比超过50%(见表5)。丰富多样的地势地貌与多民族聚居,形成了多元多彩的民族民俗、民间文化,如布依族的"三月三""六月六""查白歌节""毛杉树歌节",苗族的"八月八""采花节",彝族的"火把节"等。

表5 2010年南盘江流域七州市少数民族构成情况

	常住人口(万人)	少数民族人口(万人)	少数民族人口占总人口比重(%)
曲靖市	544.21	41.29	7.10
昆明市	643.22	88.99	13.84
玉溪市	230.35	74.32	32.27
红河州	450.10	257.23	57.20
文山州	326.86	201.61	57.31
黔西南州	280.59	111.39	39.70
百色市	346.68	294.84	85.05
七州市合计	2 822.01	1 069.67	37.90

数据来源:2010年第六次全国人口普查数据。

南盘江流域七州市生态文化旅游资源丰富多样,具有代表性的重要文化旅游资源有：曲靖爨宝子碑、爨龙颜碑、段氏与三十七部会盟碑；玉溪金莲山、学山遗址群；红河州建水文庙、双孔桥、朱家花园；黔西南州刘氏庄园建筑群、万屯汉墓群；百色布兵盆地洞穴遗址群、那赖遗址、西林岑氏家族建筑群等92项国家重点文物保护单位。哈尼族多声部民歌；彝族海菜腔、铜鼓舞；布依族"八音坐唱"、布依铜鼓十二则、查白歌节、土法造纸；壮族织锦技艺、壮剧；田林瑶族铜鼓舞、壮族嘹歌、田阳舞狮技艺等40项入选国家级非物质文化遗产保护名录。路南石林风景名胜区、九乡风景名胜区、建水风景名胜区、普者黑风景名胜区、阿庐风景名胜区等7家国家风景名胜区。九乡风景名胜区、良彩色沙林景区、罗平九龙瀑布群景区、建水燕子洞、泸西阿庐古洞、百色大石围天坑群、澄碧湖、通灵大峡谷等59个国家4A级以上景区（见表6）。此外，南盘江流域还有云南石林世界地质公园、大石围天坑群2处世界地质公园，昆明、建水、会泽3座中国历史文化名城，鲁布革国家森林公园、珠江源国家森林公园、仙鹤坪国家森林公园等国家森林公园，石林国家地质公园、澄江动物群古生物国家地质公园、九乡峡谷洞穴国家地质公园、罗平生物群地质公园、泸西阿庐地质公园、兴义国家地质公园、百色乐业大石围天坑群国家地质公园等国家地质公园。

表6 南盘江流域重要生态文化旅游资源一览表

	全国重点文物保护单位	国家级非物质文化遗产	国家级风景名胜区	国家4A级以上景区
曲靖市	9	1	0	10
昆明市	26	4	3	12
玉溪市	9	6	0	5
红河州	30	15	2	9
文山州	3	2	1	1
黔西南州	9	5	1	11
百色市	6	7	0	11
合计	92	40	7	59

数据来源：截至2020年5月，根据官方网站收集整理

（三）南盘江旅游生态文化旅游小镇发展体系

南盘江流域线路长、面积广，涉及滇黔桂三省（区）7个州市30多

个县（区、市），根据沿线流经城、镇、村落规模、资源、区位、交通等情况，将南盘江流域生态文化旅游小城（镇、村）分为三大建设主体，构建多元化、立体化的生态文化旅游小城（镇、村）发展体系。

1. 生态文化旅游小城

依托南盘江流域的曲靖市、昆明市、玉溪市、红河州、文山州、黔西南州、百色市7个州市，充分发挥市场、消费、交通、服务等功能，建设6~9个生态文化旅游小城，辐射带动生态文化旅游小镇和生态文化旅游村落发展，大力推动"旅游+""文化+"融合发展，推动文化、旅游与生态、农业、康体、休闲、大健康等产业深度融合发展，推动南盘江沿线生态文化旅游小城（镇、村）建设，进而带动南盘江流域整体经济社会发展。

2. 生态文化旅游小镇

依托南盘江流域丰富多元的生态文化旅游资源，充分发挥重要节点的区位优势、交通优势、资源优势，围绕曲靖市沾益区、麒麟区、陆良县，昆明宜良县，玉溪市红塔区、峨山县，红河州建水县，黔西南州兴义市、望谟县，百色市隆林县等县（区、市），凸显地方特点特色，重点建设10~12个生态文化旅游小镇，作为南盘江生态文化旅游带的建设主体。

3. 生态文化旅游村落

充分发挥南盘江流域资源丰富多样的优势，凸显地方性、民族性特色，重点培育以沾益区炎方乡、盘江镇、花山工业园区、麒麟区沿江乡、越州镇、陆良县中枢镇、宜良县九乡彝族回族乡、耿家营彝族苗族乡、北古镇城、狗街镇、竹山乡、红塔区大营街、洛河彝族乡、峨山县双江镇、小街镇、通海县高大傣族彝族乡、建水县曲江镇、华宁县盘溪镇、华溪镇、建水县盘江乡、开远市小龙潭镇、弥勒市巡检司镇、江边乡、泸西县三塘乡、师宗县高良壮族苗族瑶族乡、罗平县鲁布革布依族苗族乡、贵州兴义市三江口镇、巴结镇、安龙万峰湖镇、广西隆林县天生桥镇、革步乡、金钟山乡、者保乡、德峨镇、西林县马蚌乡、百色市八渡镇、桠杈镇、百口乡、雅长乡、贵州望谟县蔗香乡等为代表的30~40个特色生态文化旅游村落。

通过南盘江流域生态文化旅游小城、小镇、村落三大主体培育和建设，优化区域内资源配置，促进中心城市辐射带动县城发展，县城、小镇辐射带动村落发展，使中心城市、县城、小镇、村落形成联动、互补发展，并通过"以线串点、以点带面、点面结合"，构建"南盘江流域生态文化旅游带"，推动滇黔桂南盘江流域沿线各州市、县（区、市）和村镇整体发展。

二、南盘江流域生态文化旅游小镇建设的瓶颈

南盘江流域生态文化的富集与该区域村落的相对贫困形成了鲜明的对比。尽管"一带一路"倡议、沿海沿江沿边开发及西部开发、民族地区扶贫取得了巨大的成就，国家八纵八横高速路建设进程加快，随着杭瑞高速、南昆高速、沪昆高铁等的开通，南盘江流域的现代交通网基本形成，南盘江流域的水利资源、生物资源和高原农业得到不同程度的发展，城市化进程进一步加快，但总体上来说，南盘江流域的经济发展、新型城镇化发展，尤其丰富的生态旅游文化资源开发还处于起步阶段。与东部沿海地区中小城市和大多数村镇相比，尚未找到从传统农耕向现代经济发展过渡的相对成熟的发展路径。依靠什么动力，才能使得南盘江流域相对密集的中小城市、具有独特生态资源优势的村镇找到后工业时代政治、经济、文化、社会、生态的协调发展之路，促进传统的地方工业、传统农业的转型升级，保持相对快速的经济增长，这是南盘江流域社会、经济发展面临的现实问题。2014年，国家围绕供给侧改革，推出了《国家新型城镇化规划（2014—2020年）》。2015年，文化部、财政部首次共同实施拉动城乡居民文化消费试点项目（以下简称试点项目），创新性地从东中西部选取典型地区，采取有针对性地促进文化消费的政策措施进行试点。2017年，国家发展改革委会同有关部门共同研究制定了《促进乡村旅游发展提质升级行动方案（2017年）》，同年原国家旅游局发布了《全域旅游示范区创建工作导则》，推动旅游业的进一步发展。这些政策措施为促进文化消费，推动中西部民族地区，尤其是像南盘江流域这样拥有一定消费基础的中小城市、多样化生态文化资源的村镇提供了依托生态文化、民族文化和地方文化资源，借助发展旅游产业，实现可持续发展、跨越式发展提供了理论基础和政策保障。南盘江流域核心区的云南省曲靖、红河州，贵州兴义，广西百色等地区先后提出了绿色生态立市、文化立市、文化创意产业发展、高原生态观

光农业发展、文化创意休闲城市等发展思路，也通过不断创意，围绕生态资源，培育了珠江源、三江口、马岭河、罗平油菜花、万峰林等旅游景区，带动了生态旅游业和生态旅游城市、村镇的发展，但在其发展过程中，统一市场条件下跨行政区划的资源配置、生态文化保护的可持续发展、生态文化旅游产品的开发、生态文化旅游服务体系的构建、生态旅游城市（村镇）的顶层设计、产业发展模式、生态文化旅游的商业模式，以及在发展过程中人的现代服务意识、素质等都还存在诸多问题，在很大程度上滞缓了生态文化旅游小镇的建设，如果不能正视、面对、突破生态文化旅游小镇建设的这些瓶颈问题，南盘江生态文化旅游产业、生态文化旅游小镇的建设将很难得以顺利推进。不转变观念、摈弃传统的生产方式和发展模式，不认真研究城乡文化消费的现状、态势和南盘江生态文化旅游资源的特征，从而引入新的观念、资本、人才，也很难探索出南盘江生态文化旅游小镇成功的、具有特色的发展路径。

十八大以后，围绕国家现代社会治理提出的政治、经济、社会、文化、生态五位一体协调发展与创新、协调、绿色、开放、共享原则，为区域新型城镇化发展的顶层设计及发展思路奠定了指导原则，指明了创新发展的路径。中国新型城镇化的道路内涵与特点，强化"以人为本、四化同步（中国特色新型工业化、信息化、城镇化、农业现代化）、优化布局、生态文明、文化传承"；推进新型城镇化建设统筹规划，完善城镇化战略布局，绿色低碳，建设生态文明城镇，创新社会治理，提高城镇化质量水平，实现公共服务均等化、城乡主体权利平等化；城市规划管理划定"三区四线"（禁建、限建、适建三区，绿、蓝、紫、黄四线）；建设生态城市以"五绿（绿色产业、消费、能源、交通、建筑）"为支点；建设智慧城市以"六化"（工业集群化、集群园区化、园区社区化、社区城镇化、土地规模化、城乡生态化）为方向。这些新的发展理念为南盘江流域生态文化旅游小城、生态文化村镇提供了理论和政策支撑，对比这些新的发展理念和该区域生态文化旅游建设中存在的问题与短板，在未来南盘江流域生态文化小镇的建设中需要着力解决目前困扰发展中的四个瓶颈问题。

（一）生态文化旅游小镇建设理念与城镇科学发展的矛盾

生态文化旅游小镇建设的终极目的是实现南盘江流域不同民族、城乡居民的可持续发展，实现区域内城乡居民的全面小康，这是关乎南盘江流域经济、文化、生态顶层设计的核心主题与整合框架。目前南盘江流域生态文化旅游小镇的全面建设还处于起步阶段，生态文化旅游小镇的建设，多少存在着盲目建设、刻意模仿、注重形式、缺乏顶层设计、科学规划和建设内容的问题。生态文化旅游小镇的建设需要有全新的理念，既要尊重现实，合理配置区域内不同的生态文化资源，充分考虑不同城市的文化传承、村镇经济发展基础、产业现状、空间位置、区位优势，也要充分研究周边城乡文化消费的空间，全球化人际流动的潜在消费市场。只有强化生态文化旅游小镇的建设理念，解决好建设的理念与顶层设计，规划寻求差异性发展的道路，南盘江流域的生态文化小镇、生态文化旅游村镇、生态文化城市三大类型的建设才能形成互补，构建起立体的生态文化旅游圈。

（二）传统农耕生产方式转型与生态环境资源开发的冲突

南盘江流域生态文化旅游小镇的建设面临着从传统农耕的生产方式向现代服务经济的转型发展，从以前土地的内向型生产方式转向配置内外两大资源的外向型生产方式。这个转变需要全社会的认同，需要区域内各级管理者、各部门及全体居民观念的转变。两种生产方式、发展方式需要的理念、发展路径、人力资源及产品设计、生产、分配方式将始终贯穿南盘江流域生态文化旅游小镇规划、建设的全过程。只有突破传统生产方式与现代服务经济生产方式之间的矛盾，南盘江流域生态文化旅游小镇的建设才可能真正走向健康、可持续发展的阶段。

（三）生态环境资源优势与生态旅游小镇文化的空壳化

新型城镇化语境下的生态文化旅游小镇建设不是一个概念问题，也不仅仅是城镇化率一个简单的数字，更不是城乡居民的环境改善、居住环境的建设和自然生态环境的维护问题，而是一个包括产业开发与社会发展的系统工程。南盘江流域目前生态文化旅游小镇建设的三大层面,即小镇、村落和中心城市,自然生态环境都较好,但公共文化服务体系缺乏,文化个性不足,尤其是缺乏提供给消费者"文化想象与寻找"的产品与服务。围绕满足不同层次的生态文化旅游消费群体的"生态文化旅游的感知体系"尚未形成,更缺乏能满足"诗意栖居"的文化体验产品。只有关注大众文化旅游消费的现状与发展态势,以现代体验经济的娱乐、知识、审美和逃遁要素为引领,充分挖掘生态文化资源、民族文化资源和地方知识,强化创新创意能力,强化服务意识,突破资源优势与文化旅游、文化体验的空壳化,南盘江流域的生态文化旅游小镇才能在市场竞争中获得更大的发展空间。

(四)行政区划利益与区域生态文化旅游资源的有效配置

支撑生态文化旅游小镇建设的是全球化带来的人际流动,以及城乡大众文化消费的互补。对于外来旅游消费者而言,在有效的时间内"想象和寻找"更多别样的产品与服务,满足自己的休闲娱乐、生态文化体验需求是生态文化旅游的本质。因此生态文化旅游就需要突破点状的发展,构建起点、线、面的生态文化旅游圈、线、带。南盘江流域作为泛珠区域内具有相似和互补性的带状发展区域,要寻求更大的发展空间,需要认真分析研究3省7个州市和几十个县、上百个村镇的资源优势,突破行政区划的资源壁垒,实现资源、市场和产品、服务的跨行政区划协调,实现区域内资源、资本的有效配置和流动,以寻求效益的最大化。

三、南盘江流域生态文化旅游小镇建设的理念与内容

现代化进程中,我国一直在不断探索和推进城镇化。20世纪80年代,伴随着经济发展,以工业化为核心的新型城镇化带动了中国城镇化的快速发展。东部沿海地区以轻工业为主体的乡镇企业的发展,带动了东部沿海地区第一轮小城镇的发展;进入21世纪之后,重工业和商业经济的发展带动了中大城市的发展,大量农村居民进入城市,形成城市规模的不断扩张,城镇化率迅速上升,但也带来了大量土地被挤占、环境污染、城市拥堵、

公共服务体系缺乏等社会问题。以工业化为核心的新型城镇化带来了中国经济的快速发展，国家 GDP 和人均可支配收入、城乡居民文化消费能力的快速增长，为后工业时代文化旅游、现代服务经济的发展奠定了坚实的基础。

目前中国的旅游人数已经突破 30 亿，平均每人每年旅游 2.3 次。未来 10~20 年，中国旅游人次的增长速度将保持在年均 10% 以上[①]，并且旅游将在传统大众观光旅游的基础上，向休闲文化旅游、文化体验旅游发展，从著名的景区景点型旅游向乡村文化、生态文化旅游发展。旅游产业是区域经济发展的动力，将会持续地带动和引领新一轮新型城镇化的发展方向。生态文化旅游作为现代旅游的一种全新的发展方式，不仅是产业或产业集群，生态文化旅游直接面向生活，是城镇生活品质提升的重要支撑点。目前国内外不少学者有很多关于生态文化旅游小镇建设的精辟研究，也提出了众多具有借鉴意义的对策建议，包括发展的思路、路径等，综合考量南盘江流域生态文化资源及新型城镇化的发展现状，在其发展路径选择上最为重要的是三个"并重"，即自然生态环境的保护与文化旅游发展的并重、"我者"的人文关怀与"他者"的文化诉求的并重、公共环境营建与现代服务体系建设的并重。

（一）自然生态环境的保护与文化旅游发展的并重

南盘江流域地处青藏高原，向东南延伸到云贵高原，江河湖泊众多，水资源丰富，是南方稻作文化的核心地区，也是山地农耕文明的核心地区，更是民族迁徙的重要走廊。以河流与高原湖泊、亚热带河谷与温带森林为主体的多样性生态文化、南方稻作文化、区域民族文化是其区别于东部平原、海洋文化和西北地区游牧文化、农耕文化的主体文化特征。多样性的生态文化是该区域发展特色旅游小镇的基础。南盘江流域过去相对封闭，交通不够发达，但是，随着现代交通系统的建设，南盘江流域水利资源的开发与运用，生态环境保护日趋严峻。在南盘江流域生态文化旅游小镇的

---

① 北京绿维景规划设计院课题组. 旅游引导的新型城镇化[M]. 北京：中国旅游出版社，2013.

建设过程中，必须将生态环境的保护作为重中之重，真正落实践行习近平同志强调的"绿水青山就是金山银山"的发展理念。在生态环境保护的同时，注重对南方稻作文化的生态文化体系、稻作文化的体验、稻作文化的节庆、稻作文化的饮食文化、绿色健康食品的开发；注重对南盘江流域多样性的民族文化的保护与传承，注重民族节庆、民族文化、民族歌舞、民俗文化体验、传统民族工艺的开发；注重现代休闲文化、康体文化、养生文化的开发，包括满足都市休闲阶层的现代娱乐产品与服务的建设。只有在保护生态文化的基础上，将南方稻作文化、区域民族文化和现代休闲文化融入生态文化小镇、生态文化村落、生态文化中心城市的建设进程，南盘江流域生态文化小镇的建设才能真正实现差异化发展，避免百城一面、千镇一面的同质化。

（二）"我者"的人文关怀与"他者"的文化诉求并重

四百多年前，莎士比亚就曾说过，我们到城市是来寻找更美好的生活。四百多年后，上海世博会的理念是"城市，让我们更美好"。南盘江流域生态文化旅游小镇的建设顺应全球化时代人际流动、"消费搬动"的发展趋势，借助全球化和大众文化消费拓展区域经济、新型城镇化发展的空间，归根结底是要为南盘江流域的不同民族、城乡居民拓展生存发展空间，建设魅力故乡。为此，在建设过程中始终要以建设美丽家园为基础，通过美好家园的建设，营造良好的生态环境、公共空间，完善文化服务体系，创建从传统农耕经济向现代农业、现代服务业转化的生产、服务体系，体现对"我者"的人文关怀。同时，在建设南盘江流域生态文化旅游小镇的过程中，还需要学习借鉴国内外特色旅游文化小镇成功经验，尤其是借鉴欧洲不同风格的文化旅游小镇的建设思路，充分考量中国生态文化旅游消费的阶层、方式，在"我者"的人文关怀的同时，关注"他者"的文化需求，以期实现生存发展空间的拓展。

（三）公共环境营建与现代服务体系建设的并重

在新型城镇化进程中，不同地区依托生态、文化、产业、消费基础，探索了不同的特色旅游小镇（包括生态文化旅游小镇）的建设内容和发展路径。但在建设与发展过程中，或多或少地存在忽视公共环境与视觉景观的建设，对生态文化凸显与服务体系建设不够重视的现状。中西部地区，尤其是少数民族地区，受其传统生产生活方式的影响，不少生态文化旅游小镇"远看是青山绿水，美丽风景，近看是垃圾成堆，难以进入"。不少生态文化旅游小镇里，有标志，有营销，有路牌，但进入镇、村的道路却狭窄，缺乏公共空间，没有乡村客栈。一些民族地区的生态旅游小镇、村落的街道管理混乱，到处是电线，没有干净整洁的公共卫生间，更缺乏让年轻人住得下、有消费、可休闲娱乐的服务体系。与欧美发达国家相比，生态旅游小镇欠缺的是公共环境意识，建设中忽视的是视觉景观。南盘江流域有良好的生态大环境，也有不少具备悠久的历史文化、民族文化的小城、村镇，大的生态文化资源要转化为文化旅游资本，需要合理配置生态文化资源，注重小环境的营建。视觉景观是吸引游客的第一要素，只有注重公共环境的营造，将视觉景观纳入生态文化旅游小镇建设的每个环节、每一处空间，生态文化小镇才能吸引外来消费群体，让外来消费群体进入小镇。

生态文化旅游不是目的，而是一种生活方式，是现代人的生存方式。南盘江流域生态文化旅游小镇、村落、中小城市的价值是多样的，有生存发展的价值，有研究的价值，有欣赏的价值，有怀旧的体验价值，有提供给现代人寻找宁静、休养生息的价值，也有大众猎奇的旅游价值。在南盘江流域生态旅游小镇的建设过程中，需要在合理配置不同文化资源的基础上，充分考虑大众文化消费时代下城乡居民的文化旅游消费心理、消费态势、消费习惯，在注重生态文化、地方文化、民族文化产品与服务的同时，将公共服务体系的建设纳入生态文化旅游小镇的规划、建设之中，从住宅、家庭建设走向公共文化环境的建设，从自我的生活满足，到能吸引、满足外来消费群体，生态文化旅游小镇的基础才能得以夯实。

在中国新型城镇化建设过程中，任何行业或产业的发展机理与价值，包括南盘江流域生态文化旅游小镇的建设都不是市场一个因素在推动，而是政治、经济、文化、社会、生态五个要素相互作用，最终形成促进行业或产业（包括像南盘江流域生态文化旅游小镇这样的系统工程建设）的内生动力机制，并且在这种发展机理下，根据不同小镇、村落、中小城市的现状，选择不同的发展路径。

将南盘江流域生态文化旅游小镇的建设置于国家新型城镇化、全域旅游视野下，南盘江流域生态文化旅游小镇是个案，有其相对突出的特征。但就南盘江流域生态旅游小镇作为一个单一的建设工程而言，南盘江流域生态文化旅游小镇的三个类别或层级，其资源不同、区位不同、发展基础不同、规模不同、地方民众和政府的诉求不同，随之发展模式、建设路径，市场定位也不同。全国政协委员、著名学者，也是文化保护专家冯骥才先生针对村落保护和新型城镇化的发展，曾说过：如果失去了千姿百态的文化个性活力，传统村落的保护将无从谈起，"留住乡愁"也将落空。

南盘江流域生态文化旅游小镇的建设是南盘江流域现代化进程中的一种路径选择，也是全球化时代南盘江流域政府、各民族人民拓展生存空间，建设魅力家乡的自我选择。在传承、学习、借鉴过程中，结合区域的生态文化资源、民族文化资源和地方文化资源，遵循城市、小镇、乡村的发展规律，探索多样化的发展路径，走差异化竞争的道路，才能实现区域政治、经济、社会、文化、生态五位一体协调发展。

【特色文化产业论坛观点】

导言（主持人：李炎①）

李炎

2019年11月17日，武汉大学举办了"新时代下中国乡村文化振兴国际学术会议暨2019年特色文化产业论坛"，来自中国、美国、英国、加拿大、荷兰等国家的130多名专家齐聚武汉，共同商讨新时代背景下乡村文化振兴战略与国际比较、乡村文旅融合理论与案例、乡村文化振兴理论与实践、乡村文化产业模式与实践以及乡村文化调查等诸多议题。

乡村文化以守望相助、敦亲睦邻、孝亲敬贤、祖先崇拜、天人和谐、克勤克俭与耕读传世等为代表的观念，滋养着一代又一代中国人，孕育了伟大而又不朽的中华文明。武汉大学人文社会科学资深教授冯天瑜在谈到乡村文化振兴中的社会调查问题时说，乡村是人类文化的源头，乡村文化振兴是现代化文明发展的一个基本问题，了解乡村历史和现状是乡村文化振兴的重要基础性工作，需要做深入细致的社会调查；南京艺术学院副院长李向民教授认为在乡村重塑和文化反哺层面，应当关注乡村与城市的互动，乡村与城市发展共存共荣，城市发展也应推动乡村振兴以促进消费和经济增长，进而推动社会繁荣和公平正义；中国扶贫开发服务有限公司董事长黄勇嘉从实践层面讲述了脱贫攻坚与乡村振兴的关系，同时，也将部分脱贫攻坚的成果做了汇报。本栏目摘编了上述三位专家的演讲实录，以飨读者。

---

① 李炎：云南大学文化发展研究院院长、教授。

■冯天瑜

　　乡村是人类文化的源头，乡村文化振兴是今天现代化文明发展的一个基本问题。乡村文化振兴的一个基础性工作就是要了解乡村的历史和现状，这就需要做深入细致的社会调查。我谈一些关于社会调查的随想。

　　在某种意义上可以这样说，一部历史、一部文化史就是边缘文化、民间文化不断进入主流文化、精英文化的过程。这样一个由形而下通往形而上的过程，起先的时候往往是自发实现的，它逐渐地成为一种人们自觉的行为，人们自觉地努力参与从形而下到形而上的文化升华过程，而要实现这样一个转化与专家从事的调查研究是分不开的，正是这样的调查研究和社会调查才完成了从俗文化向雅文化的提升。大家熟知的《诗经》，尤其是《诗经》中的《国风》是一个典型例证。五经之一的《诗经》被我们称作中国文化最高经典之一，汉代专门设立诗国司研究这样一个大学科，《诗经》后来成为雅文化的代表之一，其实是从民间俗文化转化和提升起来的。在这个过程中，由朝廷派的许多专门人员做采风，采风就是调查研究，俗文化向雅文化的提升与这样的活动和工作是分不开的。我们谈调查研究，可以从"国风"的形成过程中得到很多启示。上层掌控国家大事的人，能够做到不出户牖、不离开自己家里就尽知天下所苦，这个苦很重要，如果采风的人专门拍马屁、拣好听的往上传，那就无法了解民众的疾苦，不知道现在社会存在什么问题，这种调查研究是没有作用的。中国的采风传统，从先秦就有，深入人民生活的底层，如实地反映社会生活。《诗经》里面的《硕鼠》，揭露那些贪官盘剥老百姓，都是从民歌、民间口耳相传的故事中搜集来的，而且基本反映了社会生活实际，这个很重要。当时调查研究的人没有去做颂圣的文章，说什么"天下太平、国泰民安",而是把社会生活中实际存在的状况特别是民众的疾苦、社会矛盾通过这些诗篇得以反映,所谓集中了"劳歌",就是劳动的歌声,才成了千古绝唱。谈到调查研究、社会调查,我们应该继承和弘扬从周代以来的采风传统。

  社会调查大体有文献调查和实地探查两种方式,今天谈农村问题,谈乡村文化建设问题,包括三农问题,还是要结合文献调查和实地探查两种方式,并实现二者的互动。我讲一个大家熟知的事例,司马迁的《史记》为什么能够成为一部伟大的有极高价值的史书?我们从调查研究的角度分析这个问题。司马迁从青少年时代开始,就在文献调查和实地探查两方面下了很大功夫,而且持之以恒。我们先说他的文献调查,司马迁有一个得天独厚的条件,他们家里是世传的史家,即所谓的太史公世家,青少年时代就不断研读和整理石室金匮之书,我们1900年才发现甲骨文,当时认为最古老的文字是石刻,石室金匮就是收藏古老文字的,金匮主要是刻在青铜器上的文字,说明司马迁对那个时候的文献(包括最古老的文献)做过深入研读和辨析。有很多人,包括一些史学家、大学者对司马迁《史记》中的《夏本纪》和《殷本纪》有相当的怀疑,认为司马迁可能是依据一些传说,加上自己的想象编撰出来的,但是后来的考古发掘证明不是这样。比如,1900年前后发现了殷墟的甲骨文,里面有充分的材料证明《殷本纪》中的先公先王的排列顺序是完全准确的,说明司马迁当时是看了书的,不是他想象出来的,也不是道听途说来的。司马迁漫游了当时中国的大部分国土,他从20岁开始离开长安,穿过龙门,然后进入现在的河南、湖北,越过长江,到湖南,再往北走,沿途考察。比如,到湖南他考察了屈原投江的地方。司马迁怎么能够把屈原写得那么生动、那么丰富?其实屈原的古典文献记载很少,很多东西是出自司马迁的调查。最后,他返回了皖北和苏北地区,那恰恰是楚汉战争的发生地,汉高祖刘邦手下的重臣都是这一带的人:萧何、曹参、樊哙……司马迁为什么把这些人的传记写得那么生动,不仅仅是靠文献材料,还有大量实际调查材料,所以写得非常生动、非常丰富。比如写韩信的《淮阴侯列传》，尽管韩信在汉代成了叛将，但是司马迁对韩信给予了充分肯定，而且写得具体生动，包括他从少年时代一直到后来的军事行动，都得益于司马迁的调查。如果仅仅从调查研究而言，我们要学习司马迁，将文献调查和实地探查相结合。

近代西方开始运用实证科学方法开展系统社会调查。首先是西欧的英、法、德，后来美国继续加以发展。我这里说一下日本，日本人学了欧美这一套社会调查方法，第二次世界大战前对他准备侵略的对象国进行了极为详细系统的调查，这一点应该引起我们中国人的警醒，我们要好好地学习。当时日本有两大调查系统，一个是满铁，即满洲铁道株式会社调查部，另一个是东亚同文书院。东亚同文书院对中国全部国土（除西藏外）进行了极为细致深入的调查研究，有巨量的调查报告保存下来，现在国家图书馆出版社已经把这些调查报告全部影印出版，本编是200卷，续编是250卷，这是日本人做的中国调查。我们中国在这方面要很好地学习、追赶。毛泽东在1941年谈到关于社会调查的序言中说，中国幼稚的资产阶级没有来得及为我们准备详细的社会调查材料，现在这些工作要由我们来做。这个话说得是对的，但是从20世纪40年代到今天，我们仍然需要加油发力，因为目前这方面的工作还差得很远。

调查研究切忌把主观先验、没有经过考察的构想强加到调查对象身上，这样的调查研究是危险的、是靠不住的。调查研究不唯上、不唯书，要唯实，一定要从客观存在的社会实际出发。我认为调查者一定要保持价值中立，才能如实反映社会实际，解决问题。

■李向民

　　社会研究和文化产业不是一般的人文学科，其实是社会科学，应该更加重视调查研究，这次会议非常好，事先安排了一些实地考察。文化产业研究不能像中医一样搞望闻问切，只是判断一下就开始下结论，就可以开方子，最终还是要通过调查研究实现我们对事情的真正理解。我谈一下关于乡村重塑与文化反哺的问题。

　　我曾经做过一段时间的农村研究，还在美国农业部经济研究局工作了一年，尽管后来也在研究文化产业，但对农村问题一直比较关注。我发现中国乡村现在面临着一种非常新的情况，大家可能没有怎么注意，我用"剥夺"这个词，不包含道德评价，只是说一个现象：我们在城市化迅速推进的同时在乡村进行了一次新的剥夺，把乡村的大量资源抽离出来。20世纪80年代初，费孝通教授曾经讲过，他在研究乡土中国的时候提出"离土不离乡"的概念，他觉得农民应该离开农业，但是不应该离开农村。他认为乡村是现代生活的一个重要组成部分，在现代化过程中，不应该抛弃乡村，应该和乡村一起往前发展。但是，在今天看来，对于全国大部分地区来说，农村的富裕主要是靠背井离乡，即离开家乡到城市打工。这个问题现在严重到什么程度呢？我们举一个例子，江苏分为苏南和苏北，很多人以为苏北特别穷，其实苏北的穷只是和苏南比，和全国比起来还是非常好的，江苏的地级市中，哪怕是最穷的城市，在全国都排到前100位。但是，江苏还是存在大量人口流失的现实状况，如徐州，徐州在全国城市综合经济实力排行榜中排在第40位，超过很多中部省会城市，但是徐州这几年流失了170万人口；盐城在全国城市综合经济实力排行中排到第50多位，这几年流失了110万人口。这些人口去了上海，去了苏州、无锡、常州，去了南京。原因有以下几点：其一，不像更远地区的人过来需要文化上的融入，他们在文化语言上很容易融入，一下子可以找到更好的地方。其二，这两年交通发展迅速，过去从盐城到上海坐汽车要十几个小时，现在一个半小时就可以到达，这样的距离没有异乡的感觉。其三，这几年很多大城市都在积极采取措施吸引人口，大量年轻人开始涌入，不仅仅对农村，包括对三四线城市和一些县城，都产生了一种新的剥夺。这些人带走了资源，带走了资产，甚至带走了他的思想，会使原来一些地方出现真正空心化，这是第三次剥夺。20世纪50年代，通过工农业产品价格的剪刀差，将农业利润抽取到城市；第二次城市化过程中，把大量劳动力抽取到城市里面；现在，我们发现劳动力的抽取和过去不一样，现在的春运不像以前那么剧烈了，出现了双向流动，现在很多人不回乡，把自己的父母从农村接到城里面过年，然后慢慢把父母接到城市里面居住。由于年轻人的迁出，大量小城镇出现了乡村精神上的空心化。有时候，我们在假期做一些调查，看到很多地方像我这样50岁左右的年龄到那边都算年轻人，因为大部分都是比我们更大的、七八十岁的老人，基本上没有年轻人在那里生活，无论是文化传承还是文化活动等都已经没有增长，而且质量在下降。我们要想做乡村振兴，其实缺乏了重要的抓手，既没有劳动力，也没有新鲜的思想注入，尽管留下很多非常好的房子，但这些房子几乎大部分闲置。大概十年前，大家觉得在外面打工，不管干得好不好，都要把钱带回去，在家乡把房子改造了，但是现在改造得特别好的房子基本上没有人住。前一段时间，我看到一些人说父母不在了，他回家成了客人。目前，文化上的关联是靠着血缘联系的，如果春节不回去，清明节回去的时候，家乡就不再是原来意义上的温暖的家了。乡村不仅是每个家庭的乡愁，也是中华民族和中华文化的根本，应该通过注入文化和生态，打造美丽乡村。

乡村是城市的故乡，也是人们心灵的归宿。由于这样的原因，乡村振兴和发展不能理解为一种扶贫和施舍，应该是和城市发展共存共荣的，应该推动乡村振兴，促进消费和经济增长，推动社会繁荣和公平正义。

对于城市来讲，乡村具有三重福利：一是自然景观；二是低房价；三是独特的乡村文化。乡村振兴契合了人民对美好生活的向往，就是我们心目中的桃花源和诗意田园，很多人梦想等有钱了、退休了，有时间希望过这样的生活，但是这样的生活目前很大程度都是理想甚至是空想，我们需要做的是把空想变为可以操作和实现的现实。

有鉴于此，我提几点建议：第一，对空心村进行文创化改造。现在大量乡村随着人口的逐步老化，变得缺乏活力，当务之急是把这些村庄腾出来，进行文创化改造，增强设计感，打造度假社区。第二，挖掘整理乡村民俗，只有这样的东西才能有故事、有产品，为乡村振兴提供文化支持。第三，鼓励城市居民到乡村养老度假，把知识和资金带回乡村。在乡村的空置房屋处置上要进一步做一些改革，推动乡村空置房产出租来推动城市业态的"上山下乡"。

■黄勇嘉

北风潜入悄无声，在这个初冬时节我很高兴和荣幸受邀到武大这个美丽的校园参加本次文化产业研讨会。我的发言题目是脱贫攻坚与乡村振兴，我简单谈一下脱贫攻坚和乡村振兴的关系，不妥之处请专家们会后批评指正。

首先我介绍一下中国扶贫开发服务有限公司。公司成立于1988年，是由当年的万里副总理批示的实体企业，主要有三个方面的服务平台：一是针对贫困地区的规划和咨询服务平台；二是金融服务平台；三是贫困地区的市场交易服务平台。党的十八大召开以来提出中国梦，中国梦的组成部分主要是"两个一百年"奋斗目标，即到中国共产党成立100年时全面建成小康社会，到新中国成立100年时建成富强、民主、文明、和谐、美丽的社会主义现代化强国。全面建成小康社会，再有贫困人口说不过去，习近平总书记在2013年12月3日提出精准扶贫、精准脱贫。精准扶贫和精准脱贫是全面实现乡村振兴的第一步，只有实现全面脱贫才能共同奔小康，只有共同奔小康才能实现全面的、全民族的乡村振兴。下面，我从四个方面给大家汇报一下脱贫攻坚和乡村振兴的关系。

第一，解决"两不愁、三保障"问题是促进乡村振兴的前提。在2012年我国还有9 899万贫困人口，脱贫攻坚战开始以后每年有将近1 000多万人的减贫任务，截至2015年年底还有1 660万贫困人口，整体上基本解决了不愁吃、不愁穿、教育保障、医疗保障、住房安全保障的问题，预计到2019年年底将有90%的贫困线人口摘帽，95%的贫困人口脱贫。解决"两不愁、三保障"问题是全面小康的根本。昨天有同志讲到按照1.9美元的国际贫困线划分标准，现在我们的收入是略高于它的。"两不愁、三保障"的重要措施保障脱贫攻坚,贫困人口能够顺利脱贫,不返贫。

第二,产业扶贫是促进乡村振兴的关键。国务院扶贫办专门成立督导组,脱贫是很关键的指标,原来是"输血"式扶贫,现在是"造血"式扶贫,原来是大水漫灌,现在是滴灌。为什么叫精准扶贫?就是精准到每一个贫困户,全国还有12.8万个贫困村,2 980万个贫困户,产业很关键,在产业中除了农业相关产业的带动,还有旅游产业,全国2.26万贫困村发展文化产业,预计文化产业在其中会起到关键性作用。很多新农村搞的小工厂就是精准扶贫最主要的方式,我曾经帮南疆自治州对接资源,带动他们创收,很多特色资源原来没有接触过就没有感觉,接触之后我们也很震撼,2012年我们做了革命老区特色食品的展览、展销,当时有8个省的品牌展览展销,到场的很多专家和领导看了以后觉得非常震惊,这些高手在民间,如何保护、如何传承以实现可持续发展呢?当时有一些非物质文化遗产的专家去了以后就说:当务之急是解决传承人的问题,只有这样才能保证非遗项目的传承。实用就是最好的产品证明,买卖就是最好的保护。发展不了产业,产品不能变成商品,很难得到保护。

第三,基础设施建设扶贫是乡村振兴的根本。脱贫攻坚战以来,金融机构每年有将近万亿的资金投入到贫困地区,集中建设,使贫困地区的面貌发生了翻天覆地的变化,路桥等基建工作的推进,包括一些地方的高铁和基础设施建设都得到很大改善,不仅是基础设施,还包括网络搭建等。现在要求网络扶贫,即要求贫困地区所有地方无死角覆盖互联网、移动网络。2019年提出4G网络全覆盖,现在到贫困地区和最偏远的山区,网络信号是没有问题的。

第四,思想扶贫是促进乡村振兴的核心。现在有些贫困户存在"等靠要"的思想,也可以说是懒汉思想,习近平总书记也讲到扶志要和扶智相结合,各个省给贫困村都开了农民夜校和一些技能培训班,以不学为耻、以勤于学习为荣,以不会为耻、以不干为耻、以努力实干为荣,这是贫困地区非常欢迎的,从思想上得到很大改变。我们去过这些贫困村,他们发展文化产业、旅游产业,通过合作社模式,有的贫困村有几十个、上百个合作社。十八洞村 2013 年人均收入才 1 000 多元，2018 年的时候人均收入达到 1 万多元。脱贫攻坚战是乡村振兴的第一步，通过脱贫攻坚战和乡村振兴有机衔接，激发贫困地区乡村的内生动力，为下一步全面乡村振兴奠定坚实基础。乡村振兴这么大的概念，不是发达地区的乡村振兴，也不仅是部分地区的乡村振兴，而是无死角、全面乡村振兴，要借鉴脱贫攻坚战的经验，要一茬一茬接着干，把脱贫攻坚经验拿到全面乡村振兴上来，否则全面乡村振兴要实现还是比较有困难的。

最后非常感谢主办方，再次祝贺学院建院十周年，希望乡村振兴早日取得阶段性胜利！

附录一
"新时代下中国乡村文化振兴国际学术会议暨2019年特色文化产业论坛"综述

为进一步深入贯彻党的十九大精神，落实国家乡村振兴战略，探索乡村文化建设、文旅融合助推乡村振兴的理论和政策路径，2019年11月16日至18日，武汉大学联合中国传媒大学举办的"新时代下中国乡村文化振兴国际学术会议暨2019年特色文化产业论坛"在武汉大学珞珈山庄举行。来自中外学界、文化产业界、智库机构的专家学者和企业家共130余人齐聚珞珈山，围绕乡村文化振兴和特色文化产业发展进行了深入的研讨和广泛的交流。武汉大学党委常委、副校长周叶中代表武汉大学致辞，财政部科教和文化司、文化和旅游部财务司有关负责同志，湖北省财政厅科教和文化处负责同志，湖北省社会科学界联合会党组成员、副主席安向荣，湖北省文化和旅游厅党组成员、总规划师唐昌华出席开幕式并致辞。本次论坛恰逢武汉大学国家文化发展研究院建院十周年，致辞嘉宾总结了十年来部校和省校共建的成果与经验，提出了下一步深化合作、服务于国家和湖北文化发展战略的建议。

作为此次国际学术会议的倡导者之一，美国芝加哥大学社会学系教授克拉克、加拿大多伦多大学副教授丹尼尔专门发来了视频，既祝贺国际学术会议开幕，又对下一步深化中外合作研究提出了建设性建议。

会议分为"乡村文化振兴战略与国际比较""乡村文旅融合理论与案例""乡村文化振兴理论与实践""乡村文化产业模式与实践""乡村文化调查"5个主题，并以此为依据进行分组探讨和交流，19位专家学者进行了主题演讲，广大论文作者结合自己对乡村的调查经验，分享了各自对乡村文化振兴、特色文化产业发展等主题的看法和研究心得，引发了热烈讨论。

一、乡村文化振兴战略与国际比较

美国西北大学创意企业领导力项目负责人詹妮弗·诺瓦克·莱纳德教授作了题为"来自美国的新见解：在农村背景下的艺术参与和艺术家观点"的报告。美国丹佛大学约瑟夫·科贝尔国际关系学院终身正教授赵穗生从比较研究的视野分享了中国改革开放研究与美国中国研究的新进展。荷兰阿姆斯特丹自由大学文化、历史和遗产研究中心（CLUE+）主任伯格斯教授以"文化遗产和农村社区：包容性管理的挑战"为题发表演讲。美国俄亥俄州立大学艺术行政、教育和政策助理教授瑞秋·斯卡格斯的演讲对美国乡村音乐和中国非物质文化遗产音乐进行了比较与分析。中国国际扶贫中心副处长徐丽萍立足于中国脱贫攻坚的经验，进行了国际比较分析。

二、乡村文旅融合理论与案例

剑桥大学沃尔森学院终身成员綦晓光教授分享了其团队对云南哈尼水稻梯田世界文化遗产可持续发展问题的研究过程与结论。武汉大学国家文化发展研究院院长傅才武教授提出了一个有关乡村文旅融合的宏观分析框架，阐释了文旅融合在乡村文化振兴中的作用和政策路径问题。

三、乡村文化振兴理论与实践

武汉大学人文社会科学资深教授冯天瑜以"社会调查断想"为题讲授了乡村文化振兴中的社会调查问题。上海交通大学胡惠林教授发表了题为"乡村振兴与乡村治理"的主题演讲，强调了乡村文化振兴对于乡村治理的重要意义。上海戏剧学院院长黄昌勇教授基于个人成长经历和生活感悟，分享了他记忆中的乡村与都市记忆，并就日益都市化的中国如何保存乡村记忆提出了自己的观点。清华大学国家文化产业研究中心主任熊澄宇教授分享了自己对文化、文明和文创的看法，从学理上区分了三者之间的区别与联系。

四、乡村文化产业模式与实践

中国人民大学金元浦教授通过多个案例的分享，分析了中国特色小镇为何大量失败的原因，及其今后的发展路径问题。焦作市委常委、副市长汪习武基于焦作实践经验分享了智慧金融服务平台建设的经验，回答了当前如何破解中小微企业融资难的问题。中国扶贫开发服务有限公司董事长黄勇嘉作了题为"脱贫攻坚与乡村振兴"的主旨演讲。北京交通大学教授皇甫晓涛以"丝绸之路学：一带一路再全球化的基础理论与创新体系"为题发表演讲。

五、乡村文化调查

南京艺术学院副院长李向民教授以"乡村重塑和文化反哺"为题发表了关于城市化背景下乡村与城市互动的观点。英国利兹大学表演与文化产业学院副教授马海丽以"弥合差距：上海城乡中国戏曲的混合现实表演"为题作了主旨发言。长江学者、四川大学姜生教授对乡村传统消逝与中国文化生存危机问题进行了解读。瑞典皇家人文、艺术与考古学院外籍院士、欧洲科学院外籍院士张隆溪以"什么是美好世界"为主题进行了演讲。

原文化部巡视员施俊玲主持了论坛的闭幕式。中国传媒大学协同创新研究中心齐勇锋教授进行了会议总结，他指出，此次会议是一次高水平的、卓有成效的国际学术会议，百余位国（境）内外专家学者围绕新时代下的中国乡村文化振兴问题进行了深入探讨，提出了诸多有分量、有实践价值和有前瞻性的真知灼见，并寄望广大专家学者继续努力耕耘，为国家乡村振兴战略助力。

本次学术会议也正值武汉大学国家文化发展研究院建院十周年，10年来，国家文化发展研究院在文化和旅游部、财政部、湖北省政府和武汉大学的领导和支持下，努力探索部校和省校共建新型特色智库的发展模式，取得了可喜的成绩。研究院团队先后参与了《国家公共文化服务保障标准》《国家文化产业促进法》《湖北省公共文化服务保障条例》等法律文本起草。2015年5月，参与起草的《关于做好政府向社会力量购买公共文化服务工作的意见》由国务院办公厅转发。2015年，傅才武教授受邀参与起草《十三五国家文化发展改革规划纲要》（中宣部）和《国家十三五文化发展规划》（原文化部）。

由冯天瑜资深教授与傅才武教授起草的《建设长江文明传承创新区，构筑长江经济带的文化高地》（2015年），院团队的《武汉长江主轴文化发展战略初步研究》（2017年）等报告得到省市政府的重视，武汉市政府决定设立长江文明馆，确立了建设长江文明高地的城市发展战略。

10年来，研究院累计完成国家级科研项目30余项，省部级科研项目150余项。先后主持承担国家社科基金（艺术学）重大项目3项（分别为2009年、2013年、2018年）、国家科技支撑计划课题1项（2015年）、国家重点研发项目课题1项（2018年）。先后获得湖北省优秀调研成果一等奖（2018年），湖北省发展研究奖二等奖2次（2013年，2014年）、三等奖1次（2018年），湖北省优秀社科成果二等奖1次（2018年）、三等奖1次（2013年）。研究院连续进入"CTTI高校智库百强""中国智库综合评价核心智库""中国智库网络影响力"等榜单，并在《2018中国智库报告》的《文化类智库专业影响力》中位居全国第三。

2016年，傅才武教授荣获武汉大学第七届"我心目中的好导师"称号，2018年荣获"中国文化产业20年学术贡献奖"。2019年陈波教授荣获武汉大学第十届"我心目中的好导师"称号。2019年，冯天瑜资深教授荣获"汤用彤学术奖"。

研究院中外合作研究和交流的步伐明显加快。近5年来，师生20人次相继赴美、英、加、法、荷等高校参加国际学术会议、访问和交流，相继与芝加哥大学、剑桥大学、华威大学、多伦多大学、维多利亚大学和阿姆斯特丹自由大学建立了学术联系。陈波教授在 Asian Journal of Culture Policy（2016年）发表"Reaserch on the Performance Evalution of museums in China:2005 to 2014"，张凤华讲师在 Journal of Cultural Economics（2018年）发表"Cultural Participation in Major Chinese Cities"（与Pascal

Courty合作）。2016年3月，我院楚天学者James Xiong的论文"Momentum, Acceleration, and Reversal"（与Roger Ibbotson合作）获得2015年度哈里·M.马科维茨奖。

附录二

Cultural Heritage and Rural Communities: the Challenge of Inclusive Management

Gert-Jan Burgers, VU University Amsterdam

Introduction

Cultural heritage is one of the most highly valued assets in modern tourism, leisure and recreation. Most countries have a lengthy and successful history of conserving heritage and capitalizing on it culturally and economically. Throughout the 20th century, particularly since the 1960s, great progress has been made in creating structures and promulgating principles to guide heritage and landscape conservation, often in conjunction with the international community through UNESCO (e,g. Emerick 2014; Smith 2006; Gibson et al. 2009; Fairclough et al. 2008; Janssen et al. 2017). As the 21st century proceeds, however, it is becoming increasingly clear that a further paradigm shift is required. There are new far-reaching drivers for change, including rising and moving populations, greater connections through the digital world between communities, mass tourism and the sustainability movement. Also, democratization increasingly questions the role of professionals in guiding developments. The significant steps forward made in heritage theory, aims and practice are no longer sufficient. Confronted with such a fast-changing context, heritage management needs to become more proactive. More powerful ideas, tools and training are needed to ensure that interdisciplinary, research-based heritage and landscape management is positively integrated with business activity, with city and rural development, and with democratic participation in decision making.

This book is about democratization and citizen participation in heritage management. Although cultural heritage is often perceived as a domain of experts, it is key to the daily lives of citizens. Increasingly, as in nearly all sectors of society, citizens demand a voice in the definition and management of heritage, and in the development of planning alternatives and design solutions, amongst others with regard to tourism, leisure and recreation (e.g. Smith 2006; Harvey 2006; Harrison 2010; 2013; Neal 2015). Here, heritage planning meets the UN sustainable development goal, that of inclusive and equal social justice. Government agencies, heritage professionals and spatial planners are already beginning to open up to the public, aiming to increase inclusiveness, and heritage tourism and recreation is accessible to larger sections of society than ever. However, there is much debate, but little research, on current concepts, tools and procedures for democratization in the access to and definition, appropriation, management and planning of heritage. It is the explicit aim of the EU funded Project Heriland to explore such concepts, tools and procedures in a series of laboratory contexts throughout Europe, both urban and rural.[①] In this book I will present one of these labs, that of the socalled Ecomuseo della Via Appia, in a rural context in the southern Italian Apulia region.

The Ecomuseum of the Via Appia (EVA)[②]

The Ecomuseo della Via Appia, or EVA in short, is a recent initiative of

---

[①] The Heriland Project is an International Training Network (ITN), funded through the EU Horizon 2020 Marie Curie Action (GA 813883; 2019-2023). It is a collaboration of VU University Amsterdam, University of Newcastle Upon Tyne, Goteborgs Universitet, Universita' degli Studi Roma Tre, Technische Universiteit Delft, the Bezalel Academy of Arts and Design and 16 associated partners from all over Europe.

[②] Part of this section is adapted from Opmeer et al. 2019. My sincere thanks go to the authors of that paper, i.e. Mark Opmeer, Christian Napolitano, Ilaria Ricci and Rosanne Bruinsma.

citizens of the Italian municipalities of Latiano and Mesagne (Brindisi, Italy), implemented in collaboration with VU University Amsterdam.[①] Its aim is to enhance citizen participation in the definition of and care for the cultural heritage of the local district, located along the final stretch of the famous ancient road known as the Via Appia.

The installation of the ecomuseum is intimately linked to the gradual reshaping of the cultural landscape between the municipalities of Mesagne and Latiano, and in particular to the exploration and valorization of the archaeological site of Muro Tenente. The ruins of this 50ha site represent more than 3 000 years of local history and include monumental fortifications, cemeteries and sacred buildings, buried under extensive vineyards, olive groves and uncultivated fields. Since the 1970s, they have progressively been unearthed by teams of the regional heritage board and VU University Amsterdam (excavations in concessione of the Italian Ministry of Culture, MIBACT) (Alberda et al. 1999, Burgers 1998, Burgers and Napolitano 2010, Burgers and Yntema 1999). Both institutions have also put much energy into the valorization of the site, in collaboration with the municipalities of Mesagne and Latiano, local interest groups, and the Università del Salento. Together, they also proposed the creation of an archaeological landscape park in the area, the so-called Parco Archeologico di Muro Tenente.[②]

In this process, much value has been attached to recent arguments against the establishment of such parks throughout Europe. The main opponents argue that such parks imprison history and expel it from daily life and experience,

---

①Ours pecial thanks go to the Cooperativa Impact and its members, especially Christian Napolitano, Arturo Clavica, Ilaria Ricci, Margherita De Matteis, Sara De Girolamo.
②Many thanks go to our colleagues of the Soprintendenza (especially the Soprintendente Arch. Maria Piccarreta, d.ssa Assunta Cocchiaro and d.ssa Annalisa Biffino), the Universita del Salento (especially proff. Francesco D'Andria, Grazia Semeraro and Francesco Baratti) and the municipalities of Mesagne (the mayor dott. Antonio Matarrelli, Domenico Stella e d.ssa Concetta Franco) and Latiano (the mayor Cosimo Maiorano, d.ssa Margherita Rubino).

since people visit these places primarily for the purpose of recreation (e.g. Hodder 1992, Bender 1992, Kolen 1995). The argument goes that such parks are alien to the local context, since, from a local perspective, the past is generally an integral part of everyday life, made up of personal biographies and family histories rather than notions of world history. People literally live in historical environments, making them productive. The site of Muro Tenente itself is a good example of this. From the very start, therefore, the local communities were actively involved in this endeavour, through school visits, guided tours, public lectures and training sessions, among others, but also through exhibitions and open air festivals, in which their own heritage perspectives and values were promoted. They were also involved in the planning of the park.

Together with citizens and town councils, we even took local input a step further, exploring new, more democratic heritage practices and policies. It is at this point that the concept of ecomuseum was put forward. The concept is rooted in an international trend, which started in the first half of the previous century, when "radical" ideas started to emerge that questioned the authoritative roles of museums (Davis 2008). This was a slow process, which culminated in what is nowadays called the "new museology" in the 1970s. A landmark was the Round Table on the Development and the Role of Museums in the Contemporary World, organized by UNESCO and ICOM in 1972 (Guido 1973, Davis 2008). The resolutions made here were geared towards creating greater societal responsibility for museums, in which the local community became the prime stakeholder. Accordingly, instead of targeting objects and sites and 'freezing' them in physical museum buildings, the focus was placed on communities and the way they define heritage in the context of their immediate living environment. A prime example of this new approach is ecomuseology, which promotes democratic participation in the interpretation of local history and the management of local heritage (e.g. Howard 2002; Van

Mensch 2005; Davis 2008; Crooke 2010).

Ecomuseums are not buildings with collections, but refer to a specific living environment and its inhabitants (e.g. villages, urban neighbourhoods or industrial peripheries). They commonly aim to strengthen community bonds by engaging communities in the management of their "own" heritage, thus strengthening links between the present and the past. Initially (1970s—2000s), ecomuseums were conceived from an essentialist perspective as relatively closed socio-spatial entities. They were established especially in rural communities, because of their perceived social stability, traditionalism and shared, homogeneous history and heritage. However, ecomuseums, as other new museologies, are now increasingly adopting pluralist and constructivist attitudes towards heritage management. The latter approach is also key to the Ecomuseo della Via Appia, with its aim of giving a voice to the multiple stakeholder groups interested in the cultural heritage of the Brindisi district, from civil society institutions to individual citizens and local entrepreneurs. The main objectives of EVA are social cohesion, development of the tangible and intangible heritage, regional and local economic development and improvement of the quality of the landscape (Baratti 2012, p.22). Of these objectives, enhancing social cohesion was considered to be key, as without it, the whole ecomuseum could be considered as being deprived of its fundamental meaning, making it more difficult to catalyse the economic growth of the heritage (Borrelli, Davis 2012, p.42-43).

In order to fulfil these aims, the following strategies were used: knowledge sharing and education, active community participation, protection and conservation, rediscovery of traditional jobs, sustainable tourism, marketing and promotion of the area, and Eco-sustainable management (Davis 1999; Corsane and Holleman 1993; Maggi 2006). The strategies selected were discussed and expanded together with local citizens and stakeholders. Only after a process of active participation, is it possible to develop concrete proposals for an efficient, long-term project, that is not just imposed on the area by external actors (Borrelli, Davis 2012, p.32). The targets, divided into four main categories (social, patrimonial, economical and territorial) were linked to the strategies inside the value tree. This a flux diagram used by the group in order to increase its understanding of the motivations and the aims of the project and establish a hierarchy among them, after analysing each of them in relation to the strategies and the categories. This, in turn, made it possible to define several activities to increase social cohesion; throughout the years we have organized a long series of activities, from discussion platforms to interactive workshops, from music festivals to theatre productions, and from bicycle tours to natural, cultural, and Eno-gastronomic guided tours. Systematic interviews and questionnaires have been organized amongst others to investigate the degree of uniformity or heterogeneity between the voices, perceptions, needs and wishes of various social groups.

Of particular interest was a series of interactive workshops aimed at creating the elaborate Mappa della Comunità, which charts the progress of the formation of local and regional development plans, notably the regional Piano Paesaggistico Territoriale Regionale della Puglia. The Mappa della Comunità is considered as a tool for spurring the growth of the "awareness of a place" by having citizens contribute to constructing the representation of heritage, territorial and landscape values[1]. By doing so, citizens are supported by facilitators, artists and local historians, ultimately producing a map that portrays "a part of the landscape as it is perceived by local residents"[2]. The most important aims are: mapping the local perception of the landscape, gaining an understanding of the territory as a representation of the history of the area as preserved in individual and collective memory, an communicating a reading

---

[1] Art. 13, comma 1, dell'elaborato 2 "Norme tecniche di attuazione", attached to the proposal of Piano Paesaggistico Territoriale della Regione Puglia (PPTR). Many thanks go to mr. Enzo Camassa for the end production of the Latiano map.
[2] Art. 1 European Landscape Convention, 2000.

of the values of the landscape to local residents, but, above all, promoting a "community pact", which binds citizens, operators and institutions to the landscape (Baratti 2012,76-93).

Conclusion

There are strong indicators demonstrating that the above discussed participative approach has been successful. Thus, local groups of various ages and social backgrounds are now visiting the ecomuseum sites on their own initiative, although there is often nothing more to see than pottery shards and abandoned fields. They have even started organizing open-air festivals or to develop bycicle or hyking tours in the area. This is a remarkable development because until recently these sites were regarded as a no-go area, spurned for their negative heathen associations far from the mother church in town. Most local people did not experience these sites as part of their heritage at all. Now, local sensibility is awakening. The local communities are slowly starting to identify with the historical landscapes in a positive way and are appropriating them as their legitimate heritage. Consequently, they are also taking up responsibility for the care of these landscapes, together with the local authorities which formally propose and coordinate the projects. A clear sign of this new sensibility is also that the town councils involved, those of the municipalities of Mesagne and Latiano, have applied for European Union funding in order to institutionalize and expand the landscape park of the ecomuseum. This funding has recently been granted, within the context of a much larger heritage programme coordinated by the Regione Puglia. Such projects now even constitute an issue in election campaigns and can therefore be seen as reflecting the sensibility of wider sections of the local population, without whose support they would never have been proposed in the first place.

REFERENCES

Alberda, K. van, Burgers, G.J., Burgers, H., Karel, D., Yntema, D. (1999). Muro Tenente. Centro messapico nel territorio di Mesagne, a cura di A. Nitti,Mesagne, Italy: Mandria.

Baratti, F., (2012). Ecomusei, paesaggi e comunità. Esperienze, progettie ricerche nel, Salento, Italy: Sogein.

Bender, B. (1992). Theorising landscapes, and the prehistoric landscapes ofStonehenge. Man (N.S.), 27(4), 735−755. Doi: 10.2307/2804172.

Borrelli, N., & Davis, P. (2012). How culture shapes nature: Reflectionson ecomuseum practices. Nature and Culture, 7(1). Doi: doi.org/10.3167/nc.2012.070103.

Burgers, G.-J. (1998). Constructing Messapian landscapes: Settlement dynamics, social organization and culture contact in the margins of Graeco-Roman Italy, Amsterdam, The Netherlands: Gieben Publishers.

Burgers, G.-J. & Yntema, D.G. (1999). The Settlement of Muro Tenente. Third Interim report, Bulletin Antieke Beschaving, 74(2), 111−132.

Burgers, G.-J. & Napolitano, C. (2010). L'insediamento messapico di Muro Tenente. Scavi e ricerche 1998−2009, Mesagne, Italy. In Buttimer, A.,& Seamon, D. (2015). The human experience of space and place. Abingdon,England: Routledge.

Corsane, G., & Holleman, W. (1993). Ecomuseums: A brief evaluation. In De Jong,R. (Eds) Museums and the Environment (pp. 111−125). Pretoria, South Africa: Southern Africa Museums Association.

Crooke, E. (2010). The politics of community heritage: motivations, authority and control. International Journal of Heritage Studies, 16(2), 16−29. Doi: 10.1080/13527250903441705.

Davis, P. (1999). Ecomuseums: A sense of place. London, England: A&C Black.

Davis, P. (2008). New Museologies and the Ecomuseum. In B. Grahamand and P. Howard (Eds.), The Ashgate Research Reader in Heritage and Identity (pp. 397−414) Hampshire.

Emerick, K. (2014). Conserving and Managing Ancient Monuments: Heritage, Democracy, and Inclusion. Woodbridge: Boydell Press. Heritage Matters Series 14.

Fairclough, G., Harrison, R., Jameson, Jnr. J. and J. Schofield. eds. (2008). A Heritage Reader, Abingdon: Routledge ;

Gibson, L. and Pendlebury, J., eds. (2009). Valuing Historic Environments. Farnham: Ashgate.

Guido, H. F. (1973). UNESCO Regional seminar: Round table on the development and the role of museums in the contemporary world. UNESCO document SHC.72/CONF.28/4.

Harrison, R.. (2010). Heritage as Social Action. In Understanding Heritage in Practice, S. West (ed), 240−276.

Harrison, R. (2013). Heritage: Critical Approaches. Routledge;

Harvey, D. (2006). The Right to the City. In Richard Scholar (ed) Divided Cities: The Oxford Amnesty Lectures 2003, pp. 83−103.

Hodder, I. (1992). Theory and practice in archaeology, London, England: Taylor & Francis.

Howard, P. (2002). The Eco-museum: Innovation that risks the future. International Journal of Heritage Studies, 8(1), 63−72. Doi: 10.1080/13527250220119947.

Janssen, J., E. Luiten, H. Renes & E. Stegmeijer (2017). Heritage as sector, factor and vector: conceptualizing the shifting relationship between heritage management and spatial planning. European Planning Studies 25 (9), pp. 1654−1672.

Jones, M. & M. Stenseke, eds. (2011). The European Landscape Convention: Challenges of Participation, Springer (Landscape Series 13).

Kolen, J. (1995). Recreating (in) nature, visiting history. Second thought on landscape reserves and their role in the preservation and experience of the historic environment. Archaeological Dialogues, 2(2), 127−159.

Maggi, M., (2006). Ecomuseums worldwide: Converging routes among similar obstacles.

Chinese Museum, 3(3), 31−33.

Mensch, P. (2005) van. Nieuwe museologie. Identiteit of erfgoed? [New Museology. Identity of heritage?]' In: Rob van der Laarse ed., Bezeten van vroeger. Erfgoed, identiteit en musealisering (pp. 176−192). Amsterdam, Netherlands: Het Spinhuis.

Neal, C. (2015). Heritage and participation. In: E. Waterton et al. (eds.), The Palgrave Handbook of Contemporary Heritage Research. Houndmills: Palgrave MacMillan, 346−365;

Opmeer, M., Burgers, G.-J., Bruinsma, R.,Janssen, R., Napolitano, C. and I. Ricci (2019). Geospatial technologies in support of community enhancement and creating inclusive historical narratives, in: Pyles, D., Rish, R. M., & Warner, J. (2019). Negotiating Place and Space Through Digital Literacies : Research and Practice. Charlotte, NC: Information Age Publishing.

Smith, L. (2006). Uses of Heritage. New York and London: Routledge.